Les principes généraux de la forme d'état unitaire

Analyse comparée entre la France et la Turquie

Logiques Juridiques

Fondée par Gérard Marcou

Dirigée par Jean-Claude Némery et Thomas Perroud

Le droit n'est pas seulement un savoir, il est d'abord un ensemble de rapports et pratiques que l'on rencontre dans presque toutes les formes de sociétés. C'est pourquoi il a toujours donné lieu à la fois à une littérature de juristes professionnels, produisant le savoir juridique, et à une littérature sur le droit, produite par des philosophes, des sociologues ou des économistes notamment.

Parce que le domaine du droit s'étend sans cesse et rend de plus en plus souvent nécessaire le recours au savoir juridique spécialisé, même dans des matières où il n'avait jadis qu'une importance secondaire, les ouvrages juridiques à caractère professionnel ou pédagogique dominent l'édition, et ils tendent à réduire la recherche en droit à sa seule dimension positive. À l'inverse de cette tendance, la collection « Logiques juridiques » des éditions L'Harmattan est ouverte à toutes les approches du droit. Tout en publiant aussi des ouvrages à vocation professionnelle ou pédagogique, elle se fixe avant tout pour but de contribuer à la publication et à la diffusion des recherches en droit, ainsi qu'au dialogue scientifique sur le droit. Comme son nom l'indique, elle se veut plurielle.

Dernières parutions

Hugues RABAULT, *La constitution financière de la France Sources fondamentales du droit des finances publiques, Seconde édition actualisée et augmentée*, 2024.

Eric FÈVRE, *Comparaison du chef de l'Etat et du chef du Gouvernement en France et en Allemagne*, 2024.

Henri BOUILLON, *Droit de la laïcité*, 2024.

Nadine NAJEM, *Théorie des intérêts moratoires*, 2024.

Caroline PELOSO, *L'autorité de la chose jugée au pénal à l'égard des décisions européennes, Essai de droit comparé franco-italien*, 2023.

Selçuk Abdullah Evliyaoğlu

Les principes généraux de la forme d'état unitaire

Analyse comparée entre la France et la Turquie

L'Harmattan

5-7, rue de l'École-Polytechnique ; 75005 Paris

http://www.editions-harmattan.fr/

ISBN : 978-2-336-47613-1
EAN : 9782336476131

Je dédie cet ouvrage à ma mère, à mon père, à ma grand-mère, à mon épouse Sena et sa famille, à ma fille Simay, et à tous les autres membres de ma famille.

REMERCIEMENTS

Cet ouvrage est basé sur la première partie d'une thèse de doctorat intitulée la notion d'État unitaire. La thèse a été soutenue le 4 décembre 2019 à l'Université Paris 1 Panthéon-Sorbonne et la deuxième partie de celle-ci est relative à « la centralisation, la décentralisation et la régionalisation dans les États unitaires français et turc ».

Le jury était composé de Monsieur Olivier RENAUDIE (Professeur à l'Université Paris 1 Panthéon-Sorbonne, Président du jury), Monsieur Aydın GÜLAN (Professeur à l'Université d'Istanbul), Monsieur Franck LAFFAILLE (Professeur à l'Université Paris 13, Rapporteur), Monsieur Emre ÖKTEM (Professeur à l'Université Galatasaray, Rapporteur), M. Laurent VIDAL (Maître de conférences HDR à l'Université Paris 1 Panthéon-Sorbonne, Directeur de thèse).

Je tiens tout d'abord à remercier chaleureusement, à titre posthume, feu le Professeur Gérard Marcou, mon directeur de thèse, qui m'a encadré tout au long de cette thèse et qui m'a fait partager ses brillantes intuitions. Je n'oublierai jamais sa gentillesse, sa disponibilité permanente et ses nombreux encouragements.

Je remercie en même temps Monsieur Laurent Vidal qui a eu la gentillesse d'accepter de prendre la suite de la direction de ma thèse après le décès de mon directeur de thèse feu le Professeur Gérard Marcou. Je suis ravi de notre collaboration, car il a toujours été là pour me soutenir et me conseiller au cours de l'élaboration de cette thèse.

Mes remerciements s'adressent plus particulièrement à tous les membres du jury de thèse qu'ils ont accepté de participer à la soutenance.

Un grand merci aussi aux membres des Éditions L'Harmattan pour leurs efforts et intérêts sans qui cet ouvrage ne serait pas publié.

SOMMAIRE

PRINCIPALES ABRÉVIATIONS

AJDA : Actualité juridique de droit administratif
AKDTYK : Atatürk Kültür, Dil ve Tarih Yüksek Kurumu [Haute institution de la culture, de la langue et de l'histoire d'Atatürk]
al. : Alinéa
art. : Article
art. cit. : Article cité
AYM : Anayasa Mahkemesi [La Cour constitutionnelle (turque)]
Cct : La Cour constitutionnelle turque
CE : Conseil d'État
chap. : Chapitre
CNRS : Le Centre national de la recherche scientifique
COM : Collectivité d'outre-mer
Cons. const. : Conseil constitutionnel
consid. : Considérant
cop. : copie
DC : Décision du Conseil constitutionnel (décision portant sur la constitutionnalité d'une loi)
dir. : Directeur/directrice
DOM : Département d'outre-mer
E. : Esas [Fond]
éd. : Édition
Éd. : Éditeur/Éditrice
et al. : (et alii) : et les autres
etc. : et cetera
GAJA : Grands arrêts de la Jurisprudence Administrative (arrêts du Conseil d'État)
GANT : La Grande Assemblée Nationale de Turquie
GRALE : Groupement de Recherche sur l'Administration Locale en Europe
Ibid. : Ibidem
İÜ : İstanbul Üniversitesi [L'Université d'Istanbul]
JORF : Journal officiel de la République française
JORT : Journal officiel de la République turque
K. : Karar [Décision]

LGDJ : Librairie générale de droit et de jurisprudence
n° : Numéro
op. cit. : Opere citato
p. : page
pp. : pages
préc. : précité
PUF : Presses universitaires de France
QPC : La Question Prioritaire de Constitutionnalité
RDP : Revue de droit public et de la science politique en France et à l'étranger
Rec. : Recueil (des décisions du Conseil constitutionnel)
rééd. : Réédité/réédition
réimpr. : Réimprimé/réimpression
RFDA : Revue française de droit administratif
RFDC : Revue française de droit constitutionnel
RG : Resmi gazete [Journal officiel]
RIDC : Revue internationale de droit comparé
ROM : Région d'outre-mer
RSAMO : Revue de science administrative de la méditerranée occidentale
Sect. : Section
spéc. : spécialement
suiv. : Suivant
t. : Tome
TBMM : Türkiye Büyük Millet Meclisi [La Grande Assemblée Nationale de Turquie]
TESEV : Türkiye Ekonomik ve Sosyal Etüdler Vakfı [La fondation d'études économiques et sociales de Turquie]
TODAİE : Türkiye ve Orta Doğu Amme İdaresi Enstitüsü [L'institut d'administration publique de Turquie et du Moyen-Orient]
TOM : Territoire d'outre-mer
TTK : Türk Tarih Kurumu [L'institution d'histoire turque]
V./v. : Voir
Vol. : Volume

INTRODUCTION

La République française, connue pour être un modèle de l'État unitaire, nous offre un très bon exemple pour mener une analyse de cette forme d'État. Faut-il le rappeler, la Constitution française précise dans son article 1er que « *La France est une République indivisible, laïque, démocratique et sociale.* » Partant de ce principe d'indivisibilité de la République, à première vue, l'on peut admettre que la France est un État unitaire. Néanmoins, il est nécessaire de s'interroger s'il est suffisant de qualifier un État d'unitaire, à la seule lecture de sa loi fondamentale.

Précisons qu'il est bien possible de trouver une telle consécration constitutionnelle du principe de l'unité ou de l'indivisibilité dans les Constitutions de certains autres États. C'est le cas de la Turquie dont la Constitution prévoit à l'alinéa 1er de son article 3 que « *L'État turc forme avec son territoire et sa nation une entité indivisible.* »[1]

Comme nous allons le démontrer tout au long de notre étude, il existe plusieurs similarités entre l'État unitaire turc et français. En effet, il est aisé de constater une très forte influence française sur le système administratif turc, et d'une manière générale la doctrine tant turque que française partage les mêmes idées concernant la structure unitaire de l'État. Cependant, l'étude et l'analyse du droit positif dans ces deux États révèlent certaines différences au sujet du processus de l'aménagement de la décentralisation. Et comme nous allons le voir, cette décentralisation suscite la mutation de cette forme d'État.

Pour mieux expliquer notre sujet et l'objectif de cette étude, il convient d'étudier la mutation de la forme d'État unitaire par la décentralisation (**§ 1**) et d'exposer certaines difficultés liées à la pluralité des sujets et des ressources pour mener noter étude (**§ 2**). Ensuite, il sera question d'expliquer la problématique principale de notre recherche (**§ 3**), et d'énoncer le plan du travail (**§ 4**).

---

[1] L'article 3 dispose que « *L'État turc forme avec son territoire et sa* nation *une entité indivisible. Sa langue officielle est le turc.*
Son emblème, dont la forme est définie par la loi, est un drapeau de couleur rouge sur lequel il y a une étoile et un croissant blancs.
Son hymne national est la « Marche de l'indépendance ».
Sa capitale est Ankara. »

§ 1- La mutation de l'État unitaire par la décentralisation

Il est possible de constater que la forme d'État unitaire est en pleine mutation aujourd'hui, notamment si l'on prend en compte la question de la décentralisation[1]. Dans ce cadre, l'on peut dire que le sujet de la répartition des compétences entre l'État et ses entités infra-étatiques, ou la relation entre l'État central et les collectivités territoriales, est peut-être le sujet le plus important à analyser dans une étude de l'État unitaire et de la mutation de cette forme d'État.

Concernant l'État unitaire français, Jean-Marie PONTIER précise que « la décentralisation est une vieille histoire dans notre pays, c'est une histoire constamment renouvelée, et dont on peut penser que, par définition même, elle ne peut avoir de fin, parce que la décentralisation est constamment à adapter en fonction des circonstances et des exigences nouvelles de tous ordres qui se font jour. »[2] D'après l'auteur, la décentralisation existait depuis longtemps dans cet État, et les réformes successives ont opéré des modifications du point de vue de son étendue et de la répartition de compétences entre l'État français et ses collectivités territoriales.

Arnaud HAQUET précise, à ce sujet, que « dans une perspective positiviste, il est tout à fait possible d'affirmer que le concept d'État unitaire doit être réinterprété au regard de l'évolution du droit de la décentralisation. »[3] Il convient de dire donc que les réformes de la décentralisation suscitent non seulement une évolution du concept de la décentralisation, mais aussi une mutation de la structure étatique. D'ailleurs, l'on constate que l'État unitaire français, depuis les lois de

---

[1] Nous allons nous intéresser au sujet de la décentralisation dans le cadre de la discipline juridique. Mais, comme le constate assez bien Gérard MARCOU, la question de la décentralisation a aussi une grande importance sur le plan politique, au point d'être utilisée parfois comme un sujet de campagne électorale, v. G. MARCOU, « La décentralisation, absente du débat politique », *AJDA,* 2007.

[2] J.-M. PONTIER, « Décentralisation et patrimoine », *in* P. LE LOUARN, *Le patrimoine culturel et la décentralisation : actes du colloque de Nantes des 8 et 9 juin 2009 "patrimoine culturel et collectivités territoriales"*, Rennes, Presses universitaires de Rennes, 2011, pp. 93-120, spéc., p. 94.

[3] A. HAQUET, *Le concept de souveraineté en droit constitutionnel français*, Paris, PUF, 2004, p. 147.

décentralisation de 1982, est en « pleine mutation »[1], de sorte qu'il s'agit d'une transition de l'État unitaire semi-décentralisé à un État unitaire décentralisé par la réforme de 1982-1986.

Comme le soutient Gérard MARCOU, « la décentralisation n'est pas apparue en 1982. »[2] En effet, tel qu'il a été relevé « la décentralisation territoriale ne date pas de la loi du 2 mars 1982 modifiée, comme elle ne s'est d'ailleurs pas achevée avec elle »[3] et que « les collectivités territoriales n'ont pas attendu les lois Defferre du 2 mars 1982 et du 7 janvier 1983 pour édicter des actes généraux dans le cadre de l'exercice de leurs compétences. Déjà sous l'Ancien Régime, les corps municipaux se sont vus accorder la possibilité d'édicter des règles générales pour assurer la police de la cité. »[4]

Au sujet de la réforme de 1982 appelée « acte I de la décentralisation », Serge REGOURD précise que « nombre d'auteurs, parmi les plus respectables, n'ont pas craint, par exemple, de reprendre à leur compte la qualification de la réforme Raffarin de 2003-2004 comme « acte II de la décentralisation » par référence à l'« acte I » supposé exprimer la portée de la réforme de 1982-1983 ». L'auteur ajoute qu'« une telle présentation a pour effet d'éradiquer plusieurs siècles de genèse de l'autonomie locale, et la complexité des questions en cause. »[5] Allant dans le même sens, Jean-Marie PONTIER souligne qu'« il est devenu banal, mais faux, de parler d'acte I et d'acte II de la décentralisation, l'acte II étant présenté comme étant la loi du 13 août 2004 et, rétrospectivement, l'acte I étant la loi de 1982 »[6], et estime que « la politique de décentralisation sous la Ve République a été une politique continue depuis les débuts, c'est indûment que l'on parle

---

[1] Th. DAUPS, « Le compromis constitutionnel entre la langue de la République et les langues régionales ou les limites et les potentialités de l'unicité », *Petites affiches*, 23 juillet 2002, n° 146, p. 18 et suiv.

[2] G. MARCOU, « Décentralisation : Quelle Théorie de l'État ? », *in* G. MARCOU et H. WOLLMANN (dir.), *Réforme de la décentralisation, réforme de l'État. Régions et villes en Europe :* [colloque du GRALE, Assemblée nationale, 22 au 23 janvier 2004], Paris, CNRS, 2004, p. 236.

[3] O. GOHIN *et al.*, *Droit des collectivités territoriales,* Paris, Cujas, 2011-2012, p. 547.

[4] G. CHAVRIER, *Le pouvoir normatif local : enjeux et débats*, Paris, LGDJ-Lextenso, 2011, p. 16.

[5] S. REGOURD, « Le point de vue du juriste », *in* S. REGOURD, J. CARLES et D. GUIGNARD (dir.), *Réformes et mutations des collectivités territoriales*, Paris, L'Harmattan, 2012, pp. 29-33, spéc., p. 29.

[6] J.-M. PONTIER, « Décentralisation et patrimoine », art. cit., p. 95.

d'actes I et II, comme si la décentralisation avait commencé en 1982, ce qui est évidemment faux »[1].

Il faut préciser que la Révolution française a aussi une place importante sur les débats de la décentralisation dans l'histoire française. Selon Jean-Marc OHNET, « depuis la Révolution et le triomphe d'un modèle démocratique et institutionnel essentiellement unitaire, le débat, en fait, est resté ouvert »[2]. L'on peut dire donc qu'« avec la Révolution, la question des rapports entre le pouvoir central et les autorités locales revêt ses caractéristiques modernes. L'Assemblée constituante fixe les cadres territoriaux encore en place aujourd'hui »[3].

Rappelons que les lois du 14 décembre et du 22 décembre de 1789 ont créé les communes et les départements. Néanmoins, pour cette époque-là, « il ne s'agit pas d'une réelle décentralisation : l'administration locale gère des affaires de l'État (les communes ont la charge de la répartition des contributions directes ; les départements ont vocation à gérer toutes les matières administratives mais au nom du roi) par des organes néanmoins élus. Seule la commune est conçue comme s'occupant à la fois des affaires locales et nationales »[4].

Pour reprendre Gérard MARCOU, « la Révolution française, tout en faisant de la nation le fondement de l'État, a reconnu les communes et fait de la gestion des affaires locales l'expression d'une liberté »[5].

Il a fallu attendre la loi du 10 août 1871, sur les conseils généraux et la loi municipale du 5 avril 1884, afin que les départements et les communes s'installent dans l'organisation administrative française en tant que collectivités territoriales. Néanmoins, il faut préciser que même avec l'adoption de ces deux lois, le système administratif français reposait toujours sur la centralisation. Selon Gérard MARCOU, « alors que le système administratif reste fondé sur la centralisation, la démocratie commence à changer les rapports entre les élus locaux et l'administration ; le cumul des mandats corrige la centralisation ; les

[1] *Ibid.*

[2] J.-M. OHNET, *Histoire de la décentralisation française,* Paris, Librairie générale française, 1996, p. 9.

[3] M. VERPEAUX et C. RIMBAULT, *Les collectivités territoriales et la décentralisation,* Paris, La Documentation française, 2011, p. 7.

[4] *Ibid.*

[5] G. MARCOU, « Décentralisation : Quelle Théorie de l'État ? », art. cit., p. 236.

collectivités locales deviennent progressivement un élément du régime politique »[1].

Aussi, même si les communes et les départements étaient désormais des collectivités territoriales, ces collectivités agissaient, « en supportant le poids étatique d'un pouvoir exécutif préfectoral. »[2] L'on peut dire que s'agissant des départements, le préfet était « le véritable « patron » de l'administration départementale » [3] et que « la crainte de confier trop de pouvoirs à un élu départemental qui conduit à la mise en place de ce régime de semi-décentralisation qui va perdurer jusqu'en 1982 »[4].

En effet, les réformes postérieures ont apporté quelques innovations, parmi lesquelles, la consécration constitutionnelle des communes, départements et territoires d'outre-mer et l'expression du principe de libre administration des collectivités territoriales dans la Constitution de 1946 (articles 85-89)[5]. Mais, la tutelle administrative sur les collectivités territoriales est restée toujours au sein de l'organisation administrative française jusqu'à la réforme de 1982.

L'on peut constater que même si la décentralisation est apparue avant la réforme de 1982 dans l'organisation de l'État unitaire français, le centralisme au niveau administratif s'est accentué. Cependant, « alors que le déséquilibre au profit d'un fort centralisme administratif était manifeste, depuis la fin du XXe siècle il semble que le rapport tende à se modifier. »[6] Ainsi, avec les grandes réformes de la décentralisation, il s'agissait du « renoncement à la forme archétypale du jacobinisme »[7].

Il convient aussi de faire rappeler, à ce sujet, qu'il existe plusieurs autres réformes concernant la décentralisation pendant la mutation de

---

[1] *Ibid.*, p. 237.

[2] J. BAGUENARD, *La décentralisation*, Paris, PUF, 2004, p. 19.

[3] M. VERPEAUX et C. RIMBAULT, *op. cit.*, p. 8.

[4] *Ibid.*

[5] L'article 85 disposait que « *La République française, une et indivisible, reconnaît l'existence de collectivités territoriales.* » De son côté l'article 87 disposait que « *Les collectivités territoriales s'administrent librement par des conseils élus au suffrage universel.* » V. sur les autres articles : http://www.conseil-constitutionnel.fr/conseil-constitutionnel/francais/la-constitution/les-constitutions-de-la-france/constitution-de-1946-ive republique.5109.html

[6] F. LEMAIRE, *Le principe d'indivisibilité de la République : mythe et réalité*, Rennes, Presses universitaires de Rennes, 2010, p. 254.

[7] *Ibid.*, p. 255.

l'État unitaire français, comme ce fut le cas de la réforme de 2003-2004. Ainsi, avec la révision constitutionnelle de 2003, le principe de « l'organisation décentralisée » de la République a été inscrit à l'article 1er de la Constitution française[1].

Force est de constater que la décentralisation prévue par la révision constitutionnelle « n'altère, en aucune façon, l'actuelle forme politique de l'État en France, ni fédéralisé ni régionalisé, et qui préserve les conditions de sa gestion administrative »[2]. Toutefois, comme le rappelle Olivier GOHIN[3], le Conseil d'État a défini, dans son avis du 10 octobre 2002 sur le projet devenu loi constitutionnelle du 28 mars 2003, la décentralisation comme un « processus d'évolution de l'organisation administrative d'un État ».

En fait, les réformes ont continué et vont probablement continuer en France ; donc elles ne sont pas limitées par celles indiquées ci-dessus. Mais, ce qui est important, ici, c'est le changement des règles essentielles de la répartition des compétences. Sur ce point, l'on se demande si le changement de la répartition des compétences entre le pouvoir central et le pouvoir local entraîne un changement dans la structure unitaire de l'État ? À ce sujet, comme le relève Gérard MARCOU, l'on admet que « la réforme des collectivités locales ne peut être séparée de la réforme de l'État ; elle est au contraire et par nature une réforme de l'État »[4].

Dans le cas de la Turquie, qui est un pays candidat de l'Union européenne et un État unitaire comme la France, l'on peut évoquer une tentative de réforme de la décentralisation entre 2003-2005, qui aurait pu changer l'organisation administrative de la République turque. Néanmoins, cette tentative a été un échec à cause des critiques selon lesquelles cette réforme serait un danger pour la structure unitaire de l'État turc. Précisons que l'échec de cette tentative de réforme va nous

---

[1] Pour d'autres points également importants, v. G. MARCOU, « Le bilan en demi-teinte de l'Acte II, Décentraliser plus ou décentraliser mieux ? », *RFDA,* n° 2, 2008, pp. 295-315.

[2] O. GOHIN, « Les formes de l'État français depuis 1958 », *Politeia,* n° 12, 2007, pp. 215 -231.

[3] O. GOHIN, « Les lois du pays : contribution au désordre normatif français », *RDP*, 2006, n° 1, p. 85 et suiv. V. aussi, O. GOHIN, « Le projet de loi constitutionnelle relatif à la décentralisation », *Petites affiches*, 7 novembre 2002, n° 223, p. 5 et suiv.

[4] G. MARCOU, « Les collectivités locales en Europe : Réformes et continuités », *in* S. REGOURD, J. CARLES et D. GUIGNARD (dir.), *Réformes et mutations des collectivités territoriales*, *op. cit.*, pp. 313-326, spéc., p. 314.

permettre d'illustrer et de démontrer la limite de la mutation de l'État unitaire turc.

Comme nous allons le constater, à côté des similitudes entre l'État unitaire turc et français, il existe une différence entre ces deux États du point de vue des définitions de certains principes généraux de cette forme d'État qu'on dit unitaire. Les différences entre ces deux États unitaires résultent, à la fois, de la distinction de l'État unitaire « classique » ou « typique » de celui dit « moderne » ou « atypique »[1]. Et précisons, ici, que la raison de cette distinction est la mutation de la forme d'État unitaire, notamment par certains mouvements, comme la décentralisation.

Dans ce cadre, il faut aussi attirer l'attention notamment sur la décentralisation régionale, c'est-à-dire « la régionalisation ». En réalité, ni la décentralisation ni la régionalisation ne peuvent aller au-delà d'un domaine administratif dans un État unitaire. Mais, quant à la forme d'État régional, dont les exemples les plus célèbres sont l'Espagne et l'Italie, l'on peut observer que la limite de la mutation de l'État unitaire a été bien dépassée par l'attribution du pouvoir législatif vers les entités infra-étatiques en Italie et en Espagne.

Si on prend l'exemple italien, l'article 5 de la Constitution affirme que la République italienne est une et indivisible. Dans cet article, l'on peut aisément constater le principe d'unité et de l'indivisibilité. Néanmoins, par rapport à la situation actuelle en Italie, notamment face à une très forte régionalisation, est-il possible de qualifier l'État italien d'État unitaire ? Il faut encore s'interroger s'il s'agit de l'indivisibilité de la souveraineté, ou plutôt, à côté de la souveraineté de l'État central, existe-t-il *une souveraineté régionale* ? [2]

La même interrogation se pose aussi pour l'Espagne. En effet, l'article 2 de la Constitution espagnole dispose que : *« La Constitution est fondée sur l'unité indissoluble de la nation espagnole, patrie commune et indivisible de tous les Espagnols. »*

Toutefois, si l'on prend en considération le fait que les communautés autonomes espagnoles possèdent une plus grande autonomie par

[1] V. J.-M. PONTIER, « La France, modèle atypique d'État », *Politeia*, 2007, n° 12, pp. 193-214.

[2] V. sur ce sujet, F. LAFFAILLE, « "La souveraineté régionale" entre oxymoron et hendiadys constitutionnels. À propos de l'État "régional-fédéraliste" italien et de la sémantique en droit constitutionnel », *RIDC,* Vol. 61 n° 2(1), 2009, pp. 315-355. V. aussi T. GROPPI, « L'évolution de la forme d'État en Italie », *Politeia,* 2007, n° 12, pp. 115-130.

rapport à une fédération d'États, l'on se demande dans quelle catégorie l'État espagnol peut être rangé?

De ce qui précède, à l'égard d'une telle ambiguïté, l'on peut dire qu'il n'est pas si facile de comprendre la nature de la forme d'un État à la seule lecture de la Constitution qui consacre le principe de l'unité ou de l'indivisibilité de l'État. Il est donc clair qu'il est nécessaire de mettre en place quelques critères juridiques pour pouvoir bien analyser ce sujet.

§ 2- Difficulté quant à la pluralité des sujets et des ressources

Notre étude portant sur la notion de l'État unitaire, c'est-à-dire une étude relative aux formes étatiques, implique une analyse profonde des éléments constitutifs de la notion d'État. Par conséquent, les questions de territoire, de la Nation, ou de la souveraineté tiendront une large place dans notre travail. De même, les pouvoirs étatiques, le pouvoir législatif, exécutif et judiciaire feront partie également de nos sujets d'analyse, et ce, en tant que formes de l'exercice de la souveraineté. Par ailleurs, la décentralisation est un sujet qui a un contenu très large et sur lequel il faudra encore faire une analyse relative à la question de l'État unitaire.

Il est évident que notre étude nécessite de traiter tous ces sujets par une façon limitée autour de la question de la structure unitaire de l'État. Par contre, afin de traiter d'une meilleure manière notre sujet de l'État unitaire, il conviendra de parler initialement de la théorie de l'État. Dans ce cadre, quand on dit, la forme d'État, il est clair qu'il faudra analyser, par exemple, les idées lumineuses de Raymond CARRÉ DE MALBERG[1]. Et lorsqu'on parle de la Nation, on ne peut faire l'impasse sur les idées remarquables d'Ernest RENAN et sa célèbre conférence de 1882 donnée à la Sorbonne[2]. Mais, il ne faut pas oublier qu'un regard superficiel ne suffit pas pour comprendre les grandes théories mises en place par ces grands penseurs. Aussi, faut-il bien comprendre et saisir le fond de leurs pensées.

Notre tâche s'annonce également des plus délicates compte tenu de la pluralité des ressources. En effet, une étude de la notion d'État unitaire va nécessiter non seulement une recherche dans les ouvrages

---

[1] R. CARRÉ DE MALBERG, *Contribution à la théorie générale de l'État,* (réédition présentée par É. MAULIN), Paris, Dalloz, 2003.

[2] E. RENAN, *Qu'est-ce qu'une nation ?* (et autres essais politiques : Textes choisis et présentés par Joël Roman), Paris, Presses pocket, 1992.

de droit constitutionnel, mais aussi les ouvrages de droit administratif. De plus, il faut bien étudier aussi les ouvrages portant sur le droit de la décentralisation et le droit des collectivités territoriales.

Ainsi, en raison de la difficulté liée à la pluralité des sujets — comme la Nation, la souveraineté — sur lesquels plusieurs thèses séparées peuvent être rédigées, nous allons tâcher de traiter toujours ces différents sujets autour de la question de la notion d'État unitaire. Par exemple, dans le cadre de la décentralisation, notre objectif n'est pas de traiter de l'organisation administrative décentralisée de la République française et turque ni d'énumérer les réformes de la décentralisation dans ces États, comme il est d'usage dans les ouvrages portant sur le droit des collectivités territoriales. Certes, il faudra aborder ces différents sujets, mais notre objectif principal est de traiter ces sujets d'un point de vue qui intéresse la structure unitaire de l'État.

§ 3- La problématique principale de l'étude

Partant du constat de l'insuffisance de la Constitution d'un État, à elle seule, pour le qualifier d'unitaire ou non, conjugué aux mouvements de décentralisation ou de régionalisation, qui peuvent être dénommés comme « évolutionnistes », il faut préciser qu'il est difficile de mettre en place une définition exacte de l'État unitaire compte tenu de la mutation de cette forme d'État. Cette mutation nécessite de s'interroger jusqu'où peut aller ce processus d'évolution de la structure unitaire pour ne pas parler d'une nouvelle forme d'État ?

Comme le relève Gérard MARCOU, il faut préciser que « du point de vue constitutionnel la France reste un État unitaire, et il est très probable qu'elle le restera. »[1] Ajoutons que la Turquie préservera probablement aussi sa forme. De même, on ne peut pas dire que la décentralisation ou la régionalisation puissent changer la structure unitaire d'un État. Cependant, il faut encore ajouter que ces évolutions peuvent forcer les limites de celui-ci, plus particulièrement dans l'hypothèse où une limite existe pour ne pas complètement bouleverser la structure étatique unitaire. Ainsi, dans le cadre de notre travail, il sera utile de déterminer une problématique en s'interrogeant sur l'existence d'une telle limite de la mutation de la forme de l'État unitaire.

---

[1] G. MARCOU, « Le bilan en demi-teinte de l'Acte II, Décentraliser plus ou décentraliser mieux ? », art. cit., p. 295 et suiv.

Dans le cadre de cette étude comparée sur la notion d'État unitaire, il faudra d'abord rechercher la signification de cette notion en restant dans la discipline juridique, puisqu'il s'agira d'une étude qui analysera ce terme par ses aspects constitutionnels et administratifs. Donc, en analysant l'exemple de l'État unitaire français, qui a beaucoup plus d'expérience et qui est un État unitaire « moderne » ou « atypique » par rapport à l'État unitaire turc — un État unitaire « classique » ou « typique » —, et en recherchant les différences et les similitudes entre ces deux exemples, il est nécessaire de s'interroger sur les critères juridiques essentiels et les principes généraux de la structure unitaire de l'État, ainsi que sur les conditions *sine qua non* de cette forme d'État.

Précisons que la détermination des critères juridiques et des conditions *sine qua non* de la structure étatique unitaire est, en même temps, une autre manière de s'interroger sur les limites de la mutation de la forme d'État unitaire à ne pas franchir. En effet, si l'on prend en compte la mutation de l'État unitaire vis-à-vis de certains évènements comme la décentralisation aujourd'hui, il est possible de se demander jusqu'où peut-on aller pour ne pas franchir la ligne rouge de cette forme d'État ?

Autour de ces questions, il convient de faire remarquer, en partant d'une analyse des éléments constitutifs de l'État et des pouvoirs étatiques, que notre étude va démontrer que l'unité de la détention du pouvoir législatif apparaîtra en tant que condition *sine qua non*. Ainsi, en vertu d'une telle condition indéniable, qui est aussi un critère indicatif de la distinction de la forme d'État unitaire des autres formes d'État, il sera nécessaire de chercher à savoir s'il existe, dans un État, une unité ou une pluralité des détenteurs du pouvoir législatif pour pouvoir déterminer si on est face à un État unitaire ou non.

§ 4- L'énoncé du plan du travail

Dans le cadre de notre analyse des principes généraux et des dispositions constitutionnelles concernant la forme de l'État unitaire, l'on peut dire qu'il n'est pas facile de mettre en place une certaine distinction entre les principes d'indivisibilité de l'État et de l'unité de celui-ci. Ainsi, l'on peut parler d'une concomitance entre eux[1].

[1] V. sur le principe de l'unité et de l'indivisibilité de l'État, R. DEBBASCH, *Le principe révolutionnaire d'unité et d'indivisibilité de la République : essai d'histoire*

Néanmoins, pour certains, il est nécessaire de distinguer entre les deux principes. Ainsi, certains auteurs trouvent que la République française « n'est plus une »[1], puisque la Constitution de 1958 ne parle plus de « l'unité », même si elle admet que la République française est « indivisible ». Par ailleurs, certains autres estiment que cette absence d'unité est bien normale, puisque la position extrême de certaines entités infra-étatiques ou collectivités territoriales porte atteinte à l'unité de l'État.

La célèbre expression « l'État pluri-législatif » de Pierre LAMPUÉ[2], concernant la République française, est une confirmation du résultat de cette atteinte portée par certaines collectivités, notamment ultramarines, à l'unité du pouvoir législatif. Donc, on voit en même temps que le principe de l'unité est discuté, plus particulièrement au niveau des pouvoirs étatiques.

Précisons que la mise en place de la distinction ou de la concomitance des principes d'indivisibilité de l'État et de l'unité de celui-ci n'est pas parmi les objectifs principaux de notre étude. Notre travail ne concerne que l'analyse de ces principes autour de la forme d'État unitaire. Donc, nous allons suivre la distinction habituelle, et nous allons voir, dans **la première partie**, le principe d'indivisibilité avec une analyse sur les éléments constitutifs de l'État.

Lors de cette étude comparée entre les droits français et turc, les éléments constitutifs de l'État, à savoir le territoire, la Nation (ou le peuple) et la souveraineté[3] seront les sujets les plus importants pour

---

politique, Economica, Presses universitaires d'Aix-Marseille, 1988 ; F. LEMAIRE, *Le principe d'indivisibilité de la République : mythe et réalité, op. cit.*

[1] V. Th. MICHALON, « La décentralisation a-t-elle des limites juridiques ? », *in* J.-C. FORTIER (dir.), *Questions sur l'administration des DOM : décentraliser l'Outre-mer ?* Paris, Economica, Aix-en-Provence, Presses universitaires d'Aix-Marseille, 1989, pp. 29-37.

[2] V. P. LAMPUÉ, *Droit d'outre-mer et de la coopération*, 4e éd., Paris, Dalloz, 1969. V. aussi sur ce sujet, C. AVRIL, *L'État plurilégislatif et la République indivisible*, Thèse, Avignon, 2004.

[3] V. en doctrine turque, pour ces trois éléments dans la définition de la notion d'État, K. GÖZLER, *Devletin genel teorisi* [La théorie générale de l'État], Bursa, Ekin, 3e éd., 2011, pp. 4-6. En faisant référence à Georg JELLINEK, l'auteur explique la théorie des trois éléments constitutifs de l'État. Il aborde aussi la question de la reconnaissance des États dans le domaine international, et affirme que la reconnaissance par les autres États n'a pas la même importance que ces trois éléments constitutifs de la notion d'État (v. pp. 11-13). Dans notre étude, nous allons nous concentrer sur ces trois éléments constitutifs, mais seulement du point de vue de la

notre travail. Puisque notre étude porte sur la notion de l'État unitaire, et que le principe d'indivisibilité de l'État revient assez souvent dans les Constitutions, nous allons donc tâcher de chercher à savoir ce que signifie ce principe, notamment au regard des éléments constitutifs de l'État.

Dans **la deuxième partie**, nous allons aborder le principe de l'unité de l'État au regard des trois pouvoirs étatiques, c'est-à-dire législatif, exécutif et judiciaire. En partant de la doctrine française et turque, il sera utile de traiter la question de l'unité de la détention de ces pouvoirs étatiques dans l'État unitaire. Nous considérons qu'une analyse des pouvoirs législatif, exécutif et judiciaire, dans le cadre du principe de l'unité de l'État, qui est l'un des principes généraux dans l'État unitaire, va nous permettre de mettre en place des critères juridiques afin de déterminer si un État est unitaire ou non. Précisons, tout de suite, que le sujet de l'unité de *la détention du pouvoir législatif* va gagner plus d'importance dans ce cadre. Par contre, nous allons constater que le modèle français de l'État unitaire soulève toujours quelques interrogations, notamment en raison de l'existence de certaines « dérogations » à l'égard du principe de l'unité du pouvoir législatif. En réalité, le problème résulte de la position exceptionnelle de certaines collectivités *sui generis* ou certaines collectivités territoriales métropolitaines ou ultramarines. Mais, en tout cas, l'on comprend que le problème est relatif au processus de l'aménagement de la décentralisation dans l'État unitaire.

---

structure étatique unitaire. Ainsi, comme l'affirme Atilla NALBANT, les différentes formes d'États sont des « modèles » relatifs à la classification des différentes relations complexes entre ces trois éléments constitutifs de l'État, v. A. NALBANT, *Üniter devlet : bölgeselleşmeden küreselleşmeye* [État unitaire : de la régionalisation à la globalisation], İstanbul, On İki Levha Yayıncılık, 2e éd., 2012, p. 3.

PREMIÈRE PARTIE
Le principe de l'indivisibilité au regard des éléments constitutifs de l'État

Nous allons analyser, sous cette première partie, le principe d'indivisibilité que nous avons indiqué en parlant des articles 1er de la Constitution française et 3 de la Constitution turque. Autour de la notion d'État unitaire, nous allons tenter de déterminer la signification du principe d'indivisibilité et son contenu au regard des éléments constitutifs de l'État ?

La question est discutée en doctrine. Certains auteurs distinguent entre les éléments constitutifs de l'État et les conditions d'existence de celui-ci. Selon Georges BURDEAU, « presque tous les traités de droit constitutionnel situent l'étude de la nation et du territoire sous une rubrique qui semble traditionnelle : les éléments constitutifs de l'État »[1]. Mais, il qualifie le territoire ou la Nation de conditions d'existence de l'État, et dit que « ces conditions ne sont pas des éléments constitutifs de l'État »[2].

Expliquant sa pensée, Georges BURDEAU estime qu'« en réalité, quelle que soit l'importance du rôle joué par ces éléments dans la genèse de l'État et dans l'État lui-même, c'est déformer leur signification que de voir en eux des parties intégrantes de l'État. Je sais bien que d'anciennes et respectables habitudes d'esprit nous invitent à confondre l'État tantôt avec un territoire, tantôt avec la population, tantôt avec une combinaison de ces deux éléments unis sous une autorité commune. Ce sont pourtant des conceptions erronées. »[3] L'auteur ajoute que « ce n'est pas, certes, qu'il faille écarter de la théorie juridique de l'État des réalités concrètes telles que le territoire et la population, il importe seulement de les situer à leur place exacte. Or, elle n'est pas dans les éléments constitutifs de l'État. L'État, nous le verrons, est à la fois concept et institution, et ni dans le concept ni dans l'institution, le territoire, le groupe ou la nation ne sont pris en considération. »[4]

La pensée de Georges BURDEAU est très importante dans le cadre de l'étude de la théorie générale de l'État. Néanmoins, faut-il le

---

[1] G. BURDEAU, *Traité de science politique*, t. II, *L'État*, 2e éd., Paris, LGDJ, 1967, p. 78.
[2] *Ibid.*
[3] *Ibid.*
[4] *Ibid.*

rappeler, dans notre étude sur l'État unitaire nous étudierons le territoire, la nation et la souveraineté en tant qu'éléments constitutifs de l'État — comme il est accepté généralement en doctrine — et ce qui nous intéresse est la position de ces éléments constitutifs du point de vue des principes de l'indivisibilité ou de l'unité de l'État. L'on peut accepter aussi ces trois éléments comme conditions d'existence de l'État, mais il faudra exclure la question de la distinction entre les éléments constitutifs et les conditions d'existence de l'État qui ne rentre pas dans le champ de notre étude.

Suivant ce qui précède, nous allons donc traiter, d'abord, le principe de l'indivisibilité du territoire en droits français et turc (**Chapitre 1**). Ensuite, il sera nécessaire de parler du principe de l'indivisibilité de la Nation (ou du peuple) dans le cadre de notre sujet (**Chapitre 2**). Enfin, nous nous intéresserons au principe de l'indivisibilité de la souveraineté (**Chapitre 3**). Précisons d'emblée que ce dernier sujet va nous conduire à une recherche sur les trois pouvoirs étatiques dans la partie suivante, puisque ces dernières sont une illustration de l'exercice de la souveraineté.

CHAPITRE 1
Le principe de l'indivisibilité du territoire en droits français et turc

Comme nous l'avons déjà précisé, le premier point qui intéressera notre étude, qui va nous montrer des aspects constitutionnels et administratifs de l'État unitaire, est la notion d'État et ses éléments constitutifs.

Dans ce chapitre, on va tâcher de traiter au préalable le principe de l'indivisibilité dans le cadre de la question du territoire. Pour cela, il est logique de commencer par s'intéresser au territoire en tant qu'élément constitutif de l'État, et il faudra l'analyser en vertu du principe de l'indivisibilité de la République qui est l'un des principes généraux de la notion de l'État unitaire et qui apparaît, à la fois, comme un fondement constitutionnel de la forme unitaire de la République[1].

Précisons que ce qu'on analyse, dans ce chapitre, est un territoire spécifique qu'on qualifie de « territoire de l'État unitaire ». Nous allons tâcher de faire une analyse juridique sur « le territoire de l'État unitaire » en partant de deux exemples de l'État unitaire, la République française et la République turque.

Dans cette étude comparée, nous allons donc relever la perception juridique de la doctrine, des constituants et de la jurisprudence française concernant le principe de l'indivisibilité du territoire. Nous allons, en même temps, mettre en exergue les ambiguïtés du territoire français, à la lumière de ce principe (**Section 1**).

Ensuite, la question sera traitée en droit turc, ce qui va nous permettre de constater que la République turque est beaucoup plus stricte sur la question de l'indivisibilité du territoire que l'État français. C'est ce que nous allons voir dans le cadre du principe d'« intégrité indivisible » du territoire en droit public turc (**Section 2**).

---

[1] G. MARCOU, « Le principe d'indivisibilité de la République », *Pouvoirs*, 2002, n° 100, pp. 45-65, spéc., p. 46.

Section 1
L'ambiguïté du principe de l'indivisibilité du territoire dans l'État unitaire français

Il sera question, dans un premier point, de déterminer la signification du terme *territoire* — comme élément constitutif de l'État —, ainsi que du principe de l'indivisibilité et de l'intégrité de celui-ci en droit public français (**Paragraphe 1**). Dans un second point, il conviendra d'étudier « le droit de sécession » qui présente une véritable entorse au principe de l'indivisibilité et de l'intégrité du territoire français (**Paragraphe 2**).

Paragraphe 1. L'indivisibilité et l'intégrité du territoire en droit public français

Il existe plusieurs définitions du territoire dans les différentes disciplines, y compris dans l'économie[1] et le droit international[2]. Certains auteurs définissent le territoire, comme un « lieu de mémoire »[3]. Cela étant, même si nous allons toucher au droit international quand il sera nécessaire - le territoire de l'État est « généralement étudié dans le détail au cours de droit international » [4]-

---

[1] R. W. COX, « Territoire et interdépendance », *in* B. BADIE et M.-C. SMOUTS (dir.), *L'international sans territoire,* Paris, L'Harmattan, 1996, p. 241 et suiv.

[2] F. FOURNIÉ, *Recherches sur la décentralisation dans l'œuvre de Maurice Hauriou,* Paris, LGDJ, 2005. L'auteur s'est employé à définir le territoire dans différentes disciplines, de la géographie à la philosophie ou à l'éthologie. On pense que cet ouvrage est très utile pour un chercheur qui fait une étude sur le sujet du territoire. De même, pour une étude plus approfondie sur le sujet du territoire en droit français, y inclus l'intégrité ou l'indivisibilité de celui-ci, il est possible de se référer également à deux thèses : L. SAÏDJ, *La notion de territoire en droit public français contemporain,* Thèse, Université Lyon II, 1972 ; J. OWONA, *La notion d'intégrité territoriale dans la vie politique et le droit constitutionnel français depuis 1789,* Thèse, Université Paris II, 1972. Pour plus de détails au sujet du territoire en droit international, v. G. DISTEFANO, *L'Ordre international entre légalité et effectivité : le titre juridique dans le contentieux territorial,* Paris, Pedon, 2002 ; M. FLORY, « Le couple État-territoire en droit international contemporain », *in* B. BADIE et M.-C. SMOUTS, *op. cit.*, p. 251 et suiv.

[3] P. NORA, *Les lieux de mémoire. II. La Nation, Le territoire, l'État, le patrimoine,* Paris, Gallimard, 1986.

[4] M. LASCOMBE, *Le droit constitutionnel de la Ve République,* Paris, L'Harmattan, 2010, p. 311. Sur la même question, v. aussi M.-A. COHENDET, *Droit constitutionnel,* Paris, Montchrestien, 2011, p. 198.

, précisons que notre étude vise à rechercher notamment les aspects constitutionnels et administratifs de ce sujet.

D'ailleurs, il faut ajouter aussi que même s'il s'agit d'« une question traditionnellement traitée par le droit international,...mais [elle] intéresse au plus haut point le droit constitutionnel »[1]. Ainsi, dans les manuels de droit constitutionnel, la question du territoire est traitée dans le cadre de « la notion d'État »[2], qui est « une personne morale caractérisée par la détention de prérogatives de puissance publique », et qui constitue, en même temps, un « sujet du droit international public caractérisé par un territoire, une population et l'existence d'un ordre juridique souverain »[3]. Donc, dans plusieurs explications, le territoire est proclamé comme l'un des éléments constitutifs et l'une des « conditions d'existence »[4] de l'État.

À ce sujet, disons-le clairement, quasiment dans tous les ouvrages, voire peut-être même pour toute la doctrine, excepté Léon DUGUIT[5], le territoire est considéré comme un élément indispensable pour pouvoir parler de l'État[6].

---

[1] V. CONSTANTINESCO et S. PIERRÉ-CAPS, *Droit constitutionnel,* Paris, PUF, 2011, p. 257.

[2] « Qu'est-ce que l'État ? La réponse à cette question dépend de la détermination des éléments communs à tous les États, c'est-à-dire des composantes de l'État, qui permettent de définir ce dernier et ses fonctions. », v. Ch. DEBBASCH *et al.*, *Droit constitutionnel et institutions politiques,* Paris, Economica, 2001, p. 19.

[3] P. AVRIL et J. GICQUEL, *Lexique de droit constitutionnel,* Paris, PUF, 2012, cop. 2003, p. 55.

[4] Selon certains, « L'État se caractérise par différents aspects tangibles, matériels, qui sont tantôt présentés comme ses éléments constitutifs tantôt comme ses conditions d'existence, ce qui revient, au fond, au même : un territoire, une population, une autorité souveraine s'exerçant effectivement sur ce territoire et cette population. », v. V. CONSTANTINESCO et S. PIERRÉ-CAPS, *op. cit.*, p. 252.

[5] D'après Léon DUGUIT, « Le territoire n'est pas un élément indispensable à la formation de l'État. Nous voulons dire qu'on peut très bien concevoir qu'une différenciation politique se produise dans une société qui n'est pas fixée sur un territoire déterminé. », v. L. DUGUIT, *Manuel de droit constitutionnel,* Paris, Université Panthéon-Assas, LGDJ Diffuseur, 2007, p. 70.

[6] R. CARRÉ DE MALBERG, *Contribution à la théorie générale de l'État, op. cit.,* pp. 2-3. V. aussi P. FOILLARD, *Droit constitutionnel et institutions politiques,* Orléans, Paradigme, 2012, p. 5 ; M. LASCOMBE, *op. cit.,* p. 311 ; O. DUHAMEL, *Droit constitutionnel et institutions politiques,* Paris, Seuil, 2009, p. 18 ; D. TURPIN, *Droit constitutionnel,* Paris, PUF, 2007, p. 35 ; Ch. DEBBASCH *et al., op. cit.,* p. 19 ; P. AVRIL et J. GICQUEL, *Lexique de droit constitutionnel, op. cit.,* p. 55 ; A.-M. LE POURHIET, *Droit constitutionnel,* Paris, Economica, 2012, p. 4 ; R. DEBBASCH,

Georges BURDEAU estime, à ce propos, que « le territoire, qui apparaît comme une des principales conditions d'existence de l'État, est d'une importance capitale dans l'œuvre politique du Pouvoir. Et il conserve ce caractère quelle que soit la forme du Pouvoir, que celui-ci soit institutionnalisé dans l'institution étatique ou qu'il ne soit encore que l'autorité toute subjective de quelques personnalités dirigeantes. Il est toujours un cadre de compétence, une base d'action du Pouvoir et, pour le groupe, il ne cesse de demeurer le symbole tangible de l'esprit de communauté. » [1]

Par ailleurs, comme l'a affirmé Raymond CARRÉ DE MALBERG, il est possible de préciser que « l'État a essentiellement besoin d'avoir un territoire à soi, parce que telle est la condition même de toute puissance étatique »[2].

Autrement dit, l'État ne peut pas exister sans un territoire. Peut-être qu'il est possible de parler de « micro-États »[3] du point de vue d'un territoire limité, tels Monaco et le Vatican. Néanmoins, il faut dire

---

Droit constitutionnel, Paris, LexisNexis, 2012, p. 8 (selon l'auteur, « L'État suppose pour exister la présence concomitante de trois éléments : un territoire, une population et un pouvoir souverain ») ; P. PACTET et F. MÉLIN-SOUCRAMANIEN, *Droit constitutionnel,* Paris, Sirey, 2012, p. 35 ; J. GICQUEL et J.-É. GICQUEL, *Droit constitutionnel et institutions politiques,* Paris, Montchrestien, 2012, p. 58 ; J.-P. JACQUE, *Droit constitutionnel et institutions politiques,* Paris, Dalloz, 2012, p. 5 ; P. ARDANT et B. MATHIEU, *Institutions politiques et droit constitutionnel,* Paris, LGDJ-Lextenso, 2012, p. 23 ; M.-A. COHENDET, *op. cit.,* p. 198 ; P. TÜRK, *Théorie générale du droit constitutionnel,* Paris, Gualino-Lextenso, 2012, p. 23 ; O. GOHIN, *Droit constitutionnel,* Paris, Litec, 2010, p. 17.

[1] G. BURDEAU, *Traité de science politique*, t. II, *L'État*, *op. cit.,* p. 84. Sur la question du territoire en tant que condition d'existence de l'État, chez le même auteur, v. pp. 84-99.

[2] R. CARRÉ DE MALBERG, *Contribution à la théorie générale de l'État, op. cit.*, p. 3.

[3] R. DEBBASCH, *Droit constitutionnel, op. cit.*, p. 8. V. dans le même sens, P. ARDANT et B. MATHIEU, *op. cit.,* p. 27. Parlant du territoire, ils estiment que : « Sa taille peut-être très variable. Il existe des micro-États tels le Liechtenstein, Monaco, le Vatican, ou l'île Nauru ».

qu'« il n'y a pas d'État sans territoire »[1] et qu'« il apparaît qu'un État sans territoire ne peut survivre »[2].

Donc l'on peut dire, concernant notre sujet dans le cadre du droit public, que le territoire apparaît comme un élément constitutif de l'État, selon la doctrine française[3]. Notre intérêt pour ce caractère initial du territoire, à savoir sa qualité d'élément constitutif de l'État[4], est justifié par le fait que cela nous aidera beaucoup pour pouvoir mettre en place les critères de la notion d'État unitaire.

En doctrine française, l'on estime que « l'État « unitaire » n'est autre que l'État dans sa forme classique, rassemblant un seul peuple sur un territoire indivis »[5]. Donc, le territoire de cette forme d'État doit être indivisible, c'est-à-dire qu'il faut qu'il soit « un seul »[6].

Il faut également parler, à ce propos, du terme d'intégrité. En effet, du point de vue du principe de l'indivisibilité de la République, reviennent assez souvent certaines expressions relatives à la question du territoire ; c'est le cas de l'intangibilité, l'indivisibilité ou l'intégrité.

---

[1] D. TURPIN, *op. cit.,* p. 35. V. aussi O. GOHIN, *Droit constitutionnel, op. cit.,* p. 17 ; V. CONSTANTINESCO et S. PIERRÉ-CAPS, *op. cit.*, p. 253 ; P. ARDANT et B. MATHIEU, *op. cit.,* p. 27 ; H. LELIEVRE, *Les régions en révolte contre les États ? : Corse, Kabyle, Pays basque, Kurdistan, Flandre, etc.,* Bruxelles, éd. Complexe, 2002, p. 43. Ce dernier affirme que : « Le territoire est indispensable et réfléchissant à la nature de l'État nous ne devons pas dire que l'État a un territoire mais que l'État est un territoire. Sans territoire pas d'État. »

[2] P. FOILLARD, *Droit constitutionnel et institutions politiques, op. cit.,* p. 6. V. dans le même sens, V. CONSTANTINESCO et S. PIERRÉ-CAPS, *op. cit.*, p. 254, qui rappellent que : « la disparition du territoire signale évidemment aussi la disparition de l'État ancien proprement dit. » Sur la perte du territoire pendant les guerres, certains auteurs trouvent que : « l'État peut survivre à la perte de son territoire (pays occupés pendant une guerre). Mais il ne s'agit que d'une exception : il n'existe plus d'État, État, s'il y a perte définitive du territoire. », v. Ch. DEBBASCH *et al.*, *op. cit.,* p. 22.

[3] De sorte que les dictionnaires juridiques le définissent de la même manière. Le territoire est défini par certains comme « un élément constitutif de l'État, formé par les espaces terrestres, aérien et maritime, le cas échéant, qui délimite la sphère des compétences *ratione loci* des autorités publiques. », v. P. AVRIL et J. GICQUEL, *Lexique de droit constitutionnel, op. cit.,* p. 133.

[4] Raymond CARRÉ DE MALBERG qui, partant des éléments constitutifs de l'État, explique bien la notion de l'État unitaire et fédéral dans une large partie de son ouvrage, v. R. CARRÉ DE MALBERG, *Contribution à la théorie générale de l'État, op. cit.*, pp. 1-256.

[5] D. BARANGER, *Le droit constitutionnel,* Paris, PUF, 2013, cop. 2002, p. 54.

[6] D. CHAGNOLLAUD, *Droit constitutionnel contemporain,* t. III, *La Ve République,* Paris, Dalloz, 2009, p. 92.

Sans rentrer dans des discussions complexes au sujet de la signification terminologique de ces différents mots, l'on constate que le terme « intégrité » est utilisé non seulement par la doctrine française[1], mais aussi par la Constitution de cet État[2].

Comme l'a relevé Roland DEBBASCH dans son ouvrage intitulé « le principe révolutionnaire d'unité et d'indivisibilité de la République », « l'indivisibilité du territoire national ou, si l'on préfère, son intégrité, elle est affirmée dans pas moins de trois articles de la Constitution du 4 octobre 1958 »[3].

En effet, l'expression « intégrité du territoire » est consacrée aux articles 5 et 16 de la Constitution, selon lesquels le président de la République est le garant de cette intégrité, notamment en cas d'une menace grave et immédiate. L'expression revient également dans l'article 89 qui dispose qu'« *aucune procédure de révision ne peut être engagée ou poursuivie lorsqu'il est porté atteinte à l'intégrité du territoire* ». Enfin, outre la Constitution, cette expression est consacrée aussi dans plusieurs autres textes, tel que le Code pénal en son livre IV, titre Ier, chapitre II[4].

À notre sens, l'expression « l'intangibilité » peut avoir le même sens que « l'intégrité », ce qui expliquerait par ailleurs son utilisation parfois par la doctrine pour définir « le territoire de l'État unitaire ». Toutefois, il convient de noter que « l'intégrité » est un caractère apparent du territoire indivisible dans un État unitaire. Par conséquent, « le territoire est appréhendé, en droit positif, à travers la notion d'« intégrité du

---

[1] J. GICQUEL et J.-É. GICQUEL, *op. cit.*, p. 63 ; D. CHAGNOLLAUD, *Droit constitutionnel contemporain,* t. I, *Théorie générale, les régimes étrangers,* Paris, Dalloz, 2013, p. 9 ; M. LASCOMBE, *op. cit.,* p. 319 ; O. GOHIN, *Droit constitutionnel, op. cit.*, p. 18 ; P. ARDANT et B. MATHIEU, *op. cit.*, p. 444 ; B. MATHIEU et M. VERPEAUX, *Droit constitutionnel,* Paris, PUF, 2004, p. 682 ; D. TURPIN, *op. cit.,* p. 66 ; P. FOILLARD, *Droit constitutionnel et institutions politiques, op. cit.*, p. 6 ; J.-P. JACQUE, *op. cit.*, p. 5.

[2] Les articles 5, 16 et 89 de la Constitution française utilisent le terme « intégrité du territoire ».

[3] R. DEBBASCH, *Le principe révolutionnaire d'unité et d'indivisibilité de la République : essai d'histoire politique*, *op. cit.*, pp. 419-420.

[4]V. http://www.legifrance.gouv.fr/affichCode.do?cidTexte=LEGITEXT000006070719 (Version consolidée au 13 octobre 2013). Dans le chapitre intitulé « *Des autres atteintes aux institutions de la République ou à l'intégrité du territoire national* », l'article 412-1 du Code pénal dispose : « *Constitue un attentat le fait de commettre un ou plusieurs actes de violence de nature à mettre en péril les institutions de la République ou à porter atteinte à l'intégrité du territoire national.* »

territoire », dans un souci, pour l'État français, de sa préservation dans l'espace et donc de sa continuité dans le temps »[1].

Analysons maintenant, le sujet du territoire en droit français dans le cadre du principe d'indivisibilité de la République qui est affirmé par l'article 1er de la Constitution, comme on l'a indiqué au-dessus. À présent il nous paraît nécessaire de chercher à savoir si l'article 1er de la Constitution, qui consacre le principe d'indivisibilité de la République, englobe celui de l'indivisibilité et de l'intégrité du territoire français. Par rapport à la réponse obtenue, il sera question de déterminer la fonction du principe de l'indivisibilité du territoire en droit français et peut-être s'interroger si cette indivisibilité du territoire est réelle.

À ce sujet, et suivant la doctrine, l'on peut dire que « l'indivisibilité se rapporte bien à « la République » mais il est clair qu'à travers celle-ci elle concerne aussi le territoire et les populations »[2].

Comme la plupart de la doctrine, Alain BOYER estime que « le principe d'indivisibilité de la République, affirmé par la Constitution du 4 octobre 1958, a pour conséquence l'intangibilité du territoire »[3].

Il convient de faire remarquer, à ce sujet, que même si elle consacre le principe de l'indivisibilité de la République dans son premier article, la Constitution française n'évoque nullement le territoire.

Par ailleurs, comme l'a relevé Louis FAVOREU « au regard de la jurisprudence constitutionnelle, le principe d'indivisibilité de la République ne signifie pas que le territoire de la République soit intangible »[4].

Allant dans le même sens, André ROUX trouve que l'intangibilité du territoire a longtemps été considérée comme le critère essentiel de l'indivisibilité, mais en réalité il est difficile de voir l'intégrité (ou l'intangibilité) du territoire dans le cadre du principe d'indivisibilité de la République. C'est pour cette raison que le Conseil constitutionnel distingue ces deux principes[5]. Ainsi, « lorsqu'il a eu l'occasion de se prononcer sur cette question, [le Conseil constitutionnel] n'a pas jugé

---

[1] O. GOHIN, *Droit constitutionnel, op. cit.*, p. 18.

[2] P. PACTET et F. MÉLIN-SOUCRAMANIEN, *op. cit.*, p. 334.

[3] A. BOYER, *Le statut constitutionnel des territoires d'outre-mer et l'État unitaire : contribution à l'étude des articles 74, 75, 76 de la Constitution du 4 octobre 1958*, Presses universitaires d'Aix-Marseille, Economica, 1998, p. 137.

[4] L. FAVOREU *et al.*, *Droit constitutionnel*, Paris, Dalloz, 2013, pp. 509-510.

[5] A. ROUX, *Droit constitutionnel local*, Paris, Economica, 1995, p. 81.

que le principe d'indivisibilité de la République…puisse faire obstacle à la sécession d'un territoire d'outre-mer »[1]. À la lumière de ce qui précède, l'on peut comprendre que « le principe de l'indivisibilité de la République ne protège ni l'intangibilité du territoire ni l'uniformité de celui-ci »[2].

À ce sujet, l'on peut rappeler deux importantes décisions du Conseil constitutionnel, celle du 30 décembre 1975[3] et celle du 2 juin 1987[4]. En outre, Félicien LEMAIRE parle de « la disjonction des principes d'indivisibilité et d'intégrité territoriale »[5], et cite deux autres décisions du Conseil, en l'occurrence une décision du 25 février 1982 et une autre du 17 janvier 2002.

Comme nous l'avons noté, il est légitime de dire que le principe de l'indivisibilité du territoire a une place ambiguë en droit français. D'ailleurs, tout comme la Constitution, le Conseil constitutionnel parle du principe d'intégrité du territoire, mais tout en le distinguant de celui de l'indivisibilité de la République. Dans ces conditions, il sera plus intéressant d'analyser le contenu du principe de l'indivisibilité du territoire.

Suivant la doctrine française, l'on peut parler d'une définition qui nous indique la perspective « concrète » de ce principe. Il est, en effet, retenu que « l'intégrité du territoire, c'est-à-dire l'impossibilité de céder une parcelle de territoire à un État étranger, ou de permettre qu'un État se constitue sur une partie du territoire »[6].

En revanche, comme nous allons l'exposer, ci-après, l'utilisation du « droit de sécession » dans l'histoire française est une vraie ambiguïté à l'égard de cette définition indiquée au-dessus.

---

[1] *Ibid.,* p. 82.

[2] R. DEBBASCH et A. ROUX, « L'indivisibilité de la République », *in* B. MATHIEU et M. VERPEAUX (dir.), *La République en droit français,* Paris, Economica, 1996, p. 86.

[3] Cons. const., n° 75-59 DC, loi relative aux conséquences de l'autodétermination des îles Comores, *Rec.*, p. 26.

[4] Cons. const., n° 87-226 DC, loi organisant la consultation des populations intéressées de la Nouvelle-Calédonie et dépendances, *Rec.*, p. 34.

[5] F. LEMAIRE, *Le principe d'indivisibilité de la République : mythe et réalité, op. cit.,* pp. 229-231. Selon l'auteur, « il ressort de la jurisprudence qu'une distinction doit être faite entre le principe d'indivisibilité et le principe d'intégrité du territoire figurant aux articles 5, 16 et 89, al., 4, puisque le Conseil constitutionnel a pris soin de dissocier les deux notions. »

[6] P. ARDANT et B. MATHIEU, *op. cit.,* p. 444.

Enfin, nous pensons qu'en faisant une petite analyse empirique du point de vue du territoire français, y inclus ses collectivités territoriales, il sera plus facile de comprendre l'ambiguïté du contenu du principe de l'indivisibilité du territoire en droit français.

Paragraphe 2. Le droit de sécession, une véritable entorse au principe de l'indivisibilité et de l'intégrité du territoire français

Le droit de sécession, qui a pris la place en droit français depuis les années 1960, pose un véritable paradoxe par rapport au principe de l'indivisibilité et de l'intégrité du territoire français[1]. Dans certains États, comme la Turquie, il est impossible d'imaginer une consécration simultanée du principe de l'indivisibilité du territoire, et du droit de sécession. D'ailleurs, nous allons traiter ce dernier comme une atteinte « explicite » à l'indivisibilité du territoire.

Le droit de sécession nous rappelle le droit des peuples à disposer d'eux-mêmes. L'on peut même dire que ce dernier, inscrit à l'article 1er de la Charte des Nations Unies, constitue la source et l'origine du premier. D'ailleurs, la doctrine précise aussi que le « droit de sécession est ainsi admis et c'est au bénéfice du droit des peuples à disposer d'eux-mêmes »[2].

Bertrand BADIE estime, à ce sujet, que « le droit international et la morale universelle pouvaient-ils se réconcilier sur ces bases en conjuguant les principes de l'intégrité territoriale avec le droit des peuples à disposer d'eux-mêmes »[3].

Cependant, du point de vue des aspects constitutionnels et dans le cadre de l'indivisibilité de l'État, il faut se demander comment l'on peut expliquer ce droit face à l'indivisibilité du territoire. Si l'on prend en considération la fonction de ce droit, l'on peut dire que « le territoire de l'État peut être divisé à la suite de la sécession d'une partie de son

---

[1] Sur le droit de sécession dans le cadre de la question d'État unitaire, v. R. DEBBASCH, *Le principe révolutionnaire d'unité et d'indivisibilité de la République : essai d'histoire politique*, *op. cit.* ; A. ROUX, *Droit constitutionnel local*, *op. cit.* ; A. BOYER, *op. cit.* ; v. aussi, pour les décisions du Conseil constitutionnel français sur ce sujet, M. VERPEAUX *et al.*, *Droit constitutionnel : les grandes décisions de la jurisprudence,* Paris, PUF, 2010, pp. 56-64.

[2] D. CHAGNOLLAUD, *Droit constitutionnel contemporain*, t. III, *La Ve République*, *op. cit.*, pp. 92-93.

[3] B. BADIE, *La fin des territoires : essai sur le désordre international et sur l'utilité sociale du respect,* Paris, Fayard, 1995, p. 253.

territoire et de sa population »[1]. Autrement dit, « la sécession fera qu'une partie du territoire d'un État relèvera désormais de la souveraineté d'un autre État, soit d'un État déjà existant (et il y aura rattachement), soit d'un État nouveau »[2].

Précisons que nous n'allons pas traiter, ici, toute l'histoire du droit de sécession en droit français. Néanmoins, il sera utile de donner, même brièvement, une explication de ce droit et ses conséquences dans le cadre de l'indivisibilité du territoire français.

Disons-le, l'intérêt que suscite le droit de sécession est justifié par la question des territoires d'outre-mer (ci-après, TOM). Ce droit a été même exercé, plusieurs fois, dans l'histoire française. Et comme on l'a déjà précisé concernant les dispositions et les décisions constitutionnelles, il faut admettre que « le principe d'indivisibilité de la République et ses incidences sur le territoire, qui n'ont nullement fait obstacle à cette vague décolonisatrice des années 1960 »[3].

Il convient de rappeler à ce sujet l'alinéa 2 du préambule de la Constitution de 1958 qui avait laissé aux territoires d'outre-mer une possibilité initiale de choix entre l'accession à l'indépendance et l'acceptation de la Constitution, lors du référendum du 28 septembre 1958. La même possibilité a été reconnue pour la Guinée, dont la population a répondu négativement à la deuxième question, ce qui a mené à son indépendance.

De plus, il faut également rappeler le célèbre article 53 de la Constitution[4]. C'est grâce à lui ainsi qu'à la doctrine de René CAPITANT[5] que la procédure de sécession a été facilitée. C'est ainsi

---

[1] V. CONSTANTINESCO et S. PIERRÉ-CAPS, *op. cit.*, p. 254.

[2] *Ibid.*

[3] P. PACTET et F. MÉLIN-SOUCRAMANIEN, *op. cit.*, p. 334.

[4] Selon certains auteurs, cet article qui donne « une possibilité de modification du territoire.....signifie bien que le territoire n'est pas conçu comme une donnée absolument intangible, fixée au moment de la Constitution de 1958 et qui ne pourrait plus être modifiée sans changement de la Constitution. », v. B. MATHIEU et M. VERPEAUX, *Droit constitutionnel*, *op. cit.*, p. 684.

[5] V. sur le droit de sécession et « la doctrine Capitant », plus particulièrement, J.-C. MAESTRE, « L'indivisibilité de la République et l'exercice du droit d'autodétermination », *RDP*, 1976, pp. 431-461. La doctrine Capitant est développée dans « le rapport rédigé le 30 novembre 1966 au nom de la Commission des lois de l'Assemblée Nationale. » V. aussi concernant l'article 53 et la doctrine de René CAPITANT, A. ROUX, *Droit constitutionnel local, op. cit.*, p. 83 ; A. BOYER, *op. cit.*, pp. 143-144 ; R. DEBBASCH, *Le principe révolutionnaire d'unité et d'indivisibilité de la République : essai d'histoire politique*, *op. cit.*, p. 422 ; V.

que l'Algérie en 1962, la Côte de Somalie en 1967, les Comores en 1976 et le Territoire français des Afars et des Issas en 1977, ont quitté la République française.

Abordant la question d'indépendance de l'Algérie, Jean-Claude MAESTRE estime que « le peuple français a incontestablement voulu ou, en tout cas, a accepté l'indépendance de l'Algérie. C'est à une révision *de facto* de la Constitution qu'il a procédé »[1].

Force est de constater que si le droit de sécession et l'indépendance de certaines collectivités sont justifiés par une nécessité politique, néanmoins le processus se fait au moyen du « droit ». C'est ce qui est relevé également par Jean-Claude MAESTRE, d'après lequel « le droit fut très vite soumis à l'épreuve des faits et des exigences politiques »[2].

Se prononçant sur la question d'indépendance de l'Algérie, Jean-Claude MAESTRE disait qu'il fallait une révision constitutionnelle pour régler le problème, en précisant que « la seule procédure régulière consistait à réviser préalablement la Constitution de façon à permettre aux départements d'Algérie, aux territoires d'outre-mer, voire à d'autres collectivités territoriales de remettre en cause son appartenance à la République française »[3]. Mais, le droit de sécession a été utilisé par une façon différente.

Outre les collectivités indiquées ci-dessus, l'on peut citer le cas de la Nouvelle-Calédonie[4], un bénéficiaire d'un statut particulier (en dehors de l'article 53), qui a également eu la possibilité de recouvrer son indépendance.

Pour ce faire il existe l'accord de Nouméa, signé le 5 mai 1998, et la révision constitutionnelle de 1998 qui permettent, en effet, à la

---

CONSTANTINESCO et S. PIERRÉ-CAPS, *op. cit.*, p. 507. Selon ces deux derniers auteurs, « Faisant sienne la thèse développée en l'occurrence par le Pr René Capitant (la « doctrine Capitant »), le juge constitutionnel a considéré que « les dispositions de cet article doivent être interprétées comme étant applicables, non seulement dans l'hypothèse où la France céderait à un État étranger ou bien acquerrait de celui-ci un territoire, mais aussi dans l'hypothèse où un territoire cesserait d'appartenir à la République pour constituer un État indépendant ou y être rattaché » (Cons. const., n° 75- 59 DC du 30 décembre 1975, *Rec.*, p. 26). »

[1] J.-C. MAESTRE, « L'indivisibilité de la République et l'exercice du droit d'autodétermination », art. cit., p. 456.

[2] *Ibid.*, p. 437.

[3] *Ibid.*, p. 455.

[4] V. sur cette collectivité sui generis, Th. MICHALON, « Pour la Nouvelle-Calédonie, l'hypothèse fédérale », *in* J.-Y. FABERON (dir.), *L'avenir statutaire de la Nouvelle-Calédonie*, La Documentation française, 1997, pp. 221- 241.

Nouvelle-Calédonie « d'accéder éventuellement un jour à la pleine souveraineté »[1]. D'ailleurs, selon l'accord précité, un référendum devait avoir lieu entre 2014-2018, et un référendum d'autodétermination a été organisé le 4 novembre 2018 dans le cadre de l'accord de Nouméa. Mais, les votants ont répondu « non » à 56,67 % à la proposition d'indépendance.

Selon les règles prévues par l'accord de Nouméa de 1998, le deuxième référendum organisé le 4 octobre 2020 a donné également une majorité au « non » à l'indépendance (53,26 %). Le dernier référendum a été organisé le 12 décembre 2021 et le « non » l'a emporté avec 96,50 % des voix. Mais, ajoutons que la participation à ce scrutin a été de 43,87 %, suite au boycott de la part des indépendantistes en raison de la date d'organisation.

En somme, l'indépendance de la Nouvelle-Calédonie a été rejetée. Toutefois, si l'on considère le résultat inverse de cette situation, c'est-à-dire dans le cas de l'indépendance de la Nouvelle-Calédonie, comment pouvait-on expliquer le principe d'indivisibilité du territoire pour l'État unitaire français dans cet ouvrage ?

En fait, quels que soient les résultats de ces référendums, face à une telle possibilité d'indépendance d'une partie du territoire, il faut admettre qu'il s'agit d'une certaine ambiguïté du point de vue de l'indivisibilité du territoire français.

Si l'on revient à l'utilisation du droit de sécession dans le cadre de l'article 53 de la Constitution, et s'il est nécessaire de parler des conditions de ce droit, il faut regarder la décision du Conseil constitutionnel du 30 décembre 1975 relative à l'affaire des Comores[2] avec cet article 53. Et il faut dire qu'il existe deux conditions afin qu'un territoire sorte de la République : sa population doit y consentir et une loi du Parlement doit l'y autoriser.

Il y a certains auteurs français qui affirment, en considérant ces conditions et l'article 53, que « cette autodétermination ne s'oppose donc pas au principe d'indivisibilité de la République et d'intégrité de son territoire puisque « *Nulle cession, nul échange, nulle adjonction de*

---

[1] P. ARDANT et B. MATHIEU, *op. cit.,* p. 445.

[2] Sur cette décision et les conditions commentées, v. Ch. DEBBASCH *et al.*, *op. cit.,* p. 532. V. aussi A. ROUX, *Droit constitutionnel local, op. cit.,* p. 85. V. aussi, concernant la décision du 30 décembre 1975, plus particulièrement, J.-C. MAESTRE, « L'indivisibilité de la République et l'exercice du droit d'autodétermination », art. cit., pp. 431-461.

territoire n'est valable sans le consentement des populations intéressées » (3ème alinéa de l'article 53 de la Constitution) »[1].

Néanmoins, l'on se demande encore s'il est possible d'expliquer le droit de sécession avec juste une condition de consultation des populations intéressées dans le cadre des principes de l'indivisibilité de la République et de l'intégrité du territoire ?

Pour le droit de sécession, il faut s'interroger s'il est vraiment possible de parler de l'existence de l'intégrité et de l'indivisibilité du territoire, face au choix de quitter la République ? Ou bien s'agit-il ici d'un dépassement de la limite de l'indivisibilité du territoire ? Sur ce point, et concernant la question des TOM, il faut se demander aussi si l'indivisibilité et l'intégrité du territoire national français sont liées avec le « fil de coton » ?

En réalité, comme l'a rappelé Roland DEBBASCH, ces conditions trouvent leur origine dans une proposition de loi constitutionnelle présentée par Jean FONTAINE, qui était député de la Réunion. Cette proposition prévoyait la modification des articles 2, 4 et 53 de la Constitution, pour protéger l'indivisibilité du territoire de la République. De cette manière, Jean FONTAINE, député de la Réunion, suggérait l'abrogation de la consultation par la population intéressée. Ainsi, a-t-il proposé la disposition suivante : « Nulle sécession, nulle cession, nul échange, nulle adjonction de territoire n'est valable sans révision de la Constitution. Toute propagande séparatiste pouvant porter atteinte à l'intégrité du territoire national est interdite et punie par la loi »[2].

Roland DEBBASCH ajoute aussi que « les craintes de [Jean] Fontaine sont fondées essentiellement sur le fait qu'« une simple loi votée par une majorité de circonstance » pourrait un jour porter atteinte à l'intégrité du territoire national « sans que les Français en soient suffisamment informés ». »[3]

D'ailleurs, en vertu de l'article 53 de la Constitution et de son expression concernant « les populations intéressées », on pense qu'il est possible de se demander si toutes les collectivités ou toutes les populations qui existent sur le territoire français ont une telle vocation pour l'indépendance et un tel droit de sécession ? Et quelle sera la

---

[1] D. CHAGNOLLAUD, *Droit constitutionnel contemporain*, t. III, *La Ve République*, *op. cit.*, p. 93.

[2] R. DEBBASCH, *Le principe révolutionnaire d'unité et d'indivisibilité de la République : essai d'histoire politique*, *op. cit.*, p. 423.

[3] *Ibid.*

situation si toutes les parties du territoire — y compris les collectivités métropolitaines — utilisent ce droit ?

À notre sens, la réponse est très nette et en même temps tragique, non seulement pour l'État unitaire, mais aussi pour toutes les formes d'État ; de sorte que « lorsque la sécession se généralise à toutes les parties composant le territoire d'un État on peut parler d'un véritable démembrement de l'État, qui aboutit à sa disparition »[1].

Peut-être qu'au regard d'un tel risque, et du point de vue de cette condition de consultation des populations intéressées, le Conseil constitutionnel français a trouvé une solution intéressante ; et, il a fait une distinction entre le peuple français et les peuples d'outre-mer dans la décision du 2 juin 1987[2]. Ainsi, a-t-il précisé, en considérant le second alinéa du préambule de la Constitution, que les TOM peuvent exercer ce droit, contrairement au peuple français se trouvant sur le territoire métropolitain qui ne le peut pas[3].

De ce qui précède, résulte une autre question, à savoir que face à cette situation, on va se demander encore si cette décision forcée n'est pas contraire au principe de l'égalité. En réalité, comme l'a souligné Gérard MARCOU, « toutes les collectivités territoriales relèvent du même statut constitutionnel, caractérisé par le droit de s'administrer librement dans les conditions prévues par la loi, dans le respect des principes posés par l'article 1er, c'est-à-dire le principe d'indivisibilité de la République et le principe d'égalité devant la loi »[4]. Mais, si on considère cette situation ambiguë, c'est clair qu'il s'agit d'une différente position de ces différents types de collectivités, ainsi que l'affirme le Conseil constitutionnel, lui-même.

À ce sujet, peut-être qu'il est possible de qualifier le Conseil constitutionnel de « régulateur des rapports entre l'État et les

---

[1] V. CONSTANTINESCO et S. PIERRÉ-CAPS, *op. cit.*, p. 255.

[2] Cons. const., n° 87-226 DC, 2 juin 1987, v. sur cette décision, Ch. DEBBASCH *et al.*, *op. cit.*, p. 532. V. aussi V. CONSTANTINESCO et S. PIERRÉ-CAPS, *op. cit.*, p. 255. D'après ces auteurs, « si la Constitution reconnaît donc ici indirectement un droit à la sécession, ce droit n'est invocable que par les populations d'Outre-mer (les populations intéressées) mais pas par ceux qui forment le peuple français ».

[3] Cette question a été discutée aussi par la doctrine, v. A. BOYER, *op. cit.*, p. 150, selon lequel « la question qui se trouve posée est la suivante : le droit de sécession s'applique-t-il aux seuls territoires d'outre-mer ou à n'importe quelle partie du territoire de la République ? ».

[4] G. MARCOU, « L'État et les collectivités territoriales : où va la décentralisation ? », *AJDA*, 2013, pp. 1556-1563.

collectivités territoriales »[1]. Nous pensons, de notre côté, que le Conseil constitutionnel n'avait pas d'autres choix que de distinguer entre le peuple d'outre-mer et celui métropolitain. De plus, il était dans l'obligation d'exclure, en même temps, le principe d'intégrité du territoire dans le cadre de l'article 1er de la Constitution et le principe d'indivisibilité de la République. C'est la raison pour laquelle on dit que ces décisions, relatives à cette distinction et cette exclusion étaient « forcées », pour ne pas permettre une contradiction juridique indéniable.

D'ailleurs, Félicien LEMAIRE précise aussi qu'« à l'examen de la jurisprudence du Conseil constitutionnel, on peut toutefois également penser que si le juge distingue les deux principes, ce n'est pas tant parce qu'il considère sur le fond qu'il n'existe aucun rapport entre ces deux notions, que parce qu'il souhaite en toute vraisemblance éviter une confusion que la Constitution n'appelle pas à faire »[2].

En effet, d'après nous, le Conseil constitutionnel a voulu supprimer, lui-même, la contradiction de la Constitution, de sorte que le principe de l'indivisibilité était à un côté et le droit de sécession était à un autre. Peut-être que le Conseil a permis l'exercice de ce droit, en profitant de l'inexistence de l'expression de l'intégrité du territoire dans l'article 1er. Par contre, il a ignoré, en même temps, l'affirmation du principe de l'intégrité du territoire par la Constitution elle-même. Donc, même si le principe de l'indivisibilité de la République n'englobe plus le principe de l'intégrité du territoire, le résultat ne devait pas changer, parce que la Constitution consacre dans ses trois articles le principe de l'intégrité du territoire. C'est-à-dire que la contradiction constitutionnelle n'a pas été levée.

Précisons, à ce propos, que notre objectif n'est pas de critiquer l'utilisation du droit de sécession ou le refus de l'intégrité du territoire dans une autre forme d'État, nous voulons seulement mettre en place des critères concernant le caractère du territoire d'un État qu'on dit unitaire. Donc, on n'accepte pas l'existence du droit de sécession dans l'État unitaire et du point de vue de son territoire.

---

[1] V. G. MARCOU, « Décentralisation : Quelle Théorie de l'État ? », art. cit., p. 238. Pour la même expression, v. aussi G. MARCOU, « Décentralisation : approfondissement ou nouveau cycle ? », *in Décentralisation, État et territoires, Cahiers français,* 2004, n° 318, p. 8.

[2] F. LEMAIRE, *Le principe d'indivisibilité de la République : mythe et réalité, op. cit.*, p. 231.

D'ailleurs, il existe plusieurs auteurs français qui parlent aussi de la nécessité de supprimer le droit de sécession dans un État unitaire, et ce, non seulement du point de vue de l'intégrité du territoire mais aussi de l'indivisibilité de la République. De cette manière, on dit que l'absence de ce droit peut être considérée, en réalité, comme un critère essentiel en la matière. En effet, comme le précise Jean-Claude MAESTRE, « le critère de l'indivisibilité n'est défini par aucun texte... Le critère essentiel est l'absence de droit de sécession »[1]. Allant dans le même sens, Michel-Henri FABRE souligne que « l'indivisibilité de la République prohibe aussi qu'aucune fraction du territoire national fasse sécession pour s'ériger elle-même en État indépendant »[2].

Pour conclure sur la question du droit de sécession, il faut dire qu'il est difficile d'accepter une telle situation par rapport à laquelle il existe une possibilité de séparation d'une partie du territoire national. Soit on distingue la « cession » et la « sécession », soit on utilise une autre terminologie, et malgré les « décisions forcées » du Conseil constitutionnel, précisons qu'il est vraiment difficile de comprendre cette contradiction, non seulement dans la logique, mais aussi et plus particulièrement dans une discipline juridique. Donc, on peut dire, finalement, que le droit de sécession est une vraie ambiguïté en droit français du point de vue du principe de l'intégrité et de l'indivisibilité du territoire, notamment en comparaison avec le territoire d'un autre État unitaire, celui de la Turquie.

Section 2
Le principe de « l'intégrité indivisible » du territoire en droit public turc

Après avoir traité le sujet du territoire, notamment par rapport à son indivisibilité et à son intégrité en droit français, nous allons à présent traiter du même sujet dans l'État unitaire turc. Comme nous l'avons fait pour modèle français, il est utile de revenir au préalable sur la position de cet élément constitutif dans cet État. Donc, il faut analyser, d'abord, la notion du territoire et « l'intégrité indivisible » de celui-ci en droit turc (**Paragraphe 1**). Ensuite, il sera question de rechercher les critères

---

[1] J.-C. MAESTRE, « Commentaire de l'article 2 de la Constitution », *in* G. CONAC et F. LUCHAIRE (dir.), *La Constitution de la République française*, Economica, 2e éd., 1987, p. 130.

[2] M.-H. FABRE, « L'unité et l'indivisibilité de la République, réalité ? fiction ? », *RDP,* 1982, p. 612.

qui peuvent nous aider dans la définition de l'indivisibilité de cet élément dans le cadre de la notion d'État unitaire. Cela va nous permettre également de faire remarquer la différence existant entre les modèles français et turc quant à la question du territoire, en l'occurrence l'impossibilité de « cession » ou de « sécession » du territoire dans le modèle turc (**Paragraphe 2**).

Paragraphe 1. La notion du territoire et l'intégrité indivisible de celui-ci en droit turc

Tel qu'en France, la doctrine turque définit le territoire, comme « une des conditions de l'existence »[1] ou « un des éléments préparatoires »[2] de la notion d'État. En doctrine turque, le territoire est également considéré comme « un élément constitutif de l'État »[3].

---

[1] A. GÖZE, *Devletin ülke unsuru : sınırları ve devletle olan münasebeti* [L'élément « territoire » de l'État : ses frontières et son rapport avec l'État], İstanbul, Fakülteler Matbaası, 1959, pp. 6-7 ; H. N. KUBALI, *Anayasa hukuku dersleri : genel esaslar ve siyasal rejimler* [Leçons de droit constitutionnel : bases générales et les régimes politiques], İstanbul, İstanbul Üniversitesi, Hukuk Fakültesi, 1971, p. 32 ; B. N. ESEN, *Anayasa hukuku : genel esaslar* [Droit constitutionnel : bases générales], Ankara, Ayyıldız Matbaası, 1970, p. 115 ; İ. GİRİTLİ et J. SARMAŞIK, *Anayasa hukuku : genel esaslar-Türk anayasa hukuku* [Droit constitutionnel : bases générales-droit constitutionnel turc], İstanbul, Beta, 2001, p. 35 ; E. TEZİÇ, *Anayasa hukuku : (genel esaslar),* [Droit constitutionnel : bases générales], İstanbul, Beta, 2007, p. 115.

[2] İ. GİRİTLİ et J. SARMAŞIK, *op. cit.*, p. 35 ; F. DEMİRKOL, *Anayasa hukuku I -II ders notları* [Droit constitutionnel I-II notes], İstanbul, Filiz, 2004, p. 49 ; A. GÖZE, *op. cit.*, pp. 6-7 ; R. G. OKANDAN, « Devletin fiziki unsuru (ülke) » [L'élément physique de l'État (territoire)], *in İstanbul Üniversitesi Hukuk Fakültesi mecmuası* t. 14, n° 1-2, 1948, p. 162.

[3] A. F. BAŞGİL, « Devletin ülke unsuru : (ülke ile devlet birliği arasındaki münasebetin hukuki ve sosyolojik mana ve mahiyeti üzerinde bir izah denemesi) » [L'élément « territoire » de l'État: (Un essai sur la signification et la nature sociologique et juridique du rapport entre le territoire et l'unité étatique], *İstanbul Üniversitesi Hukuk Fakültesi mecmuası,* t. 13, n° 4, 1947, pp. 1261-1281 ; P. BİLGEN, *Anayasa Mahkemesi kararları*, [Les décisions de la Cour constitutionnelle], İstanbul, İstanbul Üniversitesi Hukuk Fakültesi, 1977, p. 1 ; H. N. KUBALI, *op. cit.*, p. 30 ; B. N. ESEN, *op. cit.*, p. 93 ; Ö. TİKVEŞ, *Teorik ve pratik anayasa hukuku* [Droit constitutionnel théorique et pratique], İzmir, Dokuz Eylül Üniversitesi Hukuk Fakültesi, 1982, p. 155 ; K. GÖZLER, *Türk anayasa hukuku* [Droit constitutionnel turc], Bursa, Ekin Yayınları, 2000, p. 117 ; İ. GİRİTLİ et J. SARMAŞIK, *op. cit.*, p. 35 ; Ş. İBA, *Anayasa hukuku ve siyasal kurumlar* [Droit constitutionnel et institutions politiques], Ankara, Turhan, 2008, p. 66 ; İ. Ö. KABOĞLU, *Anayasa hukuku dersleri : (genel esaslar)* [Leçons de droit constitutionnel: (bases générales)], İstanbul, Legal

Si l'on prend l'exemple de Hüseyin Nail KUBALI, ce dernier distingue dans les éléments constitutifs de l'État entre les éléments « abstraits » et les éléments « concrets », puis classifie le territoire dans le cadre de ces derniers[1]. De son côté, Recai Galip OKANDAN définit aussi le territoire comme « l'élément physique de l'État »[2].

À ce sujet, Ali Fuad BAŞGİL estime que « la vie de l'État commence avec le territoire »[3] dans l'histoire. D'après lui, s'il est possible de considérer une communauté sans un territoire — par exemple des nomades —, en revanche, il n'est pas possible d'imaginer la notion d'État sans un territoire[4].

Ainsi, l'on peut dire aussi que, hormis quelques exceptions[5], quasiment tous les auteurs s'accordent sur le fait que la notion d'État ne peut pas exister sans un territoire[6]. À ce propos, tout comme pour la

---

Yayıncılık, 2012, p. 67 ; M. ERDOĞAN, *Anayasa hukuku* [Droit constitutionnel], Ankara, Orion, 2009, p. 7 ; E. TEZİÇ, *op. cit.,* p. 115 ; A. ÖZER, *Anayasa hukukunun genel ilkeleri* [Les principes généraux de droit constitutionnel], Ankara, Turhan, 2003, p. 44 ; K. GÖZLER, *Anayasa hukukunun genel teorisi* [La théorie générale de droit constitutionnel], Vol. 1, Bursa, Ekin, 2011, p. 360 ; B. KUZU, *Düşünceleri açıklama hürriyeti ve ülkenin bölünmez bütünlüğü* [La liberté d'expression des pensées et l'intégrité indivisible du territoire], İstanbul, İÜ, 1997, p. 90 ; Y. SABUNCU, *Anayasaya giriş*, [Introduction à la Constitution], Ankara, İmaj Yayınevi, 2005, pp. 23-24 ; R. G. OKANDAN, art. cit., p. 162 ; A. GÖZE, *op. cit.,* pp. 6-7 ; F. DEMİRKOL, *Anayasa hukuku I -II ders notları* [Droit constitutionnel I-II notes], *op. cit.,* p. 49. Sur la question du territoire en tant qu'élément constitutif de l'État en doctrine turque, v. K. GÖZLER, *Devletin genel teorisi* [La théorie générale de l'État], *op. cit.,* pp. 65-76.

[1] H. N. KUBALI, *op. cit.,* p. 30.

[2] R. G. OKANDAN, art. cit.

[3] A. F. BAŞGİL, art. cit., p. 1261.

[4] A. F. BAŞGİL, art. cit., pp. 1261-1262.

[5] Il existe dans la doctrine française une idée opposée, en l'occurrence celle de Léon DUGUIT. La doctrine turque parle aussi de l'idée de Léon DUGUIT, selon laquelle les nomades peuvent construire un État, v. A. GÖZE, *op. cit.,* p. 8 et note de bas de page n° 5. Yıldızhan YAYLA estime qu'il est possible de parler de la notion d'État sans un territoire, et cite pour exemple la Pologne de 1914-1918. Néanmoins, cet auteur affirme aussi que le territoire est, en même temps, un élément qui facilite l'établissement de l'État, v. Y. YAYLA, *Anayasa hukuku : ders notları* [Droit constitutionnel: notes], İstanbul, Filiz, 1986, p. 21.

[6] Plusieurs auteurs pensent que l'État nécessite, certainement, un territoire, v. à titre d'exemple, A. F. BAŞGİL, *op. cit.,* pp. 1261-1262 ; İ. Ö. KABOĞLU, *op. cit.,* p. 68 ; E. TEZİÇ, *op. cit.,* p. 115 ; A. GÖZE, *op. cit.,* p. 13.

doctrine française, la doctrine turque parle aussi notamment de l'exemple du Vatican[1] ou d'Israël en tant que micro-États[2].

Il est donc clair que le territoire a la même qualité en tant qu'élément constitutif de l'État dans la doctrine française et turque[3].

Voyons, maintenant en détail cet élément constitutif de l'État, en analysant sa position face au principe de l'indivisibilité en droit turc, puis en évoquant les similitudes et les différences qu'il présente par rapport au territoire français, du point de vue du principe précité.

Au sujet du principe de l'indivisibilité du territoire, l'on peut constater que, tout comme en France, la doctrine turque accepte aussi que le territoire ne soit pas contigu « géographiquement » ou « physiquement ». Il est donc admis qu'une « *contiguïté territoriale* » n'est pas indispensable. D'ailleurs, il y a plusieurs auteurs qui précisent aussi qu'une telle contiguïté n'est pas nécessaire concernant le territoire géographique ou les frontières de celui-ci[4]. C'est ce que soutient par exemple Ayferi GÖZE, qui a traité cette question du point de vue du territoire français, en évoquant plus particulièrement les collectivités territoriales d'outre-mer[5].

Précisons qu'en droit turc, le principe de l'indivisibilité du territoire est l'un des piliers indispensables du principe de l'indivisibilité de l'État, de sorte que ces deux principes ont été affirmés tous deux sous le titre « *III- Intégrité de l'État* » de la Première partie et dans l'article 3 de la Constitution de 1982 qui est la Constitution actuelle de la République turque. Aux termes du premier alinéa de l'article 3 « *l'État turc forme avec son territoire et sa nation une entité indivisible* ». C'est-à-dire que le principe de l'indivisibilité de l'État est construit sur les axes de la Nation et du territoire. Ajoutons aussi que selon l'article 4 de

[1] B. N. ESEN, *op. cit.,* p. 172. Concernant ce sujet et l'exemple du Vatican, v. aussi A. GÖZE, *op. cit.,* p. 8 et note n° 3 ; R. G. OKANDAN, art. cit., p. 166 et note n° 10.

[2] H. N. KUBALI, *op. cit.,* p. 32. Dans le même sens, v. F. DEMİRKOL, *Anayasa hukuku I -II ders notları* [Droit constitutionnel I-II notes], *op. cit.,* p. 49.

[3] Concernant le territoire et la question des formes de l'État en doctrine turque, v. A. NALBANT, *op. cit.,* pp. 15-22.

[4] K. GÖZLER, *Anayasa hukukunun genel teorisi* [La théorie générale de droit constitutionnel], *op. cit.,* p. 424. V. sur la même question, K. GÖZLER, *Devletin genel teorisi* [La théorie générale de l'État], *op. cit.,* pp. 69-70 ; B. N. ESEN, *op. cit.,* p. 172. Cet auteur indique aussi le Pakistan qu'il estime être un État atypique ; donc, si on considère les collectivités territoriales d'outre-mer françaises, la France est, à la fois, un État atypique du point de vue de son territoire et selon cette affirmation.

[5] A. GÖZE, *op. cit.,* p. 68 et note de bas de page n° 119.

la Constitution turque, l'article 3 ne peut pas être modifié ni sa modification ne peut être proposée.

Il convient de faire remarquer que le principe de l'indivisibilité du territoire est déjà consacré au préambule de la Constitution, qui parle du territoire et de l'indivisibilité de celui-ci dans son paragraphe 5, en précisant qu'« *aucune opinion ou pensée ne peut se voir accorder protection à l'encontre des intérêts nationaux turcs, du principe d'indivisibilité de l'entité turque du point de vue de l'État et du territoire* ».

De plus, ce principe est également visible dans plusieurs autres articles de la Constitution. En effet, les articles 3, 5, 14, 26, 28, 58, 68, 118, 122 et 130 parlent tous du territoire et de son « intégrité indivisible ».

Outre la Constitution, ce principe est adopté dans plusieurs autres textes de loi. C'est le cas par exemple des articles 78, 79 et 101 de la loi sur les partis politiques et dans le Code pénal turc (4e section de la 4e partie).

Si l'on analyse le principe consacré dans la Constitution, l'on peut dire que les termes associés au territoire sont l'intégrité mais aussi l'indivisibilité. De sorte qu'en combinant de ces deux mots, l'on peut parler de « l'intégrité indivisible » du territoire.

C'est à ce propos que l'on constate la première différence du droit turc par rapport au droit français. En effet, le choix des termes nous révèle d'emblée l'approche du pouvoir constituant concernant la sensibilité du territoire turc. En outre, l'on peut constater que la Constitution turque consacre le principe d'intégrité indivisible du territoire dans ses dix articles différents, et peut-être qu'elle expose encore cette sensibilité en répétant toujours ce principe.

L'on constate aussi que l'article 3 de la Constitution turque, en disposant que « *l'État turc forme avec son territoire et sa Nation une entité indivisible* », souligne clairement que le principe de l'indivisibilité de la République englobe, en même temps, le principe de l'intégrité indivisible du territoire.

Dans son livre sur le Droit constitutionnel turc, Kemal GÖZLER trouve que le principe de l'indivisibilité de l'État consacré à l'article 3 de la Constitution turque est une preuve de l'affirmation de l'État unitaire[1]. D'autres auteurs, en faisant une référence au lien existant entre les droits turcs et français, précisent que « le principe de l'indivisibilité de la Nation et du territoire de l'État » existe bel et bien. En effet, il est même parmi les piliers les plus importants « de l'organisation étatique qui est le produit du centralisme napoléonien et de la Révolution française »[2]. À leurs yeux, il est clair que « l'unité et l'indivisibilité du territoire » sont l'un des principes qui existent dans l'article 3 de la Constitution turque[3].

En revanche, et comme nous l'avons déjà traité concernant le droit français, il faut rappeler que l'article 1er de la Constitution française ne parle pas du territoire. Donc, l'on peut dire que la différence la plus importante qui distingue la Constitution turque est sa consécration du principe de l'intégrité indivisible du territoire, dans le cadre du principe d'indivisibilité de l'État.

Voyons, maintenant, le contenu et les critères de ce principe en droit turc, ainsi que les différences et les similitudes avec le droit français.

Paragraphe 2. L'impossibilité de « cession » ou de « sécession » du territoire en droit turc

Précisons d'abord qu'il y a quelques études turques qui jugent le principe de l'intégrité indivisible du territoire comme l'une des raisons de la limitation de la liberté d'expression[4]. Néanmoins, l'on s'intéressera seulement aux aspects constitutionnels et administratifs de

---

[1] K. GÖZLER, *Türk anayasa hukuku,* [Droit constitutionnel turc], *op. cit.,* p. 115. V. dans le même sens, A. NALBANT, *op. cit.,* pp. 3-5. Selon l'auteur, la structure unitaire de l'État turc est indiquée par le principe d'indivisibilité consacré à l'article 3 de la Constitution turque.

[2] İ. GİRİTLİ et J. SARMAŞIK, *op. cit.,* p. 41. Précisons qu'il y a des auteurs qui traitent bien le modèle d'administration française en parlant de la période de la Révolution française, du centralisme napoléonien et de la période suivante, v. A. NALBANT, *op. cit.,* pp. 71-116. Cet auteur estime que le modèle français d'administration est un exemple indicatif de l'organisation administrative de la forme d'État unitaire.

[3] İ. GİRİTLİ et J. SARMAŞIK, *op. cit.,* p. 41. Selon ces auteurs, il est possible de déduire trois autres principes de l'article 3 de la Constitution turque : L'unité et l'indivisibilité de la souveraineté, de la Nation et du territoire.

[4] B. KUZU, *op. cit.* V. sur le même sujet, A. NALBANT et O. ERÖZDEN, « L'État-Nation et l'indivisibilité de la République en tant que principe restrictif des droits culturels et politiques », *Turkish Yearbook of Human Rights*, n° 14, 1992, TODAİE, (article en français), pp. 137-150.

ce principe, en restant sur la question du territoire de l'État unitaire turc. Comme nous l'avons fait précédemment concernant le droit français.

L'étude de la jurisprudence constitutionnelle nous révèle que la Cour constitutionnelle turque fait référence au principe de l'intégrité indivisible du territoire dans plusieurs décisions. Et ce qui est important, ici, c'est que la Cour constitutionnelle proclame le principe de l'indivisibilité de l'État et celui de l'intégrité du territoire dans le même cadre, de sorte que la Cour, dans la décision de 14 juillet 1993 -*AYM. E.92/1, K. 93/1*-, affirme que « le principe de l'indivisibilité comprend l'indépendance de l'État et l'intégrité du territoire »[1]. La même position est réitérée par la décision constitutionnelle du 16 juin 1994, *AYM. E. 93/3, K. 94/2*[2].

Donc, il s'agit là d'une autre différence entre les décisions constitutionnelles turques et françaises. Faut-il le rappeler, le Conseil constitutionnel français distingue le principe de l'indivisibilité de la République de celui de l'intégrité du territoire. Par ailleurs, le juge constitutionnel français a déjà précisé que le principe de l'intégrité du territoire ne fait pas un obstacle à l'exercice du droit de sécession.

À ce propos, précisons aussi une autre différence concernant le droit de sécession. En effet, contrairement à la position du Conseil constitutionnel français, la Cour constitutionnelle turque souligne explicitement, dans la décision du 16 juin 1994 -*E. 93/3, K. 94/2*-, l'impossibilité d'exercer le droit des peuples à disposer d'eux-mêmes du point de vue du territoire turc[3]. D'ailleurs, il est impossible de parler

[1] V. P. BİLGEN, *Anayasa Mahkemesi kararları*, [Les décisions de la Cour constitutionnelle], *op. cit.*, p. 4 ; K. GÖZLER, *Türk anayasa hukuku,* [Droit constitutionnel turc], *op. cit.*, p. 119.

[2] V. B. E. ODER et O. K. KANADOĞLU, *Uygulamalı anayasa hukuku : norm ve karar incelemeleri, metin çözümlemeleri, güncel ve varsayımsal olaylar,* [Droit constitutionnel appliqué: analyses des normes et des décisions, analyses des textes, faits actuels et hypothétiques], İstanbul, Beta, 2008, p. 69.

[3] B. TANÖR et N. YÜZBAŞIOĞLU, *1982 Anayasasına göre : Türk anayasa hukuku,* [Droit constitutionnel turc : selon la Constitution de 1982], İstanbul, Yapı Kredi Yayınları, 2001, p. 79 et note n° 40. Cette idée est développée également par Kemal GÖZLER, v. *Anayasa hukukunun genel teorisi* [La théorie générale de droit constitutionnel], *op. cit.*, p. 417. Cet auteur parle des exemples d'anciennes colonies françaises et anglaises et précise que le droit des peuples à disposer d'eux-mêmes n'est reconnu qu'aux colonies ; sinon, ce droit ne peut pas être reconnu pour les peuples non-colonisés Aussi, selon l'auteur, ce droit ne peut pas être utilisé pour la sécession par les peuples non-colonisés à l'égard du principe d'intégrité indivisible

de l'exercice du droit de sécession tenant compte du principe de l'intégrité indivisible du territoire. Comme nous l'avons noté un peu plus haut, la protection de l'intégrité indivisible du territoire existe, et c'est ce qui justifie la limitation de la liberté d'expression en cas de propagande — par un parti politique, par exemple — d'une telle cession ou sécession d'une certaine partie du territoire national turc[1].

Outre la Constitution et la jurisprudence constitutionnelle, l'interdiction de cession ou de sécession du territoire est également défendue par la doctrine turque. Ainsi, d'après Kemal GÖZLER, qui fait référence à la doctrine française, ni la cession ni la sécession ne peuvent exister dans le cadre du principe de l'intégrité indivisible du territoire en droit turc[2]. Cette position est partagée par un grand nombre d'auteurs[3].

L'on constate aussi que l'absence du droit de cession ou de sécession du territoire est, en même temps, considérée comme le critère essentiel du principe de l'intégrité indivisible de celui-ci dans le droit turc. D'ailleurs, plusieurs auteurs définissent ce principe sur la base de ce critère[4].

Suivant ce qui précède, il est donc clair que le droit de sécession n'a pas droit de cité en droit turc. D'ailleurs, on avoue que pour un juriste turc, il serait incompréhensible et inacceptable de consacrer ce droit dans un État qu'on dit unitaire[5]. À titre d'exemple, parlant de la vente de l'Alaska aux États-Unis par la Russie, Attila ÖZER précise que « l'État turc ne peut pas vendre l'entité la plus petite et la plus inutile du territoire à un autre État »[6]. Avec de tels propos, l'on peut comprendre peut-être mieux, encore une fois, le caractère du territoire turc du point de vue du principe de l'intégrité indivisible.

---

du territoire. V. aussi sur ce sujet, K. GÖZLER, *Devletin genel teorisi* [La théorie générale de l'État], *op. cit.*, pp. 61-63.

[1] B. KUZU, *op. cit.*

[2] K. GÖZLER, *Anayasa hukukunun genel teorisi* [La théorie générale de droit constitutionnel], *op. cit.*, p. 477 et notes n° 2 et 3.

[3] B. TANÖR et N. YÜZBAŞIOĞLU, *op. cit.*, p. 106 ; Y. SABUNCU, *op. cit.*, p. 31 ; B. KUZU, *op. cit.*, p. 88. V. aussi K. GÖZLER, *Devletin genel teorisi* [La théorie générale de l'État], *op. cit.*, p. 131.

[4] B. TANÖR et N. YÜZBAŞIOĞLU, *op. cit.*, p. 106. V. aussi B. KUZU, *op. cit.*, p. 88 ; A. NALBANT, *op. cit.*, pp. 70-71.

[5] A. ÖZER, *op. cit.*, p. 46.

[6] *Ibid.*

Selon Kemal GÖZLER, le principe de l'intégrité indivisible du territoire implique un ensemble d'interdictions : l'interdiction de « la cession du territoire », l'interdiction de « la sécession » de celui-ci, et « l'interdiction du fédéralisme ». De la sorte l'on empêche l'établissement d'une région ou d'une entité autonome — qui partagerait le pouvoir législatif ou la souveraineté de l'État — sur une partie du territoire[1]. Özkan TİKVEŞ estime aussi que « l'importance de l'article 3 de la Constitution est que l'indivisibilité du territoire a été clairement consacrée dans lui-même ; c'est-à-dire que la structure fédérale a été refusée par cette disposition »[2]. Notons qu'il faut ajouter le régionalisme politique à ces interdictions. Ainsi, Atilla NALBANT souligne que ce principe empêche non seulement le fédéralisme, mais aussi le régionalisme politique[3]. Donc, l'on peut dire que selon la doctrine turque, la structure unitaire de l'État ne permet pas l'existence de régions qui auraient une autonomie politique ou un pouvoir législatif sur le territoire national, selon le droit turc.

Certains auteurs ont développé une autre approche et affirment que même s'il y a un seul territoire au plan extérieur et international dans les fédérations, il est possible de parler de la pluralité des territoires au plan intérieur dans ce type d'État, puisque tous les États fédérés ont leurs propres territoires dans une fédération[4]. Donc, il faut dire qu'il est interdit la propagande du fédéralisme en Turquie selon cet article et en vertu de ce principe ; ainsi, une telle propagande de l'abandon de la forme d'État unitaire peut susciter, d'ailleurs, la dissolution des partis politiques dans l'État unitaire turc[5].

À ce sujet, certains auteurs pensent qu'il n'y a pas de différence entre l'État unitaire et la fédération du point de vue de l'utilisation du droit de sécession, dans la mesure où les entités fédérées d'une fédération ne peuvent pas non plus utiliser un tel droit[6]. Donc, il ne faut pas associer

---

[1] K. GÖZLER, *Türk anayasa hukuku,* [Droit constitutionnel turc], *op. cit.,* pp. 117-118. V. aussi B. TANÖR et N. YÜZBAŞIOĞLU, *op. cit.,* p. 107 et note n° 101.

[2] Ö. TİKVEŞ, *op. cit.,* p. 155.

[3] V. A. NALBANT, *op. cit.,* pp. 209-212.

[4] *Ibid.,* p. 17.

[5] V. concernant cette interdiction, B. KUZU, *op. cit.,* pp. 124-125. V. également A. NALBANT et O. ERÖZDEN, « L'État-Nation et l'indivisibilité de la République en tant que principe restrictif des droits culturels et politiques », art. cit., pp. 137-150.

[6] V. dans ce sens, O. UYGUN, *Federal devlet,* [L'État fédéral], İstanbul, On iki levha Yayıncılık, 2007, p. 137. L'auteur précise que même si les États membres d'une « confédération » ont le droit de sécession, les entités fédérées d'une fédération n'ont

le droit de sécession et le fédéralisme ; mais, ici, l'on constate que la doctrine turque parle de l'interdiction du fédéralisme en partant du principe d'intégrité indivisible du territoire, puisque le seul territoire national sera partagé entre les États fédérés dans une telle hypothèse de la fédération.

L'on voit clairement que le principe de l'intégrité indivisible du territoire, à côté du droit de sécession, comprend aussi l'interdiction du fédéralisme et de la propagande de celui-ci en droit turc[1]. Par ailleurs, même si une telle conséquence peut exister en droit français, néanmoins la question n'est pas traitée, à notre connaissance, par la doctrine française. C'est dire que ce principe est si important en droit turc que les atteintes à ce principe sont évaluées comme un rapprochement avec le fédéralisme.

En effet, il est nécessaire de préciser que le sujet concerne bien en même temps la souveraineté. Par ailleurs, tout comme la doctrine française, la doctrine turque souligne aussi le lien entre ces deux éléments constitutifs de l'État, à savoir le territoire et la souveraineté[2], de sorte qu'on peut dire que « le territoire est un cadre sur lequel la souveraineté est appliquée »[3]. Allant dans le même sens, Hüseyin Nail KUBALI affirme, à ce propos, que l'indivisibilité ou l'intégrité du territoire est un résultat juridique de la souveraineté de l'État[4].

Cette relation entre l'intégrité ou l'indivisibilité du territoire et la souveraineté est confirmée par la Cour constitutionnelle turque[5]. C'est ce qui ressort par exemple de la décision constitutionnelle du

---

pas un tel droit. Pour plus de détails sur la question du droit de sécession et la fédération, v. pp. 186-205.

[1] Pour une analyse avec l'approche juridique sur la possibilité ou l'impossibilité de transformer la structure unitaire de l'État turc vers une structure fédérale, v. O. UYGUN, *Federal devlet*, [L'État fédéral], *op. cit.*, pp. 318-339. On peut dire que non seulement l'analyse des dispositions constitutionnelles, mais aussi celle de la loi des partis politiques nous montrent que le système juridique turc actuel ne permet pas une telle transformation vers la structure fédérale.

[2] R. G. OKANDAN, art. cit., p. 174. Tout en faisant référence à Raymond CARRÉ DE MALBERG, cet auteur traite du rapport entre le territoire et la souveraineté. V. aussi A. F. BAŞGİL, *op. cit.*, p. 1267.

[3] İ. Ö. KABOĞLU, *op. cit.*, p. 68. V. sur la même question Ş. İBA, *op. cit.*, p. 66 ; A. ÖZER, *op. cit.*, pp. 44-45 ; H. N. KUBALI, *op. cit.*, p. 32 ; Y. SABUNCU, *op. cit.*, p. 24.

[4] H. N. KUBALI, *op. cit.*, p. 34.

[5] B. TANÖR et N. YÜZBAŞIOĞLU, *op. cit.*, p. 106 et note n° 100.

30 novembre 1993 – *E. 93/2, K. 93/3*-, qui rappelle que « l'intégrité du territoire définit, en même temps, la souveraineté unique »[1].

Donc, l'on peut voir un lien très fort entre le principe de l'intégrité du territoire et l'indivisibilité de la souveraineté. Et comme le souligne Burhan KUZU, l'on peut constater un tel lien non seulement d'après la Constitution turque de 1982, mais aussi celle de 1961[2]. L'auteur ajoute que ce principe empêche, en même temps, l'établissement des collectivités territoriales qui ont des pouvoirs autonomes et indépendants ou des entités fédérées, dans une partie du territoire turc[3].

La doctrine turque admet aussi que la décentralisation apparaît comme un sujet d'analyse important dans le cadre de la notion d'État unitaire. L'on sait bien, au sujet de la décentralisation, qu'il peut y avoir certains transferts de compétences de l'État central vers les collectivités territoriales, et ces transferts ne s'opposent pas au principe de l'indivisibilité de la souveraineté ou l'unité du système juridique sur le territoire[4]. Donc, de telles collectivités territoriales, ou « les administrations locales » — en droit turc —, peuvent légitimement exister dans un État unitaire. Toutefois, certains auteurs ajoutent que ces collectivités ou ces administrations locales ne doivent pas partager « le pouvoir étatique ». À ce propos, l'on peut dire que cette règle est bien respectée en droit turc, ce qui constitue un souci de moins par rapport au droit français[5].

Ainsi, la Cour constitutionnelle turque affirme encore, dans la décision du 30 novembre 1993 - *E. 93/2, K. 93/3*-, que le principe d'indivisibilité de la nation et du territoire accepte une seule souveraineté indivisible et exclut la structure fédérale. De même qu'elle souligne que d'après ce principe, il est impossible d'imaginer

---

[1] *Ibid.*, pour le commentaire de la décision. Pour une autre décision constitutionnelle de 1994 sur cette question, v. Y. SABUNCU, *op. cit.*, p. 30.

[2] B. KUZU, *op. cit.*, p. 89.

[3] *Ibid.*

[4] V. R. SUNAY, *Tartışılan egemenlik,* [La souveraineté discutée], Ankara, Yetkin, 2007, p. 326 ; K. GÖZLER, *Türk anayasa hukuku,* [Droit constitutionnel turc], *op. cit.*, p. 117 ; M. ERDOĞAN, *op. cit.*, p. 13.

[5] Y. YAYLA, *Anayasa hukuku : ders notları* [Droit constitutionnel: notes], *op. cit.*, p. 33. Selon cet auteur les administrateurs territoriaux ne partagent pas le pouvoir — étatique — ; ils peuvent agir seulement dans le cadre des limites indiquées par le pouvoir souverain.

l'existence de régions autonomes avec des compétences politiques ou législatives sur le territoire turc[1].

D'ailleurs, il faut préciser, dans l'état actuel, qu'en Turquie il n'existe ni de régions politiques ni de régions en tant que collectivités territoriales qui exercent des compétences administratives. De même, l'on peut dire qu'il n'existe pas dans ce pays une circonscription administrative appelée région. Force est de constater que cela constitue encore une autre différence avec le droit français. Certains auteurs évoquent aussi cette différence, en faisant référence aux régions françaises et parlent d'une incompatibilité d'un tel système avec l'organisation administrative turque, compte tenu du principe de l'intégrité indivisible du territoire[2].

Nous ne pouvons traiter de ce point sans évoquer un débat des plus importants en Turquie en ce moment, en l'occurrence la demande de créer une région autonome — du point de vue politique — dans l'Est ou le sud-est de la Turquie. Plus explicitement, il s'agit de la demande de certains Kurdes, une de reconnaître l'existence d'une région autonome qu'ils appellent le « Kurdistan »[3].

Précisons, tout de suite, que nous allons traiter aussi la question kurde dans le chapitre de l'indivisibilité de nation. Néanmoins, comme nous l'avons fait concernant la position juridique de certaines collectivités françaises situées outre-mer, dans le cadre du droit de sécession, il sera utile d'ouvrir une petite introduction, dans cette section aussi, concernant les problèmes actuels de la République turque dans le cadre de la question de l'intégrité indivisible du territoire.

À ce sujet, l'on peut dire que la question du Kurdistan concerne non seulement la Turquie, mais aussi l'Iran, l'Irak et la Syrie[4]. Précisons brièvement que le fond de cette question consiste dans la volonté de construire un nouvel État, ou comme on dit encore une région autonome indépendante. Ce qui implique un découpage d'une partie du territoire

---

[1] V. B. TANÖR et N. YÜZBAŞIOĞLU, *op. cit.,* p. 106 et note n° 100.

[2] *Ibid.*

[3] V. R. KELEŞ, *Yerinden yönetim ve siyaset* [Décentralisation et la politique], İstanbul, Cem Yayınevi, 2012, pp. 77-82. Cet auteur estime que les demandes de construction d'une région autonome dans l'Est de la Turquie sont indéfinies, de sorte que si l'établissement d'une région autonome « au niveau politique » est visé, une telle demande sera incompatible avec la structure unitaire de l'État turc.

[4] V. I. KARLSSON, *Bir diplomatın gözüyle kürt sorunu* [La question kurde au regard d'un diplomate], (traduction : T. KAYAOĞLU), İstanbul, Homer Kitabevi, 2008, p. 115 et suiv.

turc. Selon certaines assertions, il a déjà existé, sous l'Empire ottoman, une province ou une entité administrative qui s'appelait Kurdistan[1].

Cela étant dit, d'après certains, il n'est pas si facile de définir cette entité dite Kurdistan dans l'histoire et que les nationalistes kurdes ne peuvent pas mettre en place les frontières d'une telle entité qui n'a jamais été déterminée pendant toute l'histoire[2].

Certes, de nos jours le Kurdistan existe sur certaines cartes géographiques[3], il n'en demeure pas moins que cela a fait l'objet de critiques. Abdülhalûk Mehmet ÇAY, par exemple, trouve que la géographie indiquée comme Kurdistan est vraiment trop grande, il n'existait jamais une telle grande région appelée Kurdistan dans l'histoire. Selon l'auteur, l'idée de l'existence d'une telle région autonome dans l'histoire est défendue, d'ailleurs, par des idéologues qui veulent actualiser la question kurde[4].

La Cour constitutionnelle turque a traité, dans plusieurs décisions, cette question de demande de création d'une telle entité autonome qui comprendra certaines parties du territoire turc. En effet, dans le cadre du droit des peuples à disposer d'eux-mêmes, la Cour s'est ainsi prononcée sur les demandes de création d'une fédération kurdo-turque et celles d'un État indépendant sur certaines parties de ce territoire. Elle a décidé que toutes les explications qui sont en faveur de ces idées sont

---

[1] N. KUTLAY, *Kürtlerde değişim ve milliyetçilik* [Le changement aux Kurdes et le nationalisme], Ankara, Dipnot Yayınları, 2006, pp. 45-46. V. dans un sens contraire A. M. ÇAY, *Her yönüyle Kürt dosyası* [Le dossier kurde sous tous ses aspects], İstanbul, İlgi Kültür Sanat Yayıncılık, 2010, pp. 149-150. Abdülhalûk Mehmet ÇAY accepte l'existence d'une telle entité administrative en 1847, néanmoins il précise aussi que cette entité était, justement, une province comme les autres, qui a été supprimée peu de temps après. Donc, selon lui, on ne peut pas dire qu'il existait une région autonome qui s'appelait comme Kurdistan.V. également du même auteur : *Türk milli bütünlüğü içinde doğu anadolu aşiretlerinin sosyo-ekonomik ve kültürel yapilari ve bölücülük meselesi* [La structure socio-économique et culturelle des tribus de l'Anatolie orientale dans l'intégrité nationale turque et la question du séparatisme], Ankara, TTK Basımevi, 1992, p. 143.

[2] I. KARLSSON, *op. cit.*, p. 9 ; A. M. ÇAY, *Her yönüyle Kürt dosyası, op. cit.*, pp. 147-151. V. également, A. M. ÇAY, *Türk milli bütünlüğü içinde doğu anadolu aşiretlerinin sosyo-ekonomik ve kültürel yapilari ve bölücülük meselesi, op. cit.*, p. 142.

[3] A. M. ÇAY, *Her yönüyle Kürt dosyası, op. cit.*, p. 137 et suiv.

[4] *Ibid.*, p. 137.

incompatibles avec le principe de l'intégrité indivisible de l'État[1]. Il convient de faire remarquer que de telles décisions constitutionnelles sont toutes rendues concernant la dissolution de partis politiques qui se sont intéressés au PKK, qualifiée d'organisation terroriste[2].

A priori, comme nous l'avons déjà précisé, les demandes de création de nouvelles collectivités territoriales peuvent être traitées dans le cadre de la décentralisation administrative, et peuvent être acceptées. D'ailleurs, l'on constate que la Cour constitutionnelle a décidé aussi que les demandes et les explications sur la décentralisation administrative du parti DKP sont compatibles avec le principe de l'intégrité de l'État. Aussi, a-t-elle refusé la dissolution de ce parti politique, dans la décision du 26 février 1999, *E. 97/2, K./99/1*[3]. En revanche, il apparaît que la plupart de ces demandes dépassent les limites de la décentralisation administrative, puisqu'il s'agit d'un découpage de territoire.

Finalement, on peut préciser que dans un État unitaire, il peut y avoir une tendance vers une structure plus décentralisée, au niveau administratif. Cela étant, il faut ajouter aussi que les tentatives de montrer l'existence d'une unité administrative dans l'histoire de l'Empire ottoman, ne suffisent pas, et ne peuvent pas être qualifiées d'idées sérieuses pour soutenir l'établissement d'une telle région autonome ou un État indépendant sur le territoire turc.

C'est la raison pour laquelle, il est facile de dire qu'une telle entité indépendante ou les demandes de celle-ci sont naturellement incompatibles avec le principe de l'intégrité indivisible du territoire turc. Pour certains, l'établissement d'une telle entité autonome et indépendante qui s'appelle Kurdistan, sur le territoire turc, n'est qu'un « rêve »[4]. D'ailleurs, il faut dire qu'une telle entité autonome « au niveau politique » veut dire la sécession d'une partie du territoire national turc, ce qui serait incompatible avec la règle de l'impossibilité d'exercer le droit de sécession, que nous avons tâché d'expliquer sous cette section dans le cadre du droit turc.

---

[1] V. la décision de 10 juillet 1992, E. 91/2, K. 92/1. Sur cette décision, v. B. E. ODER et O. K. KANADOĞLU, *op. cit.*, p. 139.

[2] PKK est une abréviation du « parti des travailleurs du Kurdistan ». Même si cette organisation est qualifiée de « parti », il s'agit en réalité d'une organisation terroriste. Pour d'autres décisions constitutionnelles sur ce sujet, v. B. KUZU, *op. cit.*, pp. 118, 123, 125, 126, 128 et 134.

[3] V. B. E. ODER et O. K. KANADOĞLU, *op. cit.*, p. 139.

[4] I. KARLSSON, *op. cit.*, p. 179 et suiv.

CHAPITRE 2
Le principe de l'indivisibilité de la Nation ou du peuple en droits français et turc

Au début de notre étude, nous avons fait remarquer qu'il est utile de traiter le principe de l'indivisibilité autour des éléments constitutifs de l'État, pour pouvoir bien déterminer les critères indicatifs de la notion d'État unitaire. Ainsi, après une étude de l'indivisibilité du territoire, on arrive au second élément qui est l'élément humain, en l'occurrence la Nation ou le peuple[1].

Tout d'abord, nous souhaitons mettre en exergue la complexité du choix du terme, concernant ce second élément. En réalité, quand on parle du mot Nation, cela désigne un « groupement d'hommes ayant entre eux des affinités tenant à des éléments communs à la fois objectifs (race, langue, religion, mode de vie) et subjectifs (souvenirs communs, sentiment de parenté spirituelle, désir de vivre ensemble) qui les unissent et les distinguent des hommes appartenant aux autres groupements nationaux »[2].

Hervé ISAR affirme, à ce propos, que « la nation est constitutionnellement une idée associée à celle de peuple »[3]. Mais il précise, en même temps, que « la nation est constitutionnellement une idée distinguée de celle de peuple »[4], avant d'ajouter que « les idées de

---

[1] Il est possible de retrouver, en même temps, le terme « la population ». Jeanne PAGE précise au sujet de cette notion que « pour ce qui est de l'élément population, le droit français fait du regroupement de ses nationaux un tout indivisible, le peuple français. », v. J. PAGE, *Du partage des compétences au partage de la souveraineté : des territoires d'outre-mer aux pays d'outre-mer*, Aix-en-Provence, Presses universitaires d'Aix-Marseille, 2001, p. 399.

[2] S. GUINCHARD et G. MONTAGNIER (dir.), *Lexique des termes juridiques*, Dalloz, 2001, p. 373, cité par M. JOYAU, « Peuples, populations, nations, États, territoires, pays, patries, communautés, frontières : Naissance des mots », *in* J.-Y. FABERON, V. FAYAUD et J.-M. REGNAULT (dir.), *Destins des collectivités politiques d'Océanie : peuples, populations, nations, États, territoires, pays, patries, communautés, frontières : Actes du colloque international organisé du 7 au 10 mars 2011 à Nouméa,* Vol. 1 : Théories et pratiques, Aix-en-Provence, Presses universitaires d'Aix-Marseille, 2011, p. 35 et note de bas de page n° 19.

[3] H. ISAR, « La matérialisation de l'idée de nation dans les constitutions françaises », *in Que reste-t-il de la nation dans la Constitution ? : Actes du colloque, les 15 & 16 mars 2007, (à La Roche sur Yon)*, Centre de recherches Hannah Arendt, éd. Cujas, 2008, p. 159.

[4] *Ibid.*, p. 164.

Nation et de Peuple n'alimentent pas un même signifié, même si elles reposent sur un socle métaphorique commun. »[1]

Quant à la doctrine turque, au lieu de la notion de peuple ou de la Nation, l'on constate que certains auteurs utilisent, dans un premier temps, l'expression de « la communauté humaine »[2] ou « la communauté »[3], tout court, pour indiquer l'un des éléments constitutifs de l'État.

Par exemple, selon İbrahim Özden KABOĞLU, « les notions de peuple et de la nation reflètent la tendance de la modélisation de la communauté humaine par le droit »[4]. L'on peut constater des différentes réflexions, consacrées au sujet, que cet élément constitutif de l'État, désigné d'abord comme étant une communauté humaine, est aussi désigné, comme étant la « nation »[5]. En effet, même s'ils n'ignorent pas la distinction existant entre les notions de peuple et de la Nation, la préférence de la plupart des auteurs turcs va à celle de la « Nation »[6].

Précisons que nous allons utiliser simultanément les notions de peuple et de la Nation, tout au long de ce chapitre. Par ailleurs, il faut préciser aussi que s'interroger sur la différence entre ces deux notions n'est pas utile dans le cadre de notre étude qui va s'intéresser aux critères indicatifs qui assurent l'indivisibilité de l'élément humain de l'État, pour pouvoir éclaircir la notion d'État unitaire.

Donc, nous allons traiter, d'abord, notre sujet par une approche théorique de l'unité nationale (**Section 1**). À ce stade, nous nous intéresserons aux théories objective et subjective du concept de la Nation vis-à-vis de l'unité nationale française et turque. Cette approche théorique nous conduira, en même temps, à un important sujet sur lequel il est bien nécessaire d'y revenir et que commande notre étude de l'État unitaire. Il s'agit de la question de la langue qui a toujours fait

---

1 *Ibid.*

2 Y. SABUNCU, *op. cit.,* p. 23 ; A. ÖZER, *op. cit.,* p. 47 ; İ. Ö. KABOĞLU, *op. cit.,* pp. 67-77 et suiv. ; E. TEZİÇ, *op. cit.,* p. 117 et suiv. ; İ. GİRİTLİ et J. SARMAŞIK, *op. cit.,* pp. 33-35.

3 H. N. KUBALI, *op. cit.,* p. 30 ; B. N. ESEN, *op. cit.,* p. 115 et suiv.

4 İ. Ö. KABOĞLU, *op. cit.,* p. 77.

5 H. N. KUBALI, *op. cit.,* p. 34 ; E. TEZİÇ, *op. cit.,* p. 117.

6 A. ÖZER, *op. cit.,* p. 48 ; K. GÖZLER, *Anayasa hukukunun genel teorisi* [La théorie générale de droit constitutionnel], *op. cit.,* pp. 403-404 ; Y. SABUNCU, *op. cit.,* p. 36 ; B. N. ESEN, *op. cit.,* p. 119. Sur la question de la Nation en tant qu'élément humain de l'État, v. K. GÖZLER, *Devletin genel teorisi* [La théorie générale de l'État], *op. cit.,* pp. 49-64.

débat, non seulement dans la doctrine turque mais aussi française, même si cette dernière exclut la théorie objective qui englobe la langue dans les critères qui assurent l'unité nationale (**Section 2**). Après une telle analyse, il sera utile de voir aussi l'approche constitutionnelle du principe de l'indivisibilité de la Nation en droits français et turc (**Section 3**). Le cheminement précédent nous permettra de constater que l'existence du peuple d'outre-mer au sein du peuple français est toujours une question juridique fondamentale pour l'indivisibilité de la nation française (**Section 4**).

Section 1
L'approche théorique de l'unité nationale : les théories objective et subjective du concept de la Nation en droits français et turc

Dans le cadre de l'étude théorique sur l'unité nationale, nous allons parler des théories objective et subjective en droits français et turc. À ce stade, nous allons, d'abord, traiter la pensée renaienne et la théorie subjective de la Nation en doctrine française (**Paragraphe 1**), et puis, en faisant une étude en doctrine turque, nous allons analyser « la nationalité » en tant que seul critère d'être Turc selon la Constitution (**Paragraphe 2**).

Paragraphe 1. La pensée renaienne et la théorie subjective de la Nation en doctrine française

Concernant la question portant sur la signification de l'indivisibilité de la nation, il est utile de se demander c'est quoi la nation ? Quels composants constituent un tel groupe, en tant qu'élément constitutif ou une condition d'existence de l'État ? On sait bien, comme l'affirme Georges BURDEAU, que « toute collectivité humaine n'est pas, comme telle, assise d'un État possible. Elle doit présenter certains caractères en l'absence desquels il ne peut y avoir qu'un assemblage artificiel et provisoire d'individus et d'intérêts. Ce sont ces caractères qui font de la collectivité une nation. »[1]

Pour définir la notion de la Nation, ont été développées deux théories opposées, la théorie subjective développée par la doctrine française et

[1] G. BURDEAU, *Traité de science politique*, t. II, *L'État*, *op. cit.*, p. 110. V. aussi les pages 109-125 sur la question de la Nation en tant que condition d'existence de l'État.

la théorie objective défendue par la doctrine allemande. Selon la doctrine allemande, pour pouvoir parler d'une Nation, seuls des critères objectifs sont pris en considération, tels que la géographie, la langue, la religion ou la race[1]. De l'autre côté, pour la doctrine française, il n'est pas si simple d'expliquer la Nation avec des éléments objectifs, aussi faut-il en compte certains critères subjectifs, comme « la volonté de vivre ensemble ».

Il faut préciser que cette idée trouve sa source dans la pensée renaienne. En effet, dans sa célèbre conférence prononcée à la Sorbonne, le 11 mars 1882, Ernest RENAN a posé les fondements du concept de la nation en doctrine française. À ce propos, nous pensons qu'il faut faire une remarque sur l'intitulé de cette conférence, en l'occurrence « Qu'est-ce qu'une Nation »[2]. Ernest RENAN pouvait dire « qu'est-ce que « la » Nation », mais il a utilisé l'expression d'« une Nation ». En réalité, Ernest RENAN parle, en même temps, des bases essentielles de l'unité nationale. Aussi, y a-t-il lieu de s'interroger sur ces éléments qui assurent l'unité ou l'indivisibilité de la Nation ?

De l'analyse des idées d'Ernest RENAN, l'on peut constater qu'il nous parle, d'abord, de cinq critères, ensuite, il dit qu'il est impossible d'expliquer la Nation avec ces critères. Le penseur estime que « la race, capitale à l'origine, va donc toujours perdant de son importance. L'histoire humaine diffère essentiellement de la zoologie. »[3] Il ajoute aussi que « la considération ethnographique n'a donc été pour rien dans la constitution des nations modernes. »[4] D'après lui « l'importance politique qu'on attache aux langues vient de ce qu'on les regarde comme des signes de race. »[5] Ensuite le penseur souligne que « la religion ne saurait non plus offrir une base suffisante à l'établissement d'une nationalité moderne. »[6] Il met également en avant l'importance de « la communauté des intérêts », en disant qu'elle assure « un lien puissant entre les hommes. »[7] Mais, il affirme que les intérêts ne

[1] Sur le concept matériel de la notion de Nation et les éléments de celle-ci, comme la race, la langue et la religion, v. S. PIERRÉ-CAPS, *Nation et peuples dans les constitutions modernes*, Presses universitaires de Nancy, 1987, pp. 20-24.

[2] E. RENAN, *op. cit.,* 1992.

[3] *Ibid.,* p. 48.

[4] *Ibid.,* p. 46.

[5] *Ibid.,* p. 50.

[6] *Ibid.,* p. 51.

[7] *Ibid.,* p. 52.

suffisent pas à construire une Nation[1]. Au final, il estime que « la géographie, (ou) ce qu'on appelle les frontières naturelles, a certainement une part considérable dans la division des nations »[2]. Mais, il ajoute concernant ce dernier élément que « non, ce n'est pas la terre plus que la race qui fait une nation...Une Nation est un principe spirituel, résultant des complications profondes de l'histoire, une famille spirituelle, non un groupe déterminé par la configuration du sol. »[3]

Enfin, Ernest RENAN conclut son analyse sur ces éléments objectifs et résume ses idées, en disant que « l'homme n'est esclave ni de sa race, ni de sa langue, ni de sa religion, ni du cours des fleuves, ni de la direction des chaînes de montagnes. »[4] Aussi, se demanda-t-il « Que faut-il donc en plus ? »[5].

En répondant à cette question, Ernest RENAN a parfaitement expliqué son idée essentielle qu'on appelle la doctrine subjective. D'ailleurs, cette doctrine est acceptée comme la conception française de la Nation, et nous pensons aussi qu'elle explique bien les éléments essentiels pour pouvoir parler de la Nation et de l'unité nationale. Ainsi, Ernest RENAN proclame son célèbre passage qui est cité par plusieurs auteurs : « Une Nation est une âme, un principe spirituel. Deux choses qui, à vrai dire, n'en font qu'une, constituent cette âme, ce principe spirituel. L'une est dans le passé, l'autre dans le présent. L'une est la possession en commun d'un riche legs de souvenirs ; l'autre est le consentement actuel, le désir de vivre ensemble, la volonté de continuer à faire valoir l'héritage qu'on a reçu indivis. »[6] Comme le fait remarquer Ernest RENAN, il faut y avoir « dans le passé, un héritage de gloire et de regrets à partager, dans l'avenir un même programme à réaliser »[7], ainsi, un tel point commun peut réunir les membres d'une communauté humaine dite « la Nation ».

Dans la doctrine française, la pensée renaienne est perceptible chez plusieurs auteurs. C'est le cas par exemple de Georges BURDEAU qui

---

[1] *Ibid.*
[2] *Ibid.*
[3] *Ibid.*, p. 53.
[4] *Ibid.*, p. 56.
[5] *Ibid.*, p. 53.
[6] *Ibid.*, p. 54.
[7] *Ibid.*

parle de « la nation, rêve d'avenir partagé »[1]. L'auteur nous explique l'une des perspectives théoriques du terme de la Nation, mais on voit qu'il développe presque la même idée de « la volonté de vivre ensemble » d'Ernest RENAN. Ainsi, selon Georges BURDEAU, « la nation, c'est continuer à être ce que l'on a été, à vivre selon la même loi que celle qui fit la force des générations précédentes ; c'est donc, même à travers la solidarité que l'on éprouve à l'égard du passé, une représentation du futur. »[2] Donc, selon l'auteur, « une nation, c'est un rêve d'avenir partagé. Et il en est ainsi précisément parce que le sentiment national procède de la conscience d'un passé commun. »[3]

Comme nous nous sommes attelés à l'expliquer jusqu'ici, en partant des expressions d'Ernest RENAN, l'on constate que le concept de la Nation française, qui s'appuie sur les idées d'Ernest RENAN, exclut les critères objectifs, tels que la langue, la lace ou la religion. Ce qui est important pour cette conception subjectiviste, est la volonté de vivre ensemble qui assure l'unité nationale au niveau théorique. Analysons, maintenant, la conception turque concernant le concept de la nation, tout en cherchant les similitudes et les différences avec le modèle français au sujet de l'unité et de l'indivisibilité de la nation.

Paragraphe 2. Les théories objective et subjective en doctrine turque et « la nationalité » en tant que seul critère d'être Turc selon la Constitution

Dans le cadre du sujet de la genèse de la nation, Emre ÖKTEM précise que « la position de la Turquie présente des caractéristiques difficilement réconciliables. Cet État, qui se veut occidental et qui prétend s'adapter au droit occidental, souffre de ce processus de création de la nation, qu'il a tardivement rejoint, d'où des difficultés d'harmonisation avec des normes internationales forgées par des démocraties occidentales qui ont plus ou moins réglé leurs comptes avec le problème de la construction de la nation. »[4]

En doctrine turque, certains auteurs estiment que toutes les communautés humaines ne peuvent pas être considérées comme une

---

[1] G. BURDEAU, *Traité de science politique*, t. II, *L'État*, *op. cit.*, p. 115.

[2] *Ibid.*

[3] *Ibid.*

[4] E. ÖKTEM, « La Cour constitutionnelle turque définit le nationalisme, principe de la République », *RDP*, 1999, n° 4, pp. 1159-1200, spéc., p. 1159.

Nation. Pour cela il faudrait que certaines conditions soient réunies[1]. À savoir que si on définit une communauté humaine comme la Nation — l'un des éléments constitutifs de l'État —, il faut parler de certains « liens » qui devaient exister entre les membres de cette communauté humaine[2]. D'après Erdoğan TEZİÇ, pour pouvoir parler d'une Nation, il faudrait qu'il existe non seulement des « liens concrets », mais aussi des « liens abstraits »[3].

De l'analyse de la théorie subjective dans la doctrine turque, l'on peut constater la forte influence de la pensée renaienne sur la conception turque de la Nation (**A**). Cette analyse nous permettra aussi de déceler les similitudes entre la pensée renaienne et les idées de Mustafa Kemal ATATÜRK concernant le concept de la Nation (**B**). À ce propos, nous allons voir que le pouvoir constituant ne pense pas que les liens objectifs — comme race, langue ou religion — sont importants pour parler de la Nation turque, ainsi, nous verrons que la seule condition d'être Turc est définie comme « la nationalité » au niveau juridique selon la Constitution turque (**C**). Néanmoins, il convient de faire remarquer, en même temps, que les liens objectifs ne sont pas complètement exclus par la doctrine. En effet, même si c'est la théorie subjective qui prédomine, les théories subjective et objective coexistent en doctrine turque (**D**).

---

[1] H. N. KUBALI, *op. cit.,* p. 35 ; B. N. ESEN, *op. cit.,* p. 118. Certes, notre étude est avant tout de nature juridique, néanmoins elle touche également à d'autres aspects en relation avec d'autres disciplines que le pur droit. Ainsi, par exemple, pour une approche sociologique de la Nation, v. F. KENTEL *et al., Milletin bölünmez bütünlüğü : demokratikleşme sürecinde parçalayan milliyetçilik(ler)* [L'indivisibilité de la nation: les nationalismes fractionnant dans le processus de la démocratisation], İstanbul, TESEV, 2007, disponible sur lien: https://www.tesev.org.tr/wp-content/uploads/rapor_Milletin_Bolunmez_Butunlugu_Demokratiklesme_Surecinde_Parcalayan_Milliyetcilik.pdf

[2] K. GÖZLER, *Devletin genel teorisi* [La théorie générale de l'État], *op. cit.,* pp. 50-51. V. dans le même sens O. ERÖZDEN, *Ulus - devlet* [L'État-Nation], İstanbul, On iki levha yayıncılık, 2008, p. 38.

[3] E. TEZİÇ, *op. cit.,* p. 117 et note de bas de page n° 20 (l'auteur fait référence à Maurice HAURIOU).

A- L'influence de la pensée renaienne sur la conception turque de la Nation et la théorie subjective

Il est étonnant qu'Ernest RENAN ait parlé de l'unité nationale turque, dans sa célèbre conférence de 1882 à la Sorbonne. Le conférencier a utilisé le terme Turquie, mais à cette époque-là, il signifiait l'Empire ottoman, puisque la République turque n'a pas encore été construite. Parlant des années 1880, Ernest RENAN disait que « nous avons vu, de nos jours, l'Italie unifiée par ses défaites, et la Turquie démolie par ses victoires. Chaque défaite avançait les affaires de l'Italie ; chaque victoire perdait la Turquie ; car l'Italie est une nation, et la Turquie, hors de l'Asie Mineure, n'en est pas une. »[1] L'on comprend, aujourd'hui, que cette expression d'Ernest RENAN n'était pas injuste, parce qu'après la chute de l'Empire ottoman, la République turque a eu un territoire composant justement l'Asie Mineure — ou l'Anatolie — et certains sols de l'Europe de l'Est. Donc, il faut dire que certains éléments étaient effectifs pour l'unification de ce territoire resté après la chute de l'Empire.

Voyons, maintenant, quels éléments assurent, aujourd'hui, l'unité nationale de la République turque.

En doctrine turque, comme nous l'avons déjà précisé au-dessus, il est possible d'évoquer d'emblée qu'il y a plusieurs auteurs qui estiment que pour pouvoir parler de la notion de nation en tant qu'élément constitutif de l'État, il faut d'abord avoir une communauté humaine qui vise à construire un État et dont les membres sont liés par certains liens[2].

À ce propos, il faut préciser que la doctrine turque distingue dans ces liens entre les liens objectifs et les liens subjectifs et s'intéresse à cette question en faisant des références à la doctrine allemande — aux Fitche et Gobineau —[3] et à la doctrine française, notamment aux idées d'Ernest RENAN[4].

---

[1] E. RENAN, *op. cit.*, p. 43.

[2] K. GÖZLER, *Anayasa hukukunun genel teorisi* [La théorie générale de droit constitutionnel], *op. cit.*, p. 405 ; K. GÖZLER, *Türk anayasa hukuku,* [Droit constitutionnel turc], *op. cit.*, p. 124 ; İ. GİRİTLİ et J. SARMAŞIK, *op. cit.*, pp. 33-35 ; Y. SABUNCU, *op. cit.*, p. 36 ; H. N. KUBALI, *op. cit.*, p. 35 et suiv. ; O. ERÖZDEN, *Ulus - devlet* [L'État-Nation], *op. cit.*, p. 38.

[3] Sur la conception allemande de la Nation, v. E. TEZİÇ, *op. cit.*, pp. 117-118.

[4] *Ibid.*, p. 118.

Comme nous allons l'expliquer, au-dessous, cette doctrine reconnaît l'importance de ces deux théories, à la fois, concernant la question de la Nation. Par ailleurs, l'on a remarqué que la doctrine française tient une place importante dans la doctrine turque. Comme le souligne Kemal KARPAT, pendant l'établissement de la République turque, la conception de la Nation turque a subi une grande influence de la pensée française[1].

Donnant l'exemple des États-Unis et de l'Inde, Attila ÖZER, estime qu'il est possible de dire que la théorie objective, qui accepte qu'il faille y avoir certains liens comme la race, la langue et la religion perd son importance de jour en jour. Donc, des personnes présentant des particularités différentes peuvent construire une Nation[2].

D'ailleurs, tout comme la doctrine française, des auteurs turcs trouvent que le plus important est « la volonté de vivre ensemble. »[3] Attila ÖZER ajoute, à ce sujet, que la nation est construite par des personnes qui ont « des bons ou mauvais souvenirs dans le passé et qui ont des idéaux communs pour le futur »[4]. Et comme nous l'avons vu précédemment, cette théorie, qui constitue également la conception française de la nation, a bien influencé à la doctrine turque[5], d'ailleurs, plusieurs auteurs turcs font référence à Ernest RENAN pour expliquer le sujet de la Nation[6].

---

[1] K. KARPAT, *Osmanlı'dan günümüze Ortadoğu'da millet, milliyet ve milliyetçilik* [La nation, la nationalité et le nationalisme au Moyen-Orient depuis l'Ottoman jusqu'à nos jours], (traduction: R. BOZTEMUR), İstanbul, Timaş Yayınları, 2011, p. 197.

[2] A. ÖZER, *op. cit.,* p. 47.

[3] B. N. ESEN, *op. cit.,* p. 119 ; Y. YAYLA, *Anayasa hukuku : ders notları* [Droit constitutionnel: notes], *op. cit.,* p. 23.

[4] A. ÖZER, *op. cit.,* p. 47.

[5] İ. GİRİTLİ et J. SARMAŞIK, *op. cit.,* pp. 33-35.

[6] K. GÖZLER, *Anayasa hukukunun genel teorisi,* [La théorie générale de droit constitutionnel], *op. cit.,* p. 412 ; K. GÖZLER, *Devletin genel teorisi* [La théorie générale de l'État], *op. cit.,* pp. 57-58 ; K. GÖZLER, *Türk anayasa hukuku,* [Droit constitutionnel turc], *op. cit.,* pp. 126-127 ; B. N. ESEN, *op. cit.,* p. 143 ; O. ERÖZDEN, *Ulus - devlet* [L'État-Nation], *op. cit.,* pp. 93-94. Tout en reprenant l'expression célèbre d'Ernest RENAN selon laquelle la Nation est « un plébiscite de tous les jours », cet auteur précise qu'il ne s'agit pas de l'expression la plus importante d'Ernest RENAN. En effet, le point le plus important dans la pensée renaienne est la nécessité de construire les points communs et d'omettre les points distincts de différence. Selon Ozan ERÖZDEN, le premier inventeur de l'idée de la nécessité de la volonté de vivre ensemble n'est pas Ernest RENAN, mais plutôt M. Fustel de Coulanges qui était un professeur alsacien en histoire, qui avait déjà parlé de ces idées dans sa lettre écrite à son camarade allemand, v. O. ERÖZDEN, *Ulus - devlet* [L'État-

Ainsi, sur la base de la pensée renaienne, l'on constate que la doctrine turque admet que les critères les plus importants qui assurent l'unité nationale sont la volonté de vivre ensemble, un passé commun, les mêmes souvenirs et les mêmes idéaux[1]. Selon Kemal GÖZLER, cette conception subjectiviste et renaienne existe dans le préambule de la Constitution de 1982[2]. À la lecture de ce dernier, l'on peut constater aussi l'utilisation du terme « nationalisme d'ATATÜRK (Mustafa Kemal) ». Force est de constater que cette expression, consacrée au préambule et à l'article 2 de la Constitution actuelle de 1982, n'existait pas dans les précédentes Constitutions turques de 1921, de 1924 et de 1961[3].

Voyons, maintenant, ce qu'on entend par « le nationalisme d'ATATÜRK », et les similitudes entre ce dernier et la pensée renaienne.

B- La pensée renaienne et le nationalisme de Mustafa Kemal ATATÜRK

Il convient de faire remarquer que la question du « nationalisme d'ATATÜRK »[4] a une grande importance du point de vue du concept

---

Nation], *op. cit.,* p. 94 et note n° 56. Il convient tout de même de faire remarque que face à tous ces auteurs, il existe des idées contraires opposées, v. par exemple T. Z. EKİNCİ, *Millet, miliyetçilik, devlet ve anayasa sorunları* [La nation, le nationalisme, l'État et les questions de la Constitution], İstanbul, Cem Yayınevi, 2004, p. 100 et suiv. Selon cet auteur, dont les études portent sur la question kurde, le concept de la Nation turque est raciste et il n'a pas un point de vue subjectiviste et renaien (v. pp. 108 et 279). Par contre, il existe aussi des décisions constitutionnelles qui nous expliquent que le nationalisme turc n'englobe pas l'unité de la race ou le lien de sang, v. B. TANÖR et N. YÜZBAŞIOĞLU, *op. cit.,* p. 78 et note n° 34.

[1] K. GÖZLER, *Anayasa hukukunun genel teorisi,* [La théorie générale de droit constitutionnel], *op. cit.,* p. 413.

[2] K. GÖZLER, *Türk anayasa hukuku,* [Droit constitutionnel turc], *op. cit.,* p. 128. V. aussi, cocernant la théorie subjective de la Nation et la pensée renaienne en doctrine turque, K. GÖZLER, *Anayasa hukukunun genel teorisi,* [La théorie générale de droit constitutionnel], *op. cit.,* p. 412 et suiv.

[3] V. sur la question du nationalisme en droit constitutionnel turc, E. ÖKTEM, « La Cour constitutionnelle turque définit le nationalisme, principe de la République », art. cit., pp. 1159-1200. L'auteur analyse le sujet en partant des dispositions relatives au principe de nationalisme dans les Constitutions de 1924, de 1961 et de 1982.

[4] V. E. ÖZBUDUN, *Türk anayasa hukuku* [Droit constitutionnel turc], Ankara, Yetkin Yayınları, 2002, pp. 74-76. L'auteur construit en même temps un lien entre le concept du nationalisme d'ATATÜRK et la structure unitaire de l'État.

de la Nation turque. Comme le relève Kemal KARPAT, cette conception a suscité l'évolution de l'État monarchique à l'État-nation en Turquie[1].

Le concept précité est affirmé à l'article 2 de la Constitution turque de 1982, selon lequel « *La République de Turquie est un État de droit démocratique, laïque et social, respectueux des droits de l'homme dans un esprit de paix sociale, de solidarité nationale et de justice, attaché au nationalisme d'Atatürk et s'appuyant sur les principes fondamentaux exprimés dans le préambule* ». Il est également consacré dans le préambule de cette Constitution[2]. D'après Halil CİN, c'est ATATÜRK qui a adapté le nationalisme turc sur les fondements doctrinaux pour le consacrer en tant que règle juridique[3].

L'étude de la doctrine turque, à ce propos, nous révèle qu'il y a plusieurs auteurs qui soulignent la grande similitude entre la pensée d'ATATÜRK et celle d'Ernest RENAN concernant le concept de la Nation[4]. En effet, ces auteurs admettent que la pensée renaienne a bien inspiré les idées de Mustafa Kemal ATATÜRK et que les idées d'ATATÜRK reflétaient bien la théorie subjective[5]. Ainsi, tout comme Ernest RENAN, ATATÜRK parlait aussi de « la volonté de vivre ensemble », d'« un héritage du passé », et de « la volonté de protéger

---

[1] K. KARPAT, *op. cit.*, p. 9.

[2] Alinéa 1er du Préambule : « *La présente Constitution, qui reconnaît l'existence éternelle de la patrie et de la nation turques et l'intégrité indivisible du grand État turc, conformément au concept de nationalisme et aux principes et aux réformes mis en œuvre par Atatürk, fondateur de la République turque, guide immortel et héros incomparable* ».
Alinéa 5 (modifié par la loi n° 4709 du 3.10.2001) : « *Considérant qu'aucune opinion ou pensée ne peut se voir accorder protection à l'encontre des intérêts nationaux turcs, du principe d'indivisibilité de l'entité turque du point de vue de l'État et du territoire, des valeurs historiques et spirituelles inhérentes au peuple turc, ni du nationalisme, des principes, des réformes et du modernisme d'Atatürk, et qu'en vertu du principe de laïcité, les sentiments de religion, qui sont sacrés, ne peuvent en aucun cas être mêlés aux affaires de l'État ni à la politique.* »

[3] H. CİN, « Atatürk'ün milliyetçilik anlayışı » [La conception du nationalisme d'Atatürk], *in Atatürk haftası armağanı - 10 Kasım 1991*, GenKur ATASE yayınları, 1991, p. 13.

[4] O. ERÖZDEN, *Ulus - devlet* [L'État-Nation], *op. cit.*, p. 111 ; K. GÖZLER, *Türk anayasa hukuku,* [Droit constitutionnel turc], *op. cit.*, p. 128 et note n° 87 ; B. TANÖR et N. YÜZBAŞIOĞLU, *op. cit.*, p. 78 ; H. CİN, art. cit., p. 9.

[5] K. GÖZLER, *Türk anayasa hukuku,* [Droit constitutionnel turc], *op. cit.*, pp. 127-128 ; B. TANÖR et N. YÜZBAŞIOĞLU, *op. cit.*, p. 78 ; Y. SABUNCU, *op. cit.*, p. 38.

ensemble cet héritage »[1]. De la même manière, il faut dire que ce qui est le point le plus important dans le nationalisme d'ATATÜRK, c'est « l'unité des idéaux »[2]. L'on peut noter également qu'il n'existe nulle trace du nationalisme ethnique ni dans les idées d'ATATÜRK ni dans la Constitution de 1982[3]. D'après Mustafa ERDOĞAN, le nationalisme d'ATATÜRK est une conception moderne, parce que « lorsqu'il est proche du nationalisme civil, il est loin du nationalisme ethnique ou culturel »[4].

Comme nous l'avons indiqué ci-dessus, « le nationalisme d'ATATÜRK »[5], qui rentre dans le cadre de la théorie subjective de la Nation, exclut, en général, les éléments objectifs de la Nation[6].

En réalité, l'on peut constater que pendant les premiers moments de l'établissement de la République turque, ATATÜRK avait profité de l'effet unificateur de la religion. Il en avait parlé dans ses discours à l'Assemblée nationale[7], et avait jugé que l'Islam était un lien fort et indéniable pour l'unité nationale[8]. Néanmoins, après l'établissement de la République, il a précisé, dans un autre discours de 1925, que la religion n'était plus désormais un élément qui assure l'unité nationale turque[9]. D'ailleurs, il faut noter que la laïcité était un résultat de cette dernière affirmation d'ATATÜRK. Ainsi, à partir de ce moment-là, l'unité nationale était à l'écart des fondements religieux dans le cadre du nationalisme d'ATATÜRK[10]. En revanche, les idées d'ATATÜRK

---

1 Y. SARINAY, *Atatürk'ün millet ve milliyetçilik anlayışı* [La conception de la nation et du nationalisme d'Atatürk], Ankara, MEB, 1996, pp. 54-55 et note n° 120.

2 H. CİN, art. cit., p. 9 et suiv.

3 M. HEPER, *Devlet ve kürtler* [L'État et les Kurdes], (traduction: K. GÖKSEL), İstanbul, Doğan Kitap, 2010, p. 149.

4 M. ERDOĞAN, *op. cit.,* p. 209.

5 Pour plus de détails sur ce sujet, v. E. ÖKTEM, « La Cour constitutionnelle turque définit le nationalisme, principe de la République », art. cit., pp. 1159-1200, sous le titre : « Définition du nationalisme Kémaliste ».

6 Même si on parle de l'exclusion des éléments objectifs par cette conception, précisons néanmoins que celle-ci a donné une grande importance à l'unité linguistique.

7 S. ÇAĞAPTAY, « Türklüğe geçiş : Modern Türkiye'de göç ve din » [Le passage à la turcité : L'immigration et la religion en Turquie moderne], *in* H. GÜLALP (dir.), *Vatandaşlık ve etnik çatışma : ulus devletin sorgulanması* [La citoyenneté et le conflit ethnique : l'interrogation de l'État-nation], İstanbul, Metis Yayınları, 2007, p. 90.

8 M. HEPER, *op. cit.,* p. 144.

9 *Ibid.*, p. 135 et note n° 8.

10 B. TANÖR et N. YÜZBAŞIOĞLU, *op. cit.,* p.78 et note n° 35.

seront différentes concernant la question de la langue, comme nous aurons l'occasion d'y revenir.

Il faut ajouter que la conception du nationalisme d'ATATÜRK a créé un lien juridique entre l'État et la communauté humaine. En effet, comme le souligne Mustafa ERDOĞAN, l'article 66 de la Constitution turque relatif à « la nationalité » est l'un des résultats de cette conception du nationalisme d'ATATÜRK[1].

Maintenant, voyons le contenu de cet article et relevons les conditions nécessaires pour devenir un membre de la Nation turque.

C- La nationalité : la seule condition d'être Turc selon la Constitution

Il est possible de dire que la notion de Nation peut être expliquée avec différentes expressions par les sociologues et les juristes. Il faut dire que « pour un juriste, la Nation est une communauté humaine qui est liée à un État avec le lien de la nationalité. »[2] Comme nous l'avons noté précédemment, c'est ce qui est retenu également dans la Constitution turque de 1982.

En effet, selon l'article 66 de la Constitution « *Est Turc quiconque est rattaché à l'État turc par le lien de la nationalité* ». L'on peut comprendre de cet article que « ce qui est la seule condition pour devenir un membre de la Nation turque, c'est d'être le citoyen de la République turque, selon la Constitution »[3].

Ainsi, le seul critère pour pouvoir définir « le Turc » est la nationalité, ce qui peut consolider l'unité nationale. Par ailleurs, les critères objectifs tels que la langue, la race ou la religion sont ainsi exclus par l'article 66. Donc, ce qui est important selon la Constitution turque, ce n'est pas les critères objectifs, comme la religion, la race ou la langue, mais plutôt le lien juridique entre l'État et les personnes, c'est-à-dire « la nationalité »[4]. Cette approche qui existe dans un cadre

---

[1] M. ERDOĞAN, *op. cit.,* p. 211. Dans le même sens, v. B. TANÖR et N. YÜZBAŞIOĞLU, *op. cit.,* pp. 76-77.

[2] O. ERÖZDEN, *Ulus - devlet* [L'État-Nation], *op. cit.,* p. 5.

[3] Y. SABUNCU, *op. cit.,* p. 40.

[4] V. sur la question de la nationalité en Turquie, E. ÖKTEM, « The legal notion of nationality in the Turkish Republic: from Ottoman legacy to modern aberrations », *in Middle Eastern Studies,* Vol. 53, n° 4, 3 février 2017, (article en anglais), pp. 638-655.

juridique est définie, par certains auteurs, comme « le nationalisme constitutionnel »[1].

Nous pouvons parler de la même conception constitutionnelle pour les Constitutions turques de 1924 et de 1961. L'article 88 de la Constitution de 1924 et l'article 54 de la Constitution de 1961 acceptaient, en effet, la même et seule condition de la nationalité pour devenir un membre de la nation turque[2]. Puis, la Constitution de 1982 a réaffirmé cette conception.

Sur le sujet de la nationalité, précisons aussi qu'il existe certaines différences entre les droits turcs et français. En effet, comme nous allons le constater au-dessous, le droit français distingue la nationalité et la citoyenneté. Ainsi, les habitants de la Nouvelle-Calédonie, par exemple, qui ont la même nationalité française que les Français de métropole, ont, en même temps, une double citoyenneté : française et calédonienne. En droit turc, il n'est guère possible de rencontrer une telle distinction. D'ailleurs, l'on constate qu'il existe un seul terme pour signifier non seulement la citoyenneté mais aussi la nationalité en droit turc. Ainsi, quand des auteurs utilisent en turc le mot « vatandaşlık », ils expliquent ce mot en français en parlant simultanément de « la citoyenneté » et de « la nationalité »[3].

En droit turc, la nationalité peut être définie comme un lien juridique consacré par la Constitution turque[4]. Un lien qui constitue le symbole de la dominance de la théorie subjective du concept de la Nation dans ce droit. Néanmoins, même si la doctrine fait valoir l'importance de la

[1] B. TANÖR et N. YÜZBAŞIOĞLU, *op. cit.*, p. 77.

[2] Il s'agit de certaines objections concernant la Constitution de 1924. D'après quelques auteurs, même si aux termes de ces articles la nationalité est la seule condition, toutefois en pratique les non-musulmans n'étaient pas acceptés comme turcs, v. M. HEPER, *op. cit.*, p. 145.

[3] Néanmoins, il est possible qu'une personne ait deux nationalités différentes. Il n'en demeure pas moins que cela diffère de la distinction entre nationalité et citoyenneté. Par ailleurs, il convient de préciser qu'il y a aussi certains auteurs qui critiquent cette dernière situation, en estimant que la double nationalité est « une situation anormale », puisqu'il ne peut pas exister deux États souverains sur la même communauté humaine, v. K. GÖZLER, *Anayasa hukukunun genel teorisi* [La théorie générale de droit constitutionnel], *op. cit.*, p. 413 et suiv. ; K. GÖZLER, *Devletin genel teorisi* [La théorie générale de l'État], *op. cit.*, pp. 59-60.

[4] Sur la question de l'acquisition de la nationalité selon le droit turc, v. E. ÖKTEM, « The legal notion of nationality in the Turkish Republic: from Ottoman legacy to modern aberrations », art. cit., pp. 638-655.

théorie subjective, elle n'a pas pour autant complètement exclu la théorie objective.

D- La coexistence des théories subjective et objective en doctrine turque

Après avoir parlé de la prédominance de la théorie subjective de la Nation en droit turc, il faut proclamer aussi que la doctrine souligne, à la fois, que l'une seule des théories subjective et objective de la Nation ne suffit pas pour expliquer le sujet de la Nation et l'unité ou l'indivisibilité de celle-ci[1]. Donc, l'on constate que dans l'État unitaire turc, les deux théories sont indispensables[2].

L'on constate que les auteurs distinguent les liens qui assurent l'unité nationale en deux, comme les liens subjectifs et objectifs[3]. Et l'on peut dire que non seulement les liens subjectifs mais aussi les liens objectifs sont nécessaires pour assurer l'unité nationale pour eux.

Soulignant la concomitance des théories objective et subjective[4], Hüseyin Nail KUBALI précise qu'« il n'est pas utile d'accepter justement la théorie française qui explique la Nation avec une perspective subjective »[5]. Précisons, à ce propos, que s'il est nécessaire d'accepter la dominance de la théorie subjective, néanmoins, il est aisé de remarquer une concomitance de ces deux théories en doctrine turque[6].

Au sujet de la théorie objective, Kemal GÖZLER trouve que l'unité de la langue, de la religion ou de la race ne peut pas assurer, à lui seul, l'unité nationale. Il ajoute que l'existence des différentes religions,

---

[1] M. KESKİN, *Atatürk'ün millet ve milliyetçilik anlayışı* [La conception de la nation et du nationalisme d'Atatürk], Ankara, AKDTYK Atatürk Araştırma Merkezi, 1999, p. 3.

[2] V. sur cette question, E. ÖKTEM, « La Cour constitutionnelle turque définit le nationalisme, principe de la République », art. cit., pp. 1159-1200, sous le titre : « Les concepts de nation et de nationalisme. La Jeune Turquie devant le choix idéologique: Nationalisme allemand et/ou nationalisme français ».

[3] K. GÖZLER, *Anayasa hukukunun genel teorisi* [La théorie générale de droit constitutionnel], *op. cit.,* p. 406 ; M. KESKİN, *op. cit.,* pp. 3-6.

[4] H. N. KUBALI, *op. cit.,* p. 35. L'auteur parle non seulement de l'unité de langue, de religion et de la race, mais aussi de l'unité de l'histoire, de l'idéal.

[5] *Ibid.,* p. 36.

[6] Pour plus de détails sur la théorie objective et subjective de la Nation en doctrine turque, v. K. GÖZLER, *Devletin genel teorisi* [La théorie générale de l'État], *op. cit.,* pp. 51-60.

langues ou races peut apparaître comme « une raison pour la dissolution d'une Nation »[1]. Pour cet auteur, il est indéniable que l'unité de la langue, de la religion ou de la race est un élément très utile pour l'unité nationale. Cependant, il estime aussi qu'il est possible de rencontrer certaines communautés humaines parfaitement homogènes (du point de vue de la langue, de la race et de la religion) qui vivent comme en « deux États distincts » ou, contrairement, des communautés humaines hétérogènes qui vivent dans un même État.

Donc, il faut accepter que les liens subjectifs soient plus importants que les liens objectifs[2]. Autrement dit, le critère le plus important pour la doctrine turque est « la volonté de vivre ensemble »[3]. C'était le cas également dans la doctrine française. Par contre, l'on constate que dans la doctrine turque, certains éléments objectifs sont considérés comme étant très utiles pour l'unité nationale, tel est le cas de la religion.

Selon Ozan ERÖZDEN, la religion n'est pas relative directement à l'idée de la Nation, parce qu'elle est une notion universelle[4]. Néanmoins, il trouve qu'il est possible de constater que la religion a une grande effectivité pour l'unité nationale[5]. D'ailleurs, à ses yeux, c'est la religion qui a été la raison de la séparation entre les Serbes, les Croates et les Bosniaques[6]. De cette manière, certains auteurs estiment que même si les Kurdes ne parlent pas toujours en turc en Turquie, ils sont acceptés, quand même, comme Turcs. En revanche, même si les citoyens non musulmans sont aussi Turcs selon la Constitution, ils ne

[1] K. GÖZLER, *Anayasa hukukunun genel teorisi* [La théorie générale de droit constitutionnel], *op. cit.,* p. 410.
[2] *Ibid.,* pp. 410-411.
[3] Y. SABUNCU, *op. cit.,* p. 36.
[4] O. ERÖZDEN, *Ulus - devlet* [L'État-Nation], *op. cit.,* p. 113.
[5] *Ibid.,* p. 114.
[6] *Ibid.,* p. 115.

sont guère acceptés comme Turcs par la société[1] ; donc c'est la religion qui suscite, en réalité, cette situation d'après ces auteurs[2].

Soner ÇAĞAPTAY trouve que dans la pratique tous les musulmans en Turquie sont vus comme des Turcs[3]. Il estime que la religion était aussi un bon critère dans les époques anciennes et dans les Balkans et donne l'exemple de la première Constitution grecque de 1822 qui définissait les citoyens grecs comme « des habitants autochtones du territoire grec qui croient en Jésus »[4]. L'auteur soutient aussi que les kémalistes ont utilisé le mot « musulmans » pour indiquer le peuple turc jusqu'en 1924. Mais à partir de cette date, ils ont évité de l'utiliser[5]. D'ailleurs, à partir de ces années-là, il est apparu plusieurs rébellions kurdes qui refusaient le choix du terme « être Turc » comme élément commun au lieu de l'Islam[6]. Pour ces époques-là, Hamit BOZARSLAN

---

[1] Pour le même constat, v. E. ÖKTEM, « The legal notion of nationality in the Turkish Republic: from Ottoman legacy to modern aberrations », art. cit., pp. 638-655, l'auteur précise : « The confusion of nation with religion and race generated similar inconsistencies in law: the equality of treatment for all citizens regardless of their beliefs constitutes a *sine qua non* condition of secularism which is the basic principle of the Turkish Constitution. Nevertheless, non-Muslim citizens of the secularist Turkish Republic have often been treated differently; they are treated practically as foreigners. »

[2] H. GÜLALP, « Milliyete karşı vatandaşlık » [La citoyenneté contre la nationalité], *in* H. GÜLALP (dir.), *Vatandaşlık ve etnik çatışma : ulus devletin sorgulanması* [La citoyenneté et le conflit ethnique : l'interrogation de l'État-nation], *op. cit.,* p. 25, Dans le même sens, v. S. ÇAĞAPTAY, « Türklüğe geçiş : Modern Türkiye'de göç ve din » [Le passage à la turcité : L'immigration et la religion en Turquie moderne], art. cit., p. 86. Pour une analyse sociologique autour du sujet de la religion et de la Nation, v. F. KENTEL *et al., op. cit.,* notamment pp. 74-97.

[3] S. ÇAĞAPTAY, *Türkiye'de İslam, laiklik ve milliyetçilik: Türk kimdir?* [L'Islam, la laïcité et le nationalisme en Turquie : Qui est le Turc ?], (traduction: Ö. BİRCAN), İstanbul, İstanbul Bilgi Üniversitesi Yayınları, 2009, p. 2.

[4] *Ibid.,* p. 7 et note n° 11.

[5] E. ÖZBUDUN, « Milli mücadele ve Cumhuriyet'in resmi belgelerinde yurttaşlık sorunu » [La lutte nationale et la question de la citoyenneté sur les documents officiels de la République], *in 75. Yılda Tebaadan Yurttaşa Doğru*, Tarih Vakfı Yurt yayınları, 1998, pp. 63-70, cité par S. ÇAĞAPTAY, *Türkiye'de İslam, laiklik ve milliyetçilik : Türk kimdir?* [L'Islam, la laïcité et le nationalisme en Turquie: Qui est le Turc ?], *op. cit.,* pp. 166-167 et note n° 29.

[6] S. ÇAĞAPTAY, *Türkiye'de İslam, laiklik ve milliyetçilik: Türk kimdir?* [L'Islam, la laïcité et le nationalisme en Turquie : Qui est le Turc ?], *op. cit.,* p. 167. Dans le même sens, v. M. HEPER, *op. cit.,* p. 265, qui estime que c'est la religion qui est la cause des rébellions en Turquie. Pour plus de détails sur la question, v. également H. BOZARSLAN, « Türkiye'de kürt milliyetçiliği : Zımni sözleşmeden ayaklanmaya

affirme aussi que l'Islam, comme élément commun, a empêché les effets négatifs du nationalisme kurde[1].

Toujours à ce propos, et analysant l'Empire ottoman, Kemal KARPAT relève que dans l'Empire, la religion était le fondement de l'identité de la Nation, même s'il s'agissait d'une grande autonomie religieuse et culturelle pour les autres personnes non-musulmanes[2]. L'auteur ajoute aussi que la religion a été utilisée, en même temps, dans les dernières époques de l'Empire ottoman et notamment par Abdülhamid II, pour empêcher la sécession des communautés arabes de l'Empire[3].

Par contre, au 19ème^{e} siècle, l'Empire ottoman a choisi la conception d'une nation conforme à l'Occident[4]. Ainsi, dans les dernières époques de l'Empire, l'effet de la religion sur l'identité nationale a commencé à être discuté notamment par les jeunes-turcs entre 1908-1918[5]. Ce qui était voulu, était « l'évolution de la communauté musulmane vers une communauté turque. »[6]

Certains auteurs précisent, à ce sujet, qu'après l'établissement de la République turque en 1923, même si la Constitution de 1924 ne prévoyait pas une telle distinction par la religion ou par l'ethnicité entre les citoyens au niveau juridique, il est possible d'observer que dans la pratique, il s'agissait d'un abîme entre l'État et les communautés non-musulmanes[7].

Comme nous l'avons expliqué, jusqu'ici, l'on constate que les éléments objectifs sont aussi nécessaires au moins que les éléments subjectifs pour l'unité nationale turque. Ainsi, dans la pratique, la religion apparaît comme un élément, qui contribue à l'unité nationale de cet État. D'un autre côté, il faudrait s'interroger aussi sur la place de la question de la langue dans cette doctrine. Précisons qu'en raison de

---

(1919-1925) » [Le nationalisme kurde en Turquie : Du contrat tacite à la révolte], *in* E. J. ZÜRCHER (rassemblé par), *Türkiye' de etnik çatışma : imparatorluktan Cumhuriyet'e* [Le conflit ethnique en Turquie : de l'Empire à la République], İstanbul, İletişim Yayınları, 2008, pp. 91-94.

[1] H. BOZARSLAN, art. cit., pp. 91-94.

[2] K. KARPAT, *op. cit.,* p. 13.

[3] *Ibid.,* p. 31.

[4] *Ibid.,* p. 12.

[5] *Ibid.,* p. 35.

[6] *Ibid.,* p. 31.

[7] M. HEPER, *op. cit.,* p. 138. V. aussi, pour une discussion de la démocratie pluraliste et celle majoritaire dans le cadre de la Constitution de 1924, E. ÖZBUDUN, *Türk anayasa hukuku,* [Droit constitutionnel turc], *op. cit.,* pp. 33-34.

l'importance de ce sujet, nous allons l'examiner en droit turc comparativement au droit français et avec une approche constitutionnelle.

Section 2
La question de langue : un débat récurrent sur l'indivisibilité de la Nation

Comme nous l'avons précisé, au-dessus, la doctrine française adopte un point de vue subjectif sur le concept de la Nation. Cette conception trouve sa source dans les idées d'Ernest RENAN qui exclut les éléments objectifs. Par contre, lors de notre recherche, nous avons constaté qu'il s'agit d'un élément objectif, considéré comme important par rapport aux autres, non seulement pour la doctrine française, mais aussi pour le Conseil constitutionnel français. Pour rappel, ce dernier a donné son point de vue sur cet élément en 1999, néanmoins le débat a continué jusqu'à la révision constitutionnelle de 2008.

En raison de l'importance de la question de la langue, nous allons la traiter sous cette section séparée. Roland DEBBASCH nous montre, d'ailleurs, l'importance de ce sujet, en affirmant que « bien avant la République, la langue française a joué un rôle décisif dans la naissance et l'affermissement de la nation. Proclamée indivisible dès sa naissance en 1792, la République a fait de la politique linguistique l'un des piliers de son entreprise unificatrice. » [1]

Dans ce qui suit, nous allons analyser ce sujet en faisant une comparaison entre le droit français et le droit turc. Ainsi, il sera d'abord question de l'unité linguistique en droit français (**Paragraphe 1**), et ensuite de langue en droit turc (**Paragraphe 2**).

Paragraphe 1. L'unité linguistique en droit français

Parlant d'une adhésion identitaire, Olivier GOHIN trouve que « la conception subjective de la nation est celle qui prévaut en France : elle va dans le sens de cette adhésion identitaire, assurément permanente et probablement minimale, à ce qui unit les Français en profondeur ». Néanmoins, juste après, il énumère quelques notions

---

[1] R. DEBBASCH, « La République indivisible, la langue française et la nation », *in* A.-M. LE POURHIET (dir.), *Langue(s) et constitution(s),* Presses universitaires d'Aix-Marseille, Economica, 2004, p. 55.

parmi lesquelles la langue existe bien[1]. De son côté, Dominique SCHNAPPER, après avoir distingué la notion de la Nation en deux, civique et ethnique, indique les points communs de ces deux définitions distinctes, en précisant que « dans toutes les nations dites « civiques », comme dans toutes les nations dites « ethniques », les nationaux partagent une même langue, une même culture, une même mémoire historique, une même façon de comprendre le monde et d'agir ensemble. »[2] De la même manière, Marc PÉNA fait une référence au dictionnaire de l'académie qui définit la Nation en « un peuple habitant sur une étendue de terre renfermée dans certaines limites ou usant d'un même langage »[3]. Donc, nous comprenons que ce n'est pas en vain que Stéphane PIERRÉ-CAPS nous rappelle cette expression : « C'est dans sa langue que vit la Nation » (Dicton hongrois) »[4].

D'ailleurs, comme nous allons traiter ce sujet au-dessous, il faut parler, d'abord, de l'intérêt du sujet de langue dans le cadre de la notion d'État unitaire (**A**). Précisons aussi qu'il s'agit d'une perspective constitutionnelle de la question ; à savoir qu'il y a initialement la révision constitutionnelle de 1992 (**B**) ; puis, la célèbre décision du 15 juin 1999 du Conseil constitutionnel français (**C**) ; et enfin, la révision constitutionnelle de 2008 qui met en place une différente dimension dans le cadre de la question de la langue (**D**).

A- L'intérêt du sujet de langue dans le cadre de la notion d'État unitaire

Dans le cadre de notre étude de l'État unitaire, il est possible de constater certaines affirmations qui constituent un lien entre cette étude et la question de la langue. Nous pouvons commencer par les expressions de Véronique BERTILE qui traite le sujet des langues régionales ou minoritaires et qui nous rappelle qu'il y a un lien entre le

[1] O. GOHIN, « Nation et suffrage », *in Que reste-t-il de la nation dans la Constitution ? : Actes du colloque, les 15 & 16 mars 2007, (à La Roche sur Yon)*, *op. cit.*, p. 115.
[2] D. SCHNAPPER, *La communauté des citoyens: sur l'idée moderne de nation*, Paris, Gallimard, 2003, p. 15.
[3] M. PÉNA, « Nation et constitution dans l'histoire de la République », *in Que reste-t-il de la nation dans la Constitution ? : Actes du colloque, les 15 & 16 mars 2007*, *op. cit.*, p. 21.
[4] S. PIERRÉ-CAPS, « Le statut constitutionnel de la langue nationale et/ou officielle. Étude de droit comparé », *in* A.-M. LE POURHIET (dir.), *Langue(s) et constitution(s)*, *op. cit.*, p. 93.

traitement juridique des langues régionales ou minoritaires et les formes des États. Elle indique à ce propos que « deux équations simples : État unitaire = unité linguistique, et, État fédéral = pluralité linguistique. Dans le premier cas, l'État s'identifie à une langue et ne traite pas les autres langues, cantonnées à la sphère privée. Dans le second, l'État consacre un plurilinguisme officiel et règle statutairement les rapports entre les différentes langues. »[1]

L'on peut également citer Louis FAVOREU qui précise que « depuis une vingtaine d'années, j'enseigne régulièrement à l'université de Louvain-la-Neuve, à ce titre j'ai pu observer l'évolution de l'État unitaire à l'État fédéral en Belgique et j'ai été frappé de ce que la revendication linguistique conduise à un éclatement progressif de l'État belge et à l'apparition de partis extrémistes. »[2]

À ce sujet, Agnès BLANC souligne aussi que « les principes fondateurs de l'unité, au rang desquels figure l'indivisibilité de la République, l'égalité devant la loi et l'unicité du peuple français sont interprétés par les pouvoirs publics constitutionnels comme imposant l'unicité linguistique de l'espace public, celui où justement les citoyens participent à l'exercice du pouvoir. »[3] Elle précise aussi que « la question du pluralisme linguistique heurte donc de front l'ordre juridique de la République unitaire, à travers sa confrontation avec les principes fondamentaux d'indivisibilité, d'égalité et d'unicité du peuple français. »[4] Elle considère « l'unicité linguistique », comme un « instrument de réalisation de l'unité nationale »[5]. L'auteur met en place, d'abord, un lien entre l'unité étatique et l'unité linguistique, et

---

[1] V. BERTILE, *Langues régionales ou minoritaires: France, Espagne et Italie*, Bruxelles, Bruylant, 2008, p. 27.

[2] L. FAVOREU, « Session II, Les principes républicains et la Charte : La position du Conseil d'État et du Conseil constitutionnel », *in La Charte européenne des langues régionales ou minoritaires et la France : Quelle(s) langue(s) pour la République ? Le dilemme "diversité-unicité"* : Colloque organisé par le Conseil de l'Europe et l'université Robert Schuman, le 11 et 12 avril 2002, Strasbourg, éd. du Conseil de l'Europe, 2003, p. 54.

[3] A. BLANC, *La langue du roi est le français : Essai sur la construction juridique d'un principe d'unicité de langue de l'État royal*, Paris, L'Harmattan, 2010, pp. 507-508.

[4] *Ibid.*, p. 509.

[5] *Ibid.*, p. 498.

elle ajoute que « l'interprétation constitutionnelle de l'unité étatique » est « le refus de reconnaissance juridique de la diversité linguistique »[1].

Comme on le voit, il est possible de dire que quand on analyse la doctrine française, l'on constate qu'il est nécessaire de traiter la question de la langue autour de la structure unitaire et dans le cadre de l'indivisibilité de la Nation[2], puisque cette dernière englobe aussi cette question. Il est utile de parler, donc, de la perspective juridique de la question de la langue au niveau constitutionnelle de l'État unitaire français.

B- La révision constitutionnelle de 1992, le français en tant que « langue officielle »

Comme nous l'avons expliqué ci-dessus, la doctrine française accepte la relation entre l'unité de la langue et l'unité nationale. Dans ce cadre, il faut parler, d'abord, de la révision constitutionnelle de 1992 avec laquelle le français est devenu « la langue officielle ».

En réalité, comme l'a relevé Roland DEBBASCH avant la révision constitutionnelle de 1992, « l'absence, dans la Constitution du 4 octobre 1958, de toute disposition relative au français n'a pas empêché la Ve République de mener une politique de défense et de diffusion de la langue française. »[3]. Sur le même point, selon Agnès BLANC, « force est de constater que cette consécration constitutionnelle de la langue française comme langue officielle de la République n'est apparue chez aucun commentateur comme une réforme juridique, tant l'énoncé bénéficiait déjà de la force de l'évidence. » [4]

Néanmoins, on voit que le constituant français a décidé de consacrer le français comme la seule langue à utiliser dans l'espace public. Autrement dit, comme « la langue de la République ». Ainsi, avec la loi constitutionnelle du 25 juin 1992, la Constitution de 1958 a prévu, dans son article 2, que « *La langue de la République est le français* ».

---

[1] *Ibid.*, p. 507.

[2] V. sur ce point J.-Y. FABERON, « Indivisibilité de la République et diversité linguistique du peuple français : la place des langues polynésiennes dans le nouveau statut de la Polynésie française », *RFDC*, 1996, n° 27, pp. 607-617.

[3] R. DEBBASCH, « La République indivisible, la langue française et la nation », art. cit., p. 64.

[4] A. BLANC, *op. cit.*, p. 505.

Sur cette consécration, Olivia BUI-XUAN affirme que « cette constitutionnalisation va dans le sens d'un affermissement de la tradition universaliste française »[1]. Félicien LEMAIRE ajoute au même sujet que « comme il n'existe qu'un seul peuple français, il ne peut qu'en être déduit — dans la logique républicaine — qu'il ne doit exister qu'une seule langue officielle. »[2]

Et s'il est nécessaire de s'interroger sur la nécessité d'une telle révision constitutionnelle, selon Véronique BERTILE, il s'agit de trois séries de raisons, « la première est d'ordre pratique : le fait d'imposer une langue et une seule assure une parfaite communication entre l'État et ses citoyens. La deuxième est d'ordre politico-culturel : la langue déclarée officielle s'avère être un formidable moyen de véhiculer la culture de l'État à l'intérieur et au-delà de ses frontières. La troisième est d'ordre juridique : l'État allègue que la reconnaissance d'autres langues menace le maintien de son unité. »[3] Selon l'auteur, « si la société française est plurilingue, l'État français, lui, est unilingue. Il ne s'exprime et ne communique qu'en une seule langue, la langue française. »[4]

Il est nécessaire d'accepter que plusieurs langues puissent être parlées dans un État. C'est une dimension de la diversité culturelle que l'État unitaire n'interdit pas et n'empêche pas. D'un autre côté, l'on constate, en même temps, que cette forme d'État choisit une seule langue et l'officialise en l'imposant à ses citoyens dans l'espace public. De cette façon, l'État français nous révèle un comportement conforme aux formes des États unitaires. Pierre-Yves CHICOT expose la même idée, dans la mesure où il considère « la langue française comme ferment de l'État unitaire »[5], et précise que « la langue française comme concept juridique est l'un des moyens utilisés par le pouvoir politique

---

[1] O. BUI-XUAN, *Le droit public français entre universalisme et différencialisme*, Paris, Économica, 2004, p. 426.

[2] F. LEMAIRE, *Le principe d'indivisibilité de la République : mythe et réalité, op. cit.*, pp. 187-188.

[3] V. BERTILE, *Langues régionales ou minoritaires: France, Espagne et Italie, op. cit.*, pp. 456-457.

[4] *Ibid.*, p. 29.

[5] P.-Y. CHICOT, « L'article 75-1 de la Constitution et la notion de patrimoine linguistique », *in* P. LE LOUARN (dir.), *Le patrimoine culturel et la décentralisation : Actes du colloque de Nantes des 8 et 9 juin 2009 "patrimoine culturel et collectivités territoriales"*, Rennes, Presses universitaires de Rennes, 2011, p. 70.

pour satisfaire à l'objectif de préservation de l'État unitaire et d'intégration de la communauté nationale »[1].

C- La décision du Conseil constitutionnel français du 15 juin 1999

Nous avons déjà parlé, au-dessus, de la pensée renaienne, et nous avons traité les idées d'Ernest RENAN concernant la question de la langue. À ce sujet, cet auteur trouve qu'il faut reconnaître « un fait honorable pour la France, c'est qu'elle n'a jamais cherché à obtenir l'unité de la langue par des mesures de coercition. » [2]

Par contre, il y a lieu de se demander si l'État français suit toujours la même position ? Selon certains auteurs, il s'agissait, en effet, d'un « « processus d'unification du peuple français par la langue » depuis les anciennes époques de l'État français »[3]. D'ailleurs, après la consécration constitutionnelle du français comme langue de la République en 1992, il faut rappeler aussi une célèbre décision du Conseil constitutionnel, en l'occurrence la décision du 15 juin 1999 relative à la Charte européenne des langues régionales ou minoritaires.

En effet, précisons que la décision de 1999 est l'une des deux célèbres décisions constitutionnelles concernant notre étude du principe de l'indivisibilité de la Nation (ou du peuple). Par ailleurs, nous allons encore parler de cette décision lorsque nous aborderons la question des minorités, mais pour le moment elle sera étudiée dans le cadre de la question de la langue.

Après la ratification de la Charte européenne des langues régionales ou minoritaires par la République française, le Conseil constitutionnel a donné son avis sur la compatibilité de l'instrument avec la Constitution, et a rendu le 15 juin 1999 une décision d'« inconstitutionnalité », en considérant que la Charte européenne des langues régionales et minoritaires « porte atteinte aux principes constitutionnels d'indivisibilité de la République, d'égalité devant la loi et d'unicité du peuple français ». Le Conseil a également déclaré la Charte contraire au premier alinéa de l'article 2 selon lequel « *la langue de la République est le français* ».

---

[1] *Ibid.*, p. 71.

[2] E. RENAN, *op. cit.*, p. 50.

[3] O. BUI-XUAN, *Le droit public français entre universalisme et différencialisme*, *op. cit.*, p. 382 et suiv.

Commentant la décision précitée, Bertrand FAURE estime que « pour empêcher la pratique officielle des langues régionales, le juge constitutionnel s'est appuyé sur une combinaison de références où le principe d'unicité du peuple français va avec celui d'indivisibilité de la République et celui d'égalité. »[1]

De son côté Véronique BERTILE précise que « le Conseil constitutionnel interprète ainsi le principe d'indivisibilité de la République de façon stricte lorsqu'il est porté atteinte aux valeurs républicaines, au premier titre desquelles figure la cohésion du substrat humain de la République, cohésion à laquelle participe l'unité de la langue »[2]. Elle ajoute que « c'est pour préserver son caractère unitaire que la France ne reconnaît que sa langue nationale. »[3]

Cependant, comme nous allons le constater, cette situation a bien changé avec la révision constitutionnelle de 2008. Que peut-on dire sur cet amendement vis-à-vis du caractère unitaire de l'État français ?

D- La révision constitutionnelle de 2008

Environ une dizaine d'années après la décision constitutionnelle de 1999, par laquelle le Conseil constitutionnel a déclaré la Charte européenne des langues régionales ou minoritaires contraire à l'article 2 de la Constitution, l'on constate que les langues régionales ont été consacrées dans la Constitution par la loi constitutionnelle du 23 juillet 2008. Désormais, l'article 75-1 de la Constitution prévoit que « *les langues régionales appartiennent au patrimoine de la France* ».

Même s'il n'est guère possible de dire que cette nouvelle expression est certainement en contradiction avec l'article 2 de la Constitution, il faut tout de même s'interroger sur la signification de cette révision constitutionnelle, puisqu'il est clair que la Constitution de l'État unitaire français reconnaît, désormais, les langues régionales.

Selon Claude COURVOISIER, l'une des raisons de cette révision constitutionnelle est liée aux actions communautaires européennes.

---

[1] B. FAURE, « Uniformité de la règle de droit, uniformité des territoires », *in* F. LEMAIRE, (dir.), *De l'unité de l'État : actes du colloque international organisé les 9 & 10 octobre 2008 par le Centre Jean Bodin de l'Université d'Angers*, Paris, Cujas, 2010, p. 202.

[2] V. BERTILE, *Langues régionales ou minoritaires: France, Espagne et Italie*, *op. cit.*, p. 33.

[3] *Ibid.*, p. 329.

L'auteur précise qu'il s'agit d'« une transaction constitutionnelle », et que « le cadre dans lequel se déroulent les débats parlementaires est devenu sensiblement différent. Si, en 2008, les langues régionales obtiennent une certaine reconnaissance dans la Constitution, c'est à la faveur de contraintes nouvelles, qui font pour ainsi dire écran aux antagonismes entretenus par la construction européenne communautaire. »[1]

De son côté, Pierre-Yves CHICOT estime qu'il existe une liaison forte entre la révision de 2008 et « la décentralisation ». Il précise que « la culture des territoires locaux, longtemps considérée comme la grande oubliée de la décentralisation, fait désormais l'objet d'une disposition constitutionnelle par l'entremise des langues régionales. »[2] L'auteur ajoute aussi que « le statut constitutionnel de la langue nationale peut donc très bien s'accommoder d'un statut constitutionnel octroyé aux langues régionales et ce, d'autant plus que l'État unitaire français vient juridiciser le choix d'une organisation décentralisée. »[3]

En revanche, l'on se demande encore, si la constitutionnalisation des langues régionales est justifiée par le fait que la République française est un État unitaire décentralisé, ou il s'agit d'une tendance vers la consécration d'un État régional ? À ce sujet, même si Véronique BERTILE parle de « la nécessité de doter les langues régionales ou minoritaires de France d'un statut juridique »[4], l'on constate qu'elle admet que la reconnaissance dans la Constitution des langues régionales ou minoritaires constitue « un glissement vers la forme régionale »[5].

Cela étant dit, il convient de rappeler que le projet de loi constitutionnelle ayant été déposé par le gouvernement le 31 juillet 2015, et visant à autoriser la ratification de la Charte européenne des langues régionales et minoritaires, a été rejeté en première lecture par le Sénat le 27 octobre 2015 après adoption de la question préalable.

---

[1] C. COURVOISIER, « La notion dans ses langues : tension françaises », *in* P. CHARLOT, P. GUENANCIA, et J.-P. SYLVESTRE (dir.), *Continuité et transformations de la nation*, Dijon, éd. universitaires de Dijon, 2009, pp. 209-210. V. dans ce sens, V. BERTILE, *Langues régionales ou minoritaires: France, Espagne et Italie*, *op. cit.*, p. 458.

[2] P.-Y. CHICOT, *op. cit.*, p. 68.

[3] *Ibid.*, p. 71.

[4] V. BERTILE, *Langues régionales ou minoritaires: France, Espagne et Italie*, *op. cit.*, p. 458.

[5] *Ibid.*, p. 329.

Paragraphe 2. La question de langue en droit turc

Après l'étude de la question de la langue en droit français, nous allons nous intéresser au même sujet en droit turc. Ce qui va nous permettre de constater l'importance de la langue dans ce deuxième exemple de l'État unitaire. Nous allons essayer également de relever les similitudes entre ces deux États, au sujet de cette question.

Citant l'exemple de la Suisse, de la Belgique et du Canada, Kemal GÖZLER estime que même si l'unité linguistique a une importance pour l'unité nationale, on ne peut pas pour autant dire qu'elle est certainement nécessaire[1]. D'autres auteurs adhèrent à cette conception en jugeant que dans une Nation, tous les nationaux ne doivent pas parler forcément une même langue[2].

Néanmoins, si l'on remonte un peu dans l'histoire, l'on peut constater que durant certaines périodes, les développements étaient stricts au sujet de l'unité linguistique dans l'histoire de l'État turc.

Nous avons déjà parlé du nationalisme d'ATATÜRK, dans lequel la théorie subjective était dominante. L'on peut relever aussi, dans le cadre de cette conception, que les critères objectifs tels que la race ou la religion ne sont pas considérés comme des éléments qui assurent l'unité nationale. Néanmoins, la question de la langue a une place différente dans cette conception.

En effet, d'après la doctrine turque, même si le nationalisme d'ATATÜRK exclut la race et la religion, toutefois il exige que le turc soit la langue officielle[3]. Il faut comprendre donc que cette langue doit être obligatoire dans le domaine public[4]. Autrement dit, l'on peut admettre d'utiliser d'autres langues dans la vie privée.

L'on constate que dans la pensée d'ATATÜRK, il faut y avoir « une langue commune pour pouvoir parler de l'unité d'une Nation »[5]. Il est même possible de dire que dans les années 1930, ATATÜRK a bien

[1] K. GÖZLER, *Anayasa hukukunun genel teorisi* [La théorie générale de droit constitutionnel], *op. cit.*, pp. 408-409.

[2] İ. GİRİTLİ et J. SARMAŞIK, *op. cit.*, p. 34.

[3] B. TANÖR et N. YÜZBAŞIOĞLU, *op. cit.*, pp. 76-77 ; M. ERDOĞAN, *op. cit.*, p. 210.

[4] Selon certains auteurs, il faut assurer, quand même, l'assistance de traduction pour les citoyens qui ne maîtrisent pas le turc afin de les faire profiter des services publics, v. M. ERDOĞAN, *op. cit.*, p. 211.

[5] Y. SARINAY, *op. cit.*, p. 56.

préféré une conception de la Nation qui est liée à la langue[1]. D'ailleurs, il avait précisé, dans l'un de ses discours en 1931, que la langue est l'une des particularités les plus importantes d'une Nation et que « ceux qui veulent se lier à la Nation turque doivent parler en turc. »[2] De la même manière, certains auteurs parlent de « la Thèse de l'histoire turque », qui a été rédigée à cette époque-là et qui prévoyait la même idée, selon laquelle l'unité de la langue est une grande nécessité du point de vue de l'indivisibilité et l'unité de la Nation. Cette thèse était intéressante, parce que, tout comme les idées d'ATATÜRK, elle précisait aussi que « ceux qui sont Turcs doivent parler en turc. »[3] Ainsi en 1933, il y avait des sanctions pour les citoyens qui ne parlaient pas en turc dans l'espace public[4]. Selon Soner ÇAĞAPTAY, ce qui était voulu à cette époque-là était « une ethnicité par la langue. »[5]

Force est de constater que certaines dispositions constitutionnelles prévoyaient, de la même façon, un domaine très limité pour les autres langues que le turc. C'est le cas des articles 26 et 28 de la Constitution turque de 1982 qui prévoyaient que « *la langue interdite par la loi ne peut pas être utilisée pour l'expression et l'expansion des pensées* (Article 26, Alinéa 3) » et qu'« *il est interdit de faire l'émission dans une langue interdite par la loi* (Article 28, Alinéa 2) ». Selon Kemal GÖZLER, d'après ces dispositions, le turc était non seulement la langue officielle, mais bien aussi la seule langue maternelle en Turquie, ce qui fait que ces articles n'étaient pas conformes à la théorie subjective de la nation[6]. Mais, précisons que cette position stricte en faveur de la langue turque a été évitée, et les dispositions précitées ont été abrogées par les révisions constitutionnelles de 2001.

S'il est nécessaire de parler de la situation actuelle au niveau constitutionnel dans cet État, il faut parler de l'article 3 de la Constitution turque selon laquelle « *l'État turc forme avec son territoire et sa Nation une entité indivisible. Sa langue officielle est le turc* ».

---

[1] K. KARPAT, *op. cit.*, p. 196.
[2] M. HEPER, *op. cit.*, p. 139 et note n° 22.
[3] S. ÇAĞAPTAY, « Türklüğe geçiş : Modern Türkiye'de göç ve din » [Le passage à la turcité : L'immigration et la religion en Turquie moderne], art. cit., p. 91.
[4] S. ÇAĞAPTAY, *Türkiye'de İslam, laiklik ve milliyetçilik: Türk kimdir?* [L'Islam, la laïcité et le nationalisme en Turquie: Qui est le Turc ?], *op. cit.*, p. 94 et note n° 154.
[5] *Ibid.*, pp. 100-101.
[6] K. GÖZLER, *Türk anayasa hukuku,* [Droit constitutionnel turc], *op. cit.*, p. 131. V. également Y. SABUNCU, *op. cit.*, p. 40 ; B. TANÖR et N. YÜZBAŞIOĞLU, *op. cit.*, p. 109.

Ainsi, tout comme la République française, l'État unitaire turc a consacré dans sa Constitution une seule langue officielle.

Selon Yavuz SABUNCU, la consécration du turc comme langue officielle dans la Constitution est conforme au « principe d'indivisibilité de l'État avec son territoire et sa Nation » consacré à l'article 3 de la Constitution. Néanmoins, il estime que cela ne signifie pas qu'une autre langue ne peut pas être parlée sur le territoire turc[1].

D'après l'article 42 *in fine* de la Constitution turque « *aucune langue autre que le turc ne peut être enseignée aux citoyens turcs en tant que langue maternelle dans les établissements d'éducation et d'enseignement. La loi fixe les règles relatives à l'enseignement des langues étrangères dans les établissements d'éducation et d'enseignement ainsi que celles auxquelles doivent se conformer les écoles où l'éducation et l'enseignement sont dispensés dans une langue étrangère. Les dispositions des conventions internationales sont réservées.* »

Il faut préciser, d'abord, que cet article n'empêche pas l'apprentissage d'une autre langue[2]. Il empêche seulement l'utilisation d'une autre langue que le turc dans le domaine de l'enseignement[3], en tant que « langue maternelle »[4]. L'on constate, au sujet de cette règle, deux exceptions qui proviennent du « traité de Lausanne (signé en 1923) » et du « pacte d'amitié entre la Turquie et la Bulgarie (signé en 1925) ». En effet, d'après ces traités, certains groupes minoritaires peuvent profiter d'une exception vis-à-vis de la règle de l'article 42 de la Constitution[5].

Donc, l'on peut dire que sauf ces exceptions déterminées par ces traités, il n'est pas possible de reconnaître un tel droit aux groupes minoritaires pour utiliser leurs propres langues au lieu de « la langue maternelle » dans l'enseignement (dans le cadre de l'article 42). Mais

---

[1] Y. SABUNCU, *op. cit.*, p. 39. Dans le même sens, v. K. GÖZLER, *Anayasa hukukunun genel teorisi* [La théorie générale de droit constitutionnel], *op. cit.*, p. 409.
[2] B. TANÖR et N. YÜZBAŞIOĞLU, *op. cit.*, p. 109.
[3] B. KUZU, *op. cit.*, p. 88. D'après cet auteur une telle façon d'enseigner est contraire, notamment, au principe d'indivisibilité de la nation qui existe dans l'article 1er de la Constitution.
[4] Concernant la langue maternelle et l'utilisation de celle-ci dans le cadre de ce sujet, v. S. S. TERZİOĞLU, *Uluslararası azınlıklar ve anadilde eğitim hakkı* [Les minorités internationales et le droit de l'éducation en langue maternelle], Ankara, Alp Yayınevi, 2007, p. 92.
[5] V. sur ce sujet, S. S. TERZİOĞLU, *op. cit.*, pp. 78-79.

ajoutons encore qu'il est possible de faire l'apprentissage d'une langue étrangère, de même qu'il est possible d'ouvrir des écoles privées pour l'enseigner[1].

Comme nous l'avons déjà exposé, l'État unitaire turc a choisi une seule langue de l'État. Et tout comme la décision de 1999 du Conseil constitutionnel français, la Turquie ne reconnaît pas non plus (sauf les exceptions) les langues minoritaires sur le territoire national, en raison de la structure unitaire. Donc, au sujet de la question de la langue, l'on peut parler deux similitudes entre les États unitaires français et turc ; ces deux États déterminent une seule langue officielle dans leurs Constitutions, et refusent, en même temps, la reconnaissance des langues minoritaires. Par contre, ajoutons aussi qu'avec la révision constitutionnelle de 2008, la République française est désormais plus proche que l'État turc de la forme régionale.

Section 3
Approche constitutionnelle du principe de l'indivisibilité de la Nation ou du peuple

Dans le cadre du principe de l'indivisibilité, et après une étude théorique sur les éléments objectifs et subjectifs de la Nation en doctrine française et turque, il est temps d'appréhender notre sujet avec une approche constitutionnelle. De cette manière, il sera possible de voir quels résultats sont retenus par ce principe au niveau juridique. Ainsi, nous allons analyser, d'abord, ce principe en droit français (**Paragraphe 1**) ; ensuite, en droit turc (**Paragraphe 2**), pour pouvoir relever les similitudes et les différences entre ces deux droits.

Paragraphe 1. Analyse du principe de l'indivisibilité de la Nation ou du peuple en droit français

L'étude de la Constitution française nous révèle que le principe de l'indivisibilité de la Nation ou du peuple entretient une forte relation avec la question de la souveraineté. Comme nous allons le voir dans le chapitre suivant, il existe une seule souveraineté indivisible dans l'État unitaire. Et nous savons que d'après l'article 3 de la Constitution, « *la souveraineté nationale appartient au peuple* ». Selon Marc JOYAU,

[1] *Ibid.*, pp. 195-196.

puisque « le peuple exprime la souveraineté nationale », donc, il faut dire que « le peuple est nécessairement un »[1].

Ainsi, l'on peut dire qu'il y a un seul peuple qui peut exercer la souveraineté dans un État unitaire. Aucune autre fraction ne peut participer à cet exercice. D'ailleurs, l'on constate que l'article 3 de la Constitution française prévoit aussi, concernant l'exercice de la souveraineté, qu'*« aucune section du peuple ni aucun individu ne peut s'en attribuer l'exercice ».*

Néanmoins, rappelons, à ce propos, que jusqu'à son abrogation en 1995, l'article 1er de la Constitution mentionnait l'existence d'une Communauté qui comprend non seulement le peuple de la République, mais aussi « *les peuples des territoires d'outre-mer* »[2].

D'après Arnaud HAQUET, « ce type de disposition se retrouve notamment dans les Constitutions fédérales, qui consacrent simultanément la souveraineté du « peuple » de l'État fédéral et l'existence de « peuples » au sein des États fédérés, disposant d'une pseudo-souveraineté. »[3] D'ailleurs, selon lui, « l'existence d'une seule volonté souveraine suppose également qu'aucune des composantes du peuple français ne soit privilégiée. » [4]

En réalité, il est possible de dire que le sujet est lié au « titulaire » de la souveraineté. Dans le cadre de l'État unitaire, on dit que « si la République et la souveraineté sont indivisibles c'est parce que le peuple est juridiquement unitaire. » [5] Ainsi, comme le fait remarquer Félicien LEMAIRE, « dans la mesure où la notion d'indivisibilité s'applique à la souveraineté, il pouvait paraître logique qu'il s'appliquât également à son titulaire. »[6]

L'on peut dire donc que l'abrogation de l'ancien 1er article de la Constitution française était conforme à cette idée. Plus encore, elle était aussi conforme à la célèbre la décision du Conseil constitutionnel

---

[1] M. JOYAU, « Peuples, populations, nations, États, territoires, pays, patries, communautés, frontières : Naissance des mots », art. cit., p. 33.

[2] L'ancien 1er article de la Constitution française disposait : « *La République et les peuples des territoires d'outre-mer qui, par un acte de libre détermination, adoptent la présente Constitution instituent une Communauté.* »

[3] A. HAQUET, *op. cit.,* pp. 92-93.

[4] *Ibid.,* p. 90.

[5] F. LEMAIRE, *Le principe d'indivisibilité de la République : mythe et réalité, op. cit.,* p.182.

[6] *Ibid.,* p. 184.

rendue le 9 mai 1991 sur le statut de la Corse[1], dans laquelle il a reconnu la valeur constitutionnelle au principe de l'indivisibilité du peuple ou, selon son expression, l'unicité du peuple. Dans cette décision, le Conseil a, d'abord, précisé que « le concept juridique de « peuple français » a valeur constitutionnelle », ensuite il a jugé que « la mention faite par le législateur du « peuple corse, composante du peuple français » est contraire à la Constitution »[2].

À ce sujet, il est à noter que même si le Conseil constitutionnel français ne permet pas une telle mention du « peuple corse, composante du peuple français », la Cour constitutionnelle italienne, par exemple, n'a pas censuré la notion de « peuple sarde ». Franck LAFFAILLE précise, à ce propos, que « la Sardaigne se pense comme nation porteuse de sa propre identité. »[3] Selon l'auteur, « dans le cadre d'un raisonnement très français, il existerait un seul peuple, le peuple italien ; et les populations des régions ne seraient qu'une fraction de ce peuple national. »[4]

Il est clair qu'il existe des différences entre la France et l'Italie du point de vue de la structure étatique. Si l'on revient à la République française, d'après la doctrine, la décision précitée a eu de fortes conséquences et une véritable influence dans le cadre de notre sujet. Ainsi, selon Alain DIECKHOFF, dans cette décision, « les juges constitutionnels ont défendu une conception classique, conforme à la tradition du droit public français, qui associe indivisibilité de la République et unité du peuple. »[5] Quant à André ROUX, il précise qu'il

---

[1] Cons. const., n° 91 -290 DC du 9 mai 1991, loi portant statut de la collectivité territoriale de Corse, *JORF* du 14 mai 1991, p. 6350.

[2] « *Considérant que la France est, ainsi que le proclame l'article 2 de la Constitution de 1958, une République indivisible, laïque, démocratique et sociale qui assure l'égalité devant la loi de tous les citoyens quelle que soit leur origine; que dès lors la mention faite par le législateur du "peuple corse, composante du peuple français" est contraire à la Constitution, laquelle ne connaît que le peuple français, composé de tous les citoyens français sans distinction d'origine, de race ou de religion* » (consid., n° 13).

[3] F. LAFFAILLE, « Identité(s) et autonomie(s) des entités infra-étatiques. À propos de la Région de Sardaigne (en passant par l'Écosse) », *RIDC*, Vol. 67, n° 3, 2015, pp. 769-778, spéc., p. 776

[4] *Ibid.* V. aussi sur cette question, sous le titre : « Le peuple sarde, composante du peuple italien », F. LAFFAILLE, « "La souveraineté régionale" entre oxymoron et hendiadys constitutionnels.... », art. cit., pp. 322-324.

[5] A. DIECKHOFF, *La nation dans tous ses états : les identités nationales en mouvement*, Paris, Flammarion, 2002, pp. 173-174.

faut comprendre deux points importants de cette décision : « d'une part le concept juridique de "peuple français" a valeur constitutionnelle, car il figure dans plusieurs textes constitutionnels actuellement en vigueur et il s'inscrit même dans la tradition constitutionnelle... D'autre part, en se référant à l'article 2, al. 1 de la Constitution qu'il cite intégralement, le Conseil constitutionnel affirme qu'il n'y a qu'un seul peuple français, nécessairement composé de tous les citoyens français sans distinction d'origine, de race ou de religion. »[1]

À ce propos, l'on peut constater la concomitance du principe de l'indivisibilité de la Nation ou du peuple et du principe de l'unicité du peuple français. De sorte que le Conseil, en précisant que le peuple français est un, a mêlé, en même temps, le principe de l'unicité du peuple français et le principe de l'indivisibilité de la République. D'ailleurs, selon Félicien LEMAIRE, l'affirmation du principe de l'unicité du peuple français, qui a été utilisé pour la première fois dans la décision de 1991, était conforme « à l'idéologie révolutionnaire, c'est devenu en effet un lieu commun d'affirmer que le principe d'indivisibilité s'oppose, à l'intérieur de la République, à la reconnaissance de l'existence de tout autre peuple que le peuple français. »[2]

Donc, cette idée de « la non-reconnaissance » de l'existence de tout autre peuple que « le peuple français » nous révèle deux règles apparentes : l'égalité de tous les Français sur le territoire national (**A**), et la non-reconnaissance des minorités dans l'État unitaire français (**B**). Ces deux règles sont non seulement les résultats de cette décision de 1991, mais aussi de la décision de 1999 sur la Charte européenne des langues régionales et minoritaires, que nous avons déjà traitées au-dessus concernant le sujet de l'unité linguistique et dont on va reparler aussi dans cette section.

A- Le principe d'égalité, un axe stable du principe d'indivisibilité de la Nation

Comme nous l'avons déjà indiqué, dans la décision de 1991 sur le *Statut de la Corse,* le Conseil constitutionnel a défini le « peuple

[1] A. ROUX, *Droit constitutionnel local, op. cit.*, p. 102.
[2] F. LEMAIRE, *Le principe d'indivisibilité de la République : mythe et réalité, op. cit.*, p. 182.

français », « comme l'ensemble des citoyens français sans distinction d'origine, de race ou de religion. » [1]

Ainsi, le principe de l'unicité du peuple français englobe le principe d'égalité qui est en relation avec le principe de l'indivisibilité. En effet, comme le précise Diane KHAIR « l'affirmation de l'indivisibilité de la République (article 1er de la Constitution), dans la tradition française, est associée la garantie de l'égalité des citoyens devant la loi. »[2] Autrement dit, selon l'expression de André ROUX « le principe d'indivisibilité de la République, en combinaison avec le principe d'égalité, commande l'unité (ou l'unicité) du peuple français et interdit par là même toute différenciation entre citoyens constituant un même peuple. »[3] Et selon lui encore, cette combinaison « s'oppose aussi à toute division au sein du peuple français et concourt par là même à assurer l'homogénéité du corps politique et l'unité de sa représentation. »[4]

Donc, par rapport à ces explications, l'on constate que le principe d'égalité se reflète, en même temps, sur la représentation du peuple. À ce propos, André ROUX nous rappelle aussi la décision de 1991 dans laquelle « le Conseil a annulé, là encore, une incompatibilité entre mandats électifs, spécifique aux élus de la Corse (mandat de conseiller à l'Assemblée de Corse et mandat de conseiller général), tout en se référant non au principe d'indivisibilité (lequel n'était d'ailleurs pas invoqué par les auteurs de la saisine) mais à celui d'égalité. »[5]

En effet, d'après la doctrine française, concernant cette liaison entre l'indivisibilité du peuple et celle de la représentation, il est possible de dire que « l'indivisibilité du peuple implique l'indivisibilité de sa représentation. Aucune division, aucun fractionnement ne doit être introduit dans cette représentation, tant sur le plan interne qu'international. Cette idée entraîne des conséquences importantes sur les modalités d'élection et sur les pouvoirs des représentants du peuple. »[6]

---

[1] V. BERTILE, *Langues régionales ou minoritaires: France, Espagne et Italie, op. cit.*, p. 32.

[2] D. KHAIR, *Unité de l'État et droits des minorités : étude constitutionnelle comparée du Proche-Orient*, Fondation Varenne, LGDJ, 2011, p. 284.

[3] A. ROUX, *Droit constitutionnel local, op. cit.*, p. 101.

[4] *Ibid.*, p. 109.

[5] *Ibid.*, p. 106.

[6] D. SIRITZKY, *Le principe d'unicité du peuple français*, Mémoire, Université Paris II, session de 2000, p. 4.

Ainsi, selon cette règle, il faut préciser aussi que les parlementaires sont les représentants d'un peuple indivisible, ce qui justifierait la prohibition du mandat impératif. D'ailleurs, celle-ci est consacrée dans l'article 27 de la Constitution qui prévoit que « *tout mandat impératif est nul* », et, selon certains, cet article est une garantie de « l'indivisibilité de la représentation du peuple. »[1]

Jusqu'ici, nous nous sommes attelés à expliquer la concomitance du principe de l'indivisibilité et celui de l'unicité du peuple français et d'égalité en partant de la décision de 1991. Une concomitance qui ressort également de la décision de 1999 sur la Charte des langues régionales ou minoritaires qui a déclaré que la Charte « porte atteinte aux principes constitutionnels d'indivisibilité de la République, d'égalité devant la loi et d'unicité du peuple français ». De plus, la règle résultant de cette concomitance, en l'occurrence « le refus de toute division entre citoyens », a été affirmée à maintes reprises par le Conseil constitutionnel français. Pour ne pas revenir en détail sur ces décisions, nous nous en ferons référence dans le cadre de la doctrine française[2].

De cette manière, après avoir parlé du principe d'égalité qui existe au sein du principe de l'indivisibilité et de l'unicité du peuple français, il sera utile de passer à un autre principe qui est aussi un résultat du refus de toute division entre citoyens, à savoir le principe de la non-reconnaissance des minorités.

Selon Olivia BUI-XUAN, « l'unicité du peuple français combinée aux principes d'indivisibilité et d'égalité interdit la reconnaissance, sur le territoire national, de « minorités » dont les membres bénéficieraient de droits spécifiques : nul corps ne saurait s'intercaler entre l'individu et l'État ; les appartenances identitaires sont reléguées dans la sphère privée »[3].

---

[1] *Ibid.*, p. 15. Sur ce point, on peut évoquer aussi l'article 80 de la Constitution turque (1982) qui empêche un tel mandat impératif, et qui dispose que « *Les membres de la Grande Assemblée nationale de Turquie représentent la nation entière et non les régions ou personnes qui les ont élus.* ». Pour plus de détails sur la question, v. E. ÖZBUDUN, *Türk anayasa hukuku*, [Droit constitutionnel turc], *op. cit.*, p. 275.

[2] A. ROUX, *Droit constitutionnel local, op. cit.*, p. 103 et suiv. V. également F. LEMAIRE, *Le principe d'indivisibilité de la République : mythe et réalité, op. cit.*, pp. 182-183.

[3] O. BUI-XUAN, *Le droit public français entre universalisme et différencialisme, op. cit.*, p. 375. V. pour les mêmes expressions, O. BUI-XUAN, « Unité et droits des groupes », *in* F. LEMAIRE, (dir.), *De l'unité de l'État : actes du colloque international*

B- La non-reconnaissance des minorités en tant que résultat du principe d'indivisibilité de la Nation en droit français

La notion de minorité est définie par la doctrine comme étant un « groupe d'individus, généralement fixés à demeure sur le territoire d'un État, qui forme une véritable communauté caractérisée par ses particularités ethniques, linguistiques et religieuses et se trouve en état d'*infériorité numérique* au sein d'une *population majoritaire* vis-à-vis de laquelle elle entend préserver son identité »[1].

Dans l'État unitaire français, la notion des minorités est exclue en raison de sa structure unitaire. Une telle exclusion existe depuis la Déclaration des droits de l'homme et du citoyen[2]. Comme le précise Olivia BUI-XUAN, « l'abstraction du citoyen a en effet été, en France, couplée à la négation juridique des minorités : le droit public refuse de donner droit de cité à quelque groupe infra-étatique que ce soit, ces corps intermédiaires potentiellement destructeurs de l'Unité nationale »[3]. De la même façon, cet auteur nous indique que « le discours du Haut Conseil à l'intégration, selon lequel « la conception française de l'intégration doit obéir à une logique d'égalité et non à une logique de minorités » est conforme à cette présentation officielle. Les appartenances identitaires sont donc, conformément à la théorie politique libérale, strictement confinées dans la sphère privée. » [4]

---

organisé les 9 & 10 octobre 2008 par le Centre Jean Bodin de l'Université d'Angers, *op. cit.*, p. 44.

[1] G. CORNU (dir.), *Vocabulaire juridique*, PUF, 2005, p. 591, cité par D. KHAIR, *op. cit.*, p. 23, et note de bas de page n° 65.

[2] V. A.-S. GORGE, *Le principe d'égalité entre les collectivités territoriales*, Paris, Dalloz, 2011, p. 48. Selon Anne-Sophie GORGE, « le seul groupe expressément reconnu par la Déclaration des droits de l'homme et du citoyen est la Nation non pas en tant que peuple éphémère existant à un moment donné, mais plutôt en tant que collectivité indivisible, perpétuelle et détentrice de la souveraineté. »

[3] O. BUI-XUAN, *Le droit public français entre universalisme et différencialisme, op. cit.*, p. 384 et note n° 1. À ce sujet, Carine GINDRE-DAVID précise que « l'unité politique de l'État impose la négation des revendications subjectives de groupes minoritaires. », C. GINDRE-DAVID, *Essai sur la loi du pays calédonienne : la dualité de la source législative dans l'État unitaire français*, Paris, L'Harmattan, 2008, p. 293.

[4] V. O. BUI-XUAN, *Le droit public français entre universalisme et différencialisme, op. cit.*, p. 386 et note de bas de page n° 4, Haut Conseil à l'intégration, *Pour un modèle français d'intégration*, Paris, La Documentation française, 1991, p. 19.

Vis-à-vis de cette situation, on constate que la République française émet une réserve quand elle signe un accord international qui comprend des articles en faveur des minorités. André ROUX cite l'exemple du pacte des Nations Unies sur les droits civils et politiques[1], qui a fait l'objet d'une réserve concernant son article 27, qui dispose que « dans les États où il existe des minorités ethniques, religieuses ou linguistiques, les personnes appartenant à ces minorités ne peuvent être privées du droit d'avoir, en commun avec les autres membres de leur groupe, leur propre vie culturelle, de professer et de pratiquer leur propre religion, ou d'employer leur propre langue ». L'on peut citer encore l'exemple de la réserve formulée sur l'article 30 de la Convention relative aux droits de l'enfant[2].

Concernant la position du Conseil constitutionnel, il faut encore rappeler, d'abord, sa célèbre décision de 1991 sur le statut de la Corse. André ROUX estime, à ce sujet, que l'on doit comprendre par cette décision que « le rapprochement qu'établit le Conseil entre les principes d'indivisibilité et d'égalité (ce dernier apparaissant en l'espèce prépondérant) conduit à interdire au législateur la reconnaissance de "minorités" sur le territoire national »[3].

L'on peut citer aussi la célèbre décision du 15 juin 1999 sur la Charte européenne des langues régionales ou minoritaires[4], dont nous avons déjà parlé au sujet de l'unité linguistique. Cette décision était relative non seulement au sujet des langues régionales, mais aussi à celui des minorités. En effet, après la décision de 1991 sur le statut de la Corse, le principe d'unicité du peuple français a été « réaffirmé » [5] dans la décision de 1999. Ainsi, le Conseil a décidé que cette Charte porte atteinte aux principes d'indivisibilité de la République, d'égalité devant la loi et d'unicité du peuple français, puisqu'elle confie « des droits spécifiques à des groupes de locuteurs de langues régionales ou minoritaires, à l'intérieur de territoires dans lesquels ces langues sont

---

[1] V. A. ROUX, *Droit constitutionnel local, op. cit.*, pp. 102-103.

[2] Publiée par le décret n° 90-917 du 8 octobre 1990. Ces réserves sont importantes dans le cadre de notre étude, notamment dans le cas de la République turque qui a émis aussi des telles réserves sur ces accords.

[3] A. ROUX, *Droit constitutionnel local, op. cit.*, p. 102.

[4] Cons. const., n° 99-412 DC du 15 juin 1999, Charte européenne des langues régionales ou minoritaires.

[5] V. BERTILE, *Langues régionales ou minoritaires: France, Espagne et Italie, op. cit.*, p. 31.

pratiquées »[1]. D'ailleurs, il faut dire que, la décision de 1999 a écarté « toute reconnaissance nette de minorités sur le territoire national en considérant que la Constitution s'oppose « à ce que soient reconnus des droits collectifs à quelque groupe que ce soit, défini par une communauté d'origine, de culture, de langue ou de croyance » »[2].

En effet, l'on comprend de cette décision que « la position, intangible, demeure donc celle du refus officiel d'admettre toute différenciation interne, l'État unitaire faisant totalement corps avec un peuple unique. »[3] De ce qui précède, il est clair que la forme d'État qu'on dit unitaire exclut la reconnaissance des minorités au plan interne. D'ailleurs, « une grande partie de la doctrine a longtemps considéré que seuls les États fédéraux, voire régionaux, dont l'essence même est de tenir compte des spécificités propres aux entités les composants, pouvaient concevoir des arrangements institutionnels pour prendre en compte les groupes minoritaires. »[4] Mais, selon cette explication, il faut demander, alors, quelle sera la situation en France, dans une hypothèse où une régionalisation très forte régnera dans cet État. Pour cette question, d'abord, on rencontre, en doctrine, une telle affirmation qui nous dit que « le principe d'indivisibilité ne s'accommode pas de la reconnaissance de peuples régionaux, corses, basques, bretons... Le peuple est indivisible. »[5] Néanmoins, d'après certains auteurs « la régionalisation n'a pas nécessairement pour but de protéger les minorités. Mais, ici aussi, les minorités ne peuvent que tirer profit de la liberté d'action dont jouissent les collectivités locales, pourvu, ici aussi, que ces minorités soient concentrées dans une région et soient relativement homogènes »[6].

---

[1] Sur le commentaire de ces décisions, v. F. LEMAIRE, *Le principe d'indivisibilité de la République : mythe et réalité, op. cit.*, p. 188.

[2] *Ibid.*, pp. 187-188.

[3] A. DIECKHOFF, *op. cit.*, pp. 174-175.

[4] C. GINDRE-DAVID, *Essai sur la loi du pays calédonienne : la dualité de la source législative dans l'État unitaire français, op. cit.*, p. 297.

[5] P. JAN, *Institutions administratives*, LexisNexis, 2011, p. 61.

[6] G. MALINVERNI, « Autonomies locales, intégrité territoriale et protection des minorités : Rapport final », *in Autonomies locales, intégrité territoriale et protection des minorités : Actes du Séminaire UniDem organisé à Lausanne du 25 au 27 avril 1996 ; en coopération avec l'Institut suisse de droit comparé*, Commission européenne pour la démocratie par le droit, Strasbourg, éd. du Conseil de l'Europe, 1997, p. 330,

Comme nous l'avons démontré au sujet des minorités, la règle essentielle en la matière est la non-reconnaissance des minorités dans l'État unitaire français, notamment du point de vue du principe d'indivisibilité et d'unicité du peuple. Et d'ailleurs, « la quasi-totalité de la doctrine semble, jusqu'à récemment, avoir occulté les États unitaires classiques de leurs études relatives aux réponses institutionnelles pouvant être données aux revendications minoritaires.»[1] Ce constat de Carine GINDRE-DAVID est intéressant, et reflète une observation réelle. En effet, comme le précise Arnaud HAQUET « la question du droit des minorités est supposée ne pas se poser en droit constitutionnel français. Le peuple est unitaire et composé de citoyens indifférenciés. » [2] Toutefois, Carine GINDRE-DAVID ajoute encore qu'« à la lumière de l'histoire récente, ce postulat apparaît en contradiction avec la réalité, puisque l'État unitaire admet désormais la diversité. »[3]

L'on pense que cette dernière idée n'est pas injuste, puisqu'une étude des collectivités d'outre-mer (COM) nous montre que le sujet des minorités soulève plusieurs questions. Ainsi, certains auteurs affirment que d'un point de vue institutionnel, « le fait minoritaire en droit français n'est pas officiellement reconnu », plus encore « que dire alors des COM (collectivités d'outre-mer) ? » [4] Ces auteurs évoquent l'article 74 qui prévoit que « *les collectivités d'outre-mer régies par le présent article ont un statut qui tient compte des intérêts propres de chacune d'elles au sein de la République.* » Ils estiment que « cet article reconnaît que des populations faisant partie de la République française peuvent avoir des intérêts propres et différents de ceux d'autres territoires de la République. C'est la reconnaissance pure et simple de communautés distinctes. L'article 75 reconnaît de même un statut personnel à ces personnes tant qu'ils n'y ont pas renoncé et l'article 77 prévoit un statut coutumier, une citoyenneté et un régime électoral autonome de ces populations par rapport à celle de la métropole. Ces

---

[1] C. GINDRE-DAVID, *Essai sur la loi du pays calédonienne : la dualité de la source législative dans l'État unitaire français*, *op. cit.*, p. 297.

[2] A. HAQUET, *op. cit.*, p. 101.

[3] C. GINDRE-DAVID, *Essai sur la loi du pays calédonienne : la dualité de la source législative dans l'État unitaire français*, *op. cit.*, p. 297.

[4] A. RAULIN, S. M. OULD ABDALLAHI, et G. LÔ (dir.), *Droit, culture et minorités,* Paris, L'Harmattan, 2009, p. 13.

communautés peuvent être assimilées purement et simplement à des minorités. » [1]

Précisons, à ce propos, que la question de l'outre-mer pose toujours problème pour l'État unitaire français. Thierry MICHALON disait en 1982 que « les territoires d'outre-mer peuvent, quant à eux, être analysés comme des « nations périphériques » entretenant avec la Nation française, au sein de la République, des relations sortant de la simple décentralisation pour confiner au fédéralisme »[2].

Dans ce cadre, l'on peut parler de l'Accord de Nouméa[3] qui a été signé le 5 mai 1998 et qui est un Accord particulier entre l'État français et la Nouvelle-Calédonie ; et puis, cet Accord a été constitutionnalisé. L'on peut dire que la République française, « en constitutionnalisant l'Accord de Nouméa, a reconnu l'existence du « *peuple kanak* », distinct du peuple français »[4].

Abordant cette constitutionnalisation, Jeanne PAGE se demande si l'identité kanake n'est pas la reconnaissance d'une minorité ? [5] Ainsi, l'on voit que la « négation officielle d'un droit à la différence est devenue purement théorique puisqu'en pratique, la France permet à ses minorités territoriales d'obtenir des aménagements institutionnels intéressants à l'image de la Nouvelle-Calédonie, de la Polynésie française ou, à un degré moindre, de la Corse. » [6]

Il convient de préciser, à ce propos, que la question de l'outre-mer français est un sujet important dans le cadre du principe d'indivisibilité de la Nation. Nous allons la traiter dans une autre section séparée. Enfin, s'il est nécessaire de résumer les explications que nous avons exposées jusqu'ici, il est possible de dire qu'une approche constitutionnelle du principe d'indivisibilité de la Nation nous montre que ce principe exige d'abord l'égalité entre tous les citoyens français, comme il est souligné par le Conseil constitutionnel. Par ailleurs, la non-reconnaissance des minorités apparaît comme un autre résultat qui empêche l'existence d'un quelconque groupe privilégié sur le territoire national.

---

[1] *Ibid.*

[2] Th. MICHALON, « La République française, une fédération qui s'ignore », *RDP*, 1982, p. 663.

[3] Nous reparlerons de cet Accord, concernant la citoyenneté calédonienne.

[4] M. CHAUCHAT, *Les institutions en Nouvelle-Calédonie : institutions politiques et administratives*, CDP Nouvelle-Calédonie, 2011, p. 15.

[5] J. PAGE, *op. cit.*, p. 402.

[6] C. GINDRE-DAVID, *Essai sur la loi du pays calédonienne : la dualité de la source législative dans l'État unitaire français*, *op. cit.*, p. 293.

Paragraphe 2. Analyse du principe d'indivisibilité de la Nation en droit turc

Après avoir étudié le principe de l'indivisibilité de la Nation en droit français, nous allons traiter, au-dessous, ce principe en droit turc par une approche constitutionnelle (**A**), ensuite, nous allons constater qu'il y a, en droit turc, une règle parallèle au concept français de l'indivisibilité de la Nation, c'est la non-reconnaissance des minorités (**B**).

A- Approche constitutionnelle du principe d'indivisibilité de la Nation en droit turc

Comme nous l'avons vu précédemment, l'on peut constater à partir de certaines dispositions de la Constitution française que le principe d'indivisibilité de la Nation ou du peuple est bien consacré, néanmoins il ne s'agit pas d'une consécration explicite. Au contraire, l'article 3 de la Constitution turque de 1982, en vigueur, indique explicitement ce principe. En effet, cet article dispose que « *l'État turc forme avec son territoire et sa Nation une entité indivisible.* »

Nous avons déjà évoqué l'article 3 de la Constitution turque dans le chapitre précédent, concernant l'indivisibilité du territoire. L'on constate que l'article englobe aussi l'indivisibilité de la Nation. C'est pour cette raison qu'il est qualifié en doctrine turque de fondement constitutionnel de la structure unitaire de l'État.[1]

Quant au contenu de ce principe, l'on peut dire qu'il signifie l'interdiction de la discrimination entre les citoyens en raison de leurs races, langues ou religions[2]. À ce titre, l'article 10 de la Constitution turque dispose que « *tous les individus sont égaux devant la loi sans distinction de langue, de race, de couleur, de sexe, d'opinion politique,*

[1] İ. GİRİTLİ et J. SARMAŞIK, *op. cit.,* p. 42 ; K. GÖZLER, *Türk anayasa hukuku,* [Droit constitutionnel turc], *op. cit.,* p. 115 ; Y. SABUNCU, *op. cit.,* p. 30. Pour les décisions constitutionnelles traitant de ce point, v. B. TANÖR et N. YÜZBAŞIOĞLU, *op. cit.,* p. 106 et note n° 100.

[2] B. KUZU, *op. cit.,* p. 88 ; K. GÖZLER, *Türk anayasa hukuku,* [Droit constitutionnel turc], *op. cit.,* p. 117. Sur le principe de l'indivisibilité de la Nation, v. aussi A. NALBANT, *op. cit.,* pp. 201-209.

de croyance philosophique, de religion ou de secte, ou distinction fondée sur des considérations similaires. »

Par ailleurs, d'après certains auteurs turcs, ce principe englobe aussi l'interdiction de la discrimination entre les régions sur le territoire national[1]. Ainsi, l'on peut dire que l'indivisibilité de la Nation empêche, en même temps, les propagandes qui défendent la volonté de reconnaître une souveraineté aux peuples qui résident dans certaines régions du territoire[2]. Autrement dit, le principe d'indivisibilité de la Nation exclut le modèle d'État régionalisé, s'appuyant sur une pluralité des communautés ethniques, religieuses ou géographiques[3].

De ce qui précède, et d'une manière brève, l'on peut dire que ce principe empêche toute inégalité. De plus, comme l'indique Kemal GÖZLER, la règle de l'interdiction de la discrimination entre les citoyens nécessite à la fois la non-reconnaissance des minorités ethniques ou religieuses[4]. Donc, tout comme en droit français, la non-reconnaissance des minorités apparaît en droit turc comme un résultat du principe d'indivisibilité de la Nation.

B- La non-reconnaissance des minorités en droit turc

Comme nous l'avons déjà précisé, dans l'État unitaire turc, il n'est pas possible d'attribuer certains pouvoirs étatiques ou certaines parties de la souveraineté aux différents groupes ou communautés à côté de l'État central, de même qu'il n'existe aucun groupe minoritaire, sauf ceux indiqués par le traité de Lausanne et le pacte entre la Bulgarie et la Turquie. Il faut préciser également que le droit des peuples à disposer d'eux-mêmes ne peut pas être reconnu dans cet État, comme l'affirme la Cour constitutionnelle turque[5].

---

[1] B. KUZU, *op. cit.*, p. 88. V. également B. TANÖR et N. YÜZBAŞIOĞLU, *op. cit.*, p. 106. En exposant cette idée, ces auteurs font, à la fois, référence à une telle existence en France, en Italie et en Espagne.

[2] B. KUZU, *op. cit.*, p. 89.

[3] Y. SABUNCU, *op. cit.*, p. 31.

[4] K. GÖZLER, *Anayasa hukukunun genel teorisi* [La théorie générale de droit constitutionnel], *op. cit.*, p. 477.

[5] B. TANÖR et N. YÜZBAŞIOĞLU, *op. cit.*, p. 79 et note n° 40. Ces auteurs, en partant des décisions constitutionnelles, soulignent que la Cour ne reconnaît pas ce droit, en raison du principe d'unité de l'État, du territoire et de la nation, v. également K. GÖZLER, *Anayasa hukukunun genel teorisi* [La théorie générale de droit constitutionnel], *op. cit.*, p. 417. Pour plus de détails concernant la question de la non-

Comme le relève Emre ÖKTEM, il est à noter qu'« en Turquie, l'appareil judiciaire trouve sa place parmi les organes étatiques produisant le discours nationaliste qui protège et modèle la nation. La position privilégiée de la Cour constitutionnelle dans cet appareil met en évidence la valeur de sa contribution à la formation du nationalisme turc. »[1]

Dans sa décision de 1994, la Cour constitutionnelle turque a expliqué le contenu du principe d'indivisibilité de la nation en estimant que ce principe signifie l'existence d'une seule Nation dans l'État et la non-reconnaissance des minorités[2]. Néanmoins, cela ne veut pas dire que la pluralité culturelle, religieuse, linguistique ou ethnique n'est pas tolérée[3].

Tout comme la République française, en raison de la règle de non-reconnaissance des minorités, la République turque a émis aussi des réserves sur quelques articles de certains traités internationaux. C'est le cas par exemple d'une réserve sur les articles 17, 29 et 30 de « la Convention internationale des droits de l'enfant », et d'une autre sur l'article 27 du « Pacte international relatif aux droits économiques, sociaux et culturels ». Toutes les réserves sont justifiées par la non-reconnaissance des minorités dans cet État[4]. Donc, comme il est accepté par la doctrine, à l'image du droit français, c'est la règle de non-reconnaissance des minorités qui prévaut[5], même s'il en existe des exceptions[6]. À ce sujet, s'il convient de rappeler que le « traité de Lausanne » prévoit la reconnaissance de certains groupes minoritaires

reconnaissance des minorités sous la lumière des décisions constitutionnelles, v. A. NALBANT, *op. cit.,* pp. 205-209 ; K. GÖZLER, *Devletin genel teorisi* [La théorie générale de l'État], *op. cit.,* pp. 61-63.

[1] E. ÖKTEM, « La Cour constitutionnelle turque définit le nationalisme, principe de la République », art. cit., p. 1159 et suiv.

[2] V. Y. SABUNCU, *op. cit.,* p. 30.

[3] *Ibid.*

[4] V. sur cette question, S. S. TERZİOĞLU, *op. cit.,* p. 184. V. aussi sur la question des minorités en Turquie avec une analyse des décisions constitutionnelles, E. ÖKTEM, « La Cour constitutionnelle turque définit le nationalisme, principe de la République », art. cit., pp. 1159-1200.

[5] V. dans ce sens K. GÖZLER, *Devletin genel teorisi* [La théorie générale de l'État], *op. cit.,* p. 131.

[6] C'est le cas du « traité de Lausanne (signé en 1923 » et du « pacte d'amitié entre la Turquie et la Bulgarie (signé en 1925 ». V. sur ce sujet, B. TANÖR et N. YÜZBAŞIOĞLU, *op. cit.,* p. 108 ; B. KUZU, *op. cit.,* p. 126 ; S. S. TERZİOĞLU, *op. cit.,* p. 3.

en Turquie, il faut préciser que selon ce traité, ceux qui sont acceptés comme des minorités, ce sont certains non-musulmans[1]. Ainsi, il y a certains auteurs qui disent qu'en raison de ce traité, il est possible de dire que « la minorité et les non-musulmans sont synonymes dans le concept de la Nation turque. »[2] Précisons que le sujet des minorités a fait l'objet de plusieurs réflexions en doctrine turque, où l'on peut trouver certaines définitions qui englobent plusieurs critères à côté de la religion[3]. Mais, il existe aussi des auteurs qui ont encore des objections en raison du traité de Lausanne et qui défendent la redéfinition des minorités avec les autres critères[4].

Il convient de faire remarquer qu'en Turquie certains partis politiques ont été dissous par la Cour constitutionnelle en raison de leurs positions contraires à la règle de la non-reconnaissance des minorités. Faut-il le rappeler, les articles 80 et 81 de la loi sur les partis politiques prévoient que ces derniers ne peuvent pas tâcher de changer l'indivisibilité du territoire et de la nation, de même qu'ils ne peuvent pas alléguer l'existence d'un groupe minoritaire sur le territoire national. D'ailleurs, c'était le motif des décisions de la Cour constitutionnelle qui évoque « l'effort de construire un groupe minoritaire », pour justifier la dissolution de certains partis politiques[5]. C'est cette motivation qui a été retenue en 1992 concernant la dissolution du Parti du Labeur du Peuple, la Cour ayant jugé que ce parti considérait le peuple kurde comme une Nation distincte de la Nation turque[6].

Précisons que la question de l'existence d'une nation kurde au sein de la Nation turque a été discutée plusieurs fois dans la doctrine[7], au sein de laquelle il est apparu différentes thèses concernant les Kurdes.

---

[1] B. KUZU, *op. cit.,* p. 127.

[2] H. GÜLALP, « Milliyete karşı vatandaşlık » [La citoyenneté contre la nationalité], art. cit., p. 24.

[3] S. S. TERZİOĞLU, *op. cit.,* pp. 2, 7 et 96.

[4] B. ORAN, *Türkiye'de azınlıklar* [Les minorités en Turquie], İstanbul, İletişim Yayınları, 2010, p. 168. Cet auteur estime aussi que la reconnaissance des minorités ne porte pas atteinte au principe d'indivisibilité de la Nation.

[5] B. KUZU, *op. cit.,* p. 123.

[6] B. KUZU, *op. cit.,* p. 118 et note n° 55.

[7] A. M. ÇAY, *Her yönüyle Kürt dosyası* [Le dossier kurde sous tous ses aspects], *op. cit.,* p. 379. Pour un point de vue différent, v. T. Z. EKİNCİ, *Millet, miliyetçilik, devlet ve anayasa sorunları* [La nation, le nationalisme, l'État et les questions de la constitution], *op. cit.*

Par contre, notons, brièvement, que les citoyens de la République turque qui sont d'origines kurdes ne sont pas vus comme un groupe minoritaire ou en dehors de la Nation turque[1].

De tout ce qui précède, il est possible de comprendre que le principe d'indivisibilité de la Nation exige l'égalité entre les citoyens et la non-reconnaissance des minorités non seulement en droit français, mais aussi en droit turc. Il est possible de constater aussi que les dispositions et les décisions constitutionnelles déterminent le contenu de ce principe, en prenant des mesures pour empêcher les atteintes à l'indivisibilité de la Nation dans ces deux droits.

Concernant le cas de la Turquie, des problèmes resurgissent du fait de la question kurde. Néanmoins, il faut préciser que cette question n'existe pas au niveau juridique. Peut-être que cette question intéresse bien plus une autre discipline, en l'occurrence « la sociologie », d'autant plus qu'il existe plusieurs recherches sur la question kurde dans cette discipline[2]. En effet, il ne faut pas omettre qu'il n'existe aucune disposition juridique qui est à l'origine de la question kurde. C'est pour ces raisons que, dans notre étude, même si nous sommes amenés à traiter de cette question lorsqu'il est nécessaire, il n'en demeure pas moins qu'elle n'est pas similaire à la question de l'outre-mer français. Enfin, en raison de l'importance de cette dernière question dans la discipline juridique, nous allons l'analyser sous une section séparée ci-dessous.

Section 4
La question du peuple d'outre-mer au sein de la Nation indivisible de l'État français

Dans la décision du 9 mai 1991 portant sur le statut de la Corse dont nous avons déjà parlé, le Conseil constitutionnel a jugé que « la mention faite par le législateur du « peuple corse, composante du peuple

---

[1] B. KUZU, *op. cit.,* pp. 126-127. Pour le même constat, v. O. UYGUN, *Federal devlet*, [L'État fédéral], *op. cit.,* pp. 310-311.

[2] Pour une approche sociologique de la question kurde, v. F. KENTEL *et al., op. cit.,* notamment pp. 97-139. Pour une analyse avec l'approche sociologique et politique de la question kurde en Turquie, v. aussi O. UYGUN, *Federal devlet*, [L'État fédéral], *op. cit.,* pp. 285-317, cet auteur précise que la question kurde n'est pas une question sociologique qui peut susciter la transformation de la structure unitaire de l'État turc vers une structure fédérale.

français » est contraire à la Constitution ». Néanmoins, cette même décision semble porter une entorse au principe d'unicité du peuple français, dans la mesure où le Conseil constitutionnel affirmait aussi que « la Constitution de 1958 distingue le peuple français des peuples de l'outre-mer auxquels est reconnu le droit à la libre détermination »[1].

L'on fait face à une véritable ambiguïté. Ainsi, tandis que le Conseil n'exprime aucune tolérance au terme du « peuple corse, composante du peuple français », il affirme que la Constitution distingue les peuples de l'outre-mer auxquels est reconnu le droit à la libre détermination.

D'après François LUCHAIRE, en faisant référence à cette expression dans cette décision, le juge constitutionnel voulait préciser que « l'indivisibilité n'empêche pas de distinguer le peuple français « des peuples des territoires auxquels est reconnu le droit à la libre détermination » »[2]. En revanche, on pense que la distinction des peuples de l'outre-mer ne peut pas être expliquée en estimant justement que l'indivisibilité englobe cette distinction. D'ailleurs, il est possible de dire aussi que la position de certaines collectivités d'outre-mer, en droit français, rend légitime notre interrogation du point de vue du principe d'indivisibilité de la Nation (ou du peuple).

De ce qui précède, il faudra parler, d'abord, de la Nouvelle-Calédonie qui a vraiment une position très différente dans l'État unitaire français en raison de la présence du peuple calédonien au sein de la Nation française indivisible (**Paragraphe 1**), ensuite nous aborderons la révision constitutionnelle de 2003 dans le cadre de la question des populations d'outre-mer (**Paragraphe 2**).

Paragraphe 1. Le peuple calédonien et le principe d'indivisibilité de la Nation française

D'emblée, précisons que, compte tenu de son importance dans le cadre de sujet de l'outre-mer, la question de la Nouvelle-Calédonie va être étudiée non seulement ici, mais aussi dans les chapitres suivants. Nous allons l'aborder ici du point de vue de la double citoyenneté qu'elle implique, qui est une vraie ambiguïté dans le cadre du principe d'indivisibilité de la nation, puisque ce principe nécessite une égalité pour tous les citoyens français.

---

[1] Consid. 12.

[2] F. LUCHAIRE, *Le statut constitutionnel de la Polynésie française*, Paris, Economica, 2005, p. 6.

D'après Jean-Yves FABERON « en Nouvelle-Calédonie, la nationalité est une, la citoyenneté est duelle, l'identité est plurielle »[1]. Faut-il le rappeler, c'est l'Accord de Nouméa, signé le 5 mai 1998 entre l'État français et la Nouvelle-Calédonie, qui a créé un tel statut. Cet Accord a été constitutionnalisé par la loi constitutionnelle n° 98-610 du 20 juillet 1998[2], qui a créé, d'ailleurs, un titre particulier pour la Nouvelle-Calédonie (articles 76 et 77), et permis la mise en œuvre de l'Accord de Nouméa.

Le point 2 de cet Accord stipule que « l'un des principes de l'accord politique est la reconnaissance d'une citoyenneté de la Nouvelle-Calédonie. Celle-ci traduit la communauté de destin choisie et s'organiserait, après la fin de la période d'application de l'accord, en nationalité, s'il en était décidé ainsi » ; concernant le point 2 de l'Accord, la doctrine française souligne que « la pluri-citoyenneté constitue un concept relativement récent et son introduction en droit français n'est pas sans poser de difficultés eu égard à la conception universaliste de la citoyenneté française. »[3]

---

[1] J.-Y. FABERON, « Rapport introductif : Identité, souveraineté et citoyenneté en Nouvelle-Calédonie, après l'accord de Nouméa et la révision constitutionnelle de 1998 », *in* J.-Y. FABERON, Y. GAUTIER (dir.) et J.-P. DOUMENGE (Éd.), *Identité, nationalité, citoyenneté outre-mer : Actes du colloque des 9-10 novembre 1998*, Paris, Centre des Hautes Études sur l'Afrique et l'Asie Modernes, 1999, p. 10. Concernant le sujet de la nationalité et de la citoyenneté, v. également Ch. CADOUX, « Considérations générales », *in* J.-Y. FABERON, V. FAYAUD et J.-M. REGNAULT (dir.), *Destins des collectivités politiques d'Océanie : peuples, populations, nations, États, territoires, pays, patries, communautés, frontières: Actes du colloque international organisé du 7 au 10 mars 2011 à Nouméa,* Vol. 1 : Théories et pratiques, *op. cit.,* p. 125. Selon Charles CADOUX, « La nationalité est le lien juridique qui rattache un individu à un (son) État. (…) La citoyenneté est le statut du national qui accède véritablement à la majorité politique, ayant l'âge requis par la loi et l'honorabilité du point de vue du droit pénal. Ce qui lui ouvre la voie à la participation à la vie politique (droits et devoirs) dans l'État. »

[2] Loi constitutionnelle n° 98-610 du 20 juillet 1998, relative à la Nouvelle-Calédonie, *JORF* n°166 du 21 juillet 1998, p. 11143.

[3] C. GINDRE-DAVID, *Essai sur la loi du pays calédonienne : la dualité de la source législative dans l'État unitaire français*, *op. cit.,* p. 521. Dans le même sens, v. A. HAQUET, *op. cit.,* p. 108. L'auteur précise que « L'instauration d'une citoyenneté calédonienne, ayant vocation à se commuer en « nationalité », constitue également une dérogation à un principe fondateur du droit constitutionnel français. En vertu de l'article 3 de la Constitution, « sont électeurs » « tous les nationaux français ». La création d'une citoyenneté réservée à une partie de la population s'oppose à l'universalité de ce concept. »

À ce propos, il convient de rappeler que dans la décision de 1991 sur le statut de la Corse, le juge constitutionnel ne reconnaissait pas « le peuple corse », qu'en est-il du « peuple calédonien » ? À cette question, Jean-Yves FABERON précise que « puisqu'on institue une citoyenneté calédonienne, c'est qu'il existe un « peuple calédonien », auquel ne s'applique pas le raisonnement du Conseil constitutionnel refusant dans sa décision du 9 mai 1991, de reconnaître en droit le "peuple corse". »[1]

Par ailleurs, il existe aussi en doctrine française des critiques raisonnables du point de vue du principe d'égalité qui existe dans le cadre du principe d'indivisibilité de la Nation (ou du peuple), comme on l'a déjà indiqué au-dessus.

Ainsi, François LUCHAIRE nous rappelle les principes constitutionnels de la République, y compris le principe d'égalité, confirmé aussi par la décision de 1991, qui « s'oppose à toute discrimination entre les citoyens. Or, l'accord de Nouméa annonce, dès son préambule, qu'il « est nécessaire de poser les bases d'une citoyenneté de la Nouvelle-Calédonie, permettant au peuple *d'origine* de constituer avec les hommes et les femmes qui y vivent une communauté humaine affirmant *son* destin commun ». »[2] Selon l'auteur, « cette phrase s'éloigne des principes constitutionnels : d'abord elle emploie l'expression peuple d'origine, ensuite elle envisage une citoyenneté néocalédonienne réservée à une certaine catégorie de français. »[3] Nous partageons tout à fait ce raisonnement, car contrairement aux Français de la métropole qui n'ont qu'une seule citoyenneté, les Français de la Nouvelle-Calédonie, eux, bénéficient d'une double citoyenneté.

Il faut ajouter aussi que dans le cadre de l'Accord de Nouméa, il est question de la reconnaissance du peuple kanak, or comme nous l'avons relevé cela contredit le principe de la non-reconnaissance des minorités. Pour reprendre Jeanne PAGE, « l'indivisibilité du peuple est en effet entamée par la consécration légale de l'altérité kanake mais elle nous

---

[1] J.-Y. FABERON, « Rapport introductif : Identité, souveraineté et citoyenneté en Nouvelle-Calédonie, après l'accord de Nouméa et la révision constitutionnelle de 1998 », art. cit., p. 15.

[2] F. LUCHAIRE, *Le statut constitutionnel de la Nouvelle-Calédonie*, Paris, Economica, 2000, p. 23. V. aussi concernant la citoyenneté calédonienne à l'égard du principe d'égalité, A. HAQUET, *op. cit.*, p. 109 ; A. DIECKHOFF, *op. cit.*, pp. 171-172.

[3] F. LUCHAIRE, *Le statut constitutionnel de la Nouvelle-Calédonie*, *op. cit.*, p. 23.

semble surtout remise en cause par la création de la citoyenneté calédonienne. »[1]

De toutes les explications exposées, il est donc légitime de dire que le caractère unitaire de l'État français pose problème et nous interpelle. D'après Jeanne PAGE, « en raison de l'affirmation d'une identité kanake et d'une citoyenneté calédonienne, il convient de s'interroger sur la mise en cause du caractère unitaire de l'État. »[2] Ainsi, l'on peut dire que la question du peuple calédonien apparaît comme un exemple opposé du point de vue du principe d'indivisibilité de la Nation (ou du peuple) dans l'État unitaire français. En somme, il faut admettre que « l'accord de Nouméa est en rupture profonde avec la norme républicaine, avec son égalité de principe et son horizon unitaire. »[3] De plus, partant de l'idée de Jean-Louis AUTIN, l'on peut ajouter aussi que « si l'État est unitaire et la République indivisible, la citoyenneté française ne saurait s'accommoder d'aucun démembrement. » [4] Mais, comme l'a affirmé Gérard MARCOU, il est incontestable que « l'évolution statutaire de la Nouvelle-Calédonie s'inscrit bien dans une logique de reconnaissance, suivant laquelle il y a place pour l'identité kanake dans la République française »[5].

Paragraphe 2. La révision constitutionnelle de 2003 et les populations d'outre-mer

Selon le constat de Charles CADOUX, il est possible de dire que « par habitude de pensée et poids de l'histoire, par convictions ou préjugés, ou par confusion de vocabulaire, le citoyen français a,

---

[1] J. PAGE, *op. cit.,* p. 545.
[2] *Ibid.,* pp. 399-400.
[3] A. DIECKHOFF, *op. cit.,* p. 172.
[4] J.-L. AUTIN, « La pluri-citoyenneté », *in* J.-Y. FABERON et G. AGNIEL (dir.), *La souveraineté partagée en Nouvelle-Calédonie et en droit comparé : colloque organisé à Nouméa du 17 au 19 décembre 1999*, Paris, La Documentation française, 2000, p. 425. L'auteur se demande si « La notion de pluri-citoyenneté est-elle recevable ? », et ajoute qu'« une appréciation sommaire de notre *corpus* constitutionnel inclinerait à répondre par la négative. »
[5] G. MARCOU, « L'autonomie dans la République : jusqu'où ? », *in* J.-Y. FABERON, V. FAYAUD et J.-M. REGNAULT (dir.), *Destins des collectivités politiques d'Océanie : peuples, populations, nations, États, territoires, pays, patries, communautés, frontières: Actes du colloque international organisé du 7 au 10 mars 2011 à Nouméa,* Vol. 1 : Théories et pratiques, *op. cit.,* p. 59.

quoiqu'on dise, un fond jacobin »[1]. Par ailleurs, comme nous l'avons déjà vu, la question de l'outre-mer apparaît en tant qu'ambiguïté au sein de l'État unitaire français, notamment du point de vue de l'unicité du peuple. Il faut noter que ce n'est pas seulement la Constitution de 1958, mais aussi les décisions constitutionnelles qui traitent cette question en utilisant le terme peuples d'outre-mer. En effet, il faut préciser qu'« antérieurement à la Constitution de 1946, les textes constitutionnels français successifs n'utilisent pas l'expression de peuples d'outre-mer. »[2]

Précisions que « les peuples d'outre-mer » n'est pas le seul terme utilisé, dans la mesure où existe aussi le terme des « populations d'outre-mer ». Selon Emmanuel JOS, les notions « peuple français », « peuples d'outre-mer », ou « populations d'outre-mer », doivent être considérées comme « les ambiguïtés et les contradictions résultant du choix des Constituants du 28 mars 2003 »[3]. D'ailleurs, on dit que « les notions de peuple et de population peuvent se combiner si l'on considère leurs implications constitutionnelles. »[4] Et dans le cadre de notre étude, ce qui nous intéresse est l'évolution de la question de l'outre-mer français au niveau constitutionnel.

D'abord, l'on peut citer la décision constitutionnelle du 4 mai 2000 d'après laquelle les principes d'indivisibilité de la République et d'unicité du peuple français n'étaient pas opposables aux « populations d'outre-mer. » Mais ce n'est pas la seule reconnaissance des populations locales, et existe également la révision constitutionnelle du 28 mars 2003 relative à l'organisation décentralisée de la République, qui a modifié l'article 72-3 qui dispose désormais que *« la République reconnaît, au sein du peuple français, les populations d'outre-mer, dans un idéal commun de liberté, d'égalité et de fraternité »*. Cette disposition ne figurait pas dans le projet de la loi constitutionnelle, mais

---

[1] Ch. CADOUX, « La conception française de l'État unitaire (comparaisons) », *RSAMO*, n° 29/30-juin 1990, p. 29.

[2] E. JOS, « Quelques réflexions sur le statut constitutionnel des DOM/ROM après la révision du 28 mars 2003 », *in* J. DANIEL (dir.), *L'Outre-mer à l'épreuve de la décentralisation : nouveaux cadres institutionnels et difficultés d'adaptation*, Paris, L'Harmattan, 2007, p. 37.

[3] *Ibid.*

[4] A. ROUX, « Peuple et population(s) dans la constitution de 1958 », *in* J.-Y. FABERON, V. FAYAUD et J.-M. REGNAULT (dir.), *Destins des collectivités politiques d'Océanie : peuples, populations, nations, États, territoires, pays, patries, communautés, frontières: Actes du colloque international organisé du 7 au 10 mars 2011 à Nouméa,* Vol. 1 : Théories et pratiques, *op. cit.*, p. 87.

elle a été introduite par un amendement déposé par René-Paul VICTORIA, députée de la Réunion, d'où l'appellation « l'amendement Victoria ».

Il convient de faire remarquer que l'on a utilisé un nouveau terme, en l'occurrence « populations d'outre-mer ». En France, plusieurs auteurs estiment que ce n'était pas en vain que le pouvoir constituant a utilisé le terme « populations d'outre-mer » en 2003, parce que cette révision constitutionnelle visait à protéger l'unité de la République et l'unicité du peuple français. Faut-il le rappeler, dans la décision constitutionnelle de 1991, il était question de « peuples d'outre-mer ». En effet, le Conseil constitutionnel affirmait que « la Constitution de 1958 distingue le peuple français des peuples d'outre-mer auxquels est reconnu le droit à la libre détermination ».

D'après André ROUX, « la distinction un temps effectuée par le juge constitutionnel entre le peuple français et les peuples d'outre-mer s'est trouvée neutralisée par l'article 72-3 de la Constitution révisée en 2003 qui consacre la reconnaissance des populations d'outre-mer au sein du peuple français »[1]. Dans le même sens, M. GARREC, rapporteur de la loi au Sénat, souligne que « cette rédaction est destinée à contrecarrer la décision du 9 mai 1991 du Conseil constitutionnel relative à la Corse qui a distingué, d'une part le peuple français et d'autre part les peuples d'outre-mer. Elle sauvegarde l'unité de la République en établissant clairement que les populations d'outre-mer font partie intégrante du peuple français »[2]. Enfin, c'est ce que confirme aussi Michel VERPEAUX qui soutient que « les populations d'Outre-mer, si elles existent, demeurent tout de même au sein du peuple français afin de

[1] A. ROUX, « Peuple et population(s) dans la constitution de 1958 », art. cit., p. 82. Dans le même sens, v. V. BERTILE, « La notion de « populations d'outre-mer » », *in* F. MÉLIN-SOUCRAMANIEN (dir.), *L'outre-mer français : un "modèle" pour la République ?*, Presses Universitaires de Bordeaux, 2008, p. 68. L'auteur précise que « L'objectif de l'amendement du député René-Paul Victoria était ouvertement de tenir en échec la jurisprudence du Conseil constitutionnel telle qu'elle résulte de la décision n° 91-290 DC du 9 mai 1991 sur le Statut de la Corse, laquelle « distingue le peuple français des peuples d'outre-mer auxquels est reconnu le droit à la libre détermination ».

[2] Cité par S. AL WARDI, *Tahiti Nui ou les dérives de l'autonomie*, Paris, L'Harmattan, 2008, pp. 55-56 et note de bas de page n° 177.

sauvegarder l'unité du peuple français tout en reconnaissant la diversité »[1].

Au sujet de l'article 72-3 révisée en 2003, Gérard MARCOU trouve qu'il « exprime une nouvelle application du principe de reconnaissance. »[2] Il faut se demander, à ce propos, si la reconnaissance des populations d'outre-mer au sein du peuple français était nécessaire ?

Pour répondre à cette interrogation, l'on peut citer André ROUX, selon lequel « en reconnaissant au sein du peuple français les populations d'outre-mer, le nouvel article 72-3 de la Constitution entend certes rappeler le principe d'unicité du peuple français, mais il introduit aussi une distinction entre les *populations d'outre-mer* et les *populations métropolitaines*. »[3]

De tout ce qui précède, il est nécessaire de conclure en faisant référence à Ferdinand MÉLIN-SOUCRAMANIEN qui affirme que « l'outre-mer français s'est peu à peu transformé en un champ privilégié d'expérimentations constitutionnelles. Qu'on s'en réjouisse ou qu'on le déplore, il est incontestable que bien des innovations institutionnelles applicables, dans les prochaines années, sur l'ensemble du territoire de la République trouveront leur origine dans la volonté d'adapter le statut des collectivités territoriales d'outre-mer aux spécificités géographiques, sociales ou culturelles propres à ces entités. »[4] Donc, l'on peut dire que nous sommes en butte à « une République indivisible, et donc unitaire, mais aussi décentralisée, et donc composite. Il s'agit là un juste milieu où se retrouvent les nationaux français quand ils forment, en droit, un seul peuple, composé de multiples populations dont, notamment, celles d'outre-mer. »[5]

---

[1] M. VERPEAUX, « Rapport de synthèse », *in* F. MÉLIN-SOUCRAMANIEN (dir.), *L'outre-mer français : un "modèle" pour la République ?*, *op. cit.* pp. 163-174, spéc., p. 171.

[2] G. MARCOU, « L'autonomie dans la République : jusqu'où ? », art. cit., p. 58,

[3] A. ROUX, « Peuple et population(s) dans la constitution de 1958 », art. cit., p. 86.

[4] F. MÉLIN-SOUCRAMANIEN, « Les discriminations positives et l'outre-mer », *in* F. MÉLIN-SOUCRAMANIEN et P. LISE (dir.), *Outre-mer et devise républicaine*, Actes de colloque, Palais du Luxembourg, salle Gaston Monnerville, 29 avril 2011, Paris, L'Harmattan, 2012, p. 149.

[5] O. GOHIN, « Égalité ou différenciation statutaire », *in* F. MÉLIN-SOUCRAMANIEN et P. LISE (dir.), *Outre-mer et devise républicaine, op. cit.*, p. 162.

CHAPITRE 3
Le principe d'indivisibilité de la souveraineté en droits français et turc

Après une analyse du principe d'indivisibilité de l'État, tant par rapport au territoire qu'à la Nation, en tant qu'élément constitutif, on arrive au sujet de la souveraineté.

L'on ne peut parler de la théorie classique de la souveraineté, sans rappeler Jean BODIN, Jean-Jacques ROUSSEAU ou Emmanuel SIEYÈS dans la doctrine française. Selon cette théorie « l'indivisibilité » est un caractère absolu de la souveraineté. En effet, la souveraineté est toujours indivisible chez ces grands auteurs, comme BODIN ou ROUSSEAU. Ainsi, d'après Olivier BEAUD, « cette idée d'indivisibilité serait la marque patente de l'absolutisme caractéristique de l'évolution de la pensée politique de Bodin »[1]. Expliquant la pensée de ROUSSEAU sur cette question, Félicien LEMAIRE rappelle que « l'autorité souveraine est simple et une, et l'on ne peut la diviser sans la détruire », ainsi, la souveraineté « ne se divise pas à l'intérieur du territoire »[2].

Donc, à la lumière de cette brève explication de la théorie classique de la souveraineté, l'on peut penser que l'indivisibilité est un caractère indéniable de cette notion. En revanche, il faut se demander aussi si cette théorie est toujours pertinente pour expliquer l'État fédéral ou la décentralisation dans un État unitaire ?

Selon Franck LAFFAILLE, « l'État classique, celui tracé par les linéaments d'un Jean Bodin en 1576, est perclus de mouvements autonomistes, irrédentistes. Les revendications des minorités territoriales, prétendant au qualificatif de nation, s'agrègent ; les entités infra-étatiques ont faim de souveraineté, alors même que l'on ne cesse de prédire, à tort, le décès de la souveraineté de l'État. »[3]

Sur ce point, Félicien LEMAIRE précise qu'« on admet que la signification du principe d'indivisibilité de la souveraineté ne peut pas être la même que celle qui a prévalu pour les tenants de l'absolutisme monarchique. Alors que la notion se définissait au temps de

---

[1] O. BEAUD, *La puissance de l'État*, Paris, PUF, 1994, p. 133.
[2] F. LEMAIRE, *Le principe d'indivisibilité de la République : mythe et réalité, op. cit.*, p. 37.
[3] F. LAFFAILLE, « Identité(s) et autonomie(s) des entités infra-étatiques. À propos de la Région de Sardaigne (en passant par l'Écosse) », art. cit., p. 769.

l'absolutisme royal par une opposition aux féodalités à l'intérieur de l'État ; elle se définit sous la Révolution par.... une conception plus globale et unitaire de la société »[1]. Et, il est possible de dire que le sujet a gagné aussi une autre dimension aujourd'hui.

Pour cette raison, nous allons tâcher d'expliquer cette notion d'indivisibilité de la souveraineté du point de vue de l'évolution de celle-ci, mais seulement autour de la notion d'État unitaire.

Cela étant dit, avant d'aborder le principe d'indivisibilité de la souveraineté, il sera utile de parler, dans un premier temps, du concept de la souveraineté dans le cadre du principe d'indivisibilité de celle-ci dans les deux États unitaires, l'État français et turc (**Section 1**), afin de mieux comprendre l'influence française sur la doctrine turque, et aussi de voir les similitudes et les différences entre ces deux États.

Ensuite, il faudra analyser le contenu du principe d'indivisibilité de la souveraineté en droits français et turc (**Section 2**). Enfin, il sera nécessaire de traiter ce principe à l'égard de la question de la décentralisation (**Section 3**), ainsi, le transfert des compétences de l'État central vers les collectivités territoriales exige, d'ailleurs, une telle étude.

Section 1
Le concept de la souveraineté en droits français et turc

Le terme de la souveraineté est « purement français »[2]. S'il est nécessaire de parler brièvement de quelques définitions classiques de cette notion, l'on peut commencer par Raymond CARRÉ DE MALBERG qui la définit comme « le caractère suprême d'une puissance pleinement indépendante, et en particulier de la puissance étatique »[3]. Parlant de la définition classique de la souveraineté, Arnaud HAQUET précise aussi que depuis l'ouvrage intitulé « *Les Six Livres de la République* » de Jean BODIN, il est admet que « la souveraineté est une puissance de commandement. Incontestable, elle est exercée sans limite de compétence et sans condition de durée. Inaltérable, ce

---

[1] F. LEMAIRE, *Le principe d'indivisibilité de la République : mythe et réalité, op. cit.*, pp. 59-60.

[2] R. CARRÉ DE MALBERG, *Contribution à la théorie générale de l'État, op. cit.*, p. 73.

[3] *Ibid.*, p. 79. Pour les deux autres sens de cette notion, v. A. HAQUET, *op. cit.*, pp. 9-10.

pouvoir ne peut être ni divisé, ni aliéné. Suprême, il suppose que son titulaire soit affranchi du respect des lois. »[1]

Pour mieux cerner le sujet et comprendre le concept de la souveraineté, nous allons l'aborder, d'abord, en doctrine française, qui fait une distinction entre la souveraineté populaire et nationale (**Paragraphe 1**). Ensuite, nous nous intéresserons à l'influence de cette doctrine sur la conception turque (**Paragraphe 2**).

Paragraphe 1. La distinction souveraineté populaire - souveraineté nationale en doctrine française

Dans le cadre du sujet de la distinction de la souveraineté populaire et nationale, il sera nécessaire de parler, d'abord, l'association de cette dernière et du principe d'indivisibilité en droit français (**A**), et puis, il sera utile de traiter la distinction entre la souveraineté nationale et populaire dans le cadre du principe d'indivisibilité (**B**).

A- L'association de la souveraineté nationale et du principe d'indivisibilité

Comme on le sait bien, « la notion de souveraineté nationale est, en France, l'un des principes fondamentaux du droit public et de l'organisation des pouvoirs. »[2] D'ailleurs, lorsqu'on analyse l'histoire constitutionnelle française, ce principe se révèle déjà depuis la Déclaration des droits de l'homme et du citoyen de 1789, dont l'article 3 dispose que « *le principe de toute souveraineté réside essentiellement dans la Nation. Nul corps, nul individu, ne peut exercer d'autorité qui n'en émane expressément.* »

Abordant le sujet, Raymond CARRÉ DE MALBERG s'interroge « en quel sens l'Assemblée nationale de 1789 transférait-elle la souveraineté à la Nation ? Voulait-elle dire par là que la souveraineté siège originairement dans la personne individuelle de tous les nationaux et de chacun d'eux ? Bien certainement non. »[3] En réalité, on comprend que Raymond CARRÉ DE MALBERG, en refusant le célèbre exemple de ROUSSEAU, qui parle de la division en dix mille de la souveraineté, exprime en même temps sa position en faveur de l'idée de la

---

[1] A. HAQUET, *op. cit.,* p. 16.

[2] R. CARRÉ DE MALBERG, *Contribution à la théorie générale de l'État, op. cit.*, p. 167.

[3] *Ibid.,* pp. 172-173.

souveraineté nationale. L'auteur nous explique ce qui doit être compris de la notion de souveraineté nationale, en disant que « la Nation est donc souveraine, en tant que collectivité unifiée, c'est-à-dire en tant qu'entité collective, qui, par là même qu'elle est le sujet de la puissance et des droits étatiques »[1].

L'on peut voir aussi l'idée de la souveraineté nationale dans la Constitution française de 1791 dont l'article 1er du titre III prévoyait que « *la souveraineté est une, indivisible. Elle appartient à la Nation ; aucune section du peuple, ni aucun individu, ne peut s'en attribuer l'exercice.* » D'après Raymond CARRÉ DE MALBERG, « le principe posé par ce texte est des plus nets. La souveraineté y est dite nationale, en ce sens qu'elle réside *indivisiblement* dans la Nation tout entière »[2]. Il ajoute aussi, à propos de la Constitution de 1875, que « les auteurs n'en sont pas moins d'accord pour dire que toute l'organisation constitutionnelle actuellement existante est basée sur l'idée de souveraineté nationale. »[3]

Se prononçant sur la Constitution actuelle de la République française, Jeanne PAGE estime que « l'article 3 de la Constitution selon lequel *"la souveraineté nationale appartient au peuple"* poursuit en précisant qu*'aucune section du peuple ni aucun individu ne peut s'en attribuer l'exercice"*. De cette précision et de l'article 3 de la Déclaration des droits de l'homme et du citoyen qui énonce que : *"Le principe de toute souveraineté réside essentiellement dans la Nation. Nul corps, nul individu ne peut exercer d'autorité qui n'en émane expressément",* il faut conclure que la Constitution déclare la souveraineté indivisible. »[4]

Par ailleurs, Roland DEBBASCH pense aussi que l'indivisibilité doit être évaluée avec la souveraineté nationale. Selon l'auteur, « la souveraineté nationale repose sur le consentement de tous les citoyens et elle s'exerce sur la totalité du territoire de la République. Dès lors, ni la première, ni le second ne sauraient être divisés au profit de quelque minorité que ce soit. »[5]

En résumé, il est possible de dire que l'indivisibilité est l'un des caractères de la souveraineté nationale et que ce caractère, repris par les

---

[1] *Ibid.*, p. 173.
[2] *Ibid.*
[3] *Ibid.*, p. 168.
[4] J. PAGE, *op. cit.*, p. 28.
[5] R. DEBBASCH, *Le principe révolutionnaire d'unité et d'indivisibilité de la République : essai d'histoire politique*, *op. cit.*, p. 407.

rédacteurs des Constitutions qui se sont succédé de 1791 à 1958, est un « indice essentiel de la définition » [1] de cette notion.

Voyons, maintenant, le sujet de la souveraineté populaire et cherchons à savoir pourquoi une telle distinction est apparue en doctrine française.

B- La distinction souveraineté nationale - souveraineté populaire dans le cadre du principe d'indivisibilité

Partant de l'histoire constitutionnelle française, Thierry MICHALON rappelle que « l'article premier de la Constitution du 4 novembre 1848 indiquait : « *La souveraineté réside dans l'universalité des citoyens français* » et l'article 3 de la Constitution du 27 octobre 1946 : « *La souveraineté nationale appartient au peuple français.* » La Nation ne pouvant pas exercer la souveraineté « puisqu'elle n'est pas seulement constituée des vivants mais aussi des morts et de ceux qui naîtront », son exercice est confié au peuple, c'est-à-dire au corps électoral »[2].

Similairement à la Constitution de 1946, l'article 3 de la Constitution de 1958 dispose que « *la souveraineté nationale appartient au peuple* ». L'on constate qu'il s'agit de la combinaison de deux concepts différents dans cette expression. Ainsi, cette expression englobe non seulement le concept de la souveraineté nationale, mais aussi celui de la souveraineté populaire.

Concernant cette expression, Félicien LEMAIRE affirme que « les constitutions les plus récentes des IVe et Ve Républiques qui mêlent les deux notions, en affirmant « la souveraineté nationale appartient au peuple ». »[3]

Mais, il faut se demander s'il est possible de combiner ces deux concepts ? De son côté, Florence CHALTIEL précise, concernant la souveraineté nationale et populaire, que ce sont « deux conceptions théoriques antagoniques »[4]. D'ailleurs, selon Frédéric ROUVILLOIS,

---

[1] A. HAQUET, *op. cit.*, p. 47.

[2] Th. MICHALON, *L'Outre-mer français : évolution institutionnelle et affirmations identitaires*, Paris, L'Harmattan, 2009, p. 158.

[3] F. LEMAIRE, *Le principe d'indivisibilité de la République : mythe et réalité, op. cit.*, p. 52.

[4] F. CHALTIEL, *La souveraineté de l'État et l'Union européenne, l'exemple français : recherches sur la souveraineté de l'État membre*, LGDJ, 2000, p. 60.

la combinaison de ces deux concepts engendre la « construction d'une énigme »[1]. L'auteur soutient que « la formule de l'article 3 de la Constitution du 27 octobre 1946, « *la souveraineté nationale appartient au peuple français* », reprise presque textuellement par l'article 3 de la Constitution de 1958, a souvent été jugée bizarre, voire énigmatique. Comment, en effet, combiner deux thèses inconciliables, souveraineté populaire et souveraineté nationale, en affirmant dans une même phrase, comme si de rien n'était, que c'est au peuple qu'appartient la souveraineté de la Nation ? »[2]

Il convient de dire que la souveraineté sera qualifiée de nationale ou de populaire, selon la qualité de son titulaire. Et précisons que la détermination de ce titulaire peut changer selon le contexte. C'est aussi l'opinion de Georges BURDEAU qui parle de la souveraineté dans le cadre du pouvoir constituant originaire autour de la notion d'État, et définit son titulaire aux niveaux abstrait et pratique. En effet, à la question « quel est le titulaire de ce pouvoir originaire ? » l'auteur précise que « la réponse est simple : le souverain c'est, abstraitement, la force politique dont dépend la substance de l'idée de droit... ; pratiquement c'est le peuple. »[3].

Il est possible de constater que depuis les théories classiques de la souveraineté, il s'agit d'un changement du titulaire de la souveraineté[4]. Ainsi, l'on peut dire qu'« en effet, les théories « des Lumières » ne visaient pas à mettre en cause le caractère absolu de la souveraineté, mais elles ont eu pour but de théoriser le passage d'une souveraineté royale à une souveraineté nationale ou populaire »[5]. À ce propos, l'on

---

[1] F. ROUVILLOIS, « Construction d'une énigme : « La souveraineté nationale appartient au peuple français » », *in* D. MAILLARD DESGRÉES DU LOÛ (dir.), *Les évolutions de la souveraineté,* Actes de colloque, Université d'Angers, faculté de droit, d'économie et de gestion, 13 et 14 janvier 2005, Montchrestien, 2006, p. 51.

[2] *Ibid.*

[3] G. BURDEAU, *Traité de science politique*, t. IV, *Le statut du pouvoir dans l'État*, Paris, LGDJ, 3e éd., 1983, pp. 204-205.

[4] P. MORTIER, « Les évolutions de la souveraineté », *in La souveraineté dans tous ses états,* Actes de colloque, 7 & 8 avril 2010, Centre de recherches Hannah Arendt, éd. Cujas, 2011, p. 41. V. aussi A. HAQUET, *op. cit.,* p. 63 et suiv. ; F. CHALTIEL, *op. cit.,* pp. 50-53 et suiv.

[5] P. MORTIER, art. cit, p. 41. Concernant la question du titulaire de la souveraineté, v. également F. LEMAIRE, « La distinction souveraineté nationale - souveraineté populaire sous la Révolution », *in* D. MAILLARD DESGRÉES DU LOÛ (dir.), *Les évolutions de la souveraineté, op. cit.*, p. 21 et suiv.

peut dire que la distinction entre souveraineté nationale et populaire est aussi une question liée au changement du titulaire de la souveraineté.

Nous avons déjà parlé, au-dessus, de la souveraineté nationale. Ici, s'il est nécessaire de parler de la théorie de la souveraineté populaire qui a été développée par Jean-Jacques ROUSSEAU, il faut indiquer, tout d'abord, *le contrat social* qui est un acte d'association. Cette théorie exige une participation directe des citoyens à l'exercice de la souveraineté et par conséquent, il s'agit des difficultés pratiques concernant cet exercice direct de la démocratie.

Il faut rappeler, à ce propos, le célèbre passage de Jean-Jacques ROUSSEAU qui dit que s'il y a dix mille citoyens, dans un État, donc « chaque particulier, en qualité de sujet, est considéré comme individu. (...) chaque membre de l'État n'a pour sa part que la dix millième partie de l'autorité souveraine, quoiqu'il lui soit soumis tout entier »[1].

Mais, en réalité, il ne faut pas comprendre que Jean-Jacques ROUSSEAU défend dans ce passage la divisibilité de la souveraineté, puisqu'il affirme aussi que « l'autorité souveraine est simple et une, et l'on ne peut la diviser sans la détruire »[2]. Donc, il faut dire que la distinction de la souveraineté nationale de la souveraineté populaire ne suscite aucun problème du point de vue de l'indivisibilité de la souveraineté. Cette distinction est liée à la question du titulaire de cette notion.

En bref, il est possible de dire que la distinction entre souverainetés nationale et populaire ne s'intéresse pas directement à l'indivisibilité de cette notion. Donc, il faut se demander, au sujet de la question de l'indivisibilité de la souveraineté, si le titulaire de la souveraineté est un seul peuple ou une seule Nation, ou bien existe-t-il certaines autres fractions au sein de la communauté.

Paragraphe 2. Le concept dominant en Turquie, la souveraineté nationale et l'influence française sur le développement historique de cette notion

Après avoir parlé du concept de la souveraineté en doctrine française, il est utile de le voir, maintenant, en doctrine turque. De cette

---

[1] *Du contrat social,* livre III, chapitre 1er, p. 85, cité par F. CHALTIEL, *op. cit.,* p. 61 et note de bas de page n° 7.

[2] *Du contrat social*, livre III, chap. 13, p. 162, cité par F. LEMAIRE, *Le principe d'indivisibilité de la République : mythe et réalité, op. cit.,* p. 37 et note de bas de page n° 47.

manière, il sera possible de constater l'influence française sur le concept turc de la souveraineté. En effet, outre des auteurs célèbres dans l'histoire, tels MACHIEAVEL, HOBBES ou LOCKE, la doctrine turque a subi une forte influence de la doctrine française au sujet de la souveraineté. C'est ainsi que plusieurs auteurs turcs font référence aux pensées de Jean BODIN, de Léon DUGUIT, de SIEYÈS et de ROUSSEAU pour pouvoir bien expliquer ce sujet de la souveraineté[1]. Talip TÜRCAN affirme, d'ailleurs, que la notion de la souveraineté a été utilisée pour la première fois par Jean BODIN[2]. D'après lui, la souveraineté qui est un élément essentiel de l'État,[3] est, en même temps, la condition de l'existence de celui-ci[4]. Par ailleurs, certains autres ajoutent que la souveraineté est une condition *sine qua non* de l'existence de « l'État moderne »[5].

L'on peut se demander, à ce propos, s'il faut parler de la notion du « pouvoir politique » au lieu de la notion de souveraineté, comme élément constitutif de l'État ? Selon Emrah BERİŞ, la souveraineté

---

[1] Concernant le sujet de la souveraineté et les références à ces auteurs, v. M. KOÇAK, *Batı'da ve Türkiye'de egemenlik anlayışının değişimi : Devlet ve egemenlik* [Le changement de la conception de la souveraineté en Occident et en Turquie: L'État et la souveraineté], Ankara, Seçkin, 2006, pp. 72-105 ; R. SUNAY, *op. cit.*, p. 22 ; O. UYGUN, « Üniter ve federal devlet açısından egemenliğin bölünmezliği ilkesi » [Le principe de l'indivisibilité de la souveraineté du point de vue de l'État unitaire et de l'État fédéral], *in Cumhuriyetin 75. yıl armağanı*, İstanbul, İstanbul Üniversitesi yayınları, 1999, pp. 389-421, spéc., p. 389 ; E. BERİŞ, *Küreselleşme çağında egemenlik : ulusal egemenliğin yeni sınırları* [La souveraineté dans l'époque de la globalisation: Les nouvelles limites de la souveraineté nationale], Ankara, Lotus Yayınevi, 2006, p. 18 ; Y. Ş. HAKYEMEZ, *Mutlak monarşilerden günümüze egemenlik kavramı* [La notion de la souveraineté depuis les monarchies absolues jusqu'à nos jours], Ankara, Seçkin Yayıncılık, 2004, pp. 27-40 ; T. FEYZİOĞLU, *Türk milli mücadelesinin ve Atatürkçülüğün temel ilkelerinden biri olarak millet egemenliği* [La souveraineté de la nation en tant que l'un des principes essentiels de la lutte nationale turque et du kémalisme], Ankara, Türk Tarih Kurumu, 1988, pp. 3-10 ; T. TÜRCAN, *Devletin egemenlik unsuru ve egemenlikten kaynaklanan yetkileri : İslam ve batı hukuk düşüncesi bağlaminda bir inceleme* [L'élément « souveraineté » de l'État et les pouvoirs provenant de la souveraineté : Une analyse du point de vue de la pensée d'Islam et de l'Occident], Ankara, Ankara Okulu Yayinlari, 2001, pp. 80-84.

[2] T. TÜRCAN, *op. cit.*, p. 80 ; K. GÖZLER, *Devletin genel teorisi* [La théorie générale de l'État], *op. cit.*, p. 78.

[3] T. TÜRCAN, *op. cit.*, p. 75.

[4] *Ibid.*, p. 91 et suiv. V. aussi E. BERİŞ, *op. cit.*, p. 31.

[5] Y. Ş. HAKYEMEZ, *op. cit.*, p. 61.

englobe le pouvoir politique, de sorte que ce dernier est temporaire, mais il s'agit de la continuité de la souveraineté[1]. Yusuf Şevki HAKYEMEZ distingue aussi le pouvoir politique et la souveraineté, parce qu'à ses yeux il s'agit d'une différence entre la détention de la souveraineté et son exercice, tout en sachant que le pouvoir politique est une notion relative à l'exercice de la souveraineté[2]. D'ailleurs, comme le soutient Talip TÜRCAN, même si l'on peut parler de la particularité de « l'indivisibilité » de la souveraineté, il ne s'agit pas d'une telle particularité concernant le pouvoir politique, puisqu'il peut y avoir des opposants au pouvoir politique[3].

Après cette brève introduction au sujet de la souveraineté qui est acceptée comme élément constitutif de l'État en doctrine turque[4], l'on peut à présent parler d'indiquer l'influence française sur le concept de la souveraineté « nationale » sur cette doctrine. À ce propos, l'on constate que les auteurs turcs adhèrent et adoptent la notion dite souveraineté « nationale », « un produit français »[5] ou « une invention française »[6], qui est d'ailleurs traitée toujours avec des références à la doctrine française[7]. La doctrine rappelle aussi que cette notion de la souveraineté « nationale » n'est pas adoptée dans les pays anglo-saxons ; ainsi, ce qui existe dans la Grande-Bretagne, par exemple, c'est le principe de la souveraineté « parlementaire »[8].

Il faut dire que cette notion de la souveraineté « nationale » inventée pendant la Révolution française[9] a été adoptée et assimilée en Turquie

[1] E. BERİŞ, *op. cit.*, pp. 139-140.
[2] Y. Ş. HAKYEMEZ, *op. cit.*, p. 63.
[3] T. TÜRCAN, *op. cit.*, p. 209.
[4] Sur la souveraineté en tant qu'élément constitutif de l'État en doctrine turque, v. K. GÖZLER, *Devletin genel teorisi* [La théorie générale de l'État], *op. cit.*, pp. 77-102.
[5] M. KOÇAK, *Batı'da ve Türkiye'de egemenlik anlayışının değişimi : Devlet ve egemenlik* [Le changement de la conception de la souveraineté en Occident et en Turquie: L'État et la souveraineté], *op. cit.*, p. 111.
[6] Y. Ş. HAKYEMEZ, *op. cit.*, p. 53.
[7] M. KOÇAK, *Batı'da ve Türkiye'de egemenlik anlayışının değişimi : Devlet ve egemenlik* [Le changement de la conception de la souveraineté en Occident et en Turquie: L'État et la souveraineté], *op. cit.*, p. 111.
[8] T. FEYZİOĞLU, *op. cit.*, p. 12 ; M. KOÇAK, *Batı'da ve Türkiye'de egemenlik anlayışının değişimi : Devlet ve egemenlik* [Le changement de la conception de la souveraineté en Occident et en Turquie: L'État et la souveraineté], *op. cit.*, pp. 111-113.
[9] T. FEYZİOĞLU, *op. cit.*, p. 13. L'auteur consent à l'idée que la souveraineté nationale était déjà dans la déclaration de 1789.

pendant la guerre d'indépendance turque (entre les années 1919 et 1923)[1].

D'après certains auteurs turcs, la Révolution française témoigne du changement du titulaire de la souveraineté[2], ainsi, à partir de ce moment-là, la Nation était le titulaire de la souveraineté au lieu du Roi[3]. Et l'on peut dire qu'il s'agit d'un même changement du titulaire de la souveraineté après la chute de l'Empire ottoman dans les années 1920. De cette façon, la même conception démocratique de la souveraineté « nationale » s'est installée pendant l'établissement de la République turque[4]. Et, comme nous l'avons expliqué, au-dessus concernant la conception française, d'après la doctrine turque, quand on ajoute l'adjective « nationale » à la notion de souveraineté, l'on vise l'indivisibilité de celle-ci dans la mesure où elle ne peut pas faire l'objet d'un transfert à un autre organe que la Nation[5].

En Turquie, du point de vue de l'institutionnalisation de la souveraineté nationale, il faut indiquer, dans un premier temps, la création de la Grande Assemblée Nationale de Turquie (GANT) le 23 avril 1920[6], et l'adoption de la Constitution turque de 1921[7]. D'après Mustafa KOÇAK, l'idée de souveraineté nationale existait déjà en Turquie avant 1920, mais la création de la GANT était « la transition de l'idée de la souveraineté nationale du niveau abstrait au celui

---

[1] D. TEZCAN, « Çoğulcu demokrasilerde insan hakları açısından ulusal egemenlik kavramı » [La notion de la souveraineté nationale du point de vue des droits de l'homme dans les démocraties pluralistes], *in 8. Milli egemenlik sempozyumu : « Milli egemenlik ve demokrasi »* [Le 8e symposium de la souveraineté nationale : La souveraineté nationale et la démocratie], TBMM Kültür, Sanat ve Yayın Kurulu yayınları, 1992, pp. 85-86. Sur la question de la « souveraineté nationale » en doctrine turque, v. aussi K. GÖZLER, *Devletin genel teorisi* [La théorie générale de l'État], *op. cit.*, pp. 89-91.

[2] Y. Ş. HAKYEMEZ, *op. cit.*, p. 41 et suiv.

[3] *Ibid.*, p. 43 et note n° 147, avec référence à Raymond CARRÉ DE MALBERG.

[4] *Ibid.*, p. 123.

[5] N. MUTER, « Mali egemenlik ve demokrasi » [La souveraineté financière et la démocratie], *in 8. Milli egemenlik sempozyumu : « Milli egemenlik ve demokrasi »* [Le 8e symposium de la souveraineté nationale : La souveraineté nationale et la démocratie], *op. cit.*, p. 93.

[6] D'ailleurs, la date du 23 avril est encore une fête nationale appelée « Fête de la Souveraineté nationale et des Enfants ».

[7] Y. Ş. HAKYEMEZ, *op. cit.*, p. 139.

concret. »[1] Selon l'auteur, hormis la différence de date, c'était le même changement du titulaire de la souveraineté que celui intervenu en France[2].

Précisons que selon certains auteurs, il est possible de dire que Mustafa Kemal ATATÜRK, qui s'est inspiré de la conception française, a grandement contribué à la conception de la souveraineté nationale en Turquie, en introduisant cette notion dans l'organisation de l'État[3]. Et d'après Mustafa KOÇAK, pour pouvoir comprendre le concept turc de la souveraineté nationale et les idées de son fondateur Mustafa Kemal ATATÜRK, il faut se tourner vers la Révolution française et les grands penseurs français qui y ont contribué[4].

Selon Yusuf Şevki HAKYEMEZ, il faut dire que la notion de souveraineté nationale a été exprimée théoriquement par Mustafa Kemal ATATÜRK, dans ses discours. Ensuite, elle a apparu, en pratique, pendant la guerre d'indépendance turque, puis elle a eu une signification au niveau politique avec la création de la GANT le 23 avril 1920. Finalement, la Constitution de 1921 a affirmé sa valeur juridique et constitutionnelle en précisant, dans son 1er article, que « *La souveraineté appartient sans conditions ni réserves à la Nation* »[5].

À ce sujet, l'on peut constater que d'après les articles 1, 2 et 3 de la Constitution, le détenteur de la souveraineté a changé au niveau juridique. La souveraineté appartient désormais à la Nation, et c'est, d'après Yusuf Şevki HAKYEMEZ, le principe le plus révolutionnaire de cette Constitution[6]. De plus, après l'adoption de la Constitution de

---

[1] M. KOÇAK, « Modern egemenlik düşüncesi ve Mustafa Kemal Atatürk'ün ulusal egemenlik anlayışı üzerine düşünceler » [Le concept de la souveraineté moderne et les pensées sur la conception de la souveraineté nationale de Mustafa Kemal Atatürk], *in Prof. Dr. Vecdi Aral'a armağan*, Kocaeli Üniversitesi Hukuk Fakültesi yayınları, 2001, p. 179,

[2] *Ibid.*, pp. 180-181.

[3] Y. Ş. HAKYEMEZ, *op. cit.*, p. 139.

[4] M. KOÇAK, « Modern egemenlik düşüncesi ve Mustafa Kemal Atatürk'ün ulusal egemenlik anlayışı üzerine düşünceler » [Le concept de la souveraineté moderne et les pensées sur la conception de la souveraineté nationale de Mustafa Kemal Atatürk], art. cit., p. 171.

[5] Y. Ş. HAKYEMEZ, *op. cit.*, pp. 140-141.

[6] *Ibid.*, p. 142. Pour plus de détails concernant la période régie par la Constitution de 1921 et notre sujet, v. T. FEYZİOĞLU, *op. cit.*, p. 32 et suiv.

1921, le *sultanat* a été aboli le 1er novembre 1922, et l'on peut dire que c'était une nécessité de la conception de souveraineté nationale[1].

Concernant l'institutionnalisation de la souveraineté nationale en Turquie, il faut parler, à la fois, de la construction de la République turque en 1923 et à sa suite de la Constitution de 1924. Selon Yusuf Şevki HAKYEMEZ, sous la Constitution de 1924, la référence à la GANT — dans les articles 3 et 4 —, était en même temps la référence à la souveraineté nationale[2]. Il est nécessaire de préciser aussi que d'après cette Constitution, la GANT était le seul organe qui avait le pouvoir législatif et exécutif. Aussi, l'on peut dire que la GANT avait un monopole pour l'exercice de la souveraineté[3].

Tout comme ses précédentes, la Constitution de 1961 affirmait aussi le principe de la souveraineté nationale. Ainsi, l'article 4 de la Constitution de 1961 prévoyait que « *La souveraineté appartient sans conditions ni réserves à la nation turque* », avant d'ajouter que « *La Nation exerce sa souveraineté par l'intermédiaire de ses organes habilités et selon les principes institués par la Constitution.* » Donc, cette expression était la confirmation de la séparation des pouvoirs, et le pouvoir étatique était divisé désormais au plan horizontal.

Précisons, à ce propos, que la Constitution turque de 1961 se distingue de sa contemporaine française, dans la mesure où la Constitution française de 1958 a affirmé que « *la souveraineté nationale appartient au peuple* »[4] contrairement à la Constitution turque qui n'a pas consacré l'idée de la souveraineté populaire[5].

Par ailleurs, l'on peut dire qu'il y a moins de différence entre la Constitution turque de 1961 et celle de 1982 du point de vue de la détention de la souveraineté. En effet, la Constitution turque de 1982 accepte aussi le principe de la souveraineté nationale dans son article 6 qui dispose que « *La souveraineté appartient sans conditions ni réserves à la nation.*

---

[1] Y. Ş. HAKYEMEZ, *op. cit.,* p. 143. Pour cette période entre 1920-1922, v. E. ÖZBUDUN, *Türk anayasa hukuku*, [Droit constitutionnel turc], *op. cit.,* pp. 27-30.

[2] Y. Ş. HAKYEMEZ, *op. cit.,* p. 146.

[3] *Ibid.,* p.147.

[4] Article 3 de la Constitution française.

[5] M. KOÇAK, *Batı'da ve Türkiye'de egemenlik anlayışının değişimi : Devlet ve egemenlik* [Le changement de la conception de la souveraineté en Occident et en Turquie: L'État et la souveraineté], *op. cit.,* p. 218.

La Nation turque exerce sa souveraineté par l'intermédiaire des organes habilités et selon les principes institués par la Constitution.

L'exercice de la souveraineté ne peut en aucun cas être cédé à un individu, un groupe ou une classe déterminée. Nul individu ou organe ne peut exercer une compétence étatique qui ne trouve pas sa source dans la Constitution. »

Comme le relève Turhan FEYZİOĞLU, il est possible de dire que le principe de la souveraineté nationale est le principe essentiel et inaltérable des Constitutions de 1961 et de 1982[1]. Par ailleurs, l'on peut constater des indices de la souveraineté populaire dans la Constitution de 1982, telle la consécration du référendum populaire à l'article 67 concernant les révisions constitutionnelles sous certaines conditions. Certains auteurs pensent qu'en prévoyant le référendum, cette disposition reflète la conception de la souveraineté populaire[2]. Dans le même sens, l'article 175 du même texte a consacré « les référendums » pour les amendements constitutionnels. L'on peut constater aussi que la distinction rigide entre ces deux conceptions de la souveraineté a été modérée, puisque le référendum est un mode de scrutin s'appuyant à l'idée de la souveraineté populaire[3].

Par contre, il n'existe aucune disposition dans la Constitution turque de 1982 qui combine ces deux concepts, comme le fait l'article 3 de la Constitution française de 1958.

En somme, pour conclure sur ce point, l'on peut constater qu'il existe des indices réels de la souveraineté populaire en droit turc[4]. Néanmoins, il faut dire que le concept dominant est celui de la souveraineté nationale, ce qui est confirmé par les Constitutions turques.

---

[1] T. FEYZİOĞLU, *op. cit.,* p. 51. Sur la question de la souveraineté et son exercice par les organes habilités dans les Constitutions turques de 1921, 1924, 1961 et 1982, v. K. GÖZLER, *Devletin genel teorisi* [La théorie générale de l'État], *op. cit.,* pp. 95-102.

[2] Y. Ş. HAKYEMEZ, *op. cit.,* p. 153.

[3] M. KOÇAK, *Batı'da ve Türkiye'de egemenlik anlayışının değişimi : Devlet ve egemenlik* [Le changement de la conception de la souveraineté en Occident et en Turquie: L'État et la souveraineté], *op. cit.,* p. 237.

[4] En doctrine turque, il y a des auteurs qui traitent bien la souveraineté populaire en faisant référence à Jean-Jacques ROUSSEAU et ses idées, v. à titre d'exemple, M. A. AĞAOĞULLARI, *Ulus-devlet ya da halk egemenliği* [L'État-nation ou la souveraineté populaire], Ankara, İmge Kitabevi Yayınları, 2010, p. 9 et suiv. ; K. GÖZLER, *Devletin genel teorisi* [La théorie générale de l'État], *op. cit.,* pp. 91-94.

Section 2
Analyse du contenu du principe d'indivisibilité de la souveraineté en droits français et turc

Après avoir fait une étude, au-dessus, sur les concepts de la souveraineté nationale et populaire, nous pouvons mieux faire une analyse dans le cadre du principe d'indivisibilité de la souveraineté face à nos exemples des États unitaires français et turc. À ce stade, nous allons étudier initialement le principe d'indivisibilité de la souveraineté en droit français (**Paragraphe 1**), ensuite, nous allons traiter ce principe en droit turc (**Paragraphe 2**).

Paragraphe 1. Le principe d'indivisibilité de la souveraineté en droit français

En droit français, il est possible de donner plusieurs définitions différentes concernant le principe de l'indivisibilité de la souveraineté. À titre d'exemple, selon Olivier BEAUD, « l'indivisibilité de la souveraineté, si typique de l'État, est d'attribuer à l'État un principe d'omnicompétence. Il peut en droit se saisir de toutes les affaires politiques intéressant le destin de la Nation »[1]. L'auteur a évoqué deux raisons pour justifier cette notion, en l'occurrence les expressions politiques et étatiques. Selon lui, l'indivisibilité de la souveraineté, en la définissant avec sa perspective politique, « signifie essentiellement que le Souverain ne peut pas partager l'exercice du pouvoir avec autrui. »[2] Quant à la perspective étatique, il affirme que « la signification étatique de l'indivisibilité de la souveraineté », c'est « l'unité de la puissance publique »[3].

En effet, il faut savoir que les formes d'État sont déterminées, en même temps, par la position de la souveraineté qui « ne fait l'objet d'aucun partage » dans un État unitaire. D'ailleurs, à l'inverse de cette situation, il faut parler de « l'État fédéral, qui reconnaît une pluralité des souverainetés »[4]. Raymond CARRÉ DE MALBERG le confirme aussi, en soutenant que « dans l'État fédéral, en effet, le territoire et les

---

[1] O. BEAUD, *La puissance de l'État*, Paris, *op. cit.*, p. 148.

[2] *Ibid.,* p. 134 et note n° 5.

[3] *Ibid.,* p. 138.

[4] M. VERPEAUX *et al.*, *Droit constitutionnel : les grandes décisions de la jurisprudence, op. cit.*, p. 56.

individus relèvent concurremment d'une double puissance étatique, celle de l'État confédéré auquel ils ressortissent particulièrement et celle de l'État central »[1].

Selon Georges BURDEAU « l'État unitaire c'est celui dans lequel l'organisation constitutionnelle répond à la triple unité du souverain, de la puissance d'État et des gouvernants. La souveraineté est unique parce qu'elle réside dans la collectivité envisagée globalement sans qu'il soit tenu compte de la diversité des aspirations locales ou de la variété de tendances des multiples groupements secondaires qu'englobe la société politique. »[2] L'on peut comprendre donc que l'existence d'une souveraineté unique ou l'indivisibilité de celle-ci exige que toute la nation soit le titulaire de cette souveraineté. Comme l'indique Roland DEBBASCH, l'indivisibilité de la souveraineté peut être expliquée par le caractère indivisible de la République. L'auteur ajoute que ce caractère signifie, en même temps, qu'« aucune collectivité infranationale ne peut s'arroger une autorité d'ordre politique ou gouvernemental »[3]. Allant dans le même sens, Félicien LEMAIRE estime que « la République étant réputée indivisible : se trouve dès lors confirmée dans les dispositions mêmes de la Constitution cette exigence de l'État unitaire qui veut qu'aucune entité territoriale ne soit susceptible de partager avec l'État central le pouvoir politique. »[4]

De ce qui précède, l'on comprend que « l'indivisibilité » et « la souveraineté » apparaissent comme « deux notions étroitement liées ». En effet, « l'indivisibilité est à la fois ce qui caractérise la souveraineté et ce qui lui donne son expression juridique ».[5] D'ailleurs, comme nous allons le voir ci-dessous, les Constitutions françaises soulignent cette concomitance.

Il convient de faire remarquer aussi le lien fort existant entre la Révolution française et la notion de la souveraineté et de l'indivisibilité de celle-ci[6]. En effet, comme le souligne Arnaud HAQUET, « la

---

[1] R. CARRÉ DE MALBERG, *Contribution à la théorie générale de l'État, op. cit.*, p. 94.

[2] G. BURDEAU, *Traité de science politique*, t. II, *L'État, op. cit.*, p. 351.

[3] R. DEBBASCH, *Le principe révolutionnaire d'unité et d'indivisibilité de la République : essai d'histoire politique, op. cit.*, p. 407.

[4] F. LEMAIRE, *Le principe d'indivisibilité de la République : mythe et réalité, op. cit.*, p. 176.

[5] *Ibid.*, p. 29.

[6] *Ibid.*, p. 29 et suiv. V. aussi R. DEBBASCH, *Le principe révolutionnaire d'unité et d'indivisibilité de la République : essai d'histoire politique, op. cit.*, p. 407.

tradition constitutionnelle les a consacrés, établissant également le caractère unitaire de l'État français en affirmant de façon concomitante l'indivisibilité de la République et l'indivisibilité de la souveraineté »[1].

Sur ce point, en remontant l'histoire constitutionnelle française, depuis la Révolution, l'on peut constater plusieurs expressions dans les différentes Constitutions qui nous expliquent le contenu de la notion d'indivisibilité de la souveraineté :

- l'article 3 de La Déclaration de 1789 : « *Le principe de toute souveraineté réside essentiellement dans la nation. Nul corps, nul individu, ne peut exercer d'autorité qui n'en émane expressément.* » ;
- l'article 1er du Titre III de la Constitution de 1791 : « *La souveraineté est une, indivisible. Elle appartient à la Nation ; aucune section du peuple, ni aucun individu, ne peut s'en attribuer l'exercice.* » ;
- l'article 1er de la Constitution de l'an III : « *La République française est une et indivisible* » et « *l'universalité des citoyens français est le souverain* » ;
- le paragraphe 2 du préambule de la Constitution du 4 novembre 1848 : « *La République française est démocratique, une et indivisible* » ;
- l'article 1er de la Constitution de 1848 : « *La souveraineté réside dans l'universalité des citoyens français. - Elle est inaliénable et imprescriptible. - Aucun individu, aucune fraction du peuple ne peut s'en attribuer l'exercice.* » ;
- l'article 3 des Constitutions de 1946 et 1958 : « *La souveraineté nationale appartient au peuple* » ; « *aucune section du peuple ni aucun individu ne peut s'en attribuer l'exercice* ».

L'on voit qu'il est possible de comprendre, en général, de toutes ces dispositions que l'indivisibilité de la souveraineté signifie, en principe, que « dans l'État qu'aucun homme, nul corps, nulle section du peuple ou circonscription ne peut prétendre être détenteur de la souveraineté. Telle est la signification essentielle du principe, qu'il concerne la collectivité des citoyens ou la Nation »[2]. Donc, quand on analyse le principe de l'indivisibilité par rapport à la question de la souveraineté, il est possible de dire qu'il s'agit de « l'impossibilité de toute division

---

[1] A. HAQUET, *op. cit.*, p. 45.

[2] F. LEMAIRE, *Le principe d'indivisibilité de la République : mythe et réalité, op. cit.*, p. 60.

de la souveraineté à l'intérieur de la République »[1]. C’est ce que confirme, non seulement la doctrine, mais aussi le juge constitutionnel.

Du point de vue de la Constitution de 1958, notamment par rapport à la signification du principe d’indivisibilité de la République dans l’État unitaire français, l’on peut parler d’une formule intéressante selon laquelle il existe une liaison forte entre l’article 1er et l’article 3 de la Constitution. Ainsi, comme l'indique Gérard MARCOU « le principe de l’indivisibilité de la République…s’applique au sujet de la souveraineté »[2]. Aussi, ce principe doit être lu avec l’article 3 selon lequel « *la souveraineté nationale appartient au peuple* » et qu’« *aucune section du peuple ni aucun individu ne peut s’en attribuer l’exercice* »[3]. Gérard MARCOU ajoute aussi que selon cette formule, il faut comprendre que « seul le peuple français dans son ensemble est le sujet de la souveraineté »[4].

Par cette affirmation, l’on peut comprendre que le titulaire de la souveraineté est « un seul peuple » en France, et aucune autre fraction ne peut s’en attribuer l’exercice. D’après Arnaud HAQUET, l’on peut dire que la souveraineté est indivisible « parce que son titulaire est unique. Le partage de la détention du pouvoir souverain aurait pour effet de remettre en cause son incontestabilité. »[5] D’ailleurs, selon l’auteur, « l’indivisibilité de la souveraineté a également eu pour corollaire l’unicité de son titulaire ; un pouvoir suprême de commandement ne pouvant être distribué entre plusieurs titulaires. »[6].

Paragraphe 2. Le principe d’indivisibilité de la souveraineté en droit turc

Après avoir étudié le principe d’indivisibilité de la souveraineté dans le droit français, nous nous attellerons à le faire dans le droit turc.

---

[1] R. DEBBASCH et A. ROUX, « L’indivisibilité de la République », art. cit., p. 84.

[2] G. MARCOU, « L'expérience française de régionalisation (la décentralisation régionale dans l'État unitaire) », *in L'État de droit : mélanges en l'honneur de Guy Braibant*, Paris, Dalloz, 1996, p. 507.

[3] V. dans le même sens, R. DEBBASCH et A. ROUX, « L’indivisibilité de la République », art. cit., p. 80 ; G. MARCOU, « Le principe d’indivisibilité de la République », art. cit., p. 46.

[4] G. MARCOU, « L'expérience française de régionalisation (la décentralisation régionale dans l'État unitaire) », art. cit., p. 507.

[5] A. HAQUET, *op. cit.,* p. 58.

[6] *Ibid.,* p. 62.

D'après certaines définitions, la souveraineté est vue comme une notion unique et indivisible. Selon Talip TÜRCAN, « dans un territoire, justement, une seule volonté ou une seule puissance suprême peut devenir souveraine. Parce qu'en effet, il n'y a aucun souverain dans le cas où il existe plus d'un seul souverain. »[1].

L'idée ainsi indiquée reflète la théorie classique de la souveraineté. Comme le précise Mustafa KOÇAK, les fondements de la notion de l'indivisibilité de la souveraineté résident dans la pensée bodinienne[2]. En outre, selon Mehmet Ali AĞAOĞULLARI, le célèbre exemple de dix mille citoyens de Jean-Jacques ROUSSEAU ne signifie pas que la souveraineté est divisible en dix mille[3], dans la mesure où ROUSSEAU précise, dans son ouvrage intitulé du Contrat Social, que la souveraineté est collective et n'est pas divisible[4].

Par contre, comme le font remarquer certains auteurs, quand la théorie classique de la souveraineté a commencé à changer, il est apparu des problèmes pour expliquer l'indivisibilité de la souveraineté[5]. À ce propos, l'on doit vraiment admettre que la souveraineté classique a bien changé[6]. Aussi, il n'est pas possible d'expliquer, désormais, la notion de *la fédération* en partant de la théorie classique de la souveraineté[7].

Dans une telle hypothèse où la souveraineté est toujours indivisible d'elle-même, soit il faut considérer que l'État fédéral n'a pas la souveraineté propre face aux États fédérés, soit il faut dire que les États fédérés n'ont pas de souveraineté, puisque la souveraineté appartient à l'État fédéral. Donc, l'on peut dire que l'hypothèse selon laquelle la souveraineté est toujours indivisible d'elle-même n'explique pas la forme d'État qu'on qualifie de fédération[8].

---

[1] T. TÜRCAN, *op. cit.*, p. 88.

[2] M. KOÇAK, *Batı'da ve Türkiye'de egemenlik anlayışının değişimi : Devlet ve egemenlik* [Le changement de la conception de la souveraineté en Occident et en Turquie: L'État et la souveraineté], *op. cit.*, pp. 85-86.

[3] M. A. AĞAOĞULLARI, *op. cit.*, p. 104.

[4] *Ibid.*, p. 103.

[5] Y. Ş. HAKYEMEZ, *op. cit.*, p. 82.

[6] *Ibid.*, p. 121.

[7] O. UYGUN, *Federal devlet*, [L'État fédéral], *op. cit.*, p. 8. Cet auteur précise que selon la théorie classique de la fédération, l'on peut dire que la souveraineté est divisée et partagée entre l'État fédéral et les États fédérés dans les fédérations. V. également pp. 88-95, concernant la souveraineté et son indivisibilité vis-à-vis de la fédération.

[8] V. dans ce sens, *Ibid.*, pp. 81-83.

Dans le même sens, Oktay UYGUN trouve aussi qu'il y a des différences entre les théories classique et moderne de la souveraineté, ainsi qu'en témoignent les formes d'États composés. D'ailleurs, selon l'auteur, le principe d'indivisibilité de la souveraineté a commencé à être rediscuté avec l'apparition des États-Unis[1].

Précisons, à ce sujet, que nous ne faisons pas une analyse du point de vue du principe d'indivisibilité de la souveraineté dans les États fédéraux. Par contre, face à ces dissociations entre ce principe et les fédérations, il est possible de comprendre que le principe d'indivisibilité de la souveraineté est un principe essentiel qui appartient aux formes d'État unitaire. Les auteurs turcs affirment aussi que le principe d'indivisibilité de la souveraineté est appliqué d'une manière très stricte dans l'État unitaire turc[2]. Pour cela, il suffit de rappeler l'article 3 de la Constitution turque de 1982, et les principes fondateurs de la structure unitaire de cet État. Comme nous l'avons déjà indiqué à maintes reprises, cet article prévoit que « *L'État turc forme avec son territoire et sa nation une entité indivisible* »[3]. Ainsi, l'on voit que même si cet article parle justement du principe d'indivisibilité du territoire et de la Nation, selon Oktay UYGUN, il est possible de trouver un lien entre le principe d'indivisibilité de la souveraineté et cet article[4]. D'après lui, si l'on peut dire que la Nation est indivisible suivant cet article, l'on sait que la souveraineté appartient à cette Nation indivisible selon l'article 6 de la Constitution qui précise dans son alinéa 1er que « *La souveraineté appartient sans conditions ni réserves à la Nation* ».

[1] O. UYGUN, « Üniter ve federal devlet açısından egemenliğin bölünmezliği ilkesi » [Le principe de l'indivisibilité de la souveraineté du point de vue de l'État unitaire et de l'État fédéral], art. cit., p. 389.

[2] Y. Ş. HAKYEMEZ, *op. cit.,* p. 83.

[3] Il convient de rappeler que l'article 3 de la Constitution de 1982 n'est qu'une reprise de l'article 3 de la Constitution de 1961.

[4] O. UYGUN, « Üniter ve federal devlet açısından egemenliğin bölünmezliği ilkesi » [Le principe de l'indivisibilité de la souveraineté du point de vue de l'État unitaire et de l'État fédéral], art. cit., pp. 410-411. V. aussi sur la même question, O. UYGUN, *Federal devlet*, [L'État fédéral], *op. cit.,* pp. 98-100. En analysant les décisions constitutionnelles concernées, l'auteur constate que l'indivisibilité de la souveraineté suscite en même temps l'interdiction du fédéralisme en droit turc selon la Cour constitutionnelle turque. V. également Y. Ş. HAKYEMEZ, *op. cit.,* p. 187, d'après lequel le principe d'indivisibilité de l'État, qui a été consacré dans l'article 3 de la Constitution de 1982, englobe le principe d'indivisibilité de la souveraineté.

D'ailleurs, il est possible de dire que l'alinéa 3 de cet article 6 résume bien le contenu du principe d'indivisibilité de la souveraineté, en précisant que « *l'exercice de la souveraineté ne peut en aucun cas être cédé à un individu, un groupe ou une classe déterminés. Nul individu ou organe ne peut exercer une compétence étatique qui ne trouve pas sa source dans la Constitution.* »

L'on peut constater, à ce propos, que les alinéas 1 et 3 de l'article 6 sont combinés par certains auteurs turcs afin de donner une définition du principe d'indivisibilité de la souveraineté. Ainsi, comme l'affirme Yusuf Şevki HAKYEMEZ, quand on parle de la notion d'indivisibilité de la souveraineté, cela signifie que « la souveraineté appartient à la nation et elle ne peut pas appartenir à aucun groupe. » [1] Donc, il est possible de dire qu'en droit turc, à l'image du droit français, l'indivisibilité de la souveraineté réside au niveau constitutionnel, et ce principe empêche qu'un groupe, un homme ou toute section du peuple de devenir le détenteur de la souveraineté, à côté de toute la Nation.

Jusqu'ici, nous avons tâché d'expliquer le contenu de ce principe d'un point de vue constitutionnel. Il convient d'analyser maintenant le principe par rapport à la question de la « décentralisation ». Ainsi, le transfert des compétences de l'État central vers les collectivités territoriales concerne bien le sujet de l'indivisibilité de la souveraineté. Il faudra se demander, à ce propos, quelle est la limite de ce transfert des compétences vers les entités infra-étatiques.

Section 3
Le principe d'indivisibilité de la souveraineté et la décentralisation

La question du principe d'indivisibilité de la souveraineté nécessite toujours une étude sur la décentralisation, d'ailleurs, la répartition des compétences entre l'État central et les entités infra-étatiques est l'un des sujets les plus importants dans ce cadre. Donc, nous allons parler, dans un premier temps, du principe d'indivisibilité de la souveraineté face aux compétences des collectivités territoriales dans l'État unitaire

[1] Y. Ş. HAKYEMEZ, *op. cit.,* p. 188. Dans le même sens, v. aussi p. 81. D'après cet auteur, le principe de l'indivisibilité de la souveraineté nécessite que celle-ci appartienne à l'ensemble des citoyens et non pas à une personne ou à un groupe spécifique. V. également A. NALBANT, *op. cit.,* p. 67. D'après cet auteur, il ressort du principe précité, que la nation est la seule source de la souveraineté, aussi aucun groupe infra-national ne peut être le détenteur de la souveraineté.

(**Paragraphe 1**), et puis nous allons nous intéresser notamment à la question de l'attribution du pouvoir législatif aux collectivités territoriales à l'égard de ce principe (**Paragraphe 2**).

Paragraphe 1. Le principe d'indivisibilité de la souveraineté et les compétences des collectivités territoriales dans l'État unitaire

Nous avons expliqué, ci-dessus, par une approche constitutionnelle, que le principe d'indivisibilité de la souveraineté exige que le détenteur de celle-ci soit unique, et qu'elle ne peut être attribuée à un quelconque groupe ou autre section du peuple. Par ailleurs, il est utile de voir aussi les conséquences de ce principe sur l'organisation administrative de l'État unitaire.

À ce sujet, André ROUX nous précise que « l'indivisibilité de la souveraineté (et de la République) exige aussi, de manière plus générale, que la mise en œuvre de la libre administration s'exerce dans le respect des prérogatives de l'État » ; d'après lui, il est possible d'assurer ce respect par « un contrôle de l'autorité étatique sur les actes des collectivités territoriales et par l'absence de compétences de souveraineté pouvant leur être dévolues »[1]. Donc, disons que la règle essentielle est l'« absence de compétences de souveraineté au profit des collectivités locales »[2].

En indiquant l'unité du pouvoir normatif de l'État, André ROUX construit une liaison entre cette notion et l'indivisibilité de la souveraineté, et estime que l'unité du pouvoir normatif de l'État nécessite « l'exclusion d'un pouvoir normatif autonome local »[3]. D'ailleurs, il faut bien savoir aussi que « l'indivisibilité de la souveraineté exclut toute division du pouvoir normatif initial »[4].

Il est nécessaire de préciser que « l'unité du pouvoir normatif est considérée comme un principe caractéristique de l'État unitaire qui résulte de l'indivisibilité de la souveraineté. »[5] Ainsi, quand on regarde les explications remarquables de Marc JOYAU, concernant le sujet du pouvoir normatif initial, on voit que l'auteur, en définissant ce pouvoir

---

[1] A. ROUX, *Droit constitutionnel local, op. cit.,* p. 72.
[2] *Ibid.,* p. 78.
[3] *Ibid.,* p. 64. V. concernant le pouvoir normatif et le pouvoir normatif local, G. CHAVRIER, *op. cit.*
[4] A. ROUX, *Droit constitutionnel local, op. cit.,* p. 65.
[5] J. PAGE, *op. cit.,* p. 467.

comme « un monopole de l'État », indique, en même temps, le lien entre ce pouvoir et l'État unitaire. De sorte que selon lui, « les collectivités locales ne peuvent disposer d'un pouvoir normatif initial car celui-ci est un monopole de l'État. Pour démontrer ce monopole, on peut invoquer la forme unitaire de l'État français. »[1]

Précisons que « la décentralisation ne remet donc pas en cause le caractère unitaire de l'État en ce sens qu'elle ne concerne en principe que des compétences administratives et non des pouvoirs de nature politique »[2].

En revanche, il faut ajouter aussi que « l'indivisibilité de la République interdit qu'une collectivité territoriale s'attribue ou reçoive l'exercice de la souveraineté dans l'État à la place du peuple ou de ses représentants »[3]. C'est-à-dire que ce principe s'oppose à l'évolution des collectivités territoriales suscitant un système fédéral[4].

Donc, d'après ces explications, il faut dire aussi que dans l'État unitaire, il est indéniable que le détenteur du pouvoir normatif initial soit unique. D'ailleurs, dans ce type d'État, « l'indivisibilité de la souveraineté interdit l'attribution aux collectivités territoriales d'un pouvoir normatif initial. »[5]

Tout comme dans la doctrine française, il existe également au sein de la doctrine turque plusieurs auteurs qui traitent le sujet de la décentralisation dans le cadre du principe de l'indivisibilité de la souveraineté.

Selon cette doctrine, il faut savoir, d'abord, que les collectivités territoriales, ou « les administrations locales » en droit turc, signifient « la représentation d'une seule souveraineté par des différents mécanismes dans l'État »[6]. D'ailleurs, Oktay UYGUN trouve que la

---

[1] M. JOYAU, *De l'autonomie des collectivités territoriales françaises : essai sur la liberté du pouvoir normatif local*, LGDJ, 1998, p. 73.

[2] A.-M. LE POURHIET, *Droit constitutionnel, op. cit.,* p. 20. Dans le même sens, v. P. PACTET et F. MÉLIN-SOUCRAMANIEN, *op. cit.,* pp. 40-41 ; V. CONSTANTINESCO et S. PIERRÉ-CAPS, *op. cit.,* p. 39.

[3] Ch. DEBBASCH *et al.*, *op. cit.,* p. 528.

[4] G. MARCOU, « Le principe d'indivisibilité de la République », art. cit., p. 48 et suiv. Dans le meme sens, v. R. DEBBASCH et A. ROUX, « L'indivisibilité de la République », art. cit., p. 80.

[5] J. PAGE, *op. cit.,* pp. 30-31.

[6] M. KOÇAK, *Batı'da ve Türkiye'de egemenlik anlayışının değişimi : Devlet ve egemenlik* [Le changement de la conception de la souveraineté en Occident et en Turquie: L'État et la souveraineté], *op. cit.,* p. 125.

souveraineté est un pouvoir suprême qui règne sur la totalité du territoire et sur tous les citoyens[1]. Aussi, les collectivités territoriales sont dépendantes à ce pouvoir suprême[2].

La doctrine turque admet aussi que la décentralisation s'inscrit dans le cadre de l'État unitaire, ce qui pourrait justifier un transfert de compétences de l'État central vers les collectivités territoriales. Ce transfert ne peut pas être considéré comme s'opposant au principe d'indivisibilité de la souveraineté[3]. Par contre, il est nécessaire de dire, en même temps, que ces collectivités ou ces administrations locales ne doivent pas partager « le pouvoir étatique ».

D'ailleurs, on voit que la Cour constitutionnelle turque affirme, dans la décision du 30 novembre 1993 — *E. 93/2, K. 93/3* —, que le principe d'indivisibilité de la Nation et du territoire prévoit l'existence d'une seule souveraineté indivisible et exclut la structure fédérale. De plus, la Cour souligne aussi que suivant ce principe, il ne peut exister de régions autonomes sur le territoire turc[4]. Donc, il faut dire que cette combinaison du principe d'indivisibilité du territoire et de la Nation et d'indivisibilité de la souveraineté empêche, en même temps, l'établissement des collectivités territoriales qui ont des pouvoirs autonomes et indépendants comme des entités fédérées, dans une partie du territoire turc[5].

En somme, concernant la relation entre la décentralisation et le principe de l'indivisibilité de la souveraineté, il est nécessaire de distinguer l'existence des entités infra-étatiques qui ont des pouvoirs souverains à côté de l'État central et l'exercice des compétences administratives par les collectivités territoriales. Et ajoutons que cette dernière ne porte pas atteinte à l'indivisibilité de la souveraineté.

De tout ce qui précède, l'on peut constater que les doctrines française et turque s'accordent sur ce point.

D'autre part, il faut préciser aussi que le principe de l'indivisibilité de la souveraineté nécessite, dans l'État unitaire, que les collectivités

---

[1] O. UYGUN, « Üniter ve federal devlet açısından egemenliğin bölünmezliği ilkesi » [Le principe de l'indivisibilité de la souveraineté du point de vue de l'État unitaire et de l'État fédéral], art. cit., p. 398.

[2] *Ibid.*, pp. 392 et 410.

[3] R. SUNAY, *op. cit.*, p. 326 ; K. GÖZLER, *Türk anayasa hukuku,* [Droit constitutionnel turc], *op. cit.*, p. 117 ; M. ERDOĞAN, *op. cit.*, p. 13.

[4] V. concernant cette décision, B. TANÖR et N. YÜZBAŞIOĞLU, *op. cit.*, p. 106 et note n° 100.

[5] B. KUZU, *op. cit.*, p. 89.

territoriales ne partagent pas le pouvoir législatif. Par ce qu'un tel partage veut dire la participation à l'exercice de la souveraineté. Analysons, maintenant, la question de l'attribution du pouvoir législatif aux collectivités territoriales dans le cadre du principe de l'indivisibilité de la souveraineté.

Paragraphe 2. L'indivisibilité de la souveraineté et l'attribution du pouvoir législatif aux collectivités territoriales

Nous avons expliqué, ci-dessus, que le principe d'invisibilité de la souveraineté empêche l'attribution d'un pouvoir normatif initial et autonome aux collectivités territoriales. Ainsi, selon Louis FAVOREU, « la frontière entre l'État indivisible et l'État divisible se détermine par référence à l'inexistence ou à l'existence d'un pouvoir normatif autonome. Là réside le critère décisif : la collectivité secondaire a-t-elle un pouvoir normatif initial et non susceptible d'être anéanti par la collectivité supérieure ? Si oui, nous sortons du cadre de l'État indivisible, si non, nous y restons »[1]. Donc, en faisant référence au lien entre la notion du pouvoir normatif initial et le pouvoir législatif, on peut dire explicitement que l'État unitaire indivisible exige que la détention du pouvoir législatif ou du pouvoir normatif « initial » soit toujours unique dans cette forme d'État.

Annonçons, à ce propos, que le terme de pouvoir normatif « initial » nous conduit à réfléchir sur le pouvoir législatif. Ainsi, comme il a été expliqué par la doctrine, « si le pouvoir du législateur est *initial*, c'est donc non seulement parce qu'il ne résulte d'aucune délégation, qu'il préexiste à son incorporation au droit positif – et c'est en ce sens que l'on peut le qualifier d'« originel » -, mais aussi parce qu'il peut s'exercer directement sur le fondement de la Constitution, c'est-à-dire sans que l'intervention d'aucun autre texte ne soit nécessaire – ce qui permet de le qualifier d'« inconditionné ». »[2]

D'ailleurs, il est possible de dire que le sujet de l'indivisibilité de la souveraineté implique la nécessité de parler, en même temps, du pouvoir législatif qui n'est autre qu'une illustration de l'exercice de la souveraineté. En effet, « si l'État était réellement souverain, sa

---

[1] L. FAVOREU, « Décentralisation et Constitution », *RDP*, 1982, p. 1277.

[2] M. JOYAU, *De l'autonomie des collectivités territoriales françaises : essai sur la liberté du pouvoir normatif local*, *op. cit.*, p. 14.

souveraineté se manifesterait notamment dans l'exercice de sa puissance législative »[1].

Comme nous l'avons déjà précisé, l'indivisibilité de la souveraineté empêche l'attribution du pouvoir législatif au profit des collectivités territoriales. En revanche, l'on constate qu'il existe certains débats pour l'État unitaire français du point de vue de ce principe d'indivisibilité de la souveraineté. Cet État est aujourd'hui en difficulté, car incapable de sortir de « l'impasse juridique », puisqu'il est possible de considérer les compétences législatives de certaines collectivités territoriales, comme un partage du pouvoir législatif. C'est le cas de la Nouvelle-Calédonie.

Précisons qu'il est possible de critiquer l'attribution de certains pouvoirs à cette collectivité territoriale dans le cadre de la question de l'indivisibilité de la souveraineté. Pour reprendre Jeanne PAGE, « l'attribution d'un véritable pouvoir législatif à la Nouvelle-Calédonie est en contradiction avec des principes aussi fondamentaux que celui d'indivisibilité de la République énoncé à l'article 1er de la Constitution et d'indivisibilité de la souveraineté qui découle de son article 3. »[2]

L'auteur précise aussi que « la notion même de loi du pays, comme sa procédure d'adoption ou de contrôle, comportent des variantes d'ampleur insuffisante pour les différencier de la catégorie des lois ordinaires. Sauf à nier l'existence d'une catégorie de compétences que l'État ne saurait transférer sans porter atteinte à sa souveraineté, il faut admettre que la compétence du congrès d'adopter des lois du pays porte atteinte à l'indivisibilité de la souveraineté et a pour conséquence un partage de la souveraineté. »[3]

Partant de l'attribution d'un pouvoir législatif à cette collectivité territoriale *sui generis*, Jeanne PAGE s'interroge aussi sur la forme de l'État français. Ainsi, elle précise que « les "compétences régaliennes" sont conservées à l'État, et ceci sans prévision de transfert avant la consultation finale portant sur l'accession à la pleine souveraineté, en d'autres termes, à l'indépendance. Il est bien plus vrai d'affirmer que ce sont les modalités des transferts de compétences qui permettent d'y voir un partage de la souveraineté. »[4]

---

[1] R. CARRÉ DE MALBERG, *Contribution à la théorie générale de l'État, op. cit.*, p. 213. V. également le titre « Le pouvoir de faire la loi, expression de la souveraineté », *in* G. BURDEAU, *Traité de science politique*, t. II, *L'État, op. cit.,* pp. 203-204.

[2] J. PAGE, *op. cit.,* p. 364.

[3] *Ibid.,* p. 394.

[4] *Ibid.,* p. 395.

Finalement, elle affirme que « la doctrine qui s'est basée sur des critères précis pour caractériser la France d'État unitaire, ne peut aujourd'hui que reconnaître que ces critères ne sont plus remplis et donc prendre acte de l'évolution de la forme de l'État »[1].

Sur ces débats, même s'il y a des auteurs qui ne perçoivent aucun problème vis-à-vis du principe de l'indivisibilité de la souveraineté du fait de la position de la Nouvelle-Calédonie[2], l'on estime de notre côté que le statut de la Nouvelle-Calédonie est une vraie ambiguïté pour l'analyse de la structure unitaire de l'État français. Il est possible de tomber sur certaines discussions autour de l'hypothèse fédérale pour justifier le statut de cette collectivité *sui generis*[3]. Néanmoins, il n'est pas si facile de dire que la Nouvelle-Calédonie partage actuellement la souveraineté avec l'État français. On constate bien qu'il s'agit d'une question importante, par contre, comme nous allons l'expliquer, la Nouvelle-Calédonie apparaît comme une exception, et sa position extrême ne suffit pas pour parler de la transformation de l'État unitaire français vers une autre forme d'État.

---

[1] *Ibid.*, p. 545.

[2] V. L. BAUSINGER-GARNIER, *La loi du pays en Nouvelle-Calédonie : véritable norme législative à caractère régional*, Paris, L'Harmattan, 2001. Selon cet auteur, « certains juristes y ont vu la possibilité de qualifier la Nouvelle-Calédonie de « pays à souveraineté partagée ». Cette idée est loin de faire l'unanimité. Le concept traditionnel de la souveraineté en France est indivisible et insusceptible de délégation ou de limitation. Il permet d'identifier l'État par rapport aux collectivités infra-étatiques jouissant d'une décentralisation très poussée à l'instar de celle mise en place en Nouvelle-Calédonie. L'expression politique ne recouvrirait donc aucune réalité juridique. », p. 27.

[3] V. Th. MICHALON, « Pour la Nouvelle-Calédonie, l'hypothèse fédérale », art. cit., pp. 221- 241.

CONCLUSION DE LA PREMIÈRE PARTIE

En guise de conclusion concernant cette première partie, nous pouvons préciser que même si nous avons constaté certaines différences entre les droits français et turc au sujet du principe d'indivisibilité du territoire, il existe en réalité une grande similarité entre ces deux États unitaires concernant le principe d'indivisibilité de la Nation et celui de la souveraineté. En effet, tant dans l'État unitaire français que turc, les principes d'indivisibilité de la Nation et de la souveraineté nécessitent que les organes qui exercent la souveraineté soient uniques sur toutes les parties du territoire national. C'est-à-dire, qu'il faut parler de l'unité des trois pouvoirs étatiques — les pouvoirs législatif, exécutif et judiciaire —, et ce comme un résultat de ce principe d'indivisibilité de la souveraineté[1].

Par exemple, le principe précité empêche l'attribution du pouvoir législatif aux collectivités territoriales dans un État unitaire. C'est dire que l'unité du pouvoir législatif apparaît comme une règle essentielle autour de la forme d'État unitaire. Donc, il sera utile de voir ce principe de l'unité du pouvoir législatif dans le chapitre suivant (Deuxième partie – Chapitre 1), de même que nous allons chercher à savoir si ce principe peut devenir un critère indicatif de l'État unitaire. Enfin, nous allons traiter de l'unité du pouvoir exécutif et judiciaire dans les États unitaires français et turc (Deuxième partie – Chapitres 2 et 3).

[1] V. dans ce sens, A. NALBANT, *op. cit.*, p. 67.

DEUXIÈME PARTIE
Le principe de l'unité de l'État au regard des organes et des pouvoirs étatiques

Se prononçant sur la question des formes d'État, Georges BURDEAU précise que « l'État étant Pouvoir, les formes d'États correspondent aux formes du Pouvoir étatique. Seulement ce Pouvoir peut être envisagé quant à sa structure, quant à ses fins et quant à ses modalités d'exercice. C'est ainsi qu'un Pouvoir étatique pourra être unitaire ou fédéral (structure), libéral (fins), présidentiel (modalité d'exercice). » [1]

À la lumière de ces explications, rappelons que notre étude s'intéresse à la structure étatique, et l'État unitaire est en constitue l'objet. Dans ce cadre, et après avoir traité le principe d'indivisibilité au regard des éléments constitutifs de l'État dans la première partie, il est utile de voir, maintenant, le principe de l'unité vis-à-vis des pouvoirs étatiques pour pouvoir bien comprendre la nature de cette forme d'État qu'on dit unitaire.

Donc, il faudra analyser « les trois grands pouvoirs classiques, qui, depuis Montesquieu, et même depuis Aristote, sont considérés comme formant les pouvoirs de l'État : le pouvoir législatif, le pouvoir exécutif, le pouvoir judiciaire. »[2]

Nous allons ci-après traiter l'un des principes généraux de la forme d'État unitaire, le principe d'unité de l'État, en partant de l'unité des trois pouvoirs étatiques indiqués au-dessus. D'abord, nous étudierons le principe d'unité du pouvoir législatif en droits français et turc (**Chapitre 1**) ; ensuite, il sera question du principe d'unité du pouvoir exécutif (**Chapitre 2**), et du principe d'unité du pouvoir judiciaire (**Chapitre 3**).

---

[1] G. BURDEAU, *Traité de science politique*, t. II, *L'État*, *op. cit.*, p. 347.

[2] R. CAPITANT, *Cours de principes du droit public*, Paris, Cours de droit, 1953-1954, p. 28. En doctrine turque existe aussi une telle explication sur la séparation des pouvoirs avec la référence aux célèbres penseurs, v. K. GÖZLER, *Devletin genel teorisi* [La théorie générale de l'État], *op. cit.*, pp. 189-199, en faisant référence à Aristote, Hugo Grotius, Christian Wolff, Samuel von Puffendorf, John Locke et Montesquieu, l'auteur cité explique la théorie de la séparation des pouvoirs -comme le pouvoir législatif, exécutif et judiciaire-.

CHAPITRE 1
Le principe de l'unité du pouvoir législatif en droits français et turc

Dans le cadre de l'étude des formes d'État et de l'État unitaire, il faut préciser, tout d'abord, qu'on ne s'intéresse pas en vain au pouvoir législatif. Comme le souligne Georges BURDEAU « par sa nature, la loi est la décision suprême à laquelle sont subordonnées toutes les volontés particulières. Et dans ce caractère encore se reflète la conception de l'autonomie de la fonction politique. La loi est ainsi l'expression parfaite des prérogatives du Pouvoir...C'est donc dans l'organisation du Pouvoir législatif que l'État trouve son achèvement... »[1].

Annonçons tout de suite que notre analyse du principe de l'unité autour de la question de la forme d'État unitaire va nous montrer, tout d'abord, que le pouvoir législatif ne peut appartenir qu'à l'État central dans l'État unitaire. Dans ce cadre, nous allons observer, dans un premier temps, que le principe d'unité du pouvoir législatif apparaît comme un critère indicatif de l'État unitaire en partant de l'analyse en doctrine française et turque (**Section 1**). Par contre, nous verrons, dans un deuxième temps, que le principe de l'unité du pouvoir législatif ou la détention unique de ce pouvoir se différencie de l'uniformité du droit applicable (**Section 2**). Par ailleurs, même si ces deux doctrines attestent cette règle selon laquelle la détention du pouvoir législatif doit être unique dans l'État unitaire, il sera encore utile de traiter la question de l'outre-mer en France du point de vue du principe d'unité du pouvoir législatif, dans la mesure où la compétence législative de certaines collectivités situées outre-mer constitue une dérive de cette règle en droit français (**Section 3**). Enfin, il sera utile de voir aussi la formule retenue par la doctrine française vis-à-vis de telles dérogations (**Section 4**).

Section 1
L'unité de la détention du pouvoir législatif, un critère indicatif de l'État unitaire

Il est nécessaire de dire que le principe de l'unité du pouvoir législatif dont nous avons parlé depuis le début de notre travail est un

[1] G. BURDEAU, *Traité de science politique*, t. II, *L'État*, *op. cit.*, p. 204.

principe indispensable pour parler d'un État unitaire. Ainsi, notre étude atteste aussi que l'unité de la détention du pouvoir législatif est, en même temps, une limite à l'égard de la mutation de la forme d'État unitaire. Dans ce cadre, voyons initialement le principe de l'unité du pouvoir législatif en doctrine française (**Paragraphe 1**), ensuite, faisons une étude sur lui en partant de la doctrine turque (**Paragraphe 2**).

Paragraphe 1. Le principe de l'unité du pouvoir législatif en doctrine française

Prenant exemple sur Olivier GOHIN, nous allons commencer par une « tautologie »[1], en disant que « le pouvoir législatif est, au sein de l'État, le pouvoir de faire la loi ». Quant au sujet de l'État unitaire, Géraldine CHAVRIER souligne que « l'assimilation de la souveraineté et de l'État conduit à considérer qu'un État est unitaire s'il n'existe qu'une seule loi. »[2] Autrement dit, « on appelle État unitaire celui dans lequel une volonté politique unique s'impose à l'ensemble des citoyens lesquels sont par conséquent soumis aux mêmes lois en tous domaines. »[3]

À ce propos, en droit français, l'article 24 de la Constitution prévoit que « *Le Parlement vote la loi.* » Cet article précise aussi que le Parlement « *comprend l'Assemblée nationale et le Sénat.* » Comme on le voit, il s'agit du bicaméralisme en France, et précisons que ce système des deux Chambres est, bien sûr, important dans le cadre du pouvoir législatif. En revanche, il faut qu'on ajoute aussi que le sujet du principe d'unité du pouvoir législatif autour de la question d'État unitaire suscite une interrogation sur le fait de savoir s'il y a une division verticale du point de vue de la détention du pouvoir législatif.

Faut-il le rappeler, Raymond CARRÉ DE MALBERG précise, concernant le système des deux Chambres inspiré en 1875, que c'est un système « non par des nécessités juridiques, mais uniquement par des considérations d'utilité politique »[4]. Aussi, selon lui, par ce

---

[1] O. GOHIN, « Pouvoir législatif et collectivités locales », *in* J. PETIT (rassemblé par), *Les collectivités locales : mélanges en l'honneur de Jacques Moreau*, Paris, Economica, 2002, cop. 2003, p. 177.

[2] G. CHAVRIER, *op. cit.* p. 37.

[3] B. CHANTEBOUT, *Droit constitutionnel,* Paris, Sirey, 29e éd., 2012, p. 57.

[4] R. CARRÉ DE MALBERG, *La loi, expression de la volonté générale*, Paris, Economica, 1984, p. 176.

bicaméralisme, il ne faut pas considérer « un système de dualité véritable (…) l'unité de la représentation de la volonté générale se retrouve, et elle devait forcément être maintenue, jusque dans le dédoublement [du]...Parlement. »[1]

Donc, dans le cadre de la question de l'unité du pouvoir législatif, il faut mettre en place certains autres critères qui nous expliquent le contenu de ce principe, et il sera utile de parler d'éléments qui assurent l'unité de ce pouvoir.

Selon l'expression de Ferdinand MÉLIN-SOUCRAMANIEN, « chacun sait que la République française apparaît encore aujourd'hui comme un État unitaire ce qui suppose une unité du pouvoir législatif »[2]. L'auteur ajoute aussi que la décentralisation n'a été qu'administrative et en aucune manière politique dans cet État.

On sait bien, d'ailleurs, que « dans un État unitaire, les collectivités locales notamment qui sont l'instrument privilégié de sa décentralisation territoriale, sont définitivement tenues à l'écart de l'exercice du pouvoir législatif. »[3] Donc, il est possible d'affirmer, comme une règle fondamentale, que les collectivités locales sont dans l'impossibilité d'exercer un pouvoir législatif dans cette forme d'État[4].

Du point de vue de cette règle, Géraldine CHAVRIER souligne aussi que « la France a pour sa part toujours considéré que l'attribution d'un pouvoir législatif aux collectivités territoriales constituerait une violation du principe d'unité de la République. »[5] Allant dans le même sens, Olivier GOHIN affirme qu'« au nom de l'État unitaire, on

---

[1] *Ibid.* En doctrine turque aussi, il est possible de dire que le bicaméralisme ou l'existence de deux Chambres pour l'exercice du pouvoir législatif ne porte pas atteinte à la structure unitaire de l'État, v. A. NALBANT, *op. cit.,* p. 67 ; E. ÖZBUDUN, *Türk anayasa hukuku*, [Droit constitutionnel turc], *op. cit.,* p. 256. Selon ce dernier auteur, le bicaméralisme existait déjà dans la Constitution de 1961, néanmoins il ne portait atteinte ni à l'unité du pouvoir législatif, ni à la structure unitaire de l'État. Enfin, pour plus de détails sur la question du bicaméralisme, ses avantages et désavantages en doctrine turque, v. aussi K. GÖZLER, *Devletin genel teorisi* [La théorie générale de l'État], *op. cit.,* pp. 210-223.

[2] F. MÉLIN-SOUCRAMANIEN, « Les collectivités territoriales situées Outre-mer et la question de l'autonomie », *in* J. DANIEL (dir.), *Les Outre-mer à l'épreuve du changement : réalités et perspectives des réformes territoriales*, Paris, L'Harmattan, 2011, p. 210.

[3] O. GOHIN, « Pouvoir législatif et collectivités locales », art. cit., p. 180.

[4] *Ibid.,* p. 187.

[5] G. CHAVRIER, *op. cit.* p. 37.

écartera toute idée d'un partage quelconque, en France, du pouvoir législatif entre l'État et les collectivités locales ainsi que la notion d'un prétendu législateur territorial qui n'en est que le succédané. »[1]

En revanche, précisons, à ce sujet, que concernant l'État unitaire français, il existe plusieurs débats sur la question de l'unité de l'ordre juridique législatif, de sorte que depuis l'expression « d'État- pluri-législatif » utilisée par Pierre LAMPUÉ en 1958 pour désigner l'État français[2], ces débats continuent aussi actuellement. Ils tournent autour d'une question fondamentale qui est la position de certaines collectivités locales dans l'ordre juridique français. Certains auteurs traitent ce sujet, en analysant « la dualité de la source législative dans l'État unitaire français »[3]. Nous constatons, d'ailleurs, que les auteurs français nous évoquent l'attribution d'« un véritable pouvoir législatif » à certaines collectivités territoriales, lorsque certaines autres collectivités possèdent un « pouvoir quasi-législatif »[4].

Il est possible de dire qu'il n'est pas si facile d'accepter sans motivation l'hypothèse selon laquelle l'État français peut être qualifié d'État pluri-législatif[5]. En effet, la question nécessite une profonde analyse de l'unité du pouvoir législatif dans l'ordre juridique français.

À ce sujet, il est possible de faire référence à Olivier GOHIN qui précise que « la notion d'État « *pluri-législatif* », c'est-à-dire soit d'autres formes d'États unitaires, soit — cela peut revenir au même — une zone intermédiaire, plus ou moins large, regroupant des États compris, en Europe, entre l'État unitaire à la française et l'État fédéral à l'allemande, selon une thématique abondamment développée, à

---

[1] O. GOHIN, « Pouvoir législatif et collectivités locales », art. cit., p. 193.

[2] P. LAMPUÉ, *op. cit.*, p. 4. V. aussi sur ce sujet, C. AVRIL, *L'État plurilégislatif et la République indivisible*, Thèse, Avignon, 2004.

[3] Comme le titre de l'ouvrage : C. GINDRE-DAVID, *Essai sur la loi du pays calédonienne : la dualité de la source législative dans l'État unitaire français*, *op. cit.*, 2008.

[4] Ce terme est utilisé en doctrine française, concernant la Polynésie française, v. C. GINDRE-DAVID, « La loi du pays calédonien : éléments juridiques et politiques », *in* M. DEBENE et J.-P. PASTOREL (dir.), *La "loi du pays" en Polynésie française*, Paris, L'Harmattan, 2011, pp. 21-37, spéc., p. 29. V. également, A. MOYRAND, « Les « lois du pays » en Polynésie française : du projet au bilan », *in* M. DEBENE et J.-P. PASTOREL (dir.), *op. cit.*, pp. 39-67, spéc., pp. 58 et 67.

[5] V. sur ce sujet, C. AVRIL, préc.

présent, en doctrine, par exemple celle des États régionalisés comme l'Italie ou autonomiques comme l'Espagne »[1].

Force est de constater que ce qui est important, dans ce cadre, est de chercher à savoir s'il existe une unité du pouvoir législatif. Cette interrogation est, en même temps, un critère indicatif pour l'État unitaire, notamment à l'égard de la question de la décentralisation et des pouvoirs attribués aux collectivités territoriales.

Donc, il faut dire que « la dualité de la source législative est traditionnellement associée à l'État fédéral »[2]. Mais, il est possible de parler encore d'autres types d'États dans ce cadre. Ainsi, « l'exemple de l'État régional en témoigne. Il est donc évident aujourd'hui que le partage de l'exercice du pouvoir législatif entre l'État et une ou plusieurs collectivités territoriales n'est plus l'apanage des États se déclarant fédéraux »[3].

L'État régional est qualifié d'« une forme hybride (ou classe mixte) puisqu'il emprunte ses éléments constitutifs aux deux précédentes formes étatiques : il n'existe qu'une seule Constitution mais la source législative est partagée entre le pouvoir central et les pouvoirs locaux : les collectivités régionales ou autonomiques. »[4]

Il faut donc préciser, sur ce point, que l'unité du pouvoir législatif est un critère qui distingue l'État unitaire des autres types d'États (fédéral et régional). Par ailleurs, l'on peut constater de l'étude de la doctrine française, concernant le principe d'unité du pouvoir législatif, une « absence de pouvoir législatif concurrent des collectivités territoriales »[5] dans l'organisation administrative.

Après l'étude et l'analyse du principe d'unité du pouvoir législatif en doctrine française, voyons, maintenant, la position de la doctrine turque vis-à-vis de ce principe.

---

[1] O. GOHIN, « Pouvoir législatif et collectivités locales », art. cit., p. 180.

[2] C. GINDRE-DAVID, *Essai sur la loi du pays calédonienne : la dualité de la source législative dans l'État unitaire français*, *op. cit.*, p. 320.

[3] *Ibid.*

[4] A. MOYRAND, « Théorie de la souveraineté partagée », *in* J.-Y. FABERON et G. AGNIEL (dir.), *La souveraineté partagée en Nouvelle-Calédonie et en droit comparé : colloque organisé à Nouméa du 17 au 19 décembre 1999*, *op. cit.*, p. 37.

[5] F. LEMAIRE, *Le principe d'indivisibilité de la République : mythe et réalité*, *op. cit.*, p. 175.

Paragraphe 2. Le principe de l'unité du pouvoir législatif en doctrine turque

Comme nous l'avons déjà précisé dans les chapitres précédents, il faut savoir qu'il y a une forte relation entre la question de la souveraineté et celui du pouvoir législatif. En effet, comme il est relevé par Mehmet Ali AĞAOĞULLARI, « ce qui est la meilleure réponse pour la question de savoir comment le pouvoir souverain exerce sa fonction, c'est de dire : par les lois. »[1] D'après la doctrine turque, la dimension juridique de la souveraineté nécessite qu'un État soit le seul détenteur du pouvoir législatif sur l'ensemble du territoire. C'est-à-dire, qu'il faut y avoir un « monopole de droit positif »[2] qui appartient à l'État central. Donc, l'unité du pouvoir législatif réside toujours au fondement de la théorie de l'État unitaire[3].

Précisons que l'unité du pouvoir législatif est un critère indicatif justement pour la structure unitaire, sinon, il n'est pas possible de constater une telle unité du pouvoir législatif dans les fédérations, par exemple. D'ailleurs, comme le soulignent plusieurs auteurs, il est possible d'accepter que dans les fédérations, les États fédérés aient leurs propres organes de législation, donc aient un pouvoir législatif distinct de celui de l'État fédéral (entité fédérale de la fédération)[4]. De même, selon İbrahim Özden KABOĞLU, il faut préciser aussi que dans les fédérations existent plusieurs centres de décision dans le cadre du pouvoir normatif[5].

Donc, il est nécessaire de dire que l'unité de la détention du pouvoir législatif apparaît encore, en doctrine turque, comme un critère indicatif pour pouvoir définir l'État unitaire. D'ailleurs, il convient de faire

---

[1] M. A. AĞAOĞULLARI, *op. cit.,* p. 106.
[2] R. SUNAY, *op. cit.,* p. 51.
[3] V. dans ce sens, A. NALBANT, *op. cit.,* pp. 3, 20-21 et 383.
[4] K. GÖZLER, *Anayasa hukukunun genel teorisi* [La théorie générale de droit constitutionnel], *op. cit.,* p. 493 ; Y. SABUNCU, *op. cit.,* p. 29 ; A. ÖZER, *op. cit.,* p. 46 ; Y. YAYLA, *Anayasa hukuku : ders notları* [Droit constitutionnel: notes], *op. cit.,* p. 35 ; A. NALBANT, *op. cit.,* pp. 20-21. Sur la question du pouvoir législatif dans les fédérations, v. O. UYGUN, *Federal devlet,* [L'État fédéral], *op. cit.,* pp. 251-263.
[5] İ. Ö. KABOĞLU, *op. cit.,* p. 118.

remarquer que cette doctrine admet aussi que dans l'État unitaire, il est question d'une « unité absolue de droit et des lois »[1].

Par ailleurs, il faut préciser que les fonctions législatives, administratives et judiciaires de l'État unitaire ne peuvent présenter un caractère pluraliste[2]. En effet, ce type d'État exige un « système de droit unique »[3]. Donc, il doit exister un seul organe et un seul pouvoir législatif dans l'État unitaire[4]. C'est la raison pour laquelle, selon İbrahim Özden KABOĞLU, cette forme d'État correspond à la notion du « pouvoir normatif unique »[5].

Il est nécessaire d'admettre, à ce sujet, qu'il peut y avoir dans l'État unitaire certaines entités locales ou régionales qui bénéficient des pouvoirs de l'État central et qui ne sont que des institutions administratives, pas des entités politiques[6]. L'existence de telles entités ou collectivités locales ne porte pas atteinte à l'unité du pouvoir législatif de l'État unitaire. Donc, ces entités doivent être distinguées des entités infra-étatiques existant dans l'État régional. Ainsi, ce dernier est désigné, en doctrine turque, comme une forme d'État dans lequel le pouvoir législatif se partage entre l'État central et les collectivités autonomes et locales ou régionales[7].

À ce sujet, si l'on est amené à parler de l'approche du droit turc de la relation entre l'unité du pouvoir législatif et la question de la décentralisation, l'on peut dire qu'en ce qui concerne la forme d'État unitaire, même si le principe essentiel de l'organisation de l'État se pose sur la centralisation, il n'y a aucun obstacle à ce qu'existe la décentralisation administrative au sein de l'organisation administrative de ce type d'État. Il faut encore relever, concernant la question du principe d'unité du pouvoir législatif, que les collectivités territoriales

---

[1] E. TEZİÇ, *op. cit.,* p. 125. Dans le même sens, v. Ş. İBA, *op. cit.,* p. 67 ; F. DEMİRKOL, *Anayasa hukuku I -II ders notları* [Droit constitutionnel I-II notes], *op. cit.,* p. 70.

[2] B. N. ESEN, *op. cit.,* p. 265.

[3] Ş. İBA, *op. cit.,* p. 63. V. aussi İ. Ö. KABOĞLU, *op. cit.,* p. 123 ; Y. YAYLA, *Anayasa hukuku : ders notları* [Droit constitutionnel: notes], *op. cit.,* p. 33.

[4] K. GÖZLER, *Anayasa hukukunun genel teorisi* [La théorie générale de droit constitutionnel], *op. cit.,* p. 478.

[5] İ. Ö. KABOĞLU, *op. cit., op. cit.,* p. 118.

[6] M. ERDOĞAN, *op. cit.,* p. 13.

[7] İ. Ö. KABOĞLU, *op. cit.,* pp. 124-125, cet auteur cite à titre d'exemple de l'Italie et de l'Espagne. V. dans le même sens, A. NALBANT, *op. cit.,* pp. 290-335.

sont obligées d'agir dans le cadre des lois promulguées par l'État central[1], à défaut on sera face à « *la décentralisation politique.* »

Dans la doctrine turque, l'on constate que les auteurs parlent de deux types de décentralisation, l'une « administrative » et l'autre « politique »[2]. Parlant des États-Unis et de la Suisse comme exemple, ils soulignent que « la décentralisation politique » peut être dénommée comme le fédéralisme[3], puisque, comme nous l'avons déjà indiqué, dans les fédérations, les États fédérés ont leurs propres pouvoirs législatifs distincts de celui de l'État fédéral. Mais, la décentralisation administrative peut exister au sein de l'organisation administrative sans porter atteinte à la structure unitaire de l'État.

Il faut préciser aussi, concernant la question du principe d'unité du pouvoir législatif, que la décentralisation administrative, contrairement à la décentralisation politique, ne signifie pas l'existence d'un pouvoir législatif concurrent des collectivités territoriales[4]. En effet, comme l'indique Ramazan ŞENGÜL, il ne peut y avoir un partage du pouvoir

---

[1] İ. GİRİTLİ et J. SARMAŞIK, *op. cit.*, p. 41.

[2] S. S. ONAR, *İdare hukukunun umumi esasları* [Les bases générales du droit administratif], İstanbul, Marifet Basımevi, 1952, p. 463 ; N. TORTOP, *Mahalli idareler* [Les collectivités territoriales], Ankara, Devlet İstatistik Matbaası, 1991, p. 11 ; H. EROĞLU, *İdare hukuku : Genel esaslar, idari teşkilât ve idarenin denetlenmesi* [Droit administratif : Les bases générales, l'organisation administrative et le contrôle sur l'administration], Ankara, Feryal Matbaası, 1985, p. 140 ; V. VERSAN, *Kamu yönetimi : siyasi ve idari teşkilat* [Administration publique: l'organisation administrative et politique], İstanbul, İÜ Fakülteler Matbaası, 1986, p. 83 ; R. ŞENGÜL, *Yerel yönetimler* [Les collectivités territoriales], Kocaeli, Umuttepe Yayınları, 2011, p. 6 ; A. ULUSOY et T. AKDEMİR, *Mahalli idareler : teori - uygulama - maliye* [Les collectivités territoriales: Théorie, pratique, finance], Ankara, Seçkin Yayıncılık, 2005, p. 46 ; O. CAN, « Merkez-yerel yönetimlerin görev ve yetki paylaşımına anayasal bakış » [Le regard constitutionnel sur le partage des compétences entre l'administration centrale et l'administration locale], *in Ali Ülkü Azrak 75. yaş armağanı*, İstanbul, 2008, pp. 45-86, spéc., p. 58.

[3] L'idée est partagée par la majorité de la doctrine, néanmoins il existe des opinions opposées, v. par exemple, A. NALBANT, *op. cit.*, pp. 35-38, qui consent que le terme de la décentralisation politique, qui ne signifie pas le fédéralisme, n'est compatible qu'avec l'État régional. V. aussi O. UYGUN, *Federal devlet*, [L'État fédéral], *op. cit.*, p. 116 ; İ. Ö. KABOĞLU, *op. cit.*, p. 124. D'après ce dernier, l'État régional est un exemple de la décentralisation politique et l'unité de l'État n'est pas menacée, car il s'agit d'un simple transfert du pouvoir législatif vers les communautés ou les régions autonomes.

[4] V. sur le sujet, S. S. ONAR, *op. cit.*, p. 463 ; V. VERSAN, *op. cit.*, p. 83 ; O. CAN, art. cit., p. 58.

législatif entre les collectivités territoriales et l'État central dans un État unitaire[1], puisque les statuts de ces collectivités sont définis par les lois et la Constitution[2].

En somme, au sujet des collectivités territoriales dans le droit turc, l'on peut dire que les pouvoirs utilisés par ces collectivités ne sont pas des pouvoirs originaux et sont reconnus par les lois. D'ailleurs, le principe d'unité du pouvoir législatif empêche la reconnaissance d'un pouvoir normatif (initial) aux collectivités territoriales[3]. Aussi, celles-ci n'ont que des compétences administratives[4]. Atilla NALBANT ajoute, à ce propos, que le principe de l'unité du pouvoir législatif qui empêche l'attribution d'un pouvoir normatif initial et originaire aux collectivités territoriales apparaît comme une « limite » à la décentralisation dans les États unitaires[5].

En réalité, il faut remarquer, concernant le principe d'unité du pouvoir législatif en droits turc et français, que même si ce dernier est traité dans ces deux droits comme un principe net en théorie qui empêche l'attribution du pouvoir législatif aux collectivités territoriales, l'on constate, en même temps, qu'il existe certains débats du point de vue de l'État unitaire français.

D'un côté, il est possible de voir que le droit turc, d'une manière plus stricte, ne permet jamais le partage de ce pouvoir avec une entité administrative locale. D'un autre côté, dans le droit français, l'on constate qu'en raison de la position de certaines collectivités territoriales situées outre-mer, le principe d'unité du pouvoir législatif est un sujet polémique en doctrine française.

Avant d'aborder cette question de droit de l'outre-mer français dans le cadre du principe de l'unité du pouvoir législatif, il est nécessaire de pencher, d'abord, sur la question de la diversité territoriale du droit sur le territoire national vis-à-vis de ce principe.

---

[1] R. ŞENGÜL, *op. cit.*, p. 7.
[2] *Ibid.*, p. 12.
[3] *Ibid.*, p. 148.
[4] V. K. GÖZLER, *Türk anayasa hukuku* [Droit constitutionnel turc], *op. cit.*, p. 116 ; İ. Ö. KABOĞLU, *op. cit.*, *op. cit.*, p. 122.
[5] V. A. NALBANT, *op. cit.*, pp. 239-240.

Section 2
Le principe de l'unité du pouvoir législatif et la question de la diversité territoriale du droit sur le territoire national

Concernant le principe d'unité du pouvoir législatif, il est nécessaire de dire préalablement qu'il faut y avoir une unicité des normes applicables sur « l'ensemble » ou « la totalité du territoire » de l'État. En réalité, comme nous l'avons précisé sous le titre de l'indivisibilité de la souveraineté, il s'agit d'une relation forte entre la souveraineté et le pouvoir législatif, sachant que ce dernier n'est qu'une forme de l'exercice de la souveraineté. Plusieurs auteurs français affirment que dans l'État unitaire, il n'existe qu'« une seule organisation juridique et politique dotée des attributs de la souveraineté »[1]. Autrement dit, il faut y avoir l'unité des lois et l'unité du système juridique sur l'ensemble du territoire national dans cette forme d'État[2].

Développant la même idée, François MICLO trouve que « l'État unitaire exige, contrairement à l'État fédéral, une seule source générale du droit, ou, plus exactement, une seule source de souveraineté s'exerçant sur la totalité du territoire. Cette condition concerne exclusivement l'origine de la législation, qui doit être unique »[3]. Il

---

[1] L. FAVOREU *et al.*, *Droit constitutionnel, op. cit.*, p. 485. Selon l'auteur « L'État unitaire décentralisé ne comporte, sur son territoire, qu'une seule organisation juridique et politique dotée des attributs de la souveraineté. »

[2] V. concernant l'État unitaire et l'unité des lois qui doit être valide sur « l'ensemble de son territoire », F. LEMAIRE, *Le principe d'indivisibilité de la République : mythe et réalité, op. cit.*, p. 224. D'après Michel LASCOMBE, « le principe d'unité de la République devrait conduire logiquement à ce que les mêmes règles de droit s'appliquent sur l'ensemble du territoire national. », v. *Le droit constitutionnel de la Ve République, op. cit.*, p. 316. Bertrand MATHIEU et Michel VERPEAUX estiment de leur côté que « sur le plan juridique, il n'y a qu'une seule catégorie de lois, issues de l'État et qui s'appliquent sur l'ensemble du territoire » et que « l'unité de la loi, au sens où cette loi serait la même pour tous sur l'ensemble du territoire », v. *Droit constitutionnel, op. cit.*, pp. 669 et 680. Enfin, Dominique CHAGNOLLAUD trouve que « l'État unitaire est un État qui ne connaît qu'une autorité juridique et politique disposant de l'ensemble de ses compétences sur son territoire, régi par un seul et même droit. », v. *Droit constitutionnel contemporain,* t. I, *Théorie générale, les régimes étrangers, op. cit.*, p. 186.

[3] F. MICLO, *Le régime législatif des départements d'outre-mer et l'unité de la République,* Paris, Economica, 1982, p. 3.

ajoute aussi que le contraire de cette condition suscite une évolution vers l'État fédéral[1].

L'on retrouve la même position en droit turc. En effet, cette idée est expliquée par différentes expressions en doctrine. Ainsi, est-il possible de parler d'un « monopole du droit positif »[2] qui appartient seulement à l'État central. Et, quand des auteurs parlent de la nécessité d'une « unité de régime constitutionnel »[3], ou de « l'unité des lois » [4] sur l'ensemble du territoire, ils visent la même règle de l'unité du système juridique qui est un principe essentiel dans l'État unitaire et dans le cadre du principe d'unité du pouvoir législatif.

Donc, on peut dire que dans un État unitaire, il est possible de trouver des divisions administratives dans le cadre de la décentralisation, mais ces entités administratives sont dépourvues de tout pouvoir normatif ou législatif. La règle essentielle nécessite l'unité du système juridique sur l'ensemble du territoire, et empêche à la fois une attribution du pouvoir normatif ou législatif vers les entités infra-étatiques.

Ajoutons aussi que lorsqu'elle aborde la question de l'État unitaire, la doctrine française utilise les expressions « un seul droit applicable » [5] et « l'homogénéité du droit applicable sur l'ensemble du territoire »[6]. En réalité, cette idée est toujours valide pour l'État unitaire, du moins en théorie. Par contre, si on regarde le droit français, l'on découvre une situation ambiguë compte tenu de ces affirmations. Une situation engendrée par les compétences de certaines collectivités territoriales dans l'organisation interne de cet État. Comme le précise assez bien

---

1 *Ibid.*, p. 4.

2 R. SUNAY, *op. cit.*, p. 51.

3 V. Ö. TİKVEŞ, *op. cit.*, p. 155 ; Y. YAYLA, *Anayasa hukuku : ders notları,* [Droit constitutionnel: notes], *op. cit.*, p. 33.

4 V. Y. YAYLA, *Anayasa hukuku : ders notları* [Droit constitutionnel: notes], *op. cit.*, p. 33.

5 D'après Vlad CONSTANTINESCO et Stéphane PIERRÉ-CAPS, « l'État unitaire est la forme d'État qui ne connaît qu'une seule autorité publique sur un même territoire et à l'égard de la population qui y habite, et qu'un seul droit applicable. », v. *Droit constitutionnel, op. cit.*, p. 275.

6 V. P. ARDANT et B. MATHIEU, *op. cit.,* p. 445, ces auteurs estiment que « l'indivisibilité doit aussi être comprise comme entraînant unité, l'homogénéité du droit applicable sur le territoire. » Pour d'autres, « L'homogénéité de la Nation devait être renforcée par l'homogénéité du droit applicable sur l'ensemble du territoire », v. L. FAVOREU *et al.*, *Droit constitutionnel, op. cit.*, p. 511. Il convient de rappeler que l'expression précitée est d'André ROUX, qui l'a utilisée dans son ouvrage sur le droit constitutionnel local, v. A. ROUX, *Droit constitutionnel local, op. cit.*, p. 86.

André ROUX, le principe d'unité du pouvoir législatif et le principe d'indivisibilité de la République ne sont pas capables d'empêcher la diversité d'application des droits sur les différentes parties du territoire national français[1]. Faisant référence à l'exemple de Corse et d'Alsace-Moselle, l'auteur ajoute aussi que « le caractère unitaire de l'État a toujours été tempéré par la multiplicité des régimes législatifs applicables »[2].

D'ailleurs, si on analyse la réforme constitutionnelle de 2003, l'on peut observer avec Gérard MARCOU « l'acceptation d'une diversité territoriale du droit et des institutions »[3]. Nous rappelons, sur ce point, les débats relatifs aux positions opposées de certaines collectivités territoriales situées outre-mer ; ainsi, plusieurs auteurs voient la Nouvelle-Calédonie comme une « exception »[4] dans le cadre d'*une seule source de souveraineté s'exerçant sur la totalité du territoire* et du point de vue du pouvoir législatif qui doit être unique dans l'État unitaire[5].

En effet, non seulement la position de la Nouvelle-Calédonie, mais aussi celle de la Corse et de la Polynésie française sont toujours critiquées dans le cadre de la question de l'unité du système juridique[6]. Par ailleurs, les particularités juridiques de ces collectivités nécessitent

---

[1] V. A. ROUX, « Évolution des départements d'outre-mer et Constitution », *in* J.-F. AUBY et J.-Y. FABERON (dir.), *L'évolution du statut de département d'outre-mer,* Aix-en-Provence, Presses universitaires d'Aix-Marseille, 1999, p. 257. L'auteur commente la décision constitutionnelle du n° 94-358 DC du 26 janvier 1995 à propos de la loi sur l'aménagement et le développement du territoire.

[2] A. ROUX, *Droit constitutionnel local, op. cit.,* p. 93.

[3] G. MARCOU, « Décentralisation : Quelle Théorie de l'État ? », art. cit., p. 242. V. également, G. MARCOU, « Décentralisation : approfondissement ou nouveau cycle ? », art. cit., p. 9.

[4] Selon certains auteurs, « dans un État unitaire, il n'existe en principe qu'une seule source de souveraineté s'exerçant sur la totalité du territoire (v. l'exception de la Nouvelle-Calédonie,) (…) Le principe d'indivisibilité marque les frontières de l'autonomie locale. Pour y déroger, une révision constitutionnelle est nécessaire, comme celle du 20 juillet 1998 concernant la Nouvelle-Calédonie, qui établit un système parfois qualifié de « souveraineté partagée » », v. L. FAVOREU *et al.*, *Droit constitutionnel, op. cit.,* p. 501.

[5] *Ibid.,* p. 507. Ces auteurs estiment, concernant l'État unitaire français, que « *les autorités locales…..ne détiennent aucun pouvoir législatif (à l'exception du Congrès de la Nouvelle-Calédonie)* ».

[6] V. J. CAILLOSSE, *Les "mises en scène" juridiques de la décentralisation : sur la question du territoire [en droit public] français*, Paris, LGDJ-Lextenso, 2009, pp. 84-85.

de parler du droit d'outre-mer. Mais, comme le relève François MICLO, à juste titre, « l'apparition d'un « droit d'outre-mer » pose, dès l'abord deux questions de principe : comment concilier l'existence de ce droit avec le caractère unitaire de l'État français, et quel sera le processus d'élaboration de ce droit ? »[1].

Précisons que nous allons évoquer, au-dessous, la position « exceptionnelle » de certaines entités infra-étatiques en droit français ; de sorte qu'il faudra se demander si l'attribution d'un « véritable pouvoir législatif » ou « quasi-législatif » à certaines collectivités situées en outre-mer porte atteinte à l'unité du pouvoir législatif dans l'État unitaire français ? Mais, dans le cadre de notre recherche, il est possible de dire que le problème ne pourrait pas provenir justement de la question de l'outre-mer français. Il faut préciser que tous les types des collectivités territoriales, y compris les départements ou les régions métropolitaines, peuvent être pris en compte dans ce cadre. Ce qui est important, est la question de l'attribution du pouvoir législatif pour les collectivités territoriales.

Quand on considère « la région », par exemple, il faut se demander si ce type de collectivité territoriale peut être évalué comme une atteinte à l'unité du pouvoir législatif, en cas de telle attribution du pouvoir législatif à une région française. D'ailleurs, il faudra parler, à ce propos, de la possibilité d'appliquer un droit différent à l'intérieur des frontières de cette région dans une telle hypothèse. Alors, il faut se demander, en même temps, si cette entité sera différente d'un État fédéré d'une fédération ? Pour répondre à une telle interrogation, l'on peut citer Gérard MARCOU qui estime que « le « pouvoir normatif régional » indépendant des compétences régionales orienterait la France sur la voie du fédéralisme ou des autonomies régionales »[2].

En fait, la question la plus importante à traiter est toujours en relation avec l'unité du pouvoir législatif et résulte de l'existence de certaines dérogations connues dans l'État unitaire français. Si on analyse les articles 73 et 74 de la Constitution française, l'on constate une « différenciation du droit applicable sur les territoires »[3] du point de vue de la question de l'outre-mer français. Mais, il faut accepter

---

[1] F. MICLO, *op. cit.*, p. 2.

[2] G. MARCOU, « Les trente ans de la région : et demain ? », *AJDA,* 2012, pp. 746-752.

[3] A. ROUX, *La décentralisation : droit des collectivités territoriales*, Paris, LGDJ-Lextenso, 2016, p. 163.

qu'« en dehors de l'outre-mer, le statut des départements de l'Alsace et de la Moselle constitue traditionnellement une autre dérogation majeure à la règle de l'uniformité territoriale. »[1]

En réalité, du point de vue de la question de la diversité des droits applicables, il est possible d'indiquer aussi « l'expérimentation législative », ainsi est-il de toutes les collectivités territoriales, soit en métropole, soit en outre-mer, qui ont eu le droit « *de déroger, à titre expérimental et pour un objet et une durée limités, aux dispositions législatives et réglementaires qui régissent l'exercice de leurs compétences* », en vertu de l'alinéa 4 de l'article 72 de la Constitution française, suite à la réforme constitutionnelle de 2003[2].

Face à une telle innovation de la réforme de 2003, « alors que des craintes avaient été exprimées au moment de la révision constitutionnelle sur les risques que ce « droit à l'expérimentation » pouvait faire courir à l'unité nationale, force est de constater que les conditions posées par la loi organique du 1er août 2003, qui en encadre l'exercice, apparaissent suffisamment contraignantes pour en limiter l'application, laquelle est restée d'ailleurs virtuelle à ce jour. »[3] De plus, on sait bien qu'« à la fin de l'expérimentation, la loi décide la prolongation ou l'abandon de l'expérimentation ou encore « le maintien et la généralisation des mesures prises à titre expérimental » en fonction de l'évaluation effectuée par le Gouvernement. En cas de maintien ou de généralisation des mesures prises à titre expérimental, le choix relève du législateur. Il y a donc toujours un retour à l'unité du pouvoir normatif, puisque la décision revient en définitive aux organes centraux. »[4]

---

[1] F. LEMAIRE, *Le principe d'indivisibilité de la République : mythe et réalité, op. cit.*, p. 149.

[2] V. sur ce sujet, F. CROUZATIER-DURAND, « Réflexions sur le concept d'expérimentation législative (à propos de la loi constitutionnelle du 28 mars 2003 relative à l'organisation décentralisée de la République) », *RFDC*, n° 56, 2003/4, pp. 675-695, disponible sur lien : https://www.cairn.info/revue-francaise-de-droit-constitutionnel-2003-4-page-675.htm

[3] A. ROUX, *La décentralisation : droit des collectivités territoriales*, *op. cit.*, p. 163.

[4] M. VERPEAUX et L. JANICOT, *Droit des collectivités territoriales*, Paris, PUF, 3e éd., 2015, pp. 175-176. Ces auteurs rappellent aussi que « l'expérimentation a été peu utilisée ; elle l'a été par exemple pour la mise en œuvre du revenu de solidarité active (v. loi n° 2007-1223 du 21 août 2007) qui a été généralisé (v. loi n° 2008-1249 du 1er décembre 2008) », p. 176.

Selon ces explications, disons que l'expérimentation législative pour toutes les collectivités territoriales ne présente pas une telle difficulté à expliquer du point de vue de l'unité du pouvoir normatif et l'unité de la détention du pouvoir législatif. Donc, on peut parler, encore une fois, de « l'impossibilité de l'exercice du pouvoir législatif par les collectivités territoriales françaises »[1]. Mais, il faudra analyser au-dessous, la question du droit local alsacien-mosellan et celle de l'outre-mer dans l'État unitaire français.

Section 3
Le principe de l'unité du pouvoir législatif et ses dérogations en droit français

Nous avons déjà dit que l'unité du pouvoir législatif est un principe indispensable pour la forme d'État unitaire, en revanche, il est possible de trouver aussi certaines dérogations notamment dans l'exemple de l'État unitaire français. Ainsi, il est utile de traiter, dans un premier temps, la question du droit local alsacien-mosellan dans le cadre de l'unité de la détention du pouvoir législatif (**Paragraphe 1**), ensuite, il sera certainement nécessaire de parler des collectivités françaises situées outre-mer dans ce cadre (**Paragraphe 2**).

Paragraphe 1. La question du droit local alsacien-mosellan

Dans le cadre de notre sujet sur l'unité du pouvoir législatif, avant de parler de la question du droit local alsacien-mosellan, il est nécessaire de préciser que cette question concerne les trois départements qui existaient déjà dans la région d'Alsace et de Lorraine (les départements de la Moselle, du Bas-Rhin et du Haut-Rhin). Mais, on sait bien qu'après les dernières réformes de la décentralisation en 2015, les anciennes régions d'Alsace et de Lorraine ont fusionné avec Champagne-Ardenne. Ainsi, la nouvelle région dite « Grand-Est » englobe actuellement ces trois régions, c'est-à-dire, qu'elle englobe aussi ces trois départements. Alors, peut-être qu'il faudrait parler des trois départements du Grand Est du point de vue de notre sujet de l'unité

---

[1] V. E. BROSSET, « L'impossibilité pour les collectivités territoriales françaises d'exercer le pouvoir législatif à l'épreuve de la révision constitutionnelle sur l'organisation décentralisée de la République », *RFDC*, n° 60, 2004/4, pp. 695-739, disponible sur lien : https://www.cairn.info/revue-francaise-de-droit-constitutionnel-2004-4-page-695.htm

du pouvoir législatif. Néanmoins, nous allons aborder cette question en tant question du droit local d'Alsace-Moselle, c'est-à-dire en gardant la dénomination usitée en doctrine.

Précisons que la position d'Alsace-Moselle est indiquée comme une « exception » du point de vue du sujet de l'unicité de la langue, ou du sujet de l'indivisibilité de la Nation dans l'histoire de l'État unitaire français. Mais, ici, nous parlerons d'une position distincte par rapport aux autres collectivités métropolitaines autour de l'unité des droits applicables, de sorte qu'on observe que cette question a été beaucoup plus traitée par la doctrine dans ce cadre[1].

« Le droit alsacien-mosellan en France en constitue une illustration intéressante. Fruit de l'appartenance successive de cette région à deux États, le droit alsacien mosellan est un mélange de droit allemand et de droit français »[2]. Il faut savoir, d'abord, qu'il s'agit des trois départements du Haut-Rhin, du Bas-Rhin et de la Moselle, et le problème résulte de la séparation temporaire de ces trois départements de la France lorsqu'ils ont été cédés à l'Allemagne par le Traité de Francfort du 10 mai 1871 et réintégrés dans la souveraineté française par le Traité de Versailles de 1919. Donc, cette période de la séparation a entraîné l'application des lois allemandes dans ces trois départements. À savoir qu'« en dehors de la souveraineté française lorsque les grandes lois du 10 août 1871 et du 5 avril 1884 furent adoptées, les collectivités locales d'Alsace-Lorraine (territoire des départements de la Moselle, du Bas-Rhin et du Haut-Rhin) présentent quelques différences de détails dans leur organisation, leur fonctionnement et leurs attributions par rapport au reste du territoire de la République. »[3] Parce qu'après leur

---

[1] Pour plus de détails concernant le droit local alsacien-mosellan, v. le site internet de l'institut du droit local alsacien-mosellan (http://www.idl-am.org) ; J.-F. FLAUSS, « Droit local alsacien-mosellan », *RDP,* 1992, n° 6, pp. 1625-1685 ; F. WEBERT, « La constitutionnalité du droit local d'Alsace-Moselle », *in IIème Congrès français de Droit constitutionnel,* Association française des constitutionnalistes, Congrès de Bordeaux des 13, 14, 15 mai 1993, document de séance, p. 22. Sur cette question dans l'histoire française, v. R. DEBBASCH, *Le principe révolutionnaire d'unité et d'indivisibilité de la République : essai d'histoire politique, op. cit.,* p. 89 et suiv. ; É. MAULIN, *La théorie de l'État de Carré de Malberg*, Paris, PUF, 2003, pp. 60-65 ; R. CARRÉ DE MALBERG, *Contribution à la théorie générale de l'État, op. cit.*, pp. 100-102, note n° 7, et pp. 168-169, note n°13 ; D. GUIGNARD, *La notion d'uniformité en droit public français*, Paris, Dalloz, 2004, p. 122 et suiv.

[2] C. GINDRE-DAVID, *Essai sur la loi du pays calédonienne : la dualité de la source législative dans l'État unitaire français, op. cit.,* p. 309.

[3] J. GIRARDON, *Les collectivités territoriales*, Paris, Ellipses, 2011, p. 89.

retour à la France en 1919, ces *trois départements* ont conservé leur droit local issu du droit germanique.

Il faut rappeler, à ce sujet, la loi du 17 octobre 1919 relative au régime transitoire de l'Alsace et de la Lorraine, qui a prévu en son article 3 que « *les territoires d'Alsace et de Lorraine continuent, jusqu'à ce qu'il ait été procédé à l'introduction des lois françaises, à être régis par les dispositions législatives et réglementaires qui y sont actuellement en vigueur* ». Par ailleurs, il faut aussi parler de la loi du 1er juin 1924 qui a rendu en principe applicable la législation française en Alsace-Moselle, ainsi, certaines règles du droit local, notamment en matière d'association ont été maintenues. La loi du 1er juin 1924 portant introduction des lois françaises en matière civile et commerciale a ensuite énuméré les lois locales maintenues en vigueur[1].

En réalité, peut être que le législateur français a visé une reconnaissance « provisoire » du particularisme local juridique pour ces trois départements, mais l'on constate que ce particularisme local subsiste toujours. Selon Félicien LEMAIRE, « en Alsace et Moselle, du moins, le maintien de ces spécificités ne fut, dans un premier temps, envisagé qu'à titre transitoire pour respecter l'histoire particulière des trois départements et donc préserver un certain ordre social, jusqu'à ce qu'il soit procédé à l'introduction des lois françaises. »[2] Cependant, « l'avance du droit local alsacien-mosellan dans certains domaines (sécurité sociale, livre foncier, libertés communales avant les réformes françaises), la spécificité des régimes juridiques dans le domaine religieux et dans l'organisation de certaines professions, de même que la crainte de voir se développer des mouvements autonomistes ont finalement eu raison du droit commun territorial »[3].

De ce qui précède, il est clair que les départements du Haut-Rhin, du Bas-Rhin et de la Moselle sont le lieu d'application d'une législation particulière. Or, l'exemple du droit local alsacien-mosellan n'est pas compatible avec l'uniformité des droits applicables sur la totalité du territoire national. Pour Adrien ZELLER, « les particularités de ce droit

---

[1] V. la Loi du 1er juin 1924 mettant en vigueur la législation civile française dans les départements du Bas-Rhin, du Haut-Rhin et de la Moselle, *JORF* n° 0151 du 3 juin 1924, p. 5026. V. sur internet : https://www.legifrance.gouv.fr/affichTexte.do?cidTexte=LEGITEXT000006069443

[2] F. LEMAIRE, *Le principe d'indivisibilité de la République : mythe et réalité, op. cit.*, p. 150.

[3] *Ibid.*

local, inscrites dans la loi nationale, sont un exemple de diversité législative, de « droit à la différence ». » [1]

En doctrine, il existe beaucoup plus d'opinions qui considèrent le droit local alsacien-mosellan comme un exemple opposé à l'égard de l'uniformité des droits applicables sur l'ensemble du territoire national[2]. Néanmoins, comme nous allons le voir, la doctrine fait une distinction entre l'unité de la détention du pouvoir législatif et l'uniformité des droits applicables, et admet que le droit local alsacien-mosellan n'est qu'un exemple contraire à cette dernière.

L'on constate une telle affirmation chez plusieurs auteurs qui se sont prononcés sur la décision du Conseil constitutionnel français de 2011, concernant le droit local alsacien-mosellan. D'après ces auteurs « l'unicité du pouvoir législatif n'implique pas nécessairement que la loi s'applique de manière uniforme sur l'ensemble du territoire. C'est ainsi qu'un droit d'Alsace-Moselle subsiste depuis la loi du 1er juin 1924 mettant en vigueur la législation civile française dans les départements du Bas-Rhin, du Haut-Rhin et de la Moselle qui conservaient un certain nombre d'éléments du droit allemand. »[3]

Dans sa décision n° 2011-157 QPC du 5 août 2011 (Société Somodia), le Conseil constitutionnel a consacré un nouveau principe reconnu par les lois de la République, et a jugé que « tant qu'elles n'ont pas été remplacées par les dispositions de droit commun ou harmonisées avec elles, des dispositions législatives et réglementaires

---

[1] A. ZELLER (avec P. STUSSI), *La France enfin forte de ses régions : glossaire engagé de la décentralisation*, Paris, Gualino, 2002, pp. 285-286. L'auteur ajoute qu'« il est évident que le respect de ces particularités a davantage contribué à insérer l'Alsace et la Moselle dans l'ensemble national, qu'à l'en dissocier, parce que leurs traditions et droits historiques ont été reconnus. L'intégration républicaine n'est pas synonyme d'uniformisation. », p. 286.

[2] V. A. ROUX, *Droit constitutionnel local, op. cit.*, p. 93 ; F. WEBERT, *Unité de l'État et diversité régionale en droit constitutionnel français,* Thèse, Université Nancy II, 1997, p. 201 ; D. GUIGNARD, *op. cit.*, pp. 123 et 130 ; P. AVRIL et J. GICQUEL, *Droit parlementaire*, Paris, Montchrestien, 2010, p. 166 ; F. LEMAIRE, *Le principe d'indivisibilité de la République : mythe et réalité, op. cit.*, p. 149 ; N. MERLEY, *Conception et administration du territoire en France métropolitaine*, Presses universitaires d'Aix-Marseille, Faculté de droit et de science politique, 1998, pp. 494-495.

[3] M. VERPEAUX et L. JANICOT, *Droit des collectivités territoriales*, *op. cit.*, p. 170.

particulières aux départements du Bas-Rhin, du Haut-Rhin et de la Moselle peuvent demeurer en vigueur »[1].

La position particulière de ces trois départements, opposée à l'uniformité du droit applicable, repose sur des « fondements historiques »[2], mais ne bénéficie d'aucune garantie constitutionnelle[3].

Par ailleurs, en toute hypothèse, il convient de rappeler que c'est le même « le législateur unique » qui a déjà promulgué les lois du 17 octobre 1919 et du 1er juin 1924 et désigné le cadre de ce particularisme local juridique dans l'État unitaire français. Aussi, l'on partage l'idée selon laquelle « le droit alsacien-mosellan est donc l'exemple d'une enclave territoriale et juridique qui déroge au principe de territorialité de la loi, mais en vertu d'une autorisation du législateur. »[4]

En résumé, il est possible de dire que le droit local alsacien-mosellan est une « exception » ou une « dérogation » vis-à-vis de l'uniformité des droits applicables, mais l'unité de la détention du pouvoir législatif est toujours assurée. En revanche, précisons, tout de suite, comme nous allons le voir, certains exemples — notamment la Nouvelle-Calédonie — posent une réelle difficulté. Ainsi, nous allons traiter dans ce qui suit de la question de l'outre-mer français du point de vue de l'unité de la détention du pouvoir législatif. Cela va permettre de constater que la

---

[1] V. A. ROUX, *La décentralisation : droit des collectivités territoriales*, *op. cit.*, p. 164. Selon cet auteur, « l'unité du pouvoir normatif n'a pas pour corollaire l'unité des droits applicables et c'est en ce sens que l'on peut parler d'« État pluri-législatif » comme le montre l'existence ancienne d'un droit local encore vivace en Corse ou en Alsace-Moselle » ; l'auteur ajoute que « le Conseil constitutionnel a d'ailleurs consacré un nouveau principe fondamental reconnu par les lois de la République selon lequel : « tant qu'elles n'ont pas été remplacées par les dispositions de droit commun ou harmonisées avec elles, des dispositions législatives et réglementaires particulières aux départements du Bas-Rhin, du Haut-Rhin et de la Moselle peuvent demeurer en vigueur » ». V. concernant la décision du Cons. const., n° 2011-157 QPC du 5 août 2011, B. STIRN, *Les sources constitutionnelles du droit administratif : introduction au droit public,* Paris, LGDJ-Lextenso, 2011, pp. 161-162.

[2] Pour plus de détails sur le fondement historique du droit local alsacien-mosellan, v. sous le titre de « *L'ALSACE-MOSELLE : LE PRÉCÉDENT HISTORIQUE* », D. GUIGNARD, *op. cit.,* pp. 123-127.

[3] Certains auteurs affirment que cette absence de statut constitutionnel ne signifie pas en même temps que la situation dérogatoire de ces trois départements est inconstitutionnelle, v. sur cette question, J.-F. FLAUSS, « Droit local alsacien-mosellan », art. cit., p. 1625 et suiv.

[4] V. CONSTANTINESCO et S. PIERRÉ-CAPS, *op. cit.,* p. 260.

Nouvelle-Calédonie se diffère du droit local alsacien-mosellan en raison de l'existence de « la loi du pays ».

Cette différence est également relevée par Jean GICQUEL qui affirme que « le maître-mot de la dialectique revêt ici toute sa signification à travers la loi du pays, la norme évolutive chargée de le mettre en œuvre (article 99 de la loi organique du 19 mars 1999, prise en application de l'article 77 de la Constitution de 1958). »[1] L'auteur ajoute qu'« une loi unique, sans équivalent, celle d'Alsace-Moselle (loi du 1er juin 1924) ne pouvant manifestement pas lui être comparée qui, pour la première fois, n'exprime plus la volonté générale du Parlement, mais la volonté particulière d'une assemblée locale, le Congrès de Nouvelle-Calédonie. »[2]

Donc, voyons, d'abord, le contenu de la question de l'outre-mer français, et analysons les dérogations majeures dans ce cadre.

Paragraphe 2. L'unité de la détention du pouvoir législatif et les collectivités françaises situées outre-mer

Nous avons vu précédemment que la doctrine française accepte que la structure unitaire de l'État ne permette pas l'attribution du pouvoir législatif vers les collectivités territoriales. Mais, l'on constate que cette règle reste justement au niveau théorique, puisque l'ordre juridique français est en contradiction avec cette affirmation, dans la mesure où l'on va se retrouver face à un État unitaire éclaté en deux : l'un « *classique* » ou « *typique* » et l'autre « *moderne* » ou « *atypique* ».

Alain MOYRAND précise que « dans l'État unitaire classique… c'est la loi qui organise et détermine le fonctionnement des collectivités locales. Ces dernières ne disposent que d'un pouvoir normatif de nature réglementaire. »[3] Autrement dit, « la conception classique de l'État unitaire qui ne connaît pas l'existence de collectivités infra-étatiques de nature politique. »[4] Il résulte de ce qui précède que les collectivités locales ne peuvent pas utiliser un pouvoir législatif concurrent avec l'État central.

---

[1] Jean GICQUEL précise dans la préface de l'ouvrage : C. GINDRE-DAVID, *Essai sur la loi du pays calédonienne : la dualité de la source législative dans l'État unitaire français*, *op. cit.*, p. 13.

[2] *Ibid.*

[3] A. MOYRAND, « Théorie de la souveraineté partagée », art. cit., p. 37.

[4] A. BOYER, *op. cit.*, p. 263.

Par contre, même si Carine GINDRE-DAVID confirme cette idée soutenant que « l'État unitaire ne peut tolérer la dualité de l'ordre législatif en son sein », elle reconnaît toutefois qu'« une telle affirmation semble néanmoins aujourd'hui en décalage avec la réalité institutionnelle de l'État unitaire moderne. »[1]

Ainsi, nous savons bien que la Déclaration des droits de l'homme de 1789 affirme, dans son article 6, que « *la loi doit être la même pour tous* »[2], cependant, d'après certains « cette affirmation ne s'applique pas, en réalité. La même loi ne s'impose pas toujours, en métropole et outre-mer. »[3]

François MICLO nous explique l'importance de la question de l'outre-mer français dans le cadre de notre sujet par ses idées très nettes, en précisant que « la détermination de l'autorité compétente pour légiférer outre-mer, est fonction du type d'État choisi, et du type de relation entre la métropole et ses collectivités ultramarines. En théorie, deux grands schémas sont possibles : soit une autorité unique détient seule la compétence générale de légiférer sur l'ensemble du territoire, soit plusieurs autorités coexistent et ne légifèrent que sur leur propre territoire. La première hypothèse tend vers l'État unitaire, la seconde vers l'État fédéral »[4].

Précisons que la question d'outre-mer français n'est pas nouvelle. L'on constate que les « territoires d'outre-mer » (TOM) ont eu une position exceptionnelle au sein de l'organisation administrative française jusqu'à la révision constitutionnelle de 2003. Ainsi, ce type de collectivités territoriales connaissaient « depuis l'époque coloniale, un régime législatif particulier, qualifié de système de spécialité

---

[1] C. GINDRE-DAVID, *Essai sur la loi du pays calédonienne : la dualité de la source législative dans l'État unitaire français*, *op. cit.*, p. 320.

[2] V. sur ce sujet, L'intervention de François LUCHAIRE au Colloque des 25 et 26 mai 1989 au Conseil constitutionnel, *in La déclaration des droits de l'homme et du citoyen et la jurisprudence*, PUF, Paris, 1989, pour une traduction en turc de cette intervention de François LUCHAIRE concernant la déclaration des droits de l'homme et du citoyen de 1789, v. « 1789 Beyannamesinin güncelleştirilmiş anlamı », (traduction : A. GÜLAN), *in İdare hukuku ve ilimleri dergisi*, Vol. 10, n° 1-3, 1989, pp. 125-142, disponible sur le lien : http://dergipark.gov.tr/download/article-file/13692

[3] J.-Y. FABERON, « Présentation du colloque », *in* J.-Y. FABERON (dir.), *Territoires d'outre-mer et État de droit : le régime législatif de la Nouvelle-Calédonie : Actes du colloque, 30 août 1993*, Dalloz, 1994, p. 5.

[4] F. MICLO, *op. cit.*, p. 4.

législative, caractérisée par deux éléments : l'existence d'une répartition des matières entre le législatif et l'exécutif, l'existence d'une présomption d'inapplicabilité des textes nationaux. »[1] C'est-à-dire qu'« indépendamment des piliers fondamentaux de la République, chaque territoire d'outre-mer [obéissait] à un régime qui lui est particulier »[2].

Sur ce point, et concernant le régime législatif particulier des territoires d'outre-mer, Alain BOYER précise que « ce système traditionnel ne porte pas atteinte au caractère unitaire de l'État car la source normative reste unique »[3]. Toutefois, l'on relève une contradiction dans les expressions de l'auteur, qui indique aussi qu'« il est de principe dans un État unitaire que la loi votée par le Parlement s'applique sur l'ensemble du territoire de l'État. Cette règle subit des aménagements notables dans le cas des territoires d'outre-mer. »[4] D'ailleurs, lorsqu'Alain BOYER précise que l'un des éléments du régime législatif particulier des territoires d'outre-mer est la participation à la fonction législative[5], il accepte que « la participation à la fonction législative soit l'un des critères de reconnaissance des États composés. » [6]

Par ailleurs, lorsqu'on prend en compte le principe de spécialité législative[7], qui signifie que la législation métropolitaine n'est pas applicable de plein droit dans les collectivités d'outre-mer, l'on constate une autre ambiguïté. En effet, comme le souligne Jean-Paul PASTOREL, « avec le principe constitutionnel de « *spécialité législative* », est apparu le concept « *d'autonomie* » qui est resté longtemps étranger à la tradition de l'État unitaire français. »[8]

---

[1] A. BOYER, *op. cit.*, p. 20.

[2] J.-Y. FABERON, « Comparaisons : Les territoires d'outre-mer », *in* J.-F. AUBY et J.-Y. FABERON (dir.), *L'évolution du statut de département d'outre-mer, op. cit.*, p. 156.

[3] A. BOYER, *op. cit.*, p. 20.

[4] *Ibid.*

[5] *Ibid.*, p. 27.

[6] *Ibid.*, p. 28.

[7] V. sur cette question J. PAGE, *op. cit.*, p. 39 et suiv.

[8] J.-P. PASTOREL, « Le champ de compétence de la « loi du pays » en Polynésie française », *in* M. DEBENE et J.-P. PASTOREL (dir.), *La "loi du pays" en Polynésie française, op. cit.*, p. 106.

Ainsi, l'on peut comprendre que les collectivités situées outre-mer ont une place différente parmi les autres[1]. D'ailleurs, Thierry MICHALON disait, en 1982, que « les rapports établis avec les territoires d'outre-mer sont donc d'une nature autre que ceux instaurés avec les classiques collectivités territoriales décentralisées. »[2] L'auteur précisait, en même temps, que la France avait été amenée à « limiter sa souveraineté dans ses relations avec certains territoires d'outre-mer, et à établir avec eux une collaboration fondée sur la conscience implicite de leur altérité nationale »[3].

Mais, en toute hypothèse, Roland DEBBASCH a ajouté que « si le droit appliqué dans les départements et territoires d'outre-mer peut être adapté, ou de nature particulière, il relève toujours d'une souveraineté unique, expression de l'unité et de l'indivisibilité de la République »[4].

D'autre part, Louis FAVOREU disait, en 1982, concernant les territoires d'outre-mer, que « les actes des assemblées territoriales sont annulables par l'autorité étatique ; donc il n'y a pas de pouvoir normatif autonome et, même dans ce cas, pas d'atteinte à l'indivisibilité de la République »[5]. Par contre, selon l'auteur « il n'y a plus d'unité de la République, car les droits applicables peuvent être différents dans les diverses portions du territoire national, mais cela ne fait pas pour autant de la France un État fédéral, car aucune de ces collectivités composantes ne dispose d'un pouvoir normatif initial et insusceptible d'être anéanti par la collectivité supérieure »[6].

En réalité, il faut dire que la situation n'a pas changé après la révision constitutionnelle de 2003, qui a remplacé la catégorie juridique des territoires d'outre-mer par celui des collectivités d'outre-mer (COM). Et on voit qu'« aujourd'hui ce « *particularisme* » des collectivités d'outre-mer est justifié par le fait que ces entités peuvent se prévaloir

---

[1] V. sur ce sujet, A. CANTON-FOURRAT, *L'État unitaire français et les collectivités ultramarines (contribution à l'étude d'un droit des collectivités ultramarines)*, Thèse, Université Paris V, 2005.

[2] Th. MICHALON, « La République française, une fédération qui s'ignore », art. cit., p. 684.

[3] *Ibid.*

[4] R. DEBBASCH, « Décentralisation et unité territoriale », *in* J. MOREAU et M. VERPEAUX, *Révolution et décentralisation. Le système administratif français et les principes révolutionnaires de 1789*, Paris, Economica, 1992, pp. 139-162, spéc., p.162.

[5] L. FAVOREU, « Décentralisation et Constitution », art. cit., p. 1277.

[6] *Ibid.*

de leurs « *intérêts propres* » (…). C'est pourquoi, chaque collectivité d'outre-mer dispose d'un ordre juridique particulier, regroupant les normes adaptées à ses besoins. »[1] L'on peut dire donc que « la spécificité de l'outre-mer »[2] continue toujours sa position extrême dans l'État unitaire français.

À ce propos, il est possible de dire qu'encore aujourd'hui, les collectivités situées outre-mer sont les exemples les plus célèbres de « la territorialisation du droit »[3]. Ainsi, s'il est nécessaire de résumer la situation actuelle, l'on constate que le principe de spécialité législative s'applique dans les collectivités d'outre-mer, régies par l'article 74 de la Constitution. Donc, une loi n'est applicable que si elle en fait la mention expresse et après promulgation locale dans ce type de collectivités, sauf concernant les lois dites de « souveraineté » qui s'appliquent de plein droit. D'ailleurs, Thierry MICHALON a déjà constaté, en 1982, que « le constituant retire au législateur le monopole de l'organisation de ces collectivités, et attribue à leurs élus une certaine compétence d'auto-organisation, limitée certes, mais totalement ignorée des autres assemblées locales »[4].

D'autre part, on voit que certaines collectivités territoriales situées outre-mer peuvent bénéficier, selon l'article 73 de la Constitution, de dérogations ou de mesures d'adaptation du droit commun métropolitain. En effet, il s'agit de l'application de plein droit des textes nationaux aux collectivités territoriales régies par l'article précité, mais ce dernier ouvre explicitement la possibilité d'adaptations « tenant aux caractéristiques et contraintes particulières » de ce type de collectivités.

Vis-à-vis de cette situation, il est possible de se demander s'il s'agit d'un droit distinct du territoire national, ou si cette situation, des collectivités situées outre-mer, s'inscrit toujours dans le cadre d'un seul système juridique ? [5]

---

[1] A. MOYRAND, *Droit institutionnel de la Polynésie française*, Paris, L'Harmattan, 2007, p. 319.

[2] V. Y. JÉGOUZO et M. VERPEAUX, « Les collectivités territoriales », *in* P. GONOD, F. MELLERAY et P. YOLKA (dir.), *Traité de droit administratif,* t. I, Paris, Dalloz 2011, pp. 269-332, spéc., p. 286 et suiv.

[3] V. sur la question d'outre-mer français sous ce titre, J.-B. AUBY, *La décentralisation et le droit,* Paris, LGDJ, p. 15 et suiv. ; A. ROUX, *La décentralisation : droit des collectivités territoriales*, *op. cit.,* p. 162 et suiv.

[4] Th. MICHALON, « La République française, une fédération qui s'ignore », art. cit., p. 669.

[5] V. sur cette question, A. CANTON-FOURRAT, préc.

François MICLO trouve que « parler d'un « droit d'outre-mer » et, a contrario, d'un droit métropolitain, dans le cadre d'un État de type unitaire et centralisé comme la France, semble relever d'une démarche juridique hasardeuse. Elle laisse en effet entendre que l'ensemble du droit français ne serait qu'une juxtaposition de divers droits territoriaux. Elle suppose en outre des distinctions légales entre les diverses composantes du territoire national »[1].

D'ailleurs, partant de cette situation d'existence d'une diversité législative, Pierre LAMPUÉ estime que « la République française apparaît comme un État unitaire « pluri-législatif », c'est-à-dire un État comprenant plusieurs fractions dotées de législations particulières »[2].

Pour une analyse plus détaillée sur la question du droit d'outre-mer, nous allons étudier dans ce qui suit certaines collectivités situées outre-mer, ce qui va nous permettre de constater, d'abord, le véritable pouvoir législatif dont bénéficie la Nouvelle-Calédonie (**A**), et le pouvoir « quasi-législatif » de la Polynésie française (**B**) qui sont des « dérogations majeures » à l'égard de l'unité du pouvoir législatif dans l'État unitaire français. Ensuite, nous allons nous intéresser à la formule retenue en doctrine française sur cette question de l'outre-mer français, y inclus les dérogations en métropole — le droit local alsacien-mosellan — face à cette unité du pouvoir législatif que nous avons déjà déterminé comme une condition *sine qua non* en partant des idées existant en doctrine française.

A- Le « véritable pouvoir législatif » de la Nouvelle-Calédonie

Après avoir indiqué, ci-dessus, l'importance de l'attribution d'un pouvoir législatif aux collectivités territoriales, dans le cadre du principe d'unité, il est utile de parler aussi de certaines collectivités territoriales françaises — notamment celles ultramarines — qui bénéficient d'un « véritable pouvoir législatif » ou d'un pouvoir « quasi-législatif ».

Pour mieux cerner et comprendre notre sujet, il est utile de parler initialement de la Nouvelle-Calédonie qui est une collectivité « *sui generis* » au sein de l'organisation administrative française. Comme nous l'avons déjà indiqué, l'une des caractéristiques de l'État unitaire est l'unité du pouvoir législatif. « Mais aujourd'hui, la réalité

---

[1] F. MICLO, *op. cit.*, p. 2.
[2] P. LAMPUÉ, *op. cit.*, p. 4.

institutionnelle remet fortement en cause cette unité du législateur. Non seulement avec le statut de la Nouvelle-Calédonie qui témoigne à l'extrême de la nécessité qu'il y a de reconsidérer à l'intérieur du territoire national les implications de la souveraineté de l'État, mais également, par effet de contagion, l'ensemble du droit des collectivités territoriales, désormais plus ouvert aux immixtions dans le champ du pouvoir législatif. »[1]

Cela nous rappelle l'expression de l'article 6 de la Déclaration des droits de l'homme et du citoyen de 1789 que nous avons déjà cité. Jean-Claude DOUENCE trouve à ce sujet qu'« en principe, « la loi doit être la même pour tous ». Deux siècles après sa proclamation, l'article 6 de la Déclaration des droits de l'homme et du citoyen de 1789 a acquis valeur constitutionnelle mais ne détermine pas effectivement le régime législatif de Nouvelle-Calédonie »[2].

Il faut savoir, d'abord, que la Nouvelle-Calédonie est la seule collectivité qui dispose d'une base constitutionnelle spécifique (articles 76 et 77). « Ce statut est d'autant plus spécifique qu'il repose sur un accord politique, l'Accord de Nouméa du 5 mai 1998, approuvé par référendum par les électeurs de Nouvelle-Calédonie, et qui a servi de base à la révision constitutionnelle du 20 juillet 1998 et à la loi organique du 19 mars 1999. »[3]

Il faut préciser que l'Accord de Nouméa, qui est un « accord politique devenu texte juridique »[4], et la loi organique du 19 mars 1999[5] sont les textes les plus importants qui suscitent des débats concernant la Nouvelle-Calédonie dans le cadre du principe d'unité du pouvoir législatif dans l'État unitaire français. Comme l'explique bien Félicien LEMAIRE, « la réforme constitutionnelle du 20 juillet 1998 et la loi organique du 19 mars 1999 ont octroyé à cette collectivité territoriale un véritable pouvoir législatif, en attribuant à certaines délibérations du congrès le caractère de « lois du pays ». Ce qui choque au regard de la tradition française où le monopole du pouvoir législatif de l'État est

---

[1] F. LEMAIRE, *Le principe d'indivisibilité de la République : mythe et réalité, op. cit.*, p. 176.

[2] J.-C. DOUENCE, « Rapport de synthèse », *in* J.-Y. FABERON (dir.), *Territoires d'outre-mer et État de droit : le régime législatif de la Nouvelle-Calédonie.* Actes du colloque, 30 août 1993, *op. cit.*, p. 99.

[3] G. MARCOU, « L'autonomie dans la République : jusqu'où ? », art. cit., p. 61.

[4] L. BAUSINGER-GARNIER, *op. cit.*, p. 20.

[5] Loi organique n° 99-209 du 19 mars 1999 relative à la Nouvelle-Calédonie, JORF n° 0068 du 21 mars 1999, p. 4197.

érigé en principe cardinal ; comme choque l'emploi de l'expression très fédéraliste de « pays à souveraineté partagée » dans l'accord du 5 mai 1998 »[1]. Donc, il est clair que par cet Accord, « une autorité locale, émanation des citoyens de Nouvelle-Calédonie, se trouve investie d'un pouvoir similaire à celui du Parlement national. »[2]

Selon Gérard ORFILA, « la possibilité pour la Nouvelle-Calédonie d'adopter des lois du pays constitue l'une des grandes innovations de la loi organique. Désormais, au sein de la République française, le Parlement ne sera plus le seul à adopter des textes législatifs. Le congrès de la Nouvelle-Calédonie dispose de la même faculté. »[3] Parce qu'il faut savoir qu'il s'agit de véritables actes législatifs qui sont soumis au contrôle du Conseil constitutionnel français.

Sur cette évolution, et comme il est accepté par la majorité de la doctrine, il faut dire que « la dualité de la source législative n'est en principe pas envisageable dans un État unitaire comme la France »[4]. L'on a également relevé une question qui explique parfaitement la situation. Il s'agit d'une interrogation de Gérard MARCOU qui se demande s'il n'y a pas lieu de « reconnaître que cet accord pourrait être le prélude à un traité fédéral qui succéderait à la reconnaissance à la Nouvelle-Calédonie de la qualité d'État ? »[5] Sa réponse est toute claire : « La Nouvelle-Calédonie trouve directement dans la Constitution la source de ses compétences : cette méthode caractérise les relations entre la Fédération et les États fédérés dans les États fédéraux. »[6] D'ailleurs, l'auteur ajoute aussi au sujet de l'Accord de Nouméa et de l'article 77 de la Constitution que « ces dispositions établissent une sorte de lien fédéral qui intègre la Nouvelle-Calédonie à la République en lui concédant un pouvoir législatif étendu par étapes avec les transferts de compétences prévus par la loi organique. »[7]

---

[1] F. LEMAIRE, *Le principe d'indivisibilité de la République : mythe et réalité, op. cit.*, p. 177.

[2] L. BAUSINGER-GARNIER, *op. cit.*, p. 15.

[3] G. ORFILA, *Régime législatif, réglementaire et coutumier de la Nouvelle-Calédonie*, Paris, L'Harmattan, 2000, p. 86.

[4] C. GINDRE-DAVID, *Essai sur la loi du pays calédonienne : la dualité de la source législative dans l'État unitaire français*, *op. cit.*, page de couverture.

[5] G. MARCOU, « L'autonomie dans la République : jusqu'où ? », art. cit., pp. 62-63.

[6] *Ibid.*, p. 61. Il existe également des études autour de l'hypothèse fédérale de la Nouvelle-Calédonie, v. à titre d'exemple, Th. MICHALON, « Pour la Nouvelle-Calédonie, l'hypothèse fédérale », art. cit., pp. 221-241.

[7] G. MARCOU, « L'autonomie dans la République : jusqu'où ? », art. cit., p. 62.

De son côté, Olivier GOHIN précise que la France n'est plus un État mono-législatif puisque les lois du pays calédoniennes sont « réellement des lois »[1]. Et, c'est la raison pour laquelle certains auteurs indiquent l'Accord de Nouméa du 5 mai 1998 et la révision du 20 juillet 1998, en précisant que « l'unité de la loi, au sens où cette loi serait la même pour tous sur l'ensemble du territoire, semble donc bien menacée »[2]. Vis-à-vis de cette situation, l'on peut rappeler l'affirmation du professeur Pierre LAMPUÉ, qui précise que la République française est un État unitaire « pluri-législatif »[3].

Cela étant dit, nous tenterons dans le cadre de notre étude de chercher encore certains autres critères pour pouvoir dire que l'unité du pouvoir législatif est complètement détériorée. L'on peut dire également que même s'il y a certaines entités infra-étatiques « exceptionnelles » dans un État unitaire « moderne » ou « atypique » comme la France, la règle essentielle reste l'unité de la détention du pouvoir législatif, à moins que l'attribution du pouvoir législatif pour les collectivités territoriales ne soit une règle générale dans l'État. Dans ce cas, cette règle générale d'attribution du pouvoir législatif vers les entités infra-étatiques permettra de parler d'une nouvelle forme d'État distinct de l'État unitaire.

B- Le pouvoir « quasi-législatif » de la Polynésie française

Nous avons expliqué, ci-dessus, que l'attribution d'un pouvoir législatif à la Nouvelle-Calédonie suscite un débat autour de la question de l'unité du pouvoir législatif en droit français. Il convient de faire remarquer que la Nouvelle-Calédonie n'est pas la seule collectivité territoriale qui a un régime législatif spécial, la Polynésie française est dans la même situation.

À titre de rappel, l'idée de l'attribution d'un pouvoir législatif à cette ancienne collectivité territoriale d'outre-mer a été évoquée lors des discussions parlementaires pour l'adoption du nouveau statut de la Polynésie française en 1996, mais sans succès. De même, l'on peut citer aussi la réforme avortée de 1999-2000, qui prévoyait d'attribuer à la

---

[1] O. GOHIN, *Droit constitutionnel, op. cit.*, p. 90.

[2] B. MATHIEU et M. VERPEAUX, *Droit constitutionnel, op. cit.*, p. 680.

[3] P. LAMPUÉ, *op. cit.*, p. 4. V. sur cette expression, Louis FAVOREU dans la préface de l'ouvrage de François MICLO, *Le régime législatif des départements d'outre-mer et l'unité de la République*, *op. cit.*, p. VIII ; A. BOYER, *op. cit.*, p. 259 et note n° 1.

Polynésie française un pouvoir législatif comparable à celui déjà reconnu à la Nouvelle-Calédonie[1].

Enfin, l'on constate que la Polynésie française est transformée en collectivité d'outre-mer dotée de l'autonomie et dont l'assemblée délibérante peut voter des « lois du pays » à partir de 2004. Cette capacité d'édicter des lois du pays ressemble à celle de la Nouvelle-Calédonie. Néanmoins, d'après Alain MOYRAND, les actes ainsi édictés « demeurent des actes administratifs dont le contentieux est confié au Conseil d'État »[2]. Mais, il concède que « bien que la « loi du pays » demeure un acte administratif, il ne s'agit pas pour autant d'un acte administratif « *ordinaire* » (...). Si la loi du pays n'a pas valeur législative, elle est cependant soumise à un contrôle original, inspiré du mode de contrôle de constitutionnalité des lois votées par le Parlement, qui lui confère des potentialités d'action identiques à ces dernières. »[3] D'ailleurs, on voit que les auteurs français qualifient le pouvoir ainsi reconnu à cette collectivité territoriale d'outre-mer de « pouvoir quasi-législatif »[4].

En somme, quand on prend compte, soit le véritable pouvoir législatif attribué à la Nouvelle-Calédonie, soit celui quasi-législatif à la Polynésie française, l'on peut dire qu'il s'agit d'une question importante vis-à-vis de l'unité du pouvoir législatif dans le cadre de la structure unitaire de l'État français.

L'on constate que les auteurs français sont, à ce propos, parfois en contradiction face à cette situation. C'est le cas par exemple de Carine GINDRE-DAVID qui estime que « l'État reste également unitaire parce que sa souveraineté n'est pas atteinte, du moins du point de vue de son organisation interne. La République française reste une et indivisible : la Nouvelle-Calédonie, en étant dotée d'un pouvoir législatif n'a pas pour autant atteint le rang de collectivité souveraine, au même titre que l'État français. »[5] Néanmoins, elle précise juste avant que « dans un État unitaire, une collectivité n'atteint donc la pleine

---

[1] V. dans ce sens J.-P. PASTOREL, « Le champ de compétence de la « loi du pays » en Polynésie française », art. cit., p. 106.

[2] A. MOYRAND, « Théorie de la souveraineté partagée », art. cit., p. 39.

[3] *Ibid.*, p. 58

[4] *Ibid.*, p. 67. V. aussi C. GINDRE-DAVID, *Essai sur la loi du pays calédonienne : la dualité de la source législative dans l'État unitaire français*, *op. cit.*, p. 501.

[5] C. GINDRE-DAVID, *Essai sur la loi du pays calédonienne : la dualité de la source législative dans l'État unitaire français*, *op. cit.*, p. 561.

autonomie normative que lorsqu'elle se voit attribuer un pouvoir législatif distinct de celui exercé par le Parlement national, c'est-à-dire lorsqu'elle a la possibilité d'adopter des lois du pays dont la nature véritablement législative entraîne une absence de soumission aux lois nationales. »[1] D'ailleurs, elle trouve aussi que la notion de lois du pays est un « instrument d'essence fédérale »[2].

Par conséquent, l'on peut dire que la doctrine française est en difficulté pour expliquer ce conflit juridique. Une seule solution subsiste vis-à-vis de cette situation : accepter, soit que l'État français n'est plus désormais un État unitaire, soit qu'il s'agit d'une évolution très forte de la structure unitaire qui ne peut pas être expliquée facilement.

Section 4
Le principe de l'unité du pouvoir législatif et la formule retenue par la doctrine française vis-à-vis des dérogations

Nous avons traité le sujet de l'unité du pouvoir législatif dans les États unitaires français et turc, et nous avons vu que l'État unitaire français se distingue de l'État unitaire turc en raison de l'existence de certaines dérogations ou exceptions vis-à-vis de l'unité « absolue » du pouvoir législatif.

En réalité, il faut dire que ces dérogations en France ne résident pas au même niveau, dans la mesure où elles n'ont pas les mêmes objets ni les mêmes natures. Ainsi, nous avons déjà parlé des trois départements dans le cadre du droit local alsacien-mosellan, au sujet desquels Michel VERPEAUX précise que « même si le statut de ces trois départements constitue une dérogation, elle n'a pas la même vertu qu'en Outre-mer car, dans le cas de l'Alsace-Lorraine, il s'agit plutôt d'une dérogation tournée vers le passé, ou vers le maintien d'une situation. »[3]

On accepte que les dérogations ne soient pas les mêmes, néanmoins l'accumulation de toutes ces dérogations nous conduit à faire face à une « territorialisation du droit »[4] en France. À ce sujet, André ROUX nous explique que « pour les révolutionnaires de 1789, l'unité de la

[1] *Ibid.*, p. 315.
[2] *Ibid.*, pp. 19-20.
[3] M. VERPEAUX, « Rapport de synthèse », préc., p. 169.
[4] A. ROUX, *La décentralisation : droit des collectivités territoriales*, *op. cit.*, p. 162 et suiv.

République devait être fondée sur l'unité du droit applicable sur l'ensemble du territoire. » Mais, l'auteur rappelle aussi que la Constitution actuelle « admet, aujourd'hui plus qu'hier, la « territorialisation du droit », autrement dit l'application d'un droit différencié en fonction des territoires. » [1]

L'on peut remarquer aussi l'expression de « la territorialisation du droit » chez Jean-Bernard AUBY[2], qui parle des exemples que nous avons indiqués au-dessus en tant que dérogations, et estime que « la territorialisation du droit est par essence un défi à l'unité du système juridique. »[3]

Force est de constater que pour certains auteurs, à l'image de Thierry MICHALON, « la République n'est pas une »[4], puisque « les catégories de collectivités territoriales ont toujours été très hétérogènes »[5]. Faisant référence à la question de l'outre-mer français et du droit local alsacien-mosellan, cet auteur précise qu'il s'agit de « régimes législatifs différents coexistant sur le territoire national »[6]. Aussi, d'après lui, on ne peut parler d'unité dans de telles conditions. Alors, comment doit-on comprendre cette idée d'absence d'unité ? Est-ce qu'elle signifie en même temps l'absence de l'unité du pouvoir normatif ?

Il convient de faire remarquer que sur le « plan théorique, nous savons que l'une des caractéristiques de l'État unitaire classique est constituée par l'unité du système normatif »[7]. On sait bien aussi que « le pouvoir normatif, celui d'édicter la loi ou le règlement, est une des expressions les plus symboliques de la souveraineté. La conception unitaire de l'État en France et notre philosophie de la Loi héritée de la Révolution conduisent au postulat que la source de la loi ne peut être qu'unique »[8]. Donc, comment doit-on évaluer la position de l'outre-mer français et du droit local alsacien-mosellan vis-à-vis de ces affirmations ? Qu'elle est la formule retenue par la doctrine française pour cette situation paradoxale ?

---

[1] *Ibid.,* p. 162.

[2] J.-B. AUBY, *op. cit.,* p. 15 et suiv.

[3] *Ibid.,* p. 22.

[4] Th. MICHALON, « La décentralisation a-t-elle des limites juridiques ? », art. cit., p. 30.

[5] *Ibid.,* p. 30.

[6] *Ibid.,* p. 32.

[7] A. BOYER, *op. cit.,* p.189 et note n° 79.

[8] A. ZELLER, *op. cit.,* p. 206.

Certains auteurs affirment que la République n'est pas une, puisque la Constitution n'en parle pas, et voient une relation entre cette absence d'affirmation de l'unité et l'existence des dérogations dans l'État français. Donc, même si on accepte cette idée, est-ce qu'on peut dire que cette absence d'unité signifie aussi l'absence de l'unité du pouvoir normatif ou du pouvoir législatif ?

Au sujet de cette dernière question, Jean-Bernard AUBY trouve que « la Constitution ne proclame pas l'unité de la République, d'où aurait pu se déduire une conception très rigide de l'uniformité territoriale du système juridique. »[1] Cependant, l'auteur ne parle pas de l'absence de l'unité du pouvoir normatif ou du pouvoir législatif.

Selon la formule retenue, les auteurs distinguent, d'abord, l'unité du pouvoir normatif ou du pouvoir législatif et « l'uniformité des législations », puis affirment que les dérogations que nous avons indiquées au-dessus ne concernent que cette dernière. Donc, l'unité du pouvoir législatif ou du normatif est toujours protégée selon eux.

C'est ce qui ressort chez aussi Didier GUIGNARD, qui estime que « le droit applicable n'est plus uniforme substantiellement. Selon certains auteurs, l'unité normative se différencie de l'uniformité normative, la première n'implique pas la seconde »[2].

Faisant référence à l'expression de Pierre LAMPUÉ — « l'État pluri-législatif » —, André ROUX précise également que « l'unité du pouvoir normatif n'a pas pour corollaire l'uniformité des droits applicables sur la totalité du territoire, et c'est en ce sens que l'on peut parler « d'État pluri-législatif » »[3]. Francine WEBERT ajoute, à ce sujet, que « si le régime législatif français est unique, le Parlement national ayant seul la capacité d'adopter les lois, il n'est pas pour autant uniforme »[4].

L'on peut ajouter que, la distinction de l'unité du pouvoir normatif et l'uniformité des droits applicables ne concerne pas seulement le principe d'unité du pouvoir législatif, mais aussi le principe d'indivisibilité de la République et de la structure unitaire de l'État, c'est-à-dire la structure politiquement centralisée. À ce sujet, Georges BURDEAU affirme que « la variété du droit applicable n'implique

---

[1] J.-B. AUBY, *op. cit.*, p. 26.

[2] D. GUIGNARD, *op. cit.*, p. 123.

[3] A. ROUX, *Droit constitutionnel local, op. cit.*, pp. 91-92.

[4] F. WEBERT, *Unité de l'État et diversité régionale en droit constitutionnel français*, préc., p. 172.

nullement que l'État est politiquement décentralisé. L'unité de structure de l'organe créateur du droit suffit à écarter cette qualification »[1]. André ROUX ajoute aussi que « le principe d'indivisibilité de la République n'impose pas une uniformité de législation »[2].

Avec ces explications, l'on constate que selon la doctrine l'uniformité législative n'existe pas en raison des dérogations indiquées. Si l'on revient à Francine WEBERT, l'on peut dire que « l'uniformité législative n'existe pas [et que] si l'examen du droit local en vigueur dans les trois départements d'Alsace-Moselle nous a déjà amenés à constater le caractère pluri-législatif de l'État français, l'application dans les territoires d'outre-mer de l'ancien principe colonial de spécialité législative nous en donne confirmation »[3].

Précisons qu'il est possible de multiplier de telles affirmations. Gérard MARCOU, par exemple, affirme que « le principe de l'indivisibilité de la République et le caractère unitaire de l'État ne sont pas des obstacles à la prise en compte des particularismes locaux ou régionaux. »[4] Selon l'auteur, « on doit citer ici non seulement l'exemple du statut de la Corse, mais aussi celui des régimes particuliers de Paris, Lyon et Marseille, et surtout le maintien dans les départements du Bas-Rhin, du Haut-Rhin et de la Moselle d'une partie de la législation d'origine allemande antérieure à 1918, notamment en ce qui concerne les collectivités locales, le régime des associations, et le régime des cultes. »[5]

Pour d'autres, lorsqu'ils admettent que l'État français est un État unitaire et indivisible, ils estiment que « cette indivisibilité du pouvoir se caractérise par le fait que tous les citoyens sont soumis au même pouvoir (unité de Constitution), aux mêmes lois (unité de législation), au même gouvernement (unité de gouvernement) et aux mêmes tribunaux. Il peut exister cependant des territoires, y compris en métropole, sur lesquels le droit français n'est pas uniformément appliqué. » [6]

---

[1] G. BURDEAU, *Traité de science politique*, t. II, *L'État*, *op. cit.*, p. 356 et note n° 5.

[2] A. ROUX, *Droit constitutionnel local*, *op. cit.*, p. 93.

[3] F. WEBERT, *Unité de l'État et diversité régionale en droit constitutionnel français*, préc., p. 201. V. également D. GUIGNARD, *op. cit.*, p. 122 et suiv. ; F. LEMAIRE, *Le principe d'indivisibilité de la République : mythe et réalité*, *op. cit.*, pp. 149-151.

[4] G. MARCOU, « L'expérience française de régionalisation (la décentralisation régionale dans l'État unitaire) », art. cit., p. 517.

[5] *Ibid.*

[6] B. MATHIEU et M. VERPEAUX, *Droit constitutionnel*, *op. cit.*, 670.

Donc, l'on voit qu'il s'agit de certaines dérogations. Néanmoins, pour la doctrine, cela ne veut pas dire que la structure unitaire de l'État est en danger. C'est ce que confirme Alain DIECKHOFF, qui soutient que « s'il est vrai que l'unité politique de l'État n'implique pas l'uniformité institutionnelle — comme l'atteste le régime des territoires d'outre-mer et des collectivités territoriales spécifiques comme Mayotte ou la Corse —, ni l'uniformité juridique — maintien du droit local en Alsace-Lorraine par exemple —, elle s'oppose à la reconnaissance officielle d'un quelconque pluralisme infra-étatique. Autrement dit, l'idéologie unitariste sur laquelle se fonde la République n'est pas remise en cause. »[1]

L'on ne peut terminer, sur ce point, sans analyser les idées de Charles EISENMANN, qui résume bien toutes les explications indiquées, en précisant, d'abord, que « le caractère politiquement et législativement centralisé ou unitaire de l'État résulte de l'existence, de la seule existence d'un organe législatif central, capable de légiférer pour tout l'État, autrement dit de la simple possibilité de lois « centrales », valables pour l'État entier. »[2] Mais, l'auteur ajoute aussi que « l'unité ou la centralisation législative ou politique, c'est *l'unité de législateur* ; ce n'est pas, comme on le dit trop fréquemment, *l'unité de législation* ou du droit. Ces deux unités iront le plus souvent de pair, la seconde étant la cause finale de la première. Mais, comme leur dissociation est possible, scientifiquement, il faut choisir. Or, dans chaque cas particulier au moins, tout le monde opte pour le premier parti. »[3] Selon l'auteur, « la France n'a pas cessé d'être un État unitaire depuis 1918 en raison du maintien en vigueur d'une législation spéciale pour l'Alsace et la Lorraine. »[4]

Comme on le comprend bien, l'unité de la détention du pouvoir législatif que nous avons indiquée en tant que condition *sine qua non* pour la forme d'État qu'on dit unitaire est toujours protégée. De même que l'on peut dire qu'il s'agit de « législations distinctes devant leur caractère obligatoire à l'autorité d'un même législateur »[5].

---

[1] A. DIECKHOFF, *op. cit.,* p. 173.

[2] Ch. EISENMANN, *Centralisation et décentralisation : esquisse d'une théorie générale,* Paris, LGDJ, 1948, p. 53.

[3] *Ibid.,* p. 54.

[4] *Ibid.*

[5] Ch. EISENMANN, *op. cit.*, p. 54.

En réalité, disons que la question de l'uniformité des droits applicables est discutée par la mutation de l'État unitaire, avec l'apparition de l'État unitaire « moderne » ou « atypique » qui permet une telle discussion. Sinon, l'on peut dire que « l'application uniforme de règles quelle que soit la partie de l'État en cause est une caractéristique de l'État unitaire classique. »[1]

Selon ces explications, l'on peut dire que l'État français peut être classifié parmi les États unitaires « modernes » ou « atypiques ». Et, malgré l'existence de certaines dérogations, l'unité du pouvoir législatif est protégée dans cet État en partant de la formule retenue par la doctrine.

Cependant, il faut avouer que l'exemple de l'État unitaire français suscite toujours quelques difficultés qui méritent réflexion. En effet, même si on peut expliquer la position de toutes les autres dérogations, en distinguant l'unité normative et l'uniformité des droits applicables, il faut admettre que la position de la Nouvelle-Calédonie nous ne permet pas de dire que l'unité du pouvoir normatif est réellement protégée.

Précisons que cette collectivité — vraiment — *sui generis,* qui constitue le pilier le plus important de la question de l'outre-mer français à l'égard de la question de l'unité du pouvoir législatif, nous conduit à admettre que l'unité du pouvoir législatif n'est pas « absolue » dans l'exemple de l'État unitaire français. Ainsi, on adhère aux auteurs qui, d'une part, acceptent que la République française soit un État indivisible, ce qui « signifie notamment une unité du pouvoir législatif »[2] et, d'autre part, précisent que « toutefois, ce principe de l'unité du pouvoir législatif n'est pas absolu puisqu'il comporte une exception et des possibles aménagements, notamment outre-mer. »[3]

Compte tenu de ce qui précède, si l'on considère *les lois du pays de Nouvelle-Calédonie,* l'on peut constater « l'atteinte à l'unité du pouvoir normatif la plus significative »[4]. Ainsi, l'on doit admettre que « les lois du pays constituent bien l'exercice d'un pouvoir législatif concurrent de celui exercé par le Parlement, qui porte atteinte au principe d'unité du pouvoir législatif caractérisant un État unitaire »[5].

---

[1] A. BOYER, *op. cit.,* p. 22.
[2] M. VERPEAUX et L. JANICOT, *Droit des collectivités territoriales*, *op. cit.,* p. 170.
[3] *Ibid.,* p. 170.
[4] *Ibid.,* p. 171.
[5] *Ibid.,* pp. 172-173.

Selon ces informations, précisons qu'il faudra accepter certains exemples — la Nouvelle-Calédonie — en tant qu'« exceptions » ou « dérogations majeures » à l'égard de l'unité du pouvoir législatif. Et, face à la position extrême de la Nouvelle-Calédonie, il est possible de parler de « la dualité de la source législative dans l'État unitaire français »[1]. Donc, il faut accepter que cette unité du pouvoir législatif ne soit pas « absolue ». En revanche, même si elle n'est pas « absolue », l'unité de la détention du pouvoir législatif est toujours une « règle essentielle » en France. Ainsi, l'attribution du pouvoir législatif pour les collectivités territoriales n'est pas une « règle générale » pour l'instant dans l'État unitaire français.

Précisons que si ces exceptions — comme la Nouvelle-Calédonie — s'accumulent avec le temps, et si l'attribution du pouvoir législatif est une « règle générale » comme l'exemple italien et espagnol, alors il faudra accepter que la limite de la structure unitaire de l'État soit bien dépassée. Mais, nous sommes d'accord, actuellement, avec Roland DEBBASCH qui précise, au sujet de la question d'outre-mer dans le cadre de l'État unitaire français, qu'« on est aux limites de l'État unitaire mais, on ne sort pas de son cadre. »[2]

Peut-être que cette discussion, sur l'absoluité de l'unité du pouvoir législatif, résulte de la différence de l'État unitaire « classique » ou « typique » et « moderne » ou « atypique ». Ainsi, nous avons déjà vu que l'unité du pouvoir législatif est une règle « absolue et certaine » dans l'État unitaire turc. De même, comme nous allons le constater, l'unité du pouvoir exécutif ou administratif est une règle « certaine » pour l'État unitaire turc. C'est dire que « le principe de l'unité de l'Administration » va apparaître comme une garantie de la structure unitaire de l'État pour la République turque.

Analysons, maintenant, l'unité du pouvoir exécutif dans ces deux États unitaires, d'abord, dans l'État français, ensuite, dans l'État turc.

---

[1] V. sur ce sujet, C. GINDRE-DAVID, *Essai sur la loi du pays calédonienne : la dualité de la source législative dans l'État unitaire français*, *op. cit.*

[2] R. DEBBASCH, *Le principe révolutionnaire d'unité et d'indivisibilité de la République : essai d'histoire politique*, *op. cit.*, p. 418.

CHAPITRE 2
Le principe de l'unité du pouvoir exécutif en droits français et turc

Nous avons traité, dans le chapitre précédent, le principe de l'unité de l'État face au pouvoir législatif, et nous avons conclu que l'unité de la détention unique du pouvoir législatif est une condition *sine qua non* pour l'État unitaire. Dans ce qui suit, nous pouvons dire que cette condition est aussi « le critère de distinction » de la structure unitaire de l'État des autres formes d'États[1].

Par contre, il faut préciser qu'il y a encore d'autres pouvoirs étatiques à traiter vis-à-vis de ce principe de l'unité de l'État. À savoir que « si l'on reprend la célèbre trilogie de Locke et Montesquieu, il y a dans l'État trois pouvoirs - le pouvoir législatif, le pouvoir judiciaire et le pouvoir exécutif - correspondant aux trois missions qui lui incombent légiférer, juger, gouverner. » [2]

Nous allons donc analyser, en deuxième phase et dans ce chapitre, le principe de l'unité face au pouvoir exécutif. Mais, précisons tout de suite que même si nous avons choisi un titre comme l'unité du pouvoir exécutif pour ce chapitre, il faudra encore chercher à savoir si ce pouvoir est aussi bien unique dans l'État unitaire, ou est-il partagé, notamment dans l'hypothèse d'un système administratif décentralisé.

Pour mieux cerner la question de l'unité du pouvoir exécutif, nous avons décidé d'aborder, tout d'abord, la nécessité d'opter pour une interprétation « au sens large » du pouvoir exécutif, afin qu'on puisse prendre en compte l'administration locale en tant que sujet de discussion face à la structure unitaire de l'État (**Section 1**). Ensuite, nous allons traiter de la position du pouvoir exécutif dans l'État unitaire, en cherchant à savoir s'il s'agit de l'unité ou d'un partage de ce pouvoir dans les États unitaires français et turc, notamment vis-à-vis de la modalité de la décentralisation administrative (**Section 2**). Par contre, précisons qu'il s'agira, en même temps, de certaines mesures contre le risque du partage du pouvoir exécutif. Autrement dit, il sera question des moyens de contrôle assurant l'unité de ce pouvoir et l'unité étatique

[1] Il est clair que ce critère distingue bien l'État unitaire de l'État fédéral (fédération). À savoir que les États fédérés d'une fédération ont leurs propres pouvoirs législatifs. De même, ce critère distingue aussi l'État unitaire de la forme de l'État régional, puisque les régions de cette nouvelle forme d'État exercent leurs propres compétences législatives.

[2] J. WALINE, *Droit administratif*, Paris, Dalloz, 2012, p. 15.

(**Section 3**). Enfin, nous allons nous intéresser à l'hypothèse de partage du pouvoir exécutif vis-à-vis de l'unité de l'État (**Section 4**).

Section 1
L'interprétation « au sens large » du pouvoir exécutif et l'administration locale dans les États unitaires français et turc

Dans le cadre de la définition du pouvoir exécutif, l'on constate une distinction organique et matérielle[1]. Ainsi, lorsque le pouvoir exécutif au sens matériel veut dire « l'exécution des lois », le pouvoir exécutif au sens organique signifie « l'autorité politique chargée de la fonction d'exécuter les lois. » [2] Pour cette dernière, l'on peut parler d'un organe appelé l'exécutif, et le chef de cet organe peut être un président de la République, un Roi, un Empereur ou un Dictateur.

Du point de vue du critère matériel, il faut dire que « la fonction exécutive consiste à faire appliquer les lois. Pour cela, l'exécutif prend des actes juridiques généraux et impersonnels appelés règlements »[3]. De sorte qu'on voit la même expression dans les lexiques constitutionnels, ainsi est-il possible de dire que « le pouvoir exécutif est celui qui assure l'exécution des lois, pour laquelle le gouvernement détient le pouvoir propre de prendre des décisions exécutoires. »[4]

Quant aux attributions du pouvoir exécutif au niveau constitutionnel, si on regarde la Constitution française de 1958, l'on peut constater que les titres II et III sont consacrés au président de la République et au gouvernement, et ce, après le titre relatif à la souveraineté et précèdent celui consacré au Parlement.

Selon l'article 5 de la Constitution, le président de la République « *veille au respect de la Constitution. Il assure, par son arbitrage, le fonctionnement régulier des pouvoirs publics ainsi que la continuité de l'État* ». De son côté, le gouvernement « *détermine et conduit la politique de la Nation* », d'après l'article 20 du même texte.

La Constitution confère de nombreuses attributions aux organes exécutifs afin de conduire leurs missions. Ainsi, le Premier ministre

---

[1] V. R. ETIEN, *Droit public général*, Sup'Foucher, 5e éd., 2012, pp. 36-37 ; Ch. DEBBASCH *et al.*, *op. cit.*, pp. 125-128.
[2] Ch. DEBBASCH *et al.*, *op. cit.*, pp. 125-126.
[3] R. ETIEN, *op. cit.*, p. 37.
[4] P. AVRIL et J. GICQUEL, *Lexique de droit constitutionnel*, *op. cit.*, p. 102.

assure « l'exécution des lois », et « il exerce le pouvoir réglementaire », selon l'article 21 de la Constitution.

La doctrine « distingue traditionnellement dans l'exécutif deux sortes d'organes : le chef de l'État et le gouvernement »[1]. Par contre, il faut se demander, à ce propos, si l'on prend en compte le pouvoir exécutif au sens large ; à côté du chef de l'État et du gouvernement, n'existe-t-il pas d'autres autorités ou organismes assurant l'application des lois, ou qui ont un pouvoir réglementaire soit « autonome et propre », soit « subordonné » ?

Précisons que pour ce deuxième pouvoir étatique qu'on a appelé, au-dessus, le pouvoir exécutif, « il a toujours été délicat de fixer le contour exact du pouvoir exécutif. Philosophes politiques, constitutionnalistes, constituants ont souvent utilisé une terminologie imprécise pour en parler. » [2] C'est-à-dire, qu'il existe certaines réticences vis-à-vis de cette notion.

Ainsi, il faut dire que « l'exécutif peut appeler les termes d'exécution des lois, de pouvoir réglementaire, de fonction gouvernementale, voire de fonction administrative. » [3] Donc, il est utile d'attirer l'attention sur les autres notions telles que gouvernement, pouvoir gouvernemental, pouvoir administratif ou administration. Parce que « l'organisation et l'exercice du « pouvoir exécutif » d'État intéressent aussi bien le gouvernement de l'État que son administration. » [4]

En effet, il est possible de dire que « gouverner est la mission qui revient au pouvoir exécutif »[5]. De plus, on voit que certains auteurs utilisent ces deux termes, « le pouvoir exécutif ou pouvoir gouvernemental »[6], en disant que « le Gouvernement, ou pouvoir exécutif, est chargé de l'exécution des lois »[7]. D'ailleurs, il y a des auteurs qui affirment que le pouvoir exécutif « désigne traditionnellement le Gouvernement, par une sorte de métonymie

---

[1] Ch. DEBBASCH *et al.*, *op. cit.*, p. 128.

[2] J.-P. VALETTE, *Le pouvoir exécutif en France : de 1789 à nos jours*, Ellipses, 1999, p. 21.

[3] *Ibid.*

[4] R. CHAPUS, *Droit administratif général*, t. I, Paris, Montchrestien, 15e éd., 2001, p. 202.

[5] J. WALINE, *op. cit.*, p. 15.

[6] P. ARDANT et B. MATHIEU, *op. cit.*, p. 56.

[7] *Ibid.*

(figure de style consistant à désigner, par exemple, la partie pour le tout, ou à substituer le concret à l'abstrait). » [1]

Est également utilisée l'expression « pouvoir administratif »[2]. Maurice HAURIOU précise, à ce propos, que « le pouvoir administratif », est « dérivé du pouvoir exécutif »[3]. De telle façon, il y a une idée selon laquelle, non seulement le pouvoir administratif, mais aussi le pouvoir gouvernemental existent « au sein du pouvoir exécutif »[4].

Le pouvoir exécutif est aussi défini par le terme « administration », qui est la « mise en œuvre du pouvoir exécutif »[5]. À savoir que « la fonction administrative est organiquement liée à ce que l'on appelle le pouvoir exécutif. »[6]

Il est possible de dire qu'« en France, l'administration est rattachée au pouvoir exécutif et lui est subordonnée (article 20 de la Constitution) »[7]. Il existe même une expression qui définit cette notion : « d'un point de vue organique, l'ensemble des services relevant du pouvoir hiérarchique d'un ministre : le gouvernement « dispose de l'administration » (article 20, alinéa 2 de la Constitution) »[8]. Certes, cette phrase définit bien l'administration centrale, néanmoins où va-t-on mettre l'administration locale ?

Quand on va plus loin dans la définition de l'administration, on dit que « l'administration au sens organique renvoie à la notion de personnes publiques, représentées par des autorités administratives (ministre, préfet, maire, conseils municipaux…) chargées de prendre des actes qui les engagent et qui sont exécutés par des agents (fonctionnaires ou agents contractuels). Ces personnes publiques sont

---

[1] P. AVRIL et J. GICQUEL, *Lexique de droit constitutionnel, op. cit.,* p. 102.

[2] V. sur cette notion M. VERPEAUX et L. JANICOT, *Droit public : pouvoirs publics et action administrative,* Paris, PUF, 2009, p. 217 et suiv.

[3] M. HAURIOU, *Précis de droit administratif et de droit public,* (éd. revue par A. HAURIOU ; rééd. par P. DELVOLVÉ et F. MODERNE), Paris, Dalloz, 2002, p. 7.

[4] Ch. DEBBASCH *et al., op. cit.,* p. 127. Les auteurs font référence à l'explication soutenue par René CAPITANT.

[5] P. AVRIL et J. GICQUEL, *Lexique de droit constitutionnel, op. cit.,* p. 7.

[6] P. SERRAND, *Manuel d'institutions administratives françaises,* Paris, PUF, 2012, p. 25.

[7] M. DELAMARRE, *L'administration et les institutions administratives*, Paris, La Documentation française, 2008, p. 7.

[8] P. AVRIL et J. GICQUEL, *Lexique de droit constitutionnel, op. cit.,* p. 7.

l'État, les collectivités territoriales et les personnes publiques spécialisées telles que les établissements publics et les personnes publiques *sui generis* »[1].

Abordant la question des pouvoirs qui s'exercent au sein des collectivités décentralisées, René CAPITANT se demande « ces pouvoirs font-ils partie du pouvoir exécutif — ou administratif — ainsi qu'on l'enseigne habituellement et que le législateur a l'air de le dire le plus souvent ? »[2] La réponse est bien positive, et quand on dit « le pouvoir exécutif », il faut examiner aussi la position des collectivités territoriales à l'intérieur de la fonction exécutive. D'ailleurs, ce qui est plus important pour notre étude de l'État unitaire, est l'existence de tels mécanismes distincts de l'État central.

Certains auteurs précisent qu'« il s'agit de l'ensemble des organes assurant la fonction administrative, qui, au sein des personnes publiques, relèvent du pouvoir exécutif, soit par un lien de subordination directe dans le cadre étatique, soit par la soumission à son contrôle (collectivités locales et organismes publics spécialisés). »[3] En effet, cette explication confirme bien que l'administration centrale n'est pas la seule pour exercer le pouvoir exécutif. Comme l'affirme Roland DEBBASCH, concernant les collectivités territoriales, « les Constitutions de l'époque révolutionnaire, et celle de 1848, comportaient des dispositions précises sur « l'administration intérieure » ou sur les « corps administratifs et municipaux », présentés, à l'origine, comme des instruments du pouvoir exécutif de l'État. »[4] Donc, l'administration locale partage l'exercice du pouvoir exécutif avec l'administration centrale.

Tout comme la doctrine française, la doctrine turque dénomme aussi « la deuxième fonction juridique de l'État »[5] le pouvoir exécutif et le définit comme l'exécution ou l'application des lois et celle de droit[6].

---

[1] M. VERPEAUX et L. JANICOT, *Droit public : pouvoirs publics et action administrative, op. cit.*, p. 217.

[2] R. CAPITANT, *Cours de principes du droit public, op. cit.*, p. 29.

[3] P.-L. FRIER et J. PETIT, *Droit administratif*, Paris, Montchrestien, 2012, p. 22.

[4] R. DEBBASCH, *Droit constitutionnel, op. cit.*, p. 176.

[5] M. ERDOĞAN, *op. cit.*, p. 12.

[6] Pour la définition du pouvoir exécutif, v. İ. GİRİTLİ et J. SARMAŞIK, *op. cit.*, p. 91 ; İ. Ö. KABOĞLU, *op. cit.*, p. 153 ; Y. SABUNCU, *op. cit.*, p. 226 ; M. ERDOĞAN, *op. cit.*, pp. 12 et 249. Pour plus de détails sur le pouvoir exécutif en doctrine turque, v. K. GÖZLER, *Devletin genel teorisi* [La théorie générale de l'État], *op. cit.*, pp. 241-308. Concernant la structure et le fonctionnement de l'organe exécutif

La doctrine turque attire l'attention, tout d'abord, sur le lien entre ce deuxième pouvoir étatique et la souveraineté. Ainsi, des auteurs affirment qu'il est possible de dire que la souveraineté peut être exercée par les trois pouvoirs étatiques, c'est-à-dire les pouvoirs législatif, exécutif et judiciaire[1]. Donc, la souveraineté est la source de ces trois pouvoirs[2]. En effet, l'on peut dire que cette relation trouve son fondement dans la Constitution, comme le confirme la doctrine qui évoque les articles 6 et 8 de la Constitution turque[3]. Ainsi, lorsque l'alinéa 2 de l'article 6 dispose que « *la Nation turque exerce sa souveraineté par l'intermédiaire des organes habilités et selon les principes institués par la Constitution* », l'article 8, du même texte, parle du « pouvoir exécutif » en tant que l'un des trois organes habilités afin que la Nation turque exerce sa souveraineté.

Comme nous l'avons précisé pour la doctrine française, il existe aussi en doctrine turque un débat concernant la terminologie du point de vue de ce deuxième pouvoir étatique. Ainsi, l'on constate que la doctrine utilise les termes de gouvernement et d'administration. Pour certains auteurs, la fonction du gouvernement et celle de l'administration sont des deux fonctions différentes[4], tandis que d'autres estiment qu'il est impossible de distinguer entre ces deux notions[5]. De la même façon, même si certains précisent qu'il y a aussi des différences entre les notions de gouvernement et de pouvoir exécutif[6], pour d'autres, le terme du gouvernement est, « au sens strict » la même chose que le pouvoir exécutif[7].

---

de la République turque, v. E. ÖZBUDUN, *Türk anayasa hukuku* [Droit constitutionnel turc], *op. cit.,* pp. 305-352.

[1] V. S. S. ONAR, *op. cit.,* p. 1027 ; Y. K. ZABUNOĞLU, *İdare Hukuku ders notları I* [Notes de droit administratif -1], Ankara, Çankaya Üniversitesi, 2003, p. 2.

[2] V. Y. K. ZABUNOĞLU, *op. cit.,* p. 2 ; M. GÜNDAY, *İdare hukuku* [Droit administratif], Ankara, İmaj Yayınevi, 2003, p. 3.

[3] V. P. BİLGEN, *İdare hukuku dersleri : idare hukukuna giriş* [Leçons de droit administratif: introduction au droit administratif], İstanbul, Filiz, 1999, p. 6 ; B. TANÖR et N. YÜZBAŞIOĞLU, *op. cit.,* pp. 112 et 301 ; M. GÜNDAY, *op. cit.,* p. 4.

[4] V. S. S. ONAR, *op. cit.,* p. 1036 ; Ş. KARATEPE, *İdare hukuku* [Droit administratif], İzmir, Üniversite Kitabevi, 1993, p. 22.

[5] K. GÖZLER, *Türk anayasa hukuku* [Droit constitutionnel turc], *op. cit.,* p. 473.

[6] Ş. KARATEPE, *İdare hukuku* [Droit administratif], *op. cit.,* p. 27.

[7] E. TEZİÇ, *op. cit.,* p. 356. Selon Hüseyin Nail KUBALI, à l'inverse de cette idée, le pouvoir exécutif est « au sens strict » le gouvernement, v. H. N. KUBALI, *op. cit.,* p. 352.

L'on comprend de ces discussions qu'il existe une ambiguïté dans les définitions et la distinction de ces termes.

Certains ont même défendu l'idée selon laquelle il faut considérer le gouvernement et l'administration comme des notions qui existent à l'intérieur du pouvoir exécutif[1]. L'on pense que cette dernière explication est plus utile, notamment vis-à-vis de la classification de la Constitution turque.

L'article 8 de la Constitution précise que « *la fonction et le pouvoir exécutifs sont exercés par le Président de la République et le Conseil des ministres, en conformité avec la Constitution et les lois* ». Il est possible de dire que cet article attribue le pouvoir exécutif justement au président de la République et au Conseil des ministres. Mais, en réalité, quand on analyse le chapitre II de la Constitution intitulé « Exécutif » (l'article 101 et les suivants) qui organise le pouvoir exécutif, l'on constate qu'il existe une autre institution appelée « l'Administration » (l'article 123 et les suivants) à côté du président de la République et du Conseil des ministres.

D'après la doctrine turque, cette institution appelée Administration, n'est pas un organe séparé, elle existe à l'intérieur de l'exécutif. Autrement dit, l'exécutif englobe l'administration[2]. Néanmoins, il ne faut pas dire que l'exécutif et l'administration sont une même chose, parce qu'il y a le président de la République et le Conseil des ministres à côté de l'administration. Aussi, est-il de dire que l'administration est une partie de l'exécutif selon la Constitution[3].

En somme, comme l'affirme Kemal GÖZLER[4], il est possible de dire que l'exécutif est formé de toutes les parties suivantes : le président

---

[1] İ. GİRİTLİ, P. BİLGEN et T. AKGÜNER, *İdare hukuku* [Droit administratif], İstanbul, Der Yayınları, 2006, pp. 9-10.

[2] *Ibid.*, p. 9. V. aussi Y. K. ZABUNOĞLU, *op. cit.*, p. 3 ; Ş. KARATEPE, *İdare hukuku* [Droit administratif], *op. cit.*, p. 23 ; R. C. DERDİMAN, *Türkiye idaresinin hukuksal yönü ve yapısı* [La perspective juridique et la structure de l'administration de Turquie], İstanbul, Alfa Basım Yayım, 2003, p. 3.

[3] V. Y. K. ZABUNOĞLU, *op. cit.*, p. 3 ; K. GÖZLER, *Türk anayasa hukuku* [Droit constitutionnel turc], *op. cit.*, p. 476. Selon certains auteurs, il est possible de dire d'un point de vue « organique » que l'Administration est la même chose que l'Exécutif, puisque le Président de la République et le Conseil des ministres constituent une partie de l'Administration — l'Administration centrale —. V. M. GÜNDAY, *op. cit.*, pp. 8-9 ; H. KALABALIK, *İdare hukuku dersleri* [Leçons de droit administratif], İstanbul, Değişim, 2004, pp. 3-4.

[4] K. GÖZLER, *Türk anayasa hukuku* [Droit constitutionnel turc], *op. cit.*, p. 475.

de la République, le Conseil des ministres, le Premier ministre, les ministres et l'administration. Donc, l'on adhère aussi à l'expression de Yavuz SABUNCU, pour dire que le pouvoir exécutif appartient « au sens strict » au président de la République et au Conseil des ministres, mais ce pouvoir signifie « au sens large » en plus de ces deux parties l'administration[1].

Nous souhaitons faire remarquer que dans le cadre de notre étude de l'État unitaire, l'étude du principe d'unité du pouvoir exécutif nécessite notamment une analyse de cette « Administration », c'est la raison pour laquelle l'on s'intéresse à l'existence de l'administration à l'intérieur du pouvoir exécutif.

Selon la Constitution turque, l'administration se forme non seulement de l'administration centrale, qui représente la personnalité morale de l'État, mais aussi de l'administration locale. Donc, quand on dit administration, il faut comprendre, à la fois, les collectivités territoriales et les établissements publics[2]. En son sein, la Constitution turque organise ces dernières dans l'article 127 et suivants sous le titre de l'Administration (Titre IV) et de l'Exécutif (Chapitre II).

Précisons qu'on va utiliser parfois, ci-dessous, ces termes tous ensemble pour expliquer notre sujet. Mais, disons, en même temps, que notre travail n'est pas la définition ou le choix du terme le plus convenable pour ce deuxième pouvoir étatique. Notre travail est d'analyser ce pouvoir autour du principe d'unité dans l'État unitaire.

Dans le cadre de notre question sur l'unité ou le partage de ce deuxième pouvoir dans l'État unitaire, nous nous sommes plus intéressés à la notion de l'Administration qu'on accepte à l'intérieur du pouvoir exécutif. Ainsi, nous allons beaucoup plus faire une analyse sur cette notion, de sorte qu'une analyse sur les compétences et sur le contrôle des autorités administratives décentralisées, plus particulièrement sur celles des collectivités territoriales, va nous donner la possibilité d'une telle interrogation dans le cadre de l'étude de l'État unitaire.

Suivant les explications précitées, nous allons étudier dans ce chapitre le pouvoir exécutif, notamment du point de vue de la distinction entre l'administration centrale et l'administration locale. Dans ce cadre, il faudra s'interroger sur le fait de savoir s'il existe « un pouvoir exécutif local », puisque l'administration centrale et

[1] Y. SABUNCU, *op. cit.*, p. 225.
[2] V. M. GÜNDAY, *op. cit.*, p. 10 ; H. KALABALIK, *op. cit.*, p. 5.

l'administration locale sont constituées de différentes personnes morales de droit public.

Voyons donc, la position de ce deuxième pouvoir étatique dans les États unitaires français et turc, et cherchons à savoir s'il existe une unité ou un partage de ce pouvoir dans le cadre des différentes organisations structurelles et administratives, telles la centralisation et la décentralisation administrative en droits français et turc.

Section 2
L'unité ou le partage du pouvoir exécutif dans les États unitaires français et turc ?

Nous avons déjà estimé, concernant le pouvoir législatif, que l'unité de ce pouvoir est un critère indispensable dans les États unitaires. Dans ce qui suit, nous analyserons le pouvoir exécutif, notamment pour savoir si le pouvoir exécutif doit être unique dans les États unitaires, ou s'il y a une possibilité qu'il soit partagé entre l'État central et les collectivités territoriales.

La question de l'unité ou du partage du pouvoir exécutif sera étudiée, d'abord, dans l'État unitaire français (**Paragraphe 1**), ensuite, dans l'État unitaire turc (**Paragraphe 2**).

Paragraphe 1. Le pouvoir exécutif dans l'État unitaire français

En doctrine française, selon certains auteurs, il existe dans l'État unitaire « un seul parlement, un seul gouvernement et un seul pouvoir judiciaire »[1]. D'autres auteurs utilisent ces deux termes simultanément, en disant entre parenthèses qu'il existe « un seul gouvernement (donc un seul exécutif) »[2] dans l'État unitaire. Par exemple, Anne-Marie LE POURHIET estime que « l'État unitaire est un État politiquement centralisé en ce sens qu'il ne comporte qu'un seul centre de décision politique, un seul gouvernement (au sens large) ayant pleine

---

[1] V. F. WEBERT, « L'ordre juridique français : de la centralisation à la souveraineté partagée », *in* J.-Y. FABERON et G. AGNIEL (dir.), *La souveraineté partagée en Nouvelle-Calédonie et en droit comparé : colloque organisé à Nouméa du 17 au 19 décembre 1999*, *op. cit.*, pp. 19-28, spéc., p. 19 ; J.-P. JACQUE, *op. cit.*, p. 12 ; P. TÜRK, *op. cit.*, p. 25.

[2] V. P. FOILLARD, *Droit constitutionnel et institutions politiques*, *op. cit.*, 2012, p. 11.

compétence à l'égard de l'ensemble de la collectivité nationale. »[1] D'ailleurs, elle utilise l'expression du pouvoir exécutif, en précisant qu'« il n'y a, dans un État unitaire, qu'un État et donc une seule constitution, un seul pouvoir législatif, un seul pouvoir exécutif, une seule organisation judiciaire. L'appareil d'État y est unique. »[2]

Selon ces expressions, l'on constate qu'il existe une idée en doctrine française selon laquelle le pouvoir exécutif doit être unique dans l'État unitaire. Il n'en demeure pas moins qu'une telle idée fait débat. Ainsi, quand on prend en compte les compétences des collectivités territoriales, surgit la question du partage du pouvoir exécutif.

Certains auteurs trouvent que « la République est indivisible (article 2 de la Constitution), ce qui exclut le fédéralisme au sens propre du mot, c'est-à-dire la création d'entités partageant avec l'État central le pouvoir législatif ou le pouvoir judiciaire. »[3] Dans cette explication, l'on peut relever la règle de l'interdiction du partage du pouvoir législatif ou du pouvoir judiciaire[4] dans l'État unitaire, mais nulle trace de l'interdiction du partage du pouvoir exécutif. D'ailleurs, juste après cette explication, ces auteurs précisent que « les collectivités décentralisées ont des compétences purement administratives. »[5]

En réalité, il faut se demander s'il s'agit d'une acceptation « tacite » du partage du pouvoir exécutif en doctrine française. Ainsi, tandis que les auteurs parlent de l'interdiction du partage du pouvoir législatif ou du judiciaire, ils ignorent une telle interdiction concernant le partage du pouvoir exécutif. Ce point de vue est partagé par d'autres auteurs, à l'image de Mathias CHAUCHAT, d'après lequel « par définition, l'État unitaire, contrairement à l'État fédéral, est celui qui ne partage ni la compétence législative, ni la compétence judiciaire ; il accepte la décentralisation de la compétence exécutive (administrative) »[6]. D'ailleurs, cet auteur accepte aussi explicitement une telle possibilité de partage de ce pouvoir, en précisant que « dans l'État unitaire, la population vit sous l'autorité d'un pouvoir législatif et judiciaire unique, même si le pouvoir exécutif peut être partagé et décentralisé. »[7]

---

[1] V. A.-M. LE POURHIET, *Droit constitutionnel*, *op. cit.*, p. 18.
[2] *Ibid.*, p. 18.
[3] V. G. VEDEL et P. DELVOLVÉ, *Droit administratif*, t. 2, Paris. PUF, 1992, p. 409.
[4] Pour l'unité du pouvoir judiciaire, v. Deuxième partie, Chapitre 3.
[5] G. VEDEL et P. DELVOLVÉ, *op. cit.*, p. 409.
[6] M. CHAUCHAT, *op. cit.*, p. 220.
[7] *Ibid.*, p. 265.

L'on peut citer également l'expression de François FOURNIÉ qui précise que la décentralisation administrative « ne produisant aucune conséquence ni sur l'organisation du pouvoir législatif, ni sur le pouvoir judiciaire, elle ne constitue donc pas une forme d'organisation de l'État, mais une forme d'organisation du pouvoir exécutif ou, plus exactement de la seule administration. »[1]

Olivier GOHIN évoque clairement plusieurs hypothèses concernant les variations de l'État unitaire, et précise que « lorsque l'État unitaire est mono législatif, il peut être soit mono-administratif soit pluri-administratif »[2]. Que signifie cette distinction de mono-administratif et pluri-administratif ? La réponse est claire, il s'agit de classification de l'État unitaire centralisé et décentralisé. L'auteur ajoute aussi qu'« un État unitaire peut se concevoir, mais rarement, comme la seule personne de droit public sur son propre territoire si celui-ci est restreint ou si la population concernée est faible. Il s'agit alors d'un État centralisé qui est un État unitaire mono-administratif de sorte qu'il n'y a, sur le territoire de l'État ou pour la population de l'État, que les compétences d'État exercées par une seule administration, nécessairement d'État. »[3] Donc, l'on admet qu'« un État unitaire centralisé est un État où la fonction de l'exécution des lois est assurée par un seul et même appareil exécutif de l'État : l'administration centrale. »[4]

Néanmoins, l'on sait qu'aujourd'hui il n'est pas facile de donner un exemple d'un tel État qui peut être classifié comme l'État centralisé. En conséquence, « un État unitaire peut aussi créer d'autres personnes morales de droit public qui sont autonomes par rapport à lui, en particulier des collectivités territoriales ou des établissements publics et transférer certaines de ses propres compétences vers les personnes morales ainsi créées. »[5] L'on peut comprendre de cet exposé, qu'il est question de la décentralisation. L'organisation administrative de l'État unitaire permet, dans cette hypothèse, la création de collectivités territoriales ou d'établissements publics qui ont une personnalité morale propre et distincte de celle de l'État. Ainsi, « l'État unitaire décentralisé ou « État décentralisé » est alors un État unitaire pluri-administratif de

---

[1] F. FOURNIÉ, *op. cit.*, p. 235.
[2] O. GOHIN, *Droit constitutionnel, op. cit.*, p. 66.
[3] *Ibid.*
[4] J. JIANG, *Théorie du droit public,* Paris, L'Harmattan 2010, p. 169.
[5] O. GOHIN, *Droit constitutionnel, op. cit.*, p. 67.

sorte que les compétences internes d'État sont réparties entre celles qui restent d'État »[1].

Précédemment, nous avons traité la question de la règle de l'unité du pouvoir législatif en tant que condition *sine qua non* de l'État unitaire. En l'espèce, dans le cadre de la question de l'unité du pouvoir exécutif, l'on rencontre une autre perspective en doctrine française, de sorte qu'il est possible de dire que « si tous les États unitaires se caractérisent par l'unicité du législateur, il peut y avoir en revanche deux types d'États unitaires en fonction de la modalité de l'exécution des lois : État unitaire centralisé et État unitaire décentralisé »[2]. Dans ce cas, peut-on parler de l'existence d'un État unitaire dans lequel le pouvoir exécutif n'est pas partagé, et d'un État unitaire dans lequel ce pouvoir est partagé ?

Abordant cette question en droit français, Didier TRUCHET estime qu'« en France, les pouvoirs législatif et judiciaire ne sont exercés que par des organes de l'État : c'est l'un des aspects de notre tradition unitaire et centralisée (...) en revanche, le pouvoir administratif est partagé. »[3] D'après lui, la raison de ce partage est l'existence d'autres personnes morales de droit public distinctes de l'État, aussi dit-il que « l'État constitue à lui seul une catégorie de personne morale de droit public, caractérisée par sa compétence générale. Mais il en existe beaucoup d'autres, dotées d'une compétence spéciale : des dizaines de milliers de collectivités territoriales (communes, départements, régions et collectivités territoriales d'Outre-mer) ; des milliers d'établissements publics (soit nationaux, c'est-à-dire rattachés à l'État ; soit locaux, rattachés à une collectivité territoriale) »[4].

Dans le cadre de la question de l'unité ou du partage du pouvoir exécutif, il s'agit d'un autre sujet qui est la reconnaissance d'un pouvoir réglementaire à ces organismes distincts de l'État central. Ainsi, « ces personnes morales de droit public disposent du pouvoir réglementaire : il leur permet, dans le respect de la loi, d'imposer aux administrés des règles générales et impersonnelles. Elles contribuent ainsi à élaborer du droit public. »[5]

À la lumière de ces explications, concernant l'organisation du pouvoir exécutif (au sens large) de la République française, l'on va

---

[1] *Ibid.*
[2] J. JIANG, *op. cit.*, p. 169.
[3] D. TRUCHET, *Le droit public*, Paris, PUF, 2010, p. 20.
[4] *Ibid.*
[5] *Ibid.*

examiner, dans un premier temps, la question de l'unité ou du partage du pouvoir exécutif en France, autour du sujet de la centralisation ou de la décentralisation (**A**). Dans un deuxième temps, il sera question du pouvoir réglementaire exercé par les collectivités territoriales dans cet État, notamment en cherchant à savoir s'il est exercé d'une manière « autonome » ou « subordonnée » (**B**).

A- L'unité du pouvoir exécutif dans le système administratif centralisé et décentralisé

Il convient de faire remarquer que, dans le cadre de l'étude du principe d'unité du pouvoir exécutif dans l'État unitaire, lorsqu'on dit « l'unité » ou « le partage », l'on vise une unité ou une division « verticale ». Autrement dit, « l'exécutif bicéphale »[1] ou le « dualisme de l'exécutif »[2] n'intéresse pas notre étude, parce qu'il s'agit d'une « division technique » et « horizontale » dans le cadre des sujets de l'exécutif bicéphale ou du dualisme de l'exécutif.

Dans certains États, l'exécutif (au sens strict) peut être constitué de « deux têtes » séparées. Ainsi, quand on parle du dualisme exécutif, « c'est l'expression parfois utilisée pour évoquer le fait que l'exécutif en régime parlementaire comporte généralement deux « têtes », le chef de l'État et le chef du Gouvernement. Pour éviter toute confusion, il est préférable de parler du bicéphalisme de l'exécutif (du latin bi -, deux fois, et du grec képhalê, la tête). »[3] Donc, il faut dire que vis-à-vis de la structure de l'exécutif, « on distingue traditionnellement dans l'exécutif deux sortes d'organes : le chef de l'État et le gouvernement. »[4] Mais, précisons que ce dualisme technique n'est pas relatif au contenu du principe de l'unité du pouvoir exécutif dans l'État unitaire, puisqu'il s'agit, ici, en effet, du même corps, c'est-à-dire, de la même personne morale.

Ainsi, l'existence d'organismes, distincts de l'État central, jouant un rôle important dans l'exécution des lois, est d'une grande importance dans le cadre de notre sujet. Dans ce qui suit, nous allons traiter le principe d'unité du pouvoir exécutif dans le cadre de la décentralisation, notamment face aux caractéristiques des collectivités territoriales.

---

[1] P. ARDANT et B. MATHIEU, *op. cit.*, p. 447.
[2] M.-A. COHENDET, *op. cit.*, p. 197.
[3] *Ibid.*
[4] Ch. DEBBASCH *et al.*, *op. cit.*, p. 128.

Avant cela, l'on s'intéressera au principe dans le système de la centralisation.

Du point de vue de la distinction entre État unitaire centralisé et décentralisé, il est possible de dire, en reprenant Charles EISENMANN, que « la centralisation est, relativement à une activité élémentaire, l'unité de l'État résultant de ce qu'un organe unique, donc central, est maître de cette activité pour lui tout entier. »[1] C'est-à-dire, qu'il n'y a pas de problème concernant l'unité du pouvoir exécutif, comme le relève Maurice HAURIOU, « la centralisation administrative (...) conduit à l'unité dans l'exécution des lois et aussi dans la gestion des services. »[2]

Dans cette hypothèse, il est question d'un seul organisme qu'on qualifie d'« administration centrale ». En réalité, il faut dire qu'il s'agit de certains organes administratifs centraux de l'État ou des différents départements ministériels. En revanche, l'administration centrale englobe l'ensemble de tous ces organes. Ce qui est important est de dire que les organisations provinciales de l'administration centrale n'ont pas de personnalité juridique distincte de celle de l'État, puisqu'il s'agit du principe de l'unité de la personnalité juridique de l'État.

Autrement dit, « la personnalité morale de l'État ne se divise pas : les ministères sont des ensembles de services placés sous l'autorité d'un membre du gouvernement (leur découpage variant avec la composition des gouvernements) mais ils n'ont pas la personnalité morale ; ils agissent au nom de l'État, qui répond seul de leur action. »[3]

L'on peut parler, à ce propos, de la modalité de concentration de l'administration qui prévoit que l'administration centrale décide toutes les décisions. Dans cette modalité, « sans doute, des agents locaux de l'État, soumis au pouvoir hiérarchique, interviennent mais ce ne sont que de simples courroies de transmission : ils n'ont aucune compétence juridique. »[4]

Dans cette hypothèse, il existe donc une seule personne morale et toutes les décisions sont prises en son nom. Peut-être qu'il y a des « divers organes qui sont placés à ce niveau unique sont tous aptes à décider, en son nom, pour l'ensemble du territoire national. Ces organes siégeront en fait pour la plupart dans la capitale, ce qui fait qu'on les a

---

[1] Ch. EISENMANN, *op. cit.*, p. 70.

[2] M. HAURIOU, *Précis de droit administratif et de droit public, op. cit.*, p. 71.

[3] D. TRUCHET, *Droit administratif*, Paris, PUF, 2011, p. 90.

[4] P.-L. FRIER et J. PETIT, *op. cit.*, p. 124.

appelés organes centraux. Il s'agit des autorités du pouvoir exécutif, placées à la tête de la seule administration qui existe : l'administration étatique. »[1]

Mais, outre cette administration concentrée, il est possible de parler aussi de l'administration déconcentrée. Dans ce cas, l'administration centrale délègue une partie du pouvoir décisionnel à ses agents locaux afin qu'ils puissent prendre des décisions plus convenables à des circonstances locales. Dans le cadre de la déconcentration, l'on constate une célèbre expression en doctrine française qui dit que « c'est toujours le même marteau qui frappe, mais on a raccourci le manche » (Odilon BARROT). Donc, dans cette modalité, les agents locaux ne sont pas autonomes par rapport à l'administration centrale. D'ailleurs, ils sont toujours dépendants hiérarchiquement à cette dernière. De sorte que l'administration centrale peut contrôler, réformer, ou annuler les décisions des agents locaux.

En effet, dans cette modalité de la déconcentration, toutes les décisions sont prises selon « le principe d'obéissance hiérarchique qui maintient l'efficacité et l'unité de commandement. Tout se passe comme si c'était toujours une volonté unique, venant de l'État central, qui devait s'imposer. »[2] En somme, l'on peut dire que les compétences de l'administration centrale sont « conférées aux représentants locaux de l'institution. Mais c'est toujours elle, et elle seule, qui agit. »[3]

Suivant ces explications, l'on peut soutenir qu'une telle technique de déconcentration et de la représentation locale du pouvoir exécutif ne porte pas atteinte à l'unité de ce dernier. Ainsi, « depuis la suppression des intendants de la monarchie, l'État central avait en fait épuisé les diverses formules d'une représentation locale du pouvoir exécutif. La création des préfets va opérer la synthèse de ces différentes tentatives, tandis que les réformes napoléoniennes donneront sa forme moderne définitive à la centralisation administrative. »[4]

Certes, nous allons aborder les mesures qui assurent l'unité dans le cadre de cette technique, au-dessous, sous le titre du contrôle. Mais, ce qui doit être précisé est l'existence de la même personnalité morale de

---

[1] D. MAILLARD DESGRÉES DU LOÛ, *Institutions administratives*, Paris, PUF, 2011, p. 141.
[2] B. FAURE, *Les institutions administratives*, Paris, PUF, 2010, p. 129.
[3] P.-L. FRIER et J. PETIT, *op. cit.*, p. 125.
[4] J.-M. OHNET, *op. cit.*, p. 61.

l'État central qui encadre toutes les actions. De cette façon, l'on peut dire que « ces autorités sont dépourvues de toute autonomie »[1].

Comme nous l'avons vu, il faut dire que la concentration et la déconcentration sont des modalités qui rendent service à la centralisation. L'histoire de la République française a bien témoigné un tel processus de l'unification du système administratif par cette dernière. D'ailleurs, « l'unité du système administratif par la centralisation »[2] remonte à la Révolution. Ainsi, « le modèle napoléonien » est un bon exemple pour l'unité de l'État et l'unité administrative selon certains auteurs[3].

Par l'expression de Jean-Marc OHNET, il faut préciser que les conditions sociales de cette époque-là étaient bien différentes, de sorte que « le centralisme napoléonien est aussi une réponse à la complexification croissante du corps social ; il se veut une modernisation de l'État, intégrant la réalité sociale dans une seule et même unité, politique et administrative. »[4] En revanche, l'on peut dire que les besoins ont aussi bien changé pendant le temps. Donc, comme l'indique Géraldine CHAVRIER, « marquée par une histoire par laquelle l'unité de la France était assurée par le roi ou l'empereur qui disposait seul du pouvoir normatif et accordait quelques espaces de liberté normative au gré des demandes, la France a oublié que dans la République unitaire, plus rien n'impose que le pouvoir exécutif relève exclusivement des autorités étatiques. »[5] L'on comprend qu'il s'agit de certaines autres autorités à côté de l'État central. Examinons, maintenant, ces autorités dans le cadre de la question du système administratif décentralisé.

Ce qui existe, dans cette hypothèse, c'est peut-être « la diversité du système administratif par la décentralisation »[6]. À savoir que « la décentralisation se présente avant tout comme une répartition des compétences administratives (ou la fonction de l'exécution des lois)

---

[1] M. VERPEAUX et C. RIMBAULT, *op. cit.,* p. 33.

[2] O. GOHIN et J.-G. SORBARA, *Institutions administratives,* Paris, LGDJ, 2012, p. 108.

[3] J.-M. OHNET, *op. cit.,* p. 61 et suiv.

[4] *Ibid.,* p. 65.

[5] G. CHAVRIER, *op. cit.* pp. 19-20.

[6] O. GOHIN et J.-G. SORBARA, *op. cit.,* p. 111 et suiv.

entre deux ordres de structures administratives différentes, à savoir l'administration centrale et l'administration spéciale ou locale. »[1]

Les auteurs français estiment que « dans le cadre d'un État unitaire, [la décentralisation] n'est qu'une modalité d'organisation administrative et ne concerne que la répartition des compétences au sein de l'exécutif, telle qu'elle résulte des règles constitutionnelles et législatives édictées par l'État. »[2]

Nous avions déjà dit, pour la déconcentration qui opère un simple aménagement des compétences au sein de l'État, que c'était le même marteau qui frappe. En revanche, en vertu de la décentralisation, la situation change bien, puisque « ce n'est plus le même marteau qui frappe »[3].

S'il est utile de donner une simple définition de cette modalité d'organisation administrative, l'on peut dire que « la décentralisation est un processus d'aménagement de l'État unitaire qui consiste à transférer des compétences administratives de l'État vers des entités (ou des collectivités) locales distinctes de lui. »[4]

Comme nous pouvons le constater des explications précédentes, la question de la personnalité morale distincte de l'État central gagne de l'importance sur ce point. Ainsi, selon Jean-Marie PONTIER, « la décentralisation est le concept de base de toute définition des relations entre l'État et les autres personnes morales de droit public. »[5] Ou, l'on peut dire que « la décentralisation au sein d'un État unitaire se caractérise en réalité par l'existence de personnes morales de droit public distinctes de l'État »[6].

En effet, il existe plusieurs auteurs, en doctrine française, qui attirent l'attention sur le sujet de l'existence d'autres personnes morales de droit public dans l'organisation administrative de l'État unitaire français[7]. La

---

[1] J. JIANG, *op. cit.,* p. 171.

[2] P.-L. FRIER et J. PETIT, *op. cit.,* p. 128.

[3] A.-M. LE POURHIET, *Droit constitutionnel, op. cit.,* p. 19.

[4] M. VERPEAUX et C. RIMBAULT, *op. cit.,* p. 32.

[5] J.-M. PONTIER, *L'État et les collectivités locales : la répartition des compétences,* Paris, LGDJ, 1978, p. 18.

[6] O. GOHIN *et al.*, *Droit des collectivités territoriales, op. cit.,* p. 129.

[7] M.-A. COHENDET, *op. cit.,* 437 ; B. MATHIEU et M. VERPEAUX, *Droit constitutionnel, op. cit.,* p. 688 ; A. DE LAUBADERE et Y. GAUDEMET, *Traité de droit administratif : l'administration, la juridiction administrative, les actes administratifs, les régimes administratifs,* t. I, *Droit administratif général*, Paris, LGDJ, 16e éd., 2001, p. 49 ; P.-L. FRIER et J. PETIT, *op. cit.,* p. 127 ; G. BRAIBANT

conséquence de cette existence suscite, en même temps, une répartition du pouvoir de décision entre les multiples personnes morales autonomes qui ont des organes et un personnel propre pour mettre en œuvre les compétences qui leur sont reconnues dans la gestion publique.

L'on sait que ces personnes morales distinctes peuvent être appelées collectivités locales ou territoriales (commune, département ou région), ou établissements publics. Par contre, précisons que nous allons nous intéresser beaucoup plus aux collectivités territoriales, dans le cadre de la décentralisation « territoriale » qui « conduit à attribuer la personnalité morale à des entités infra-étatiques déterminées sur la base de critères géographiques, selon une répartition verticale des compétences. »[1]

Dans ce cadre, si l'on se demande qu'est-ce qu'une collectivité territoriale ou collectivité locale, il est possible de dire que « les collectivités territoriales sont des personnes morales de droit public distinctes de l'État et bénéficient à ce titre d'une autonomie juridique et patrimoniale. »[2] De la sorte, « sur un certain espace, les affaires des habitants de ce territoire sont gérées par les élus qui les représentent. Au lieu d'une simple circonscription de l'administration d'État, est créée une véritable collectivité autonome, appelée collectivité locale ou collectivité territoriale. »[3] Il faut ajouter aussi que « la personnalité morale leur donne une autonomie juridique et financière. »[4]

En conséquence, si l'on considère la personnalité morale de l'État et celle des collectivités territoriales, l'on peut mieux comprendre le problème de l'unité ou du partage du pouvoir exécutif. En effet, « la dualité de personnes publiques entraîne la dualité de compétences. L'État comme les collectivités locales disposent d'un domaine d'action propre qui leur est réservé. »[5] Vis-à-vis de cette affirmation, l'on doit se rappeler l'unité administrative par la centralisation, parce que nous avons dit que toutes les actions se réalisaient au nom de l'État. Par

et B. STIRN, *Le droit administratif français*, Paris, Presses de Sciences Po et Dalloz, 2005, p. 51.

[1] P.-L. FRIER et J. PETIT, *op. cit.*, p. 127.

[2] M. VERPEAUX et C. RIMBAULT, *op. cit.*, p. 14.

[3] P.-L. FRIER et J. PETIT, *op. cit.*, p. 127.

[4] B. MATHIEU et M. VERPEAUX, *Droit constitutionnel, op. cit.*, p. 688.

[5] J.-M. PONTIER, *L'État et les collectivités locales : la répartition des compétences, op. cit.*, p. 61.

contre, quand on parle de la décentralisation, l'on admet alors, comme Maurice HAURIOU, que « les pouvoirs décentralisés ne sont pas exercés au nom de l'État, mais au nom de personnes administratives locales »[1], parce que « dans la mise en œuvre de ces compétences, les collectivités territoriales n'agissent pas au nom et pour le compte de l'État mais pour leur propre compte et en leur propre nom en usant de leurs moyens humains, matériels et financiers. »[2]

Il faut faire remarquer que cette position est bien liée au sujet de l'autonomie des collectivités territoriales dans le cadre de la décentralisation. D'ailleurs, chez René CHAPUS, la notion de la décentralisation « se traduit par le transfert d'attributions de l'État à des institutions (territoriales ou non) juridiquement distinctes de lui et bénéficiant, sous la surveillance de l'État, d'une certaine autonomie de gestion. »[3], et le terme de « l'autonomie » n'est pas utilisé en vain, puisque dans les États unitaires décentralisés, les normes locales sont déterminées par d'autres personnalités morales de droit public distinctes de l'État central. C'est pourquoi l'on parle, dans ce cas, d'autonomie. En conséquence, l'on voit que « la personnalité morale est à la fois le fondement et la mesure de l'autonomie d'une institution par rapport à l'État. »[4]

Par ailleurs, il faut dire que cette autonomie affecte, en même temps, la relation entre l'administration centrale et l'administration locale, dans la mesure où l'administration locale ou décentralisée n'est plus dans un rapport de dépendance hiérarchique par rapport à l'administration centrale. Ainsi, l'on parle aussi de « l'indépendance personnelle des autorités décentralisées »[5], puisque l'administration locale possède ses propres personnels qui ne sont plus désignés ou nommés par l'administration centrale. Il est donc question d'organes élus qui sont indépendants du pouvoir central.

Suivant l'exposé précédent, l'on peut penser que le système administratif décentralisé permet de parler d'un partage du pouvoir exécutif, notamment quand on prend en compte la dualité ou la pluralité de centre de décision dans l'exécution des lois. L'on peut penser aussi qu'il s'agit, ici, d'une division verticale, de sorte que certains

---

[1] M. HAURIOU, *Précis de droit administratif et de droit public, op. cit.*, p. 169.

[2] O. GOHIN *et al.*, *Droit des collectivités territoriales, op. cit.*, p. 129.

[3] R. CHAPUS, *op. cit.*, p. 403.

[4] G. BRAIBANT et B. STIRN, *op. cit.*, p. 51.

[5] R. CHAPUS, *op. cit.*, p. 404.

mécanismes distincts de l'État central ont leurs propres initiatives pour régler certains domaines.

En revanche, il ne faut pas oublier qu'il existe certains moyens de contrôle pour assurer l'unité du pouvoir exécutif, ou l'unité de l'Administration, que nous allons traiter dans la section suivante. Avant cela, nous allons nous intéresser au pouvoir réglementaire des autorités décentralisées en droit français, qui occupe une place importante dans le cadre de notre sujet.

B- La question du pouvoir réglementaire des collectivités territoriales françaises

Nous avons vu, dans les chapitres précédents de notre étude, que la doctrine française accepte que les collectivités territoriales ne puissent pas avoir un pouvoir normatif initial dans l'État unitaire dans le cadre de la question de l'indivisibilité de la souveraineté. Précisons que la doctrine affirme aussi qu'il ne s'agit pas de l'attribution d'un pouvoir normatif « autonome » à ces autorités décentralisées, dans ce type d'État.

Par contre, l'on peut relever, en même temps, une phrase remarquable de Jean-Bernard AUBY, en l'occurrence, « la décentralisation correspond toujours à un certain pluralisme normatif. »[1] En effet, il faut préciser que Jean-Bernard AUBY a bien raison, ainsi, nous allons voir qu'il existe des débats sur l'existence d'un pouvoir réglementaire « autonome » exercé par les collectivités territoriales françaises.

Dans le cadre des compétences des collectivités territoriales, il faudra s'interroger sur le fait de savoir s'il s'agit d'un pouvoir réglementaire « autonome », ou si ce pouvoir exercé par ces organismes est un pouvoir « subordonné ». Dans cette seconde hypothèse, l'on va se demander s'il est possible de parler encore de la participation de ces collectivités à la fonction exécutive ?

Concernant le pouvoir réglementaire, il faut préciser qu'il s'agit d'un « pouvoir de prendre des décisions exécutoires de caractère général et impersonnel (les décrets réglementaires), c'est-à-dire d'imposer unilatéralement des obligations (ou de créer éventuellement des droits). »[2]

---

[1] J.-B. AUBY, *op. cit.*, p. 139.
[2] P. AVRIL et J. GICQUEL, *Lexique de droit constitutionnel*, *op. cit.*, p. 103.

Par ailleurs, si l'on s'interroge sur la signification d'une norme réglementaire, l'on peut dire que « les règlements sont des actes pris par l'Exécutif dans son domaine de compétence. Ils sont pris par les autorités exécutives suprêmes, situées à la tête de ce pouvoir et seules investies par la Constitution du pouvoir de prendre des actes généraux et impersonnels ayant vocation à s'appliquer sur l'ensemble du territoire national. »[1]

L'on se demande qui peut exercer ce pouvoir ? Et il faut dire que « l'exécutif dispose du pouvoir réglementaire. Le Gouvernement, ou Cabinet, est chargé à l'origine d'élaborer les mesures d'application des lois, les règlements : décrets, arrêtés, circulaires. »[2] Par contre, surgit aussi la question de savoir s'il existe d'autres autorités qui ont encore un tel pouvoir réglementaire, de sorte qu'il est possible de faire une analyse sur les compétences des collectivités territoriales françaises dans le cadre de la question de l'existence du « pouvoir réglementaire local ».

Au sujet de cette interrogation, Louis FAVOREU a une position très nette. Il considère en effet qu'« il n'y a pas de pouvoir réglementaire local autonome et même pas de pouvoir réglementaire local spontané d'exécution des lois. »[3] En réalité, peut-être qu'il est possible de participer à l'idée de l'auteur concernant le pouvoir réglementaire local « autonome », néanmoins, que peut-on dire pour le pouvoir réglementaire local, notamment après la révision constitutionnelle de 2003 ?

À ce sujet, l'on constate que « la révision du 28 mars 2003 a (...) reconnu un pouvoir réglementaire local, mais dans le cadre des lois, au profit des collectivités territoriales, consacrant une réalité fort ancienne. Ce pouvoir réglementaire local doit être compris comme un pouvoir d'exécution de la loi, au même titre que le pouvoir réglementaire exercé par les autorités centrales. »[4] Cette dernière explication est très claire,

---

[1] M. VERPEAUX *et al.*, *Droit constitutionnel : les grandes décisions de la jurisprudence*, *op. cit.*, p. 401.
[2] P. ARDANT et B. MATHIEU, *op. cit.*, p. 56.
[3] L. FAVOREU, « La notion constitutionnelle de collectivité territoriale », *in* J. PETIT (rassemblé par), *Les collectivités locales : mélanges en l'honneur de Jacques Moreau*, Paris, Economica, 2002, cop. 2003, pp. 155-163, spéc., p. 160. V. dans le même sens J. FERSTENBERT, F. PRIET et P. QUILICHINI, *Droit des collectivités territoriales*, Paris, Dalloz, 2009, p. 82.
[4] M. VERPEAUX *et al.*, *Droit constitutionnel : les grandes décisions de la jurisprudence*, *op. cit.*, p. 401.

d'ailleurs, l'article 72, alinéa 3 de la Constitution française affirme que *« Dans les conditions prévues par la loi, ces collectivités s'administrent librement par des conseils élus et disposent d'un pouvoir réglementaire pour l'exercice de leurs compétences. »*

Sur cet article, la doctrine est presque unanime sur l'acceptation que « « libre administration » ne signifie pas libre réglementation »[1]. En revanche, l'article est bien clair que depuis la révision constitutionnelle du 28 mars 2003, l'attribution d'un pouvoir réglementaire aux collectivités territoriales a été bien consacrée dans la Constitution.

Vis-à-vis de cette révision de 2003, peut-être qu'il est possible de parler d'une « constitutionnalisation du pouvoir normatif local »[2] ou de « la constitutionnalisation du pouvoir réglementaire des autorités locales »[3]. Cependant, il faut ajouter aussi que « les collectivités territoriales ont toujours disposé d'une telle faculté (par exemple le pouvoir de police du maire) »[4].

À ce propos, la doctrine estime que « le pouvoir réglementaire local existe déjà »[5]. À savoir qu'« avant la révision constitutionnelle de 2003, elles disposaient déjà d'un pouvoir réglementaire local dans quelques domaines, du fait de lois et de la jurisprudence. La loi de 1884 disposait en effet que le « *conseil municipal règle par ses délibérations les affaires de la commune* ». Elle prévoyait aussi l'édiction par le maire de mesures de police administrative destinées à prévenir les troubles à l'ordre public ; la création par les assemblées délibérantes, des services publics locaux et de leurs modalités de gestion. »[6]

Donc, il faut dire que le pouvoir réglementaire local qui existait déjà, a été justement consacré dans la Constitution par le 3e alinéa de l'article 72. Mais, la reconnaissance de ce pouvoir « a d'abord été effectuée par le Conseil constitutionnel, avant que ce pouvoir ne soit inscrit en toutes

---

[1] L. FAVOREU, « La notion constitutionnelle de collectivité territoriale », art. cit., p. 160. On retrouve cette expression de Louis FAVOREU chez plusieurs auteurs, v. A. ROUX, *Droit constitutionnel local*, *op. cit.*, p. 64 ; Y. JÉGOUZO et M. VERPEAUX, « Les collectivités territoriales », art. cit., p. 306 ; D. TURPIN, *op. cit.*, p. 50.

[2] J. MONTAIN-DOMENACH et C. BREMOND, *Droit des collectivités territoriales*, Grenoble, Presses universitaires de Grenoble, 2007, p. 112.

[3] *Ibid.*, p. 113.

[4] J. WALINE, *op. cit.*, p. 115.

[5] P. FOILLARD, *Droit administratif*, Orléans, Paradigme, 2011, p. 54. V. dans le même sens, D. MAILLARD DESGRÉES DU LOÛ, *Institutions administratives, op. cit.*, p. 163.

[6] M. VERPEAUX et C. RIMBAULT, *op. cit.*, p. 65.

lettres dans la Constitution. »[1] Ainsi, l'on peut citer la décision du Conseil constitutionnel du 17 janvier 2002 sur la loi relative à la Corse[2], qui prévoit que « le pouvoir réglementaire de la collectivité territoriale de Corse s'exerce dans le cadre des compétences qui lui sont dévolues par la loi ». Par ailleurs, selon les considérants 12 et 13 de la décision, le Conseil constitutionnel « incite à dépasser le cadre de la seule collectivité territoriale de Corse et à estimer que le pouvoir réglementaire ainsi reconnu est celui des collectivités territoriales, sans distinction. »[3]

S'il est nécessaire d'indiquer une autre innovation de la loi du 28 mars 2003 concernant le pouvoir réglementaire des collectivités territoriales, il faut parler de la possibilité pour les collectivités territoriales de déroger aux lois et règlements[4]. En effet, dans le cadre de la révision de 2003, un pouvoir d'expérimentation a été consacré dans l'article 72 l'alinéa 4, au profit des collectivités territoriales, pour une dérogation aux dispositions réglementaires qui régissent l'exercice de leurs compétences.

Il est possible de considérer, vis-à-vis de cet article qui permet une telle dérogation à des règlements nationaux, que le texte constitutionnel révisé remet en cause le principe de l'unité territoriale du pouvoir réglementaire qui ne connaissait jusqu'alors qu'une exception au profit de la Corse en raison de son organisation particulière. Par contre, la doctrine accepte que cette possibilité soit également « subordonnée et limitée »[5], parce qu'il faut que ce pouvoir soit explicitement prévu par la loi ou par le règlement pour un objet et une durée limitée selon

---

[1] M. VERPEAUX *et al.*, *Droit constitutionnel : les grandes décisions de la jurisprudence*, *op. cit.*, p. 412.

[2] Concernant cette décision, v. aussi, M. VERPEAUX *et al.*, *Droit constitutionnel : les grandes décisions de la jurisprudence*, *op. cit.*, pp. 410-417 ; P. JAN, *op. cit.*, p. 59.

[3] M. VERPEAUX *et al.*, *Droit constitutionnel : les grandes décisions de la jurisprudence*, *op. cit.*, p. 414.

[4] V. sur cette question J. FERSTENBERT, F. PRIET et P. QUILICHINI, *op. cit.*, p. 82 ; P. FOILLARD, *Droit administratif*, *op. cit.*, pp. 54-55 ; J. WALINE, *op. cit.*, p. 117 ; M. VERPEAUX *et al.*, *Droit constitutionnel : les grandes décisions de la jurisprudence*, *op. cit.*, p. 415 ; P. JAN, *op. cit.*, p. 59 ; Y. JÉGOUZO et M. VERPEAUX, « Les collectivités territoriales », art. cit., p. 307 ; O. GOHIN *et al.*, *Droit des collectivités territoriales*, *op. cit.*, pp. 140-141.

[5] M. VERPEAUX *et al.*, *Droit constitutionnel : les grandes décisions de la jurisprudence*, *op. cit.*, p. 415 ; J. FERSTENBERT, F. PRIET et P. QUILICHINI, *op. cit.*, p. 82.

l'expression de l'alinéa 4 de l'article 72. La doctrine française indique la même chose pour l'alinéa 3 de l'article 72.

Ainsi, faut-il préciser que le pouvoir réglementaire dont les collectivités disposent selon cet article n'est pas un pouvoir réglementaire « autonome ». D'ailleurs, Jacques CAILLOSSE estime qu'il n'y a pas un vrai changement en vertu de cet article, et que le pouvoir réglementaire « dont le nouvel article 72 de la Constitution fait l'annonce n'est pas protégé contre les empiètements éventuels de l'autorité d'État : son champ d'action ne peut qu'être résiduel. Le Premier Ministre étant toujours habilité à intervenir à son tour et à sa manière, ce pouvoir local ne vaut que pour autant que le pouvoir central s'abstient de mettre le sien en œuvre. »[1]

Il y a lieu de rappeler, à ce sujet, l'article 21 de la Constitution française qui confère justement au Premier ministre un pouvoir réglementaire autonome : *« Le Premier ministre dirige l'action du Gouvernement. Il est responsable de la Défense nationale. Il assure l'exécution des lois. Sous réserve des dispositions de l'article 13, il exerce le pouvoir réglementaire et nomme aux emplois civils et militaires. »*

Comme le rappelle Bertrand FAURE, « la réforme n'organisant aucun retrait exprès du pouvoir qu'exerce l'Exécutif, ce dernier peut continuer à s'emparer du travail d'exécution des lois que les collectivités doivent mettre en œuvre. »[2] Donc, comme le consent Jean-Bernard AUBY, l'on peut dire que « le pouvoir réglementaire local, classiquement, est enfin subordonné. Il l'est aux lois nationales. Il l'est aussi aux règlements nationaux. »[3]

Suivant l'exposé qui précède, l'on rejette l'idée de Maurice BOURJOL, selon laquelle les collectivités territoriales peuvent disposer d'un pouvoir réglementaire autonome en raison du principe de libre administration. En revanche, nous adhérons à l'idée dominante en doctrine, selon laquelle il faut dire que le pouvoir réglementaire locale

---

[1] J. CAILLOSSE, *op. cit.*, p. 75.

[2] B. FAURE, « Le Pouvoir Réglementaire des Collectivités Territoriales : Doit-il Rester Précaire ? », *in* Y. GAUDEMET et O. GOHIN, *La République décentralisée*, Paris, Panthéon-Assas-LGDJ, 2004, pp. 57-64, spéc., p. 58.

[3] J.-B. AUBY, *op. cit.*, p. 65.

n'est pas un pouvoir « autonome », et qu'il est « résiduel ou secondaire ou subordonné »[1].

Donc, on admet, à la fois, que « le pouvoir réglementaire national peut continuer à intervenir, même si la loi ne l'habilite pas directement, et ni la décision 454 DC ni la révision de 2003 n'ont pour effet de l'empêcher d'exercer sa compétence au profit d'un pouvoir réglementaire local qui ne peut être que résiduel, dans le cadre de la répartition des compétences normatives au sein d'un État aussi traditionnellement unitaire que la France. »[2]

Néanmoins, l'on s'interroge encore s'il existe ou non un pouvoir réglementaire, quel qu'il en soit son adjectif — autonome, subordonné ou résiduel —, qui s'exerce par un autre organisme distinct de l'État central, autrement dit par les collectivités territoriales ? La réponse est claire : il existe bien un tel pouvoir. Ainsi, certains auteurs parlent de « la nécessité d'un pouvoir réglementaire local réservé et sa compatibilité avec le caractère unitaire de l'État »[3].

D'ailleurs, notre sujet s'intéresse à l'exécution des lois par un tel organisme différent de l'État central, et la rédaction de l'article 72 « signifie que ce pouvoir réglementaire ne peut pas être un pouvoir autonome mais qu'il ne peut être qu'une compétence d'exécution des lois. »[4] Donc, même s'il est très limité et subordonné, les collectivités territoriales disposent bien d'un pouvoir réglementaire dans le cadre de l'exécution des lois.

Après toutes les explications jusqu'ici, s'il est nécessaire de résumer nos explications concernant la question de l'unité du pouvoir exécutif dans l'État français, rappelons que nous avons traité la question de l'unité ou du partage du pouvoir exécutif dans le cadre de la centralisation et de la décentralisation, et nous avons parlé aussi du

---

[1] V. M. VERPEAUX *et al.*, *Droit constitutionnel : les grandes décisions de la jurisprudence*, *op. cit.*, pp. 415-416 ; P. FOILLARD, *Droit administratif*, *op. cit.*, p. 54 ; J. FERSTENBERT, F. PRIET et P. QUILICHINI, *op. cit.*, p. 82 ; Y. JÉGOUZO et M. VERPEAUX, « Les collectivités territoriales », art. cit., p. 306 ; J. MONTAIN-DOMENACH et C. BREMOND, *op. cit.*, p. 113 ; C. GUETTIER, *Institutions administratives*, Dalloz, 2010, p. 112 ; M. VERPEAUX et C. RIMBAULT, *op. cit.*, p. 65.

[2] M. VERPEAUX *et al.*, *Droit constitutionnel : les grandes décisions de la jurisprudence*, *op. cit.*, p. 416.

[3] G. CHAVRIER, *op. cit.* p. 97 et suiv.

[4] M. VERPEAUX *et al.*, *Droit constitutionnel : les grandes décisions de la jurisprudence*, *op. cit.*, pp. 414-415.

pouvoir réglementaire des collectivités territoriales en droit français. Cela nous permet de constater que les collectivités territoriales bénéficient d'un pouvoir effectif. Aussi, est-il possible d'emprunter l'expression de Jean-Marie PONTIER et dire qu'au sens général c'est « le pouvoir municipal »[1].

Jean-Marie PONTIER se demande aussi si ce pouvoir municipal est « un quatrième pouvoir de l'État »[2], ou faut-il le classifier à l'intérieur des pouvoirs législatif ou exécutif ? De notre part, compte tenu de la règle de l'unité du pouvoir législatif que nous avons traité dans le chapitre précédent comme une condition *sine qua non* pour l'État unitaire, l'on a classifié ce pouvoir « municipal » dans le cadre du pouvoir exécutif. Mais, est-ce que cela ne suscite pas un partage du pouvoir exécutif ? Dans le cadre de cette hypothèse, est-ce qu'il existe certaines mesures pour assurer l'unité du pouvoir exécutif ? À ce sujet, la question du contrôle que nous allons traiter va beaucoup nous éclairer. Avant cela, voyons d'abord le pouvoir exécutif dans l'État unitaire turc.

Paragraphe 2. Le pouvoir exécutif dans l'État unitaire turc

Concernant l'articulation de ce pouvoir, qu'on dit exécutif, avec le principe de l'unité dans l'État turc, l'on peut d'abord rappeler, comme İbrahim Özden KABOĞLU, que ce type d'État qu'on dit unitaire accepte l'unité du pouvoir normatif au niveau national[3]. Ainsi, il est question d'une seule organisation politique et juridique qui a un monopole sur toutes les fonctions étatiques. Dans ce type d'État, bâti sur la division horizontale des pouvoirs, l'on refuse une division verticale du pouvoir[4].

À la lumière de ces explications, l'on constate que comme les autres pouvoirs étatiques — législatif et judiciaire — la doctrine turque souligne qu'il existe un seul pouvoir exécutif dans l'État unitaire[5].

---

[1] J.-M. PONTIER, *L'État et les collectivités locales : la répartition des compétences, op. cit.,* p. 87.

[2] *Ibid.*

[3] İ. Ö. KABOĞLU, *op. cit.,* p. 118.

[4] *Ibid.,* p. 124.

[5] K. GÖZLER, *Anayasa hukukunun genel teorisi* [La théorie générale de droit constitutionnel], *op. cit.,* p. 478 ; M. ERDOĞAN, *op. cit.,* p. 13 ; R. ŞENGÜL, *op. cit.,* p. 148 ; Y. SABUNCU, *op. cit.,* p. 28 ; F. DEMİRKOL, *Anayasa hukuku I -II ders notları* [Droit constitutionnel I-II notes], *op. cit.,* p. 63 ; E. TEZİÇ, *op. cit.,* p.

Donc, comme nous l'avons déjà précisé, concernant le pouvoir législatif dans le chapitre précédent, Bülent Nuri ESEN précise que tout comme le pouvoir législatif, le pouvoir exécutif est un ensemble de fonctions qui s'exercent par un seul centre dans cette forme d'État[1].

Par ailleurs, cette règle de l'unité du pouvoir exécutif est confirmée par les dispositions constitutionnelles, plus exactement l'article 123 de la Constitution turque qui évoque le principe de l'unité de l'Administration.

Pour certains auteurs turcs, le principe de l'unité de l'Administration est l'un des principes généraux du modèle d'administration française qui a été un bon exemple pour plusieurs pays différents[2].

Sur ce point, si l'on reprend l'article 123 de la Constitution turque, consacré sous le titre de l'« Unité de l'administration et personnalité morale publique », l'on peut constater que son premier alinéa dispose que « *L'administration constitue un tout du point de vue de son organisation et de ses fonctions et est réglementée par la loi.* »

Quand on observe la doctrine turque, l'on s'aperçoit que l'article précité est considéré non seulement comme une garantie de l'unité de l'Administration et du pouvoir exécutif en droit turc, mais aussi comme l'un des grands principes de la structure unitaire de l'État turc. Dans le même sens, d'autres trouvent que le principe d'unité de l'Administration est « la notion essentielle qui dirige l'organisation administrative dans l'État unitaire »[3]. Outre la doctrine, les décisions de la Cour constitutionnelle turque confirment cette même idée[4].

À titre de rappel, nous avons déjà traité, dans la première partie, le principe d'indivisibilité de l'État dans le cadre des éléments constitutifs

---

125 ; F. DEMİRKOL, *Yerel yönetimlerin anayasal güvenceleri* [Les garanties constitutionnelles des collectivités territoriales], İstanbul, Kazancı Hukuk Yayınları, 1994, p. 3. Certains auteurs utilisent l'expression « État simple » et acceptent aussi la même règle de l'unité du pouvoir exécutif, v. H. N. KUBALI, *op. cit.,* p. 66 ; V. VERSAN, *op. cit.,* pp. 31-32.

[1] B. N. ESEN, *op. cit.,* p. 265. V. dans le même sens, İ. GİRİTLİ et J. SARMAŞIK, *op. cit.,* p. 42.

[2] V. A. NALBANT, *op. cit.,* pp. 95-116. D'après cet auteur, le principe de l'unité de l'administration exige l'encadrement de celle-ci par les lois et par la Constitution, de même qu'il faut un contrôle de l'État central sur l'organisation provinciale de l'Administration et sur les collectivités territoriales.

[3] B. A. GÜLER, *Türkiye'nin yönetimi : yapı* [L'Administration de la Turquie: la structure], Ankara, İmge Kitabevi, 2011, p. 118.

[4] V. R. ŞENGÜL, *op. cit.,* pp. 151-152.

de l'État en droit turc. D'après certains auteurs, le principe d'unité de l'Administration, consacré à l'article 123, signifie que non seulement l'État mais aussi l'Administration est un « tout indivisible »[1].

L'on doit rappeler aussi que d'après l'article 3 de la Constitution, dont nous avons déjà parlé plusieurs fois, « *L'État turc forme avec son territoire et sa Nation une entité indivisible* ». Et, il est possible de voir que la doctrine construit une liaison entre cet article 3 qui indique le principe d'indivisibilité de l'État et l'article 123 qui parle du principe de l'unité de l'Administration, et estime que ces deux principes concourent simultanément à garantir l'indivisibilité de l'État turc et sa structure unitaire[2].

Concernant l'article 3 de la Constitution et le principe d'indivisibilité de l'État, nous avons déjà précisé que cette disposition était le signe de la détermination de la structure de l'État comme unitaire selon la plupart des auteurs. Néanmoins, précisons aussi que selon Yavuz SABUNCU, « le vrai fondement de la structure unitaire de la République turque ne doit pas être considéré comme l'article 3, mais il faut l'indiquer comme l'article 123 de la Constitution turque »[3]. Donc, l'on peut constater encore une fois, de cette dernière expression, l'importance de l'article 123 et du principe d'unité de l'Administration. Voyons, maintenant, quel est le contenu de ce principe en droit turc.

D'abord, précisons que tout comme en droit français, l'on relève une pluralité des organes de l'exécutif en droit turc. Comme déjà indiqué, l'article 8 de la Constitution turque précise que « *la fonction et le pouvoir exécutifs sont exercés par le Président de la République et le Conseil des ministres* ». L'on peut dire à partir de cette disposition qu'il est question d'un dualisme de l'Exécutif en Turquie[4]. De plus, nous avons vu qu'il y a un autre organe qu'on désigne « Administration » qui est consacré dans la Constitution, sous le Chapitre II, intitulé l'Exécutif. Nous renvoyons, sur ce point, à la doctrine turque concernant la « division horizontale » de l'exercice de ce pouvoir[5]. En revanche,

---

[1] A. POLATOĞLU, *Türk kamu yönetimi : güncel ve eleştirel bir yaklaşım* [Administration publique turque: une approche actuelle et critique], Lefkoşa, Yakın Doğu Üniversitesi Yayınları, 2009, p. 26.

[2] İ. GİRİTLİ, P. BİLGEN et T. AKGÜNER, *op. cit.,* p. 194.

[3] Y. SABUNCU, *op. cit.,* p. 30.

[4] V. dans ce sens, E. ÖZBUDUN, *Türk anayasa hukuku* [Droit constitutionnel turc], *op. cit.,* p. 306.

[5] V. sur cette division technique, P. BİLGEN, *İdare hukuku dersleri : idare hukukuna giriş* [Leçons de droit administratif: introduction au droit administratif], *op. cit.,* p. 7 ;

comme nous l'avons fait pour le droit français, répétons qu'il s'agit, ici, d'une division technique. En réalité, ce qui nous intéresse, dans le cadre de la question de l'État unitaire, et du point de vue du principe d'unité face au pouvoir exécutif, est de savoir s'il existe une division verticale de la détention de ce pouvoir.

Rappelons que l'article 123 de la Constitution précisait, dans son premier alinéa, que « *l'administration constitue un tout du point de vue de son organisation et de ses fonctions* », tandis que son deuxième alinéa prévoit que « *l'organisation et le fonctionnement de l'administration sont basés sur les principes de la centralisation et de la décentralisation* ».

Peut-être qu'il est possible de dire que même si « la Constitution diffuse le principe d'unité sur toute l'organisation administrative, mais il s'agit de certains assouplissements de ce principe, et, il est possible de trouver la reconnaissance de certaines libertés pour certaines autorités administratives »[1]. Ainsi, nous allons examiner, dans ce qui suit, le principe d'unité du pouvoir exécutif à l'égard de ces assouplissements. Il sera question, dans un premier temps, du principe d'unité du pouvoir exécutif vis-à-vis de la question de la déconcentration. Ensuite, dans un second temps, le principe précité sera étudié dans le cadre de la décentralisation. L'occasion pour nous d'aborder, dans ce cadre, est l'existence des différentes personnes morales de droit public distinctes de l'État.

Comme nous l'avons déjà indiqué, d'après l'article 123 de la Constitution turque, l'organisation administrative de l'État turc est basée principalement sur le principe de la centralisation. En effet, la doctrine turque est unanime concernant l'avantage initial de ce type d'organisation centralisée du point de vue de l'unité de l'administration de l'État[2]. Ainsi, est-il indéniable que la centralisation administrative

---

B. TANÖR et N. YÜZBAŞIOĞLU, *op. cit.*, p. 301 ; Y. SABUNCU, *op. cit.*, p. 230 ; K. GÖZLER, *Türk anayasa hukuku* [Droit constitutionnel turc], *op. cit.*, p. 480.

[1] Y. YAYLA, *İdare hukuku* [Droit administratif], İstanbul, Beta, 2009, p. 233.

[2] Ş. GÖZÜBÜYÜK et T. TAN, *İdare hukuku: genel esaslar* [Droit administratif: bases générales], Vol. 1, Ankara, Turhan Kitabevi, 2006, p. 162 ; R. C. DERDİMAN, *Türkiye idaresinin hukuksal yönü ve yapısı* [La perspective juridique et la structure de l'administration de Turquie], *op. cit.*, p. 86 ; A. H. AYDIN, *Türk kamu yönetimi : sistemi, niteliği, örgütü, sorunları* [Administration publique turque: système, caractère, organisation, problèmes], Ankara, Seçkin, 2011, p. 218 ; Ş. GÖZÜBÜYÜK, *Türkiye'nin yönetim yapısı* [La structure administrative de la

assure l'unité des services publics administratifs sur tout le territoire national[1].

Même s'il est possible de préciser, à ce propos, que l'administration centrale de l'État unitaire se forme de l'organisation centrale et de celle provinciale, mais il faut relever aussi que l'administration centrale est toujours unique, puisque ces deux organisations — centrale et provinciale — existent à l'intérieur de la même personnalité : c'est la personnalité morale de l'État[2].

De plus, il s'agit d'une déconcentration des pouvoirs dans cette personnalité morale unique. C'est ce qu'indique l'article 126 de la Constitution turque qui dispose que « *La Turquie, du point de vue de l'organisation de l'administration centrale, est divisée en départements en fonction de la situation géographique, des conditions économiques et des exigences du service public ; les départements se subdivisent à leur tour en divers degrés d'administration* », et que « *l'administration des départements est fondée sur le principe de la déconcentration* ».

Dans le cadre de cet article, et comme l'affirme la Cour constitutionnelle turque, précisons que ce principe de déconcentration est l'une des techniques qui a pour objectif l'allègement des pouvoirs de l'administration centrale. D'après la Cour constitutionnelle, il n'y a ni une autre personnalité morale distincte de l'État ni une autonomie de l'administration déconcentrée. Aussi, il faut dire qu'elle est toujours à l'intérieur de l'administration centrale[3]. L'on consent donc à ce que les autorités administratives déconcentrées soient complètement liées à l'administration centrale[4], et les décisions qu'elles prennent « au nom de l'État » ont « la même validité et la même valeur » que celles de l'administration centrale[5].

Turquie], Ankara, Turhan Kitabevi, 2010, p. 95 ; A. ULUSOY et T. AKDEMİR, *op. cit.,* p. 49.

[1] M. GÜNDAY, *op. cit.,* p. 58.

[2] K. GÖZLER, *Anayasa hukukunun genel teorisi,* [La théorie générale de droit constitutionnel], *op. cit.,* p. 479.

[3] Ş. GÖZÜBÜYÜK et T. TAN, *op. cit.,* p. 170. V. également le commentaire de ces auteurs sur la décision de la Cct du 22.6.1988, E. 987/18-K. 988/23, *RG(JORT)* 26.11.1988, n° 20001, p. 14, (*Ibid.* note n° 13)

[4] Ş. KARATEPE, *Türkiye'nin idare teşkilatı* [L'organisation administrative de la Turquie], Ankara, Gümüş Matbaacılık, 1994, p. 11.

[5] R. C. DERDİMAN, *Türkiye idaresinin hukuksal yönü ve yapısı* [La perspective juridique et la structure de l'administration de Turquie], *op. cit.,* p. 91.

Après cette explication sur le principe de la déconcentration, rappelons que l'alinéa 2 de l'article 123 précise que l'organisation et le fonctionnement de l'administration sont basés sur les principes de la centralisation et de la décentralisation. Selon la doctrine turque, comme le principe de déconcentration qui existe à l'intérieur du principe de la centralisation administrative, le principe de la décentralisation doit être étudié aussi à la lumière du premier alinéa de l'article 123 qui prévoit que « *l'administration constitue un tout du point de vue de son organisation et de ses fonctions* ». Par conséquent, l'on peut dire que ce principe de la décentralisation ne porte pas atteinte à l'unité de l'Administration[1].

En plus de ce qui vient d'être exposé, l'on peut aussi citer la décision de 1993 de la Cour constitutionnelle qui affirme, concernant la centralisation et la décentralisation, que ces deux types de modalités d'organisation existent « en dessous du même toit de l'Administration — au sens général —, et, ils sont encadrés par les mêmes fondements dans le cadre du principe d'unité de l'Administration »[2].

Ces acceptations sont développées concernant la question de l'existence des personnes morales distinctes de l'État central. Sachant que même avec l'existence de certaines limites, les autorités administratives décentralisées ont une autonomie vis-à-vis de l'État central, et elles ne font pas partie de l'organisation et de la hiérarchie de l'administration centrale[3].

Précisons, à ce propos, que la doctrine turque est unanime sur l'idée que l'existence de telles personnes morales décentralisées et distinctes de l'administration centrale ne remet pas en cause le principe d'unité de l'Administration[4]. Car, comme le souligne Metin GÜNDAY, même si l'État central et l'administration locale apparaissent, à première vue, comme des autorités différentes, elles ne sont pas pour autant indépendantes les unes des autres[5].

---

[1] Y. YAYLA, *İdare hukuku* [Droit administratif], *op. cit.,* p. 233.

[2] V. Ş. GÖZÜBÜYÜK et T. TAN, *op. cit.,* p. 165, note n° 3, sur la décision de la Cct du 9.2.1993, E. 992/44-K. 993/7, *RG (JORT)* 19.6.1993, n° 22612, p. 11.

[3] V. sur la question de « l'autonomie territoriale » au niveau administratif, R. KELEŞ, *op. cit.,* p. 54 et suiv.

[4] K. GÖZLER, *Anayasa hukukunun genel teorisi,* [La théorie générale de droit constitutionnel], *op. cit.,* p. 481 ; Y. SABUNCU, *op. cit.,* pp. 30-31 ; Y. YAYLA, *İdare hukuku* [Droit administratif], *op. cit.,* p. 233 ; İ. GİRİTLİ, P. BİLGEN et T. AKGÜNER, *op. cit.,* p. 193.

[5] M. GÜNDAY, *op. cit.,* p. 70.

Cependant, on voit que même si certains auteurs adhèrent à l'idée ainsi exposée, ils ne parlent rien de la nécessité de l'unité du pouvoir exécutif. Ils précisent que les autorités administratives décentralisées « n'ont pas des pouvoirs législatifs et judiciaires propres, mais, elles n'ont que des compétences administratives »[1]. En effet, ces auteurs estiment que l'existence de personnes morales distinctes ne remet pas en cause la structure unitaire de l'État en raison de l'absence du pouvoir législatif et judiciaire de celles-ci, mais ils acceptent, en même temps, que les autorités décentralisées exercent leurs propres compétences administratives. Ainsi, selon certains, dans l'État unitaire, même s'il n'existe pas un partage du pouvoir législatif ou judiciaire entre l'État et les autres personnes morales, le partage n'est qu'en matière de fonction exécutive[2]. Donc, comment peut-on accepter que l'existence de telles autorités décentralisées qui exercent leurs propres compétences administratives ne remette pas en cause aussi l'unité de l'Administration ? Par quelle voie cette unité va-t-elle être assurée ?

Les réponses aux précédentes interrogations nous mènent au sujet des moyens de contrôle. Comme nous allons le constater, il s'agit de certains moyens de contrôle dans le cadre des principes de la centralisation et de la décentralisation, dont nous avons parlé précédemment. Pour bien cerner notre sujet, nous allons traiter, d'abord, le contrôle hiérarchique dans le cadre du principe de la centralisation, et le contrôle de tutelle dans le cadre du principe de la décentralisation en droits français et turc. Précisons que cette dernière va nous donner la possibilité de voir la différence entre le mécanisme de contrôle dans l'organisation administrative décentralisée de ces deux États unitaires.

---

[1] Ces auteurs affirment que dans l'État unitaire ou dans le cadre de la décentralisation administrative, les collectivités territoriales n'ont pas de pouvoirs législatifs et judiciaires propres ; elles n'ont que des compétences administratives ou exécutives v. İ. GİRİTLİ et J. SARMAŞIK, *op. cit.*, p. 42 ; K. GÖZLER, *Anayasa hukukunun genel teorisi* [La théorie générale de droit constitutionnel], *op. cit.*, p. 481 ; R. KELEŞ, *op. cit.*, p. 25 ; M. ÖKMEN et B. PARLAK, *Kuramdan uygulamaya yerel yönetimler : ilkeler, yaklaşımlar ve mevzuat* [Les collectivités territoriales, de la théorie à la pratique: principes, approches et législation], Bursa, Aktüel Yayınları, 2008, p. 11 ; A. ULUSOY et T. AKDEMİR, *op. cit.*, p. 47.

[2] R. ŞENGÜL, *op. cit.*, p. 7.

Section 3
Les moyens de contrôle en tant que garantie de l'unité du pouvoir exécutif et de l'unité étatique en droits français et turc

Partant des explications ci-dessus, il est possible de dire que le pouvoir exécutif se distingue du pouvoir législatif en raison de l'existence de la répartition des compétences administratives entre l'État central et les collectivités territoriales dans les États unitaires. De sorte qu'il est possible de trouver, par un premier regard, un partage du pouvoir exécutif entre ces deux organismes. En revanche, précisons que les moyens du contrôle assurent, sur ce point, l'unité du pouvoir exécutif dans l'État unitaire. À ce stade, il sera utile de faire une étude sur le sujet du contrôle en droit administratif français (**Paragraphe 1**), ensuite, nous allons parler des moyens de contrôle en tant que garantie de « l'unité de l'Administration » dans l'organisation administrative de l'État unitaire turc (**Paragraphe 2**).

Paragraphe 1. Le sujet du contrôle en droit administratif français

Nous avons vu qu'il existe plusieurs autorités administratives qui ont un rôle important dans l'exécution des lois. En effet, même si l'administration centrale est une seule personne morale de droit public, elle n'est pas une seule personne « concrète », puisqu'elle englobe aussi plusieurs autorités administratives, y compris les autorités de l'organisation provinciale. Nous avons parlé également de la déconcentration dans ce cadre. Dans ce qui suit, nous allons voir comment l'unité administrative est assurée non seulement dans l'administration centrale, mais aussi vis-à-vis de la relation de celle-ci avec l'administration locale ? Il sera question de s'interroger sur les moyens de contrôle assurant cette unité administrative dans l'État unitaire.

L'on peut constater qu'il existe deux types de contrôle distincts, selon qu'on soit face à la centralisation ou à la décentralisation. D'après certains auteurs, « il est commode, pour caractériser ces deux types de contrôle, de distinguer entre un contrôle hiérarchique et un contrôle de tutelle. »[1]

[1] A. DE LAUBADERE et Y. GAUDEMET, *op. cit.*, p. 118.

Il faut préciser, concernant la distinction entre ces deux types de contrôle, qu'« alors que toutes les personnes administratives sont soumises à un contrôle de l'autorité centrale, les agents centralisés sont subordonnés à l'autorité d'un supérieur hiérarchique, les collectivités décentralisées et leurs organes décisionnels, au contraire, sont soumis à un contrôle spécifique qualifié de tutelle et caractérisé par le fait qu'il serait respectueux de leur autonomie. »[1]

Comme nous l'avons vu, l'on a constaté l'utilisation de l'expression « contrôle de tutelle » dans le cadre du deuxième type de contrôle. Ce contrôle que la doctrine désigne de « tutelle administrative » a été supprimé pour les collectivités territoriales dans l'État unitaire français par la loi du 2 mars 1982[2]. Il n'existe donc qu'un contrôle de légalité appelé « contrôle administratif » dans cet État sur les actes des collectivités territoriales. Dans ce qui suit, nous allons, d'abord, traiter du contrôle hiérarchique en France (**A**). Ensuite, nous nous intéresserons au deuxième type de contrôle exercé sur les autorités décentralisées, qui s'est substitué à la tutelle administrative et qu'on désigne par « le contrôle administratif » (**B**).

A- Le contrôle hiérarchique en droit français

Il est nécessaire de préciser qu'il existe une liaison forte entre le contrôle hiérarchique et le principe de la centralisation administrative. En cas de centralisation administrative, toutes les décisions sont prises au sein et au nom d'une seule personne morale que nous avons indiquée comme étant l'administration centrale. Mais cette personne morale englobe plusieurs personnes administratives qui exercent ses fonctions selon certaines règles. Il faut dire aussi que « la centralisation administrative entraîne, dans l'organisation du personnel administratif, l'institution de la hiérarchie. »[3]

Pour reprendre Jacques CAILLOSSE, il est possible de dire que « la notion de pouvoir hiérarchique tient une place centrale dans la présentation classique — disons : celle que les manuels, par-delà d'importantes différences de style, font dans l'ensemble prévaloir — de l'organisation

[1] F. FOURNIÉ, *op. cit.,* p. 247.

[2] Loi n° 82-213 du 2 mars 1982 relative aux droits et libertés des communes, des départements et des régions, *JORF* du 3 mars 1982, p. 730.

[3] M. HAURIOU, *Précis de droit administratif et de droit public, op. cit.,* p. 77.

territoriale de l'administration. Elle est positivement constitutive de la centralisation dont elle est la marque emblématique. »[1]

Quant à la définition du terme, Maurice HAURIOU précise que « hiérarchie signifie, en soi, superposition de degrés dans une organisation autoritaire des agents, de telle sorte que les agents inférieurs accomplissent leurs fonctions, non pas sous l'obligation directe et unique d'observer la loi, mais sous l'obligation d'obéir au chef qui s'interpose entre eux et la loi »[2].

Donc, on voit que « la centralisation administrative sera la création d'un centre de coordination et d'unification dans l'administration de l'État, grâce à l'existence d'un personnel hiérarchisé. »[3] Il faut préciser aussi, à ce propos, que cette hiérarchie rend service, en même temps, au contrôle de l'unité de la fonction administrative dans l'administration centrale. De sorte que, même s'il s'agit d'une seule personne morale, il faut dire aussi, comme l'affirme Jean WALINE, qu'« on ne peut pas accepter qu'une autorité administrative exerce ses pouvoirs sans aucun contrôle »[4]. Le principe de la hiérarchie fournit un contrôle interne dans cette même personnalité morale. Disons, alors, que « dans une administration centralisée, le supérieur possède, à l'égard des actes du subordonné, les plus larges pouvoirs ; il peut, sous certaines réserves non négligeables, les réformer ou les annuler, non seulement pour des raisons d'illégalité mais aussi lorsqu'il les juge inopportuns. C'est le contrôle hiérarchique. »[5]

L'on peut dire que ce contrôle fournit, en même temps, un pouvoir non seulement pour l'instruction et l'annulation, mais aussi pour la réformation, et il s'agit aussi d'un contrôle qui s'exerce non seulement en légalité, mais en opportunité. En effet, cette dernière gagne de l'importance sur ce point. Comme nous allons le voir, par rapport au contrôle administratif ou à la tutelle administrative, ce contrôle hiérarchique s'étend sur un domaine beaucoup plus vaste, et son contenu est bien large. Puisqu'il « connaît toutes les modalités possibles : le pouvoir unilatéral de substitution, de réformation, d'autorisation, de sanction ou encore d'annulation (ce qui n'interdit pas, dans cette dernière hypothèse, de recourir également au juge administratif),

[1] J. CAILLOSSE, *op. cit.*, p. 63.
[2] M. HAURIOU, *Précis de droit administratif et de droit public, op. cit.*, p. 77.
[3] *Ibid.*, p. 71.
[4] J. WALINE, *op. cit.*, p. 53.
[5] *Ibid.*

mais aussi le pouvoir d'instruction ou d'évocation en tant que manifestations particulières, mais significatives de l'état de subordination qui prévaut nécessairement au sein d'une même personne administrative. »[1] Donc, on voit que ce contrôle donne la possibilité d'exercer un pouvoir très fort, en l'occurrence le pouvoir hiérarchique. Selon Georges VEDEL et Pierre DELVOLVÉ, « le pouvoir hiérarchique est un pouvoir inconditionné sous réserve de ne pas prescrire ou commettre d'illégalités, le supérieur a le droit de donner à ses inférieurs tels ordres qu'il juge bons »[2].

Olivier GOHIN et Jean-Gabriel SORBARA nous rappellent également un autre point important, en l'occurrence « l'unité du système administratif suppose que chaque personne administrative soit régie par le principe du contrôle hiérarchique qui vaut au sein de chaque niveau d'administration centrale ou déconcentré ainsi qu'entre l'administration centrale et ses services déconcentrés. »[3]

À titre de rappel, nous avons déjà parlé brièvement de la déconcentration dans le cadre de la centralisation et nous avons dit que « c'est le même marteau qui frappe ». Mais, ici, l'on peut dire que ce contrôle est relatif pour les autorités déconcentrées qui « sont soumises au contrôle hiérarchique de l'État qui dispose à leur égard, d'une part, du pouvoir disciplinaire permettant la sanction, la suspension ou la révocation, et, d'autre part, du pouvoir d'approbation, d'annulation ou de substitution de leurs actes. »[4] Donc, il faut dire que l'action du représentant local de l'État n'échappe pas à ce contrôle, puisque cette action reste dans la même pyramide et dans la même personne morale.

En somme, il est possible de constater concernant la centralisation administrative, y compris la modalité de la déconcentration, un contrôle très fort en faveur de l'unité de l'Administration. Aussi, il apparaît que cette question ne pose pas beaucoup de problèmes. En revanche, il faut étudier aussi les moyens de contrôle des administrations décentralisées, qui sont des personnes morales distinctes de l'État central comme nous l'avons déjà précisé.

---

[1] O. GOHIN et J.-G. SORBARA, *op. cit.,* p. 111.
[2] G. VEDEL et P. DELVOLVÉ, *op. cit.,* p. 402.
[3] O. GOHIN et J.-G. SORBARA, *op. cit.,* p. 111.
[4] M. VERPEAUX et C. RIMBAULT, *op. cit.,* p. 33.

B- Le contrôle administratif en droit français

Nous avons déjà démontré que dans l'organisation administrative décentralisée, il est question d'autorités administratives locales qui ont ses propres personnalités morales distinctes de l'État. Néanmoins, il faut dire que l'unité de l'Administration nécessite, quand même, l'existence d'un contrôle par l'État central sur ces autorités décentralisées. Donc, nous allons parler de la nécessité d'un tel moyen de contrôle, et nous interroger sur son contenu. Cela va nous permettre de comprendre la mutation de l'organisation administrative, ou bien la mutation de l'État unitaire lui-même. En effet, même si l'État unitaire turc conserve encore un contrôle dit « tutelle administrative », le mécanisme a connu un grand changement dans l'État unitaire français.

D'abord, précisons que quand on dit la tutelle administrative, il s'agit d'un type de contrôle qui existe entre deux personnalités morales distinctes. Ainsi, ce type de contrôle assure la surveillance de l'État central sur les autorités administratives décentralisées. En réalité, ce contrôle provient de la caractéristique de l'État unitaire, de sorte qu'il est nécessaire de dire, en reprenant André ROUX, que « dans un État unitaire, la décentralisation s'accompagne nécessairement d'un contrôle de l'État sur les actes des collectivités territoriales. »[1] Autrement dit, « la forme unitaire, même décentralisée, de l'État requiert un contrôle de l'État sur les autorités décentralisées. »[2]

Certes que la décentralisation est le symbole de l'importance des libertés locales dans un État — même unitaire —, en revanche, elle « n'a jamais été synonyme de liberté totale pour les collectivités territoriales et celles-ci font l'objet d'un contrôle qui est exercé, dans un État unitaire comme la France, par l'autorité étatique. »[3] Ainsi, il faut admettre que ce qui est la règle prépondérante dans cette forme d'État, c'est toujours « le respect de l'unité de l'État, ce qui signifie que les libertés locales ne vont pas sans contrôle. »[4]

---

[1] A. ROUX, « Le Conseil constitutionnel et la décentralisation », *in* A. DELCAMP et G. GILBERT, *La décentralisation dix ans après : Actes du colloque organisé au Palais du Luxembourg, [Paris], les 5 et 6 février 1992,* Paris, LGDJ, 1993, pp. 51-88, spéc., p. 59. V. aussi, A. ROUX, *Droit constitutionnel local, op. cit.,* p. 72.

[2] M. DEGOFFE, *Droit administratif,* Paris, Ellipses, 2012, p. 168.

[3] Y. JÉGOUZO et M. VERPEAUX, « Les collectivités territoriales », art. cit., p. 316.

[4] A. GRUBER, *La décentralisation et les institutions administratives,* Paris, A. Colin, 1996, p. 25.

Donc, il faut prendre en compte le sujet de l'autonomie des autorités décentralisées, puisqu'on parle d'une organisation administrative décentralisée, mais, la doctrine accepte encore que « la décentralisation (soit) une forme d'autonomie mais non d'indépendance. »[1] Cela étant dit, même si on parle d'une autonomie pour ces personnes décentralisées dans le domaine administratif, il n'en demeure pas moins que cette autonomie se déroule « sous la surveillance de l'État »[2].

Dans le cadre de sujet de l'État unitaire décentralisé et du point de vue de l'unité de l'administration ou du pouvoir exécutif, nous nous sommes intéressés notamment aux collectivités territoriales. Nous allons continuer notre sujet encore sur ces entités administratives décentralisées. À ce propos, nous avons déjà dit que les collectivités territoriales ont leur personnalité morale propre, et qu'elles s'administrent librement, comme l'affirme la Constitution française. D'un autre côté, il faut ajouter aussi que « même si les collectivités territoriales sont des personnes morales distinctes de l'État, elles ne peuvent être conçues en dehors de l'État, parce que c'est l'État qui prévoit et organise leur existence. »[3]

Il est possible de dire, à ce propos, que « la décentralisation impliquait un droit unilatéralement déterminé par la volonté de l'État pour s'imposer aux collectivités en tant qu'exécuteurs »[4]. Bertrand FAURE distingue ainsi la décentralisation de l'auto-administration, en disant que « les collectivités n'exercent rien qui aurait auparavant appartenu à l'État et que celui-ci leur aurait décentralisé. On est donc dans une situation juridique et logique distincte que peut exprimer l'idée d'auto-administration. »[5]

Cette position affirmée par la doctrine rappelle, d'ailleurs, la nécessité de l'existence d'un mécanisme de contrôle sur les collectivités territoriales. Par conséquent, l'on admet que « quoi qu'il en soit, l'État central conserve de larges pouvoirs de contrôle sur ces collectivités territoriales. C'est la logique de l'État unitaire. »[6]

---

[1] A. DE LAUBADERE et Y. GAUDEMET, *op. cit.,* p. 118.

[2] R. CHAPUS, *op. cit.,* p. 403.

[3] Y. JÉGOUZO et M. VERPEAUX, « Les collectivités territoriales », art. cit., p. 305.

[4] B. FAURE, *Droit des collectivités territoriales,* Paris, Dalloz, 2011, p. 6. V. dans le même sens, O. GOHIN *et al.*, *Droit des collectivités territoriales, op. cit.*, p. 129.

[5] B. FAURE, *Droit des collectivités territoriales, op. cit.,* p. 6.

[6] R. DEBBASCH, *Droit constitutionnel*, *op. cit.,* p. 18.

En effet, il faut préciser que l'existence d'un contrôle sur les collectivités territoriales assure, en même temps, la balance entre les divers principes constitutionnels de l'État français. Il y a, d'abord, le principe d'indivisibilité de la République consacré à l'article 1er de la Constitution française. À ce sujet, Bernard STIRN déclare que « le principe d'indivisibilité de la République implique....auprès des collectivités territoriales, d'un représentant de l'État investi de pouvoirs de contrôle »[1].

Ce principe d'indivisibilité nécessite « que la loi et les décrets nationaux, édictés par des autorités centrales que sont le Parlement ou le pouvoir exécutif, soient respectés par les autorités publiques locales »[2]. Et, pour cette raison l'on admet la nécessité d'un tel contrôle qui est, en même temps, « une conséquence directe de l'indivisibilité de la République. »[3]

Peut-être qu'on peut dire que ce contrôle est une garantie de ce principe d'indivisibilité de l'État à l'égard du principe de libre administration des collectivités territoriales qui existe dans l'article 72 de la Constitution. De la sorte, non seulement « la libre administration des collectivités territoriales doit s'exercer dans le respect des prérogatives de l'État », mais l'on admet aussi que « cela se traduit par l'exigence d'un contrôle de l'autorité étatique sur les actes des collectivités et par le nécessaire respect des compétences des organes étatiques, sur lesquelles ne peuvent empiéter celles conférées aux collectivités territoriales. »[4]

D'ailleurs, non seulement à l'égard de l'article 1er de la Constitution, mais aussi en vertu de son article 72, l'on voit qu'il s'agit d'un « équilibre entre la libre administration et la nécessité du contrôle apparaît de façon claire dans les alinéas 3 et 6. Si le premier met l'accent sur la liberté, le second précise que : « *Dans les collectivités territoriales de la République, le représentant de l'État, représentant de chacun des membres du gouvernement, à la charge des intérêts nationaux, du contrôle administratif et du respect des lois* ». »[5] Donc, l'on peut dire que « le contrôle de l'État sur les collectivités territoriales est donc une exigence constitutionnelle qui vient limiter la libre

---

[1] B. STIRN, *op. cit.,* p. 171.

[2] M. VERPEAUX et C. RIMBAULT, *op. cit.,* p. 37.

[3] *Ibid.*

[4] A. ROUX, « Le Conseil constitutionnel et la décentralisation », art. cit., p. 59.

[5] Y. JÉGOUZO et M. VERPEAUX, « Les collectivités territoriales », art. cit., p. 316.

administration. »[1] Ainsi, comme le fait remarquer Louis FAVOREU, il ne faut pas oublier que la libre administration ne signifie pas libre gouvernement et que cela ne peut conduire les collectivités territoriales à prendre des décisions à caractère politique[2].

En somme, certes, il est nécessaire d'avoir un mécanisme de contrôle dans l'hypothèse d'un système administratif décentralisé, mais comment va-t-il fonctionner un tel contrôle ? Il convient de rappeler que nous avons déjà traité le mécanisme de contrôle dans l'administration centrale, de sorte que la centralisation administrative implique un contrôle hiérarchique à l'intérieur d'une seule personnalité morale. Par contre, comme la décentralisation prévoit l'existence des personnes morales distinctes, l'on dit alors que l'État n'a plus de pouvoir de contrôle hiérarchique sur les autorités administratives décentralisées.

Donc, l'on admet que « la décentralisation consiste à conférer à une entité la personnalité morale, en rompant le lien hiérarchique entre elle et l'État central au profit d'un simple contrôle, d'une simple surveillance »[3], puisqu'il s'agit d'une répartition des pouvoirs décisionnels entre ces plusieurs personnes morales autonomes.

De cette façon, il faut dire que « le contrôle sur les collectivités territoriales ne peut donc être le même que celui qui existe dans la relation hiérarchique consacrée dans le cadre de l'administration déconcentrée car, tout en maintenant le caractère unitaire de l'État, il doit respecter la libre administration. »[4]

Cependant, il faut ajouter aussi que « dans un État unitaire les relations entre l'État et les entités locales penchent toujours en faveur de l'État. Il ne s'agit pas d'un contrôle hiérarchique de l'État sur les collectivités locales, mais d'un contrôle plus complexe »[5]. Ce contrôle est appelé « contrôle de tutelle »[6].

En doctrine française, il existe plusieurs explications sur le but de ce contrôle qu'on appelle la tutelle administrative. À ce sujet, l'on peut citer l'expression remarquable de Dominique MAILLARD

---

[1] L. FAVOREU *et al.*, *Droit constitutionnel, op. cit.*, p. 505.

[2] L. FAVOREU, « Décentralisation et Constitution », art. cit., p. 1280.

[3] P.-L. FRIER et J. PETIT, *op. cit.*, p. 127.

[4] Y. JÉGOUZO et M. VERPEAUX, « Les collectivités territoriales », art. cit., p. 316.

[5] R. ETIEN, *op. cit.*, p. 219.

[6] Comme nous aurons l'occasion de le constater, en droit français, le contrôle administratif s'est substitué à cette technique.

DESGRÉES DU LOÛ, « toute la tutelle est la traduction juridique du principe politique selon lequel l'État est en France le garant administratif ultime de l'intérêt général et de l'unité d'application de la législation. Elle est nécessaire à la solidité de l'État unitaire en assurant une bonne et égale application de la loi. »[1] D'ailleurs, la question de l'existence d'une tutelle administrative dans l'organisation des États unitaires gagne de l'importance en partant de cette idée. Ainsi, selon certains auteurs, il est possible de dire que « le contrôle de tutelle manifeste le caractère unitaire de l'État décentralisé »[2].

Concernant la différence entre le contrôle hiérarchique et celui de tutelle, l'on peut dire que « le pouvoir « de tutelle » se veut tempéré parce qu'il ne vise pas les agents mais les élus : il ne saurait être un pouvoir général et inconditionnel. Contrairement à l'autorité hiérarchique qui peut imposer ses vues à ses subordonnés sans avoir à invoquer aucune règle particulière, l'autorité de tutelle ne peut intervenir dans la vie de la collectivité que dans la mesure où elle est à même de se prévaloir d'une disposition légale expresse. »[3] Donc, il faut accepter que la tutelle soit un pouvoir conditionné par les textes, ce que confirme la célèbre expression : « pas de tutelle sans texte et hors des limites du texte ».

Cependant, nous allons nous interroger encore sur la différence de contenu entre le contrôle de tutelle et le contrôle hiérarchique. L'on sait que par le vocable « tutelle », l'on vise, d'après Roland DEBBASCH, « un contrôle étendu sur les actes locaux, en se permettant, par exemple, d'en examiner non seulement la légalité mais aussi l'opportunité et en s'arrogeant un pouvoir d'approbation de ces actes. Dans ce cas, la liberté des autorités décentralisées est réduite puisque toutes les compétences à elles conférées le sont sous réserve de la position étatique »[4]. Ainsi, si la liberté des autorités décentralisées est toujours réduite en cas d'existence d'une tutelle, comment va-t-on expliquer l'importance et les avantages de la décentralisation ? L'on dit, « pas de tutelle sans texte », néanmoins la possibilité d'un contrôle de l'opportunité ne dépasse pas les limites de cette règle ?

---

[1] D. MAILLARD DESGRÉES DU LOÛ, *Institutions administratives, op. cit.*, pp. 189-190.

[2] O. GOHIN et J.-G. SORBARA, *op. cit.*, p. 119.

[3] B. FAURE, *Droit des collectivités territoriales, op. cit.*, p. 11.

[4] R. DEBBASCH, *Droit constitutionnel, op. cit.*, p. 18.

Partant la différence entre le pouvoir hiérarchique et le pouvoir de tutelle, Bertrand FAURE explique bien la situation, en disant qu'« en valeur théorique il n'y a donc pas lieu d'opposer totalement les deux types de pouvoirs qui peuvent entretenir des similitudes au risque de contrarier la liberté de l'autorité décentralisée, les procédés d'autorisation préalable et d'annulation pour inopportunité pouvant être pratiqués dans les deux cas. »[1] C'est-à-dire qu'on ne peut pas voir une grande différence entre le contrôle de tutelle et le contrôle hiérarchique, notamment en raison du contrôle de l'opportunité. D'ailleurs, l'on peut constater que le contenu du contrôle de tutelle est peu différent de celui du contrôle hiérarchique, à savoir que la tutelle administrative peut fournir un pouvoir d'approbation, d'annulation ou de suspension des actes.

C'est à cause d'une telle forte limitation sur l'autonomie des collectivités territoriales, ce contrôle de tutelle a été supprimé, en droit français, par un grand mouvement décentralisateur de la loi du 2 mars 1982.

Précisons, à ce sujet, que « certains auteurs continuent à parler de tutelle à propos de ces nouveaux procédés de contrôle, tant il est vrai qu'en soi la tutelle exprime un pouvoir de contrôle. »[2] D'ailleurs, il faut bien savoir que la tutelle n'a été supprimée que pour les collectivités territoriales, sinon elle continue de s'exercer sur les établissements publics de l'État, tels que les universités et les hôpitaux. Par contre, il faut admettre qu'il s'agit, en toute hypothèse, d'un grand changement dans l'organisation administrative de l'État unitaire français, notamment du point de vue des collectivités territoriales. De notre part, l'on peut dire que l'usage du terme tutelle est désormais inutile, puisqu'il est « inspiré du vocabulaire applicable aux incapables, ce qui illustrait la place seconde des collectivités territoriales en France. »[3]

---

[1] B. FAURE, *Droit des collectivités territoriales, op. cit.*, p. 11.

[2] D. MAILLARD DESGRÉES DU LOÛ, *Institutions administratives, op. cit.*, p. 190. Suivant les développements de certains auteurs, il est possible de comprendre que ces deux contrôles peuvent être qualifiés de contrôles de tutelle. Ainsi, d'après certains, « la décentralisation a (…) pour limite le contrôle, appelé de façon courante la tutelle, assumé par le représentant de l'État. La loi du 2 mars 1982 a substitué au contrôle a *priori* un contrôle a *posteriori,* dès lors que les délibérations des collectivités locales sont désormais exécutoires de plein droit », v. P. AVRIL et J. GICQUEL, *Lexique de droit constitutionnel, op. cit.,* p. 41. Néanmoins, il convient de préciser que chez ces auteurs, la distinction de ces deux types de contrôle est bien nette.

[3] M. VERPEAUX et C. RIMBAULT, *op. cit.,* p. 37.

Si l'on prend en compte la Constitution française, l'expression « *contrôle administratif* », contenue à l'article 72, existait avant la réforme de 1982. De même, l'on retrouve une telle expression dans l'article 88 de la Constitution de 1946. L'article 72 de la Constitution de 1958 prévoit aussi que « *dans les collectivités territoriales de la République, le représentant de l'État, représentant de chacun des membres du Gouvernement, à la charge des intérêts nationaux, du contrôle administratif et du respect des lois* »[1]. Donc, l'on peut dire que vis-à-vis de l'expression de contrôle administratif, la loi du 2 mars 1982 a affirmé une position conforme aux expressions constitutionnelles. Il faut ajouter que non seulement la tutelle administrative, mais « la tutelle financière » a été supprimée aussi par ces réformes de 1982. Désormais, le contrôle budgétaire est, à partir de ce moment-là, effectué par les chambres régionales des comptes qui est une juridiction financière créée en 1982.

Précisons qu'il est possible de traiter cette réforme de 1982 avec plusieurs autres perspectives et innovations, mais dans le cadre de notre sujet de l'unité ou du partage de l'administration ou du pouvoir exécutif, il faut dire que cette réforme « modifie profondément la position de l'État dans le système d'organisation territoriale. »[2] Selon Jacques CHEVALLIER, il s'agit de « la stricte démarcation opérée entre l'administration d'État et l'administration locale », dont l'une des conséquences est « la fin du système classique de la tutelle et son remplacement par les nouveaux mécanismes du contrôle administratif et financier »[3].

Donc, quel est le changement dans la relation entre l'administration d'État et l'administration locale, qu'induit ce nouveau système de contrôle. L'on peut dire, en reprenant Jacques MOREAU, que « par rapport à la tutelle, le changement est double. D'une part, le préfet ne possède plus le pouvoir d'annuler lui-même les actes des autorités locales ou d'en suspendre l'exécution ; il peut seulement saisir le juge

---

[1] Le représentant de l'État est le préfet dans les départements et les régions de métropole et d'outre-mer ; mais, c'est le maire dans les communes, et c'est le haut-commissaire dans certaines collectivités territoriales situées à l'outre-mer. Pour ce sujet du représentant de l'État, v. Y. GAUDEMET, « Le Représentant de l'État », *in* Y. GAUDEMET et O. GOHIN, *La République décentralisée*, *op. cit.*, pp. 87-90.

[2] J. CHEVALLIER, « Rapport introductif », *in* A. DELCAMP et G. GILBERT, *La décentralisation dix ans après : Actes du colloque organisé au Palais du Luxembourg, [Paris], les 5 et 6 février 1992, op. cit.*, pp. 104-110, spéc., p. 106.

[3] *Ibid.*

pour que ce dernier prononce l'annulation. D'autre part, et par voie de conséquence, le contrôle est a posteriori, et non plus a priori. C'est dire que les actes des autorités locales sont en principe « exécutoires ». »[1] On peut ajouter aussi une autre innovation, relative au contrôle d'opportunité dont on avait déjà parlé, dans la mesure où le contrôle administratif ne porte que sur la légalité de l'acte, c'est-à-dire, il exclut tout contrôle d'opportunité.

Dans ce cadre, l'on peut dire, concernant ce « contrôle administratif », qu'il s'agit d'un « contrôle de légalité », parce que les décisions des collectivités territoriales ne peuvent être qu'annulées pour illégalités. D'après nous, ce point est l'un de plus important dans le cadre de la question de l'unité de l'Administration, parce que l'administration centrale et l'administration locale sont désormais égales face à la loi. Peut-être que l'autonomie des collectivités territoriales est encore limitée et contrôlée, mais ce n'est pas désormais l'agent de l'administration centrale qui détermine les limites. C'est la loi qui encadre les limites du contrôle administratif. Il faut admettre donc que « la loi du 2 mars 1982 a bouleversé le pouvoir de tutelle. Ainsi, l'autorité de tutelle, c'est-à-dire le préfet, a perdu les pouvoirs de suspension, d'annulation et d'approbation des actes des collectivités locales »[2]. Cette loi ne donne qu'au préfet le pouvoir de déférer les actes des collectivités territoriales au tribunal administratif, mais il ne peut pas les contrôler, lui-même.

En effet, peut-être que ce changement est plus utile vis-à-vis de la théorie de la décentralisation, de sorte qu'il y a aussi certains auteurs qui pensent que « le contrôle juridictionnel a l'avantage d'être en phase avec la logique même de la décentralisation : étant donné que l'administration décentralisée est mise sur un pied d'égalité avec l'administration centrale par les lois de l'État, celle-ci ne doit plus se comporter comme le chef hiérarchique ou le supérieur tutélaire des collectivités décentralisées »[3].

Donc, on peut dire que « le contrôle de légalité obéit à la logique de la décentralisation qui crée le pluralisme sans porter atteinte à l'unité, c'est-à-dire qui intègre contradictoirement « les exigences du

---

[1] J. MOREAU, *Administration régionale, départementale et municipale,* 14e éd., Paris, Dalloz, 2004, p. 25.
[2] P. FOILLARD, *Droit administratif, op. cit.,* p. 91.
[3] J. JIANG, *op. cit.,* pp. 172-173.

pluralisme émanant des institutions territoriales et celles de l'unité garantissant l'existence même de l'institution étatique » »[1].

L'on constate, par ce changement, que le rôle du préfet a été limité à déférer au juge administratif les actes qu'il estime illégaux, de même qu'il a perdu son pouvoir d'approbation, de suspension ou d'annulation. Même s'il a un pouvoir initial de déférer au tribunal administratif pour une éventuelle annulation, par contre ce n'est pas lui qui prend la décision définitive. C'est, en effet, « le juge administratif » qui gagne de l'importance dans ce cadre. Ainsi, est-il clair que l'autorité de contrôle n'est pas désormais un organe intérieur de l'administration d'État. C'est-à-dire, le contrôle interne qui existait déjà dans l'administration d'État et qui assurait l'unité de l'administration a changé de main. Se prononçant sur cette question, Jean WALINE précise qu'« il est souhaitable que ce soit un juge, dont c'est le rôle, et non l'autorité de tutelle, qui se prononce sur ce point. »[2] Selon l'auteur, « il est tout à fait satisfaisant puisque le débat entre le représentant de l'État et la collectivité territoriale sur la légalité d'une décision est arbitré par un tiers, dont c'est le métier, le juge administratif »[3].

Précisons qu'en doctrine la question s'est posée de savoir si la juridiction administrative peut être classée dans le pouvoir judiciaire (ou juridictionnel) ou dans le pouvoir administratif ou exécutif[4]. Mais, sans entrer dans cette discussion, selon la célèbre trilogie de la séparation de pouvoir, l'on admet que la juridiction administrative est aussi une partie du pouvoir judiciaire (au sens général, ou on dit pouvoir juridictionnel), comme nous allons le traiter dans le chapitre précédent. Et, si l'on revient à notre sujet, déclarons qu'il est possible de dire que ce changement de contrôle ne porte pas atteinte à l'unité de l'Administration ni à l'unité de l'État, puisque le contrôle administratif ou le contrôle de légalité est aussi le garant de cette unité étatique. Donc l'on peut dire que « l'unité de l'État est assurée par l'existence d'un contrôle administratif, prévu par la Constitution. »[5] De plus, même si

---

[1] A.-S. GORGE, *op. cit.,* p. 363 et note n° 7.

[2] J. WALINE, *op. cit.,* p. 54.

[3] *Ibid.*

[4] V. R. CARRÉ DE MALBERG, *Contribution à la théorie générale de l'État, op. cit.*, p. 262 ; F. HAMON et M. TROPER, *Droit constitutionnel*, 33e éd., Paris, LGDJ, 2012, p. 444.

[5] D. MAILLARD DESGRÉES DU LOÛ, « L'Unité dans La Jurisprudence du Conseil Constitutionnel », *in* F. LEMAIRE, (dir.), *De l'unité de l'État : Actes du colloque international organisé les 9 & 10 octobre 2008 par le Centre Jean Bodin de*

ce contrôle est fait par un mécanisme extérieur à l'administration centrale, mais il est à l'intérieur de l'État lui-même.

Expliquons ce sujet par un argument intéressant qu'on a relevé chez Jean-Marie PONTIER qui le cite : « les autorités administratives supérieures ne disposent pas d'un pouvoir hiérarchique sur les décisions des autorités locales, mais l'on a vu précédemment que le contrôle qui était effectué par le juge administratif sur ces mêmes décisions était souvent un contrôle de nature hiérarchique. »[1] Selon l'auteur, « il n'y a donc pas eu disparition du pouvoir hiérarchique de l'État sur les collectivités locales. Ce pouvoir a toujours existé : avant les lois de décentralisation il était remis à des autorités administratives, après les lois de décentralisation un transfert s'est peu à peu effectué des autorités administratives aux autorités juridictionnelles. »[2] Donc, la situation est un peu semblable à cet argument. De même qu'« il n'y a pas de fonction qui soit proprement locale, toutes les fonctions accomplies par les collectivités locales sont également des fonctions étatiques. Il n'y a pas de dualité de fonctions »[3], dans cette hypothèse.

Il existe, d'ailleurs, en doctrine française, une idée selon laquelle la décentralisation ne peut pas être sans tutelle. Ainsi, Charles EISENMANN fait référence, d'abord, à Laroque et Maspétiol pour exposer : « « dans un État unitaire », écrivent Laroque et Maspétiol....« la décentralisation ne va pas sans tutelle, ni la tutelle sans décentralisation » ; décentralisation et tutelle sont « deux notions indissolublement liées » ; « la tutelle est la traduction juridique de la décentralisation ; (elle) y trouve à la fois son origine et sa fin » »[4]. Mais, on observe, sur la même page, que Charles EISENMANN refuse cette idée de la nécessité d'existence de la tutelle administrative dans un système décentralisé. Ainsi, on peut comprendre qu'un vrai système décentralisé exclut cette institution dite « la tutelle administrative »[5]. D'ailleurs, l'on constate en droit français la suppression de cette institution par la réforme de 1982. Par contre, il faut dire que ce

---

l'Université d'Angers, *op. cit.*, pp. 181-197, spéc., p. 187, faisant référence à Mathieu DOAT, cet auteur précise que la tutelle était vue comme le même moyen d'assurance de l'unité de l'État.

[1] J.-M. PONTIER, *L'État et les collectivités locales : la répartition des compétences*, *op. cit.*, p. 307.

[2] *Ibid.*

[3] *Ibid.*

[4] Ch. EISENMANN, *op. cit.*, p. 160.

[5] *Ibid.* V. également, concernant la théorie de la décentralisation parfaite, p. 86.

changement est une conséquence de la mutation de l'État unitaire. Ou bien, ce changement nous donne les indicatifs d'une nouvelle variation de l'État unitaire qu'on dit « moderne » ou « atypique ».

Maintenant, voyons la situation dans l'État unitaire turc, et analysons le sujet du contrôle du point de vue de l'unité du pouvoir exécutif ou de l'unité de l'Administration, selon l'expression de la doctrine turque.

Paragraphe 2. Les moyens de contrôle en tant que garantie de « l'unité de l'Administration » dans l'organisation administrative de l'État unitaire turc

Concernant le mécanisme de contrôle, dans le système administratif turc, il est possible de parler des contrôles politiques et judiciaires — ou juridictionnels —. Ainsi, en sus de l'organe législatif — l'Assemblée nationale —, les tribunaux juridictionnels peuvent exercer un contrôle sur la fonction administrative à l'occasion des litiges portant sur les actes administratifs. Par contre, dans le cadre de la question de l'unité du pouvoir exécutif ou de l'Administration, nous allons étudier les contrôles administratifs exercés par les propres organes de l'Administration. Donc, on se borne à faire référence à la doctrine turque pour ces deux autres types de contrôle — politique ou juridictionnel —[1], et précisons que ce qui est important pour notre sujet, c'est le mécanisme de « contrôle interne et propre »[2] de l'Administration.

Sur ce point, certains auteurs soulignent, en partant de l'article 123 de la Constitution turque, qui consacre le principe d'unité de l'Administration, que l'existence d'un tel contrôle au niveau administratif est inévitable compte tenu de cet article[3].

---

[1] On peut dire à ce sujet que le contrôle juridictionnel est exercé sur tout acte administratif. Et par le contrôle politique, on vise celui qu'exerce l'Assemblée nationale par l'interpellation, ou de celui qu'exerce l'ombudsman. V. Ş. GÖZÜBÜYÜK, *op. cit.,* p. 343 et suiv. ; R. C. DERDİMAN, *İdari yargının genel esasları* [Les bases générales de la juridiction administrative], İstanbul, Alfa Akademi, 2004, p. 4 et suiv. ; Ş. KARATEPE, *İdare hukuku* [Droit administratif], *op. cit.,* p. 236.

[2] Ş. KARATEPE, *Türkiye'nin idare teşkilatı* [L'organisation administrative de la Turquie], *op. cit.,* p. 18 ; H. EROĞLU, *op. cit.,* p. 334.

[3] Ş. GÖZÜBÜYÜK, *op. cit.,* p. 22 ; R. C. DERDİMAN, *Türkiye idaresinin hukuksal yönü ve yapısı* [La perspective juridique et la structure de l'administration de Turquie], *op. cit.,* p. 97.

Ainsi, l'on constate en droit turc deux types de contrôle au niveau administratif. L'un est le contrôle hiérarchique, qui s'exerce dans le cadre du principe de la centralisation (**A**), l'autre est le contrôle de tutelle administrative qui est consacré dans la Constitution turque (**B**).

Ces deux types de contrôle, qui existent dans l'article 123 de la Constitution, sont vus, en droit turc, comme une conséquence logique voire indispensable des principes de centralisation et décentralisation[1], et l'unité de l'Administration peut être assurée par ces contrôles[2]. D'ailleurs, on voit que la doctrine appelle ces deux types de contrôle, comme « les deux moyens de la garantie de l'unité de l'Administration »[3].

A- Le contrôle hiérarchique en droit turc

Comme nous l'avons déjà indiqué, l'alinéa 2 de l'article 123 de la Constitution turque prévoit que l'un des principes essentiels de l'organisation administrative de l'État unitaire turc est la centralisation[4]. À ce propos, lorsqu'on étudie la centralisation dans le cadre du principe d'unité de l'Administration, l'on constate qu'on a encore besoin d'un moyen de garantie pour assurer cette unité. En effet, même s'il n'y a qu'une seule personnalité morale dans cette hypothèse, il existe plusieurs autorités administratives, aussi faut-il un mécanisme qui construit une liaison entre ces autorités afin que l'unité soit assurée. Selon la doctrine turque, « la hiérarchie » ou le « contrôle hiérarchique » apparaît comme le moyen le plus important qui assure cette unité[5].

Dans le cadre de l'objectif de ce contrôle, la doctrine souligne que « dans l'État unitaire, l'organisation provinciale de l'administration

---

[1] A. ULUSOY et T. AKDEMİR, *op. cit.*, p. 25.

[2] Ş. GÖZÜBÜYÜK, *op. cit.*, p. 99 ; İ. GİRİTLİ, P. BİLGEN et T. AKGÜNER, *op. cit.*, p. 5.

[3] M. GÜNDAY, *op. cit.*, p. 70 ; M. ÖKMEN et B. PARLAK, *op. cit.*, p. 16 ; A. POLATOĞLU, *op. cit.*, p. 27.

[4] Article 123 al. 2 dispose que : « *L'organisation et le fonctionnement de l'administration sont basés sur les principes de la centralisation et de la décentralisation* ».

[5] İ. GİRİTLİ, P. BİLGEN et T. AKGÜNER, *op. cit.*, p. 180 ; Ş. KARATEPE, *Türkiye'nin idare teşkilatı* [L'organisation administrative de la Turquie], *op. cit.*, p. 10 ; R. C. DERDİMAN, *Türkiye idaresinin hukuksal yönü ve yapısı* [La perspective juridique et la structure de l'administration de Turquie], *op. cit.*, p. 102.

centrale est la continuation de ce centre unique »[1]. Il convient de faire remarquer que même si l'administration centrale est fragmentée comme l'organisation centrale et provinciale, toutes les compétences se réunissent dans l'organisation centrale qui exerce un pouvoir de hiérarchie[2]. Donc, comme le souligne Sıddık Sami ONAR, il s'agit, ici, d'une seule organisation dans laquelle il y a plusieurs personnes liées les unes aux autres comme une « chaîne »[3].

Il existe plusieurs explications concernant la nature juridique et les techniques de ce contrôle hiérarchique, qui est un contrôle sur « les personnes » et sur « les actes ». Précisons que ce qui est important pour nous, c'est que le contrôle hiérarchique s'exerce à l'intérieur d'une seule personne morale de droit public, c'est-à-dire, de l'État central.

Il convient de faire remarquer que ce contrôle est exercé dans un cadre de la relation entre subordonné et supérieur[4]. De sorte que selon des auteurs turcs, le contrôle hiérarchique signifie les prérogatives d'ordonner et de contrôler des supérieures sur les subordonnées[5].

Concernant le contenu de ce contrôle, l'on peut dire qu'il s'agit non seulement d'un contrôle de légalité, mais aussi de celui d'opportunité. Ainsi, l'autorité supérieure peut autoriser, annuler ou réformer les décisions du subordonné[6]. Autrement dit, on peut parler d'un « pouvoir de contrôle illimité »[7]. D'ailleurs, il n'est pas nécessaire qu'existe une loi ou une disposition pour exercer ce pouvoir de contrôle.

Précisons aussi que comme en droit français, le contrôle hiérarchique s'exerce en droit turc aussi concernant les autorités administratives déconcentrées. À ce propos, Halil KALABALIK évoque l'article 126 de la Constitution turque qui consacre le principe de la déconcentration

---

[1] K. GÖZLER, *Anayasa hukukunun genel teorisi,* [La théorie générale de droit constitutionnel], *op. cit.,* p. 480.
[2] *Ibid.*
[3] S. S. ONAR, *op. cit.,* p. 444.
[4] R. C. DERDİMAN, *Türkiye idaresinin hukuksal yönü ve yapısı* [La perspective juridique et la structure de l'administration de Turquie], *op. cit.,* p. 97 ; Ş. KARATEPE, *Türkiye'nin idare teşkilatı* [L'organisation administrative de la Turquie], *op. cit.,* p. 10.
[5] N. TORTOP, *op. cit.,* p. 6 ; R. C. DERDİMAN, *İdari yargının genel esasları* [Les bases générales de la juridiction administrative], *op. cit.,* p. 3.
[6] M. ÖKMEN et B. PARLAK, *op. cit.,* p. 16.
[7] R. C. DERDİMAN, *İdari yargının genel esasları* [Les bases générales de la juridiction administrative], *op. cit.,* p. 3.

pour les départements[1], et souligne qu'en parlant du principe de déconcentration, cette disposition prévoit indirectement le contrôle hiérarchique[2].

Peut-être qu'il n'est pas si difficile d'assurer l'unité de l'administration centrale par un tel contrôle « illimité » dans le cadre du principe de la centralisation administrative[3]. En réalité, il faut admettre que le problème le plus important apparaît vis-à-vis du principe de la décentralisation dans la mesure où il est question de différentes personnes morales distinctes de l'État central, et qui sont autonomes malgré les limites déterminées. Donc, nous allons nous intéresser, maintenant, à la tutelle administrative en comparant les droits turc et français à ce sujet.

B- La tutelle administrative consacrée dans la Constitution turque

Comme nous l'avons vu, l'État central assure l'unité de lui-même par un pouvoir ou un contrôle hiérarchique, en revanche le principe de la décentralisation et l'autonomie administrative des autorités décentralisées, c'est-à-dire le pouvoir de prendre librement des décisions de ces personnes morales distinctes, ne permettent pas de l'existence d'une telle hiérarchie entre l'État central et l'administration locale. Mais cela ne veut pas dire pour autant qu'il y a absence d'un contrôle dans le cas de l'organisation administrative décentralisée dans un État unitaire.

Dans ce cadre, il est utile de parler préalablement de la nécessité d'un tel contrôle selon la Constitution de l'État unitaire turc. Nous avons déjà précisé que l'article 123 de la Constitution turque a consacré non seulement le principe de la centralisation, mais également celui de la décentralisation, en disposant que « *l'organisation et le fonctionnement de l'administration sont basés sur les principes de la centralisation et de la décentralisation* ». Selon certains auteurs, l'existence de cette dualité des principes dans l'organisation administrative ne porte pas atteinte au principe de l'unité de l'Administration, s'il existe une bonne articulation de relation entre l'administration centrale et

[1] L'article 126 al. 2 dispose que « *L'administration des départements est fondée sur le principe de la déconcentration.* »

[2] H. KALABALIK, *op. cit.*, pp. 383-384.

[3] A. POLATOĞLU, *op. cit.*, p. 27.

l'administration locale. *A contrario*, si cette relation ne peut pas être bien régularisée, l'unité sera en danger[1]. C'est la raison pour laquelle il est prévu, en droit turc, ce mécanisme de contrôle qui régit cette relation et qui assure l'unité de l'Administration. Ainsi, comme l'admet la doctrine, il est possible de dire que la nécessité du contrôle des autorités décentralisées trouve sa source dans l'article 123 et dans le principe d'unité de l'Administration[2].

Il faut dire que la tutelle administrative construit une liaison entre l'administration centrale et celle locale[3], donc, elle apparaît comme « un moyen juridique de la garantie de l'unité administrative »[4].

En effet, il faut savoir qu'il y a, d'un côté, l'autonomie des autorités administratives décentralisées et, de l'autre côté, l'unité de l'Administration, et la tutelle administrative régit la relation entre ces deux.

Selon Ramazan ŞENGÜL, dans un État unitaire, la question essentielle entre l'administration centrale et les autorités décentralisées est de construire un équilibre du point de vue de la « relation verticale », de même qu'il faut non seulement la protection de l'unité de l'Administration, mais aussi la garantie de l'autonomie des autorités décentralisées[5].

Donc, il faut dire qu'il existe, dans l'État unitaire, une autonomie administrative dans le cadre de laquelle les autorités administratives

---

[1] Ş. KARATEPE, *Türkiye'nin idare teşkilatı* [L'organisation administrative de la Turquie], *op. cit.*, p. 18.

[2] İ. GİRİTLİ, P. BİLGEN et T. AKGÜNER, *op. cit.*, p. 193 ; Ş. GÖZÜBÜYÜK, *op. cit.*, p. 97 ; Y. YAYLA, *İdare hukuku* [Droit administratif], *op. cit.*, p. 246 ; H. EROĞLU, *op. cit.*, p. 66 ; R. C. DERDİMAN, *Türkiye idaresinin hukuksal yönü ve yapısı* [La perspective juridique et la structure de l'administration de Turquie], *op. cit.*, p. 97.

[3] H. EROĞLU, *op. cit.*, p. 337 ; Ş. KARATEPE, *İdare hukuku* [Droit administratif], *op. cit.*, p. 236 ; Y. YAYLA, *İdare hukuku* [Droit administratif], *op. cit.*, p. 379.

[4] M. GÜNDAY, *op. cit.*, p. 74. V. dans ce sens Ş. GÖZÜBÜYÜK, *op. cit.*, pp. 99-100 ; H. GÜL, « Yerinden yönetim kavramının gelişimi, tanımı, türleri ve özellikleri » [Développement, définition, variétés et caractères de la notion de la décentralisation], *in* R. BOZLAĞAN et Y. DEMİRKAYA (dir.), *Türkiye'de yerel yönetimler* [Les collectivités territoriales en Turquie], Ankara, Nobel Yayın Dağıtım, 2008, pp. 85-118, spéc., p. 108 ; A. ULUSOY et T. AKDEMİR, *op. cit.*, p. 26 ; A. NALBANT, *op. cit.*, pp. 240-241. D'après ce dernier, le contrôle étatique sur les collectivités territoriales est l'une des limitations à la décentralisation qui résulte du principe de l'unité de l'Administration dans l'État unitaire turc.

[5] R. ŞENGÜL, *op. cit.*, p. 148.

décentralisées agissent. En revanche, cette autonomie est bien limitée[1]. Et la tutelle administrative apparaît, sur ce point, comme un moyen de limitation[2].

En effet, l'on peut admettre que l'autonomie de ces autorités décentralisées soit en « proportion inverse » avec la tutelle administrative : si la tutelle administrative augmente, l'autonomie de ces autorités diminue[3].

Certains auteurs précisent, à ce propos, que « le contrôle est une obligation de l'autonomie »[4]. Ainsi, ce contrôle empêche l'abus de l'autonomie par les autorités décentralisées. Néanmoins, il faut dire que lorsque l'autonomie de ces autorités est originaire, le contrôle de tutelle est exceptionnel[5].

Donc, l'on peut dire que dans le cadre de la question de l'autonomie, « la tutelle administrative est non seulement obligatoire, mais aussi exceptionnelle »[6]. Ainsi, comme nous allons le voir, il est nécessaire d'avoir une loi qui prévoit et détermine les conditions de l'exercice de ce contrôle.

Il convient de faire remarquer, à ce propos, que même s'il y a des autorités administratives décentralisées en raison de l'acceptation d'un système administratif décentralisé dans l'État unitaire, il faut dire aussi qu'elles ne sont pas indépendantes de l'État[7], ce qui expliquerait le contrôle exercé de ce dernier sur elles[8]. D'ailleurs, d'après certains auteurs « la personnalité morale de l'État demeure à la tête de [toute] l'organisation administrative de la Turquie »[9].

---

[1] *Ibid.* L'auteur fait référence à Jacques CHEVALLIER (v. note n° 269).

[2] Ş. GÖZÜBÜYÜK, *op. cit.*, p. 100 ; K. GÖZLER, *Anayasa hukukunun genel teorisi* [La théorie générale de droit constitutionnel], *op. cit.*, p. 482 ; A. ULUSOY et T. AKDEMİR, *op. cit.*, p. 25 ; S. S. ONAR, *op. cit.*, p. 473.

[3] Ş. GÖZÜBÜYÜK, *op. cit.*, p. 98 ; R. C. DERDİMAN, *Türkiye idaresinin hukuksal yönü ve yapısı* [La perspective juridique et la structure de l'administration de Turquie], *op. cit.*, p. 89.

[4] N. TORTOP, *op. cit.*, p. 20.

[5] M. GÜNDAY, *op. cit.*, p. 75 ; H. KALABALIK, *op. cit.*, p. 390 ; H. EROĞLU, *op. cit.*, p. 338 ; A. ULUSOY et T. AKDEMİR, *op. cit.*, pp. 25-26.

[6] Y. YAYLA, *İdare hukuku* [Droit administratif], *op. cit.*, p. 379.

[7] V. concernant la question de l'autonomie des collectivités territoriales en Turquie, G. KOZANOĞLU, *Üniter devlet modelinde mahalli idarelerin özerkliği ilkesi,* [Le principe d'autonomie des collectivités territoriales dans le modèle de l'État unitaire], Ankara, Adalet Yayınevi, 2015.

[8] R. ŞENGÜL, *op. cit.*, p. 148.

[9] İ. GİRİTLİ, P. BİLGEN et T. AKGÜNER, *op. cit.*, p. 193.

Selon Sıddık Sami ONAR, par la tutelle administrative, l'État, qui est « le tuteur » des personnes morales décentralisées, « accomplit la volonté faible »[1]. Selon l'auteur, l'objectif de ce contrôle de tutelle est de protéger non seulement l'intérêt national contre les actes des autorités administratives décentralisées, mais aussi l'unité des services publics et l'intérêt local[2].

Comme nous l'avons bien précisé, la doctrine turque est unanime concernant l'avantage du principe de l'organisation administrative « centralisée » pour assurer l'unité de l'Administration. Quant à l'organisation administrative décentralisée, l'on constate qu'il s'agit d'une réticence concernant l'unité des services publics sur tout le territoire. Donc, la doctrine admet, sur ce point, que la tutelle administrative s'exerce contre les inconvénients de la décentralisation, ainsi, ce contrôle assure l'égalité de l'extension des services publics sur toutes les parties du territoire national[3]. D'après Hamza EROĞLU, il est possible de dire que la tutelle administrative apparaît comme « une conséquence obligatoire du système de la décentralisation »[4].

L'on peut constater de la Constitution turque que son article 127 consacre explicitement ce contrôle de tutelle administrative. En effet, l'alinéa 5 de cet article dispose que « *l'administration centrale a le droit d'exercer une tutelle administrative sur les administrations locales* (collectivités territoriales) *dans le cadre des principes et modalités définis par la loi, en vue d'assurer l'accomplissement des services locaux conformément au principe d'unité de l'administration, la cohésion au sein des services publics et la sauvegarde de l'intérêt général et de veiller à ce que les besoins locaux soient satisfaits d'une manière appropriée.* »

Le point marquant dans l'article 127 est l'expression « administrations locales », ainsi que la tutelle administrative prévue sur ces entités administratives. Cette expression d'« administrations locales » est l'équivalente de l'expression « collectivités territoriales »

---

[1] S. S. ONAR, *op. cit.*, pp. 467-468.

[2] *Ibid.*, p. 486.

[3] E. TEZİÇ, *op. cit.*, p. 127. V. dans le même sens, S. S. ONAR, *op. cit.*, p. 473 ; Ş. KARATEPE, *İdare hukuku* [Droit administratif], *op. cit.*, pp. 235-236 ; Ş. GÖZÜBÜYÜK et T. TAN, *op. cit.*, p. 171 ; İ. GİRİTLİ, *Türkiye'nin idari yapısı : kamu yönetimi teşkilatı* [La structure administrative de la Turquie : l'organisation d'administration publique], İstanbul, Der Yayınları, 2001, p. 16 ; M. GÜNDAY, *op. cit.*, p. 74 ; H. KALABALIK, *op. cit.*, p. 388 ; R. KELEŞ, *op. cit.*, pp. 417-419.

[4] H. EROĞLU, *op. cit.*, p. 334.

en droit français. Mais, comme l'affirme Metin GÜNDAY, il faut ajouter aussi qu'il doit être compris de par cet article que la tutelle administrative est prévue non seulement pour les collectivités territoriales, mais aussi pour les établissements publics concernés aussi par le principe d'unité de l'Administration[1].

S'il est nécessaire de parler des caractéristiques de cette institution de tutelle administrative en droit turc, l'on constate que la doctrine admet que ce contrôle soit limité. Ainsi, la tutelle administrative peut s'exercer justement en cas de situations nécessaires et avec les raisons déterminées par une loi. C'est-à-dire qu'il s'agit d'un pouvoir de contrôle qui « dépend d'une loi et qui est limité par cette dernière »[2]. Donc, tous les actes qui résultent d'un pouvoir de tutelle excédant les limites déterminées par la loi doivent être invalidés[3]. De plus, il faut obéir aussi aux règles de procédure déterminées encore par la loi[4]. Par ailleurs, l'expression « pas de tutelle sans texte, pas de tutelle au-delà des textes », relevée en doctrine française est aussi valable en droit turc[5]. De la même façon, ajoutons qu'il existe aussi des décisions des Cours suprêmes concernant la nécessité d'une loi pour l'exercice du pouvoir de tutelle, mais l'on se contente de faire une référence[6].

En réalité, l'on peut dire que la différence essentielle entre ce contrôle de tutelle et le contrôle hiérarchique est la nécessité d'une loi pour l'exercice du premier. Ainsi, plusieurs auteurs, en indiquant ce point, précisent que si la hiérarchie est un contrôle illimité et indéterminé, la tutelle administrative est, à l'inverse, limitée et déterminée par la loi[7]. Autrement dit, même si le contrôle hiérarchique

---

[1] M. GÜNDAY, *op. cit.,* pp. 74-75.

[2] İ. GİRİTLİ, *Türkiye'nin idari yapısı : kamu yönetimi teşkilatı* [La structure administrative de la Turquie : l'organisation d'administration publique], *op. cit.,* p. 18 ; S. S. ONAR, *op. cit.,* p. 484 ; E. TEZİÇ, *op. cit.,* p. 127 ; H. KALABALIK, *op. cit.,* p. 390 ; F. DEMİRKOL, *Yerel yönetimlerin anayasal güvenceleri* [Les garanties constitutionnelles des collectivités territoriales], *op. cit.,* p. 32 ; H. EROĞLU, *op. cit.,* pp. 337-338.

[3] S. S. ONAR, *op. cit.,* p. 484.

[4] R. C. DERDİMAN, *İdari yargının genel esasları* [Les bases générales de la juridiction administrative], *op. cit.,* p. 3.

[5] R. ŞENGÜL, *op. cit.,* p. 154. L'expression signifie que s'il n'y a pas de loi, il n'y aura pas de la tutelle administrative.

[6] Ş. GÖZÜBÜYÜK et T. TAN, *op. cit.,* pp. 172 et 175.

[7] S. S. ONAR, *op. cit.,* p. 488 ; Ş. KARATEPE, *İdare hukuku* [Droit administratif], *op. cit.,* p. 97 ; İ. GİRİTLİ, *Türkiye'nin idari yapısı : kamu yönetimi teşkilatı* [La structure administrative de la Turquie : l'organisation d'administration publique], *op.*

est un contrôle général et ordinaire pour lequel il ne faut pas une disposition déterminée, la tutelle administrative ne peut pas s'exerce sans être prévue clairement par une loi[1].

Donc, en partant de la nécessité d'une loi, l'on voit que la tutelle administrative est qualifiée en doctrine turque de « contrôle exceptionnel »[2]. D'ailleurs, cette caractéristique exceptionnelle de ce contrôle[3] est confirmée par l'expression « dans le cadre des principes et modalités définis par la loi » prévue à l'article 127 de la Constitution.

Il faut ajouter que « le syllogisme juridique » est aussi fermé dans le cadre de ce contrôle, puisque les domaines et les raisons déterminées par la loi pour l'exercice de celui-ci ont des « caractères limitatifs »[4]. Enfin, ajoutons que la tutelle administrative est vue aussi en doctrine comme étant « incertaine »[5], parce que les autorités administratives décentralisées sur lesquelles ce contrôle s'exerce peuvent toujours aller au tribunal administratif pour l'annulation des décisions prises lors de ce contrôle.

Quant au contenu du contrôle de tutelle en droit turc, il faut dire que ce contrôle donne la possibilité d'autoriser et d'annuler les actes administratifs des autorités décentralisées par l'État central. En revanche, il ne permet pas de réformer[6]. Donc, l'État central ne peut pas se substituer à ces autorités décentralisées.

Ce qui est plus important, ici, est la question de savoir s'il est possible de faire un contrôle d'opportunité par ce mécanisme en droit turc. Certains auteurs estiment que le contrôle de tutelle doit être limité

---

cit., p. 19 ; Z. TOPRAK, *Yerel Yönetimler* [Les collectivités territoriales], İzmir, Dokuz Eylül Üniversitesi Yayınları, 2010, p. 13.

[1] Ş. GÖZÜBÜYÜK, *op. cit.*, p. 102 ; M. GÜNDAY, *op. cit.*, p. 75 ; R. C. DERDİMAN, *Türkiye idaresinin hukuksal yönü ve yapısı* [La perspective juridique et la structure de l'administration de Turquie], *op. cit.*, p. 108.

[2] M. ÖKMEN et B. PARLAK, *op. cit.*, p. 17 ; R. C. DERDİMAN, *İdari yargının genel esasları* [Les bases générales de la juridiction administrative], *op. cit.*, p. 3.

[3] F. DEMİRKOL, *Yerel yönetimlerin anayasal güvenceleri* [Les garanties constitutionnelles des collectivités territoriales], *op. cit.*, p. 31.

[4] S. S. ONAR, *op. cit.*, p. 484. Sur la question des limites de ce contrôle de tutelle et notamment la nécessité d'une loi pour l'exercice de celui-ci en doctrine turque, v. aussi A. NALBANT, *op. cit.*, pp. 241-244.

[5] Ş. KARATEPE, *Türkiye'nin idare teşkilatı* [L'organisation administrative de la Turquie], *op. cit.*, p. 20 ; R. C. DERDİMAN, *İdari yargının genel esasları* [Les bases générales de la juridiction administrative], *op. cit.*, p. 3.

[6] N. TORTOP, *op. cit.*, p. 13 ; Ş. KARATEPE, *Türkiye'nin idare teşkilatı* [L'organisation administrative de la Turquie], *op. cit.*, p. 19.

par le contrôle de légalité[1]. Cependant, comme la pratique de l'exercice de ce mécanisme le montre bien, la plupart de la doctrine turque indique que ce contrôle s'exerce non seulement pour le contrôle de légalité, mais aussi pour le contrôle d'opportunité[2]. Ainsi, quand la tutelle s'exerce par la motivation de « la protection de l'intérêt national et général ou celle des besoins locaux », il n'est pas faux de dire qu'il s'agit d'un contrôle d'opportunité[3]. En effet, il est suffisant de rappeler l'alinéa 5 de l'article 127 qui précise que la tutelle s'exerce pour « *assurer l'accomplissement des services locaux conformément au principe d'unité de l'administration, la cohésion au sein des services publics et la sauvegarde de l'intérêt général et de veiller à ce que les besoins locaux* ».

Durmuş TEZCAN estime que cette expression de l'article 127 et la tutelle administrative doivent être appréhendées dans le cadre de la Charte européenne de l'autonomie locale (signée le 15 octobre 1985), donc la tutelle doit s'exercer au niveau du contrôle de légalité au lieu de celui d'opportunité[4]. Néanmoins, comme la plupart de la doctrine, l'on considère que l'expression de l'article 127 est très claire, cet article permet de faire un tel contrôle d'opportunité[5].

Précisons que l'une des questions critiquées en droit turc, concernant le sujet de la décentralisation, est « la sévérité de la tutelle administrative »[6], qu'on ne retrouve nullement ailleurs en Europe[7]. D'ailleurs, l'alinéa 5 d'article 127 de la Constitution est critiqué aussi en raison des objectifs flous de la tutelle et de la possibilité d'un contrôle très large qu'elle offre[8]. Ainsi, même si certains estiment que

---

[1] N. TORTOP, *op. cit.,* p. 29.

[2] E. TEZİÇ, *op. cit.,* p. 127 ; R. C. DERDİMAN, *İdari yargının genel esasları* [Les bases générales de la juridiction administrative], *op. cit.,* p. 3 ; R. ŞENGÜL, *op. cit.,* p. 154.

[3] A. ULUSOY et T. AKDEMİR, *op. cit.,* p. 25.

[4] D. TEZCAN, « Türk idare hukuku açısından 21. yüzyıl arifesinde yerel yönetimlerin işlemleri üzerinde vesayet denetimi » [La tutelle administrative sur les actes des collectivités territoriales en droit administratif turc à la veille du XXIe siècle], *in Prof. Dr. Mahmut Tevfik Birsel'e armağan*, İzmir, Dokuz Eylül Üniversitesi Yayını, 2001, pp. 659-666, spéc., p. 660. V. aussi D. TEZCAN, « L'expérience turque du droit des collectivités locales », *in Prof. Dr. Mahmut Tevfik Birsel'e armağan, op. cit.*, (article en français), pp. 667-673.

[5] V. dans le même sens, R. ŞENGÜL, *op. cit.,* p. 43.

[6] Ş. GÖZÜBÜYÜK, *op. cit.,* p. 100.

[7] M. ÖKMEN et B. PARLAK, *op. cit.,* pp. 302-303.

[8] R. ŞENGÜL, *op. cit.,* p. 44.

la tutelle administrative est nécessaire dans l'État unitaire, « l'idée dominante est que le contrôle de tutelle est l'obstacle le plus important devant une administration démocratique »[1].

En réalité, les problèmes ne se limitent pas à ceux recensés précédemment. Est critiqué aussi le rôle du préfet qui a « une double casquette »[2] ; il est la tête de l'exécutif dans les départements et l'autorité de tutelle. Si on considère que le préfet est nommé par le gouvernement — donc par un organe politique —, l'on peut dire, en reprenant l'expression de Bilal ERYILMAZ, que « la tutelle administrative se transforme, dans la pratique, en une tutelle politique »[3].

Précisons que la tutelle administrative n'existait pas dans la Constitution turque avant 1982. La doctrine turque critique envers la Constitution de 1982, non seulement parce qu'elle a consacré explicitement la tutelle administrative, mais d'avoir élargi son contenu[4]. Peut-être que l'on peut dire que l'article 127 de la Constitution de 1982 est un symbole de la fidélité à la centralisation à l'égard de l'idée de la décentralisation[5].

Il y a aussi certains qui sont en faveur de la suppression de toute la tutelle administrative dans l'organisation administrative de l'État unitaire turc, et pensent que l'existence d'un tel contrôle, qui donne le pouvoir à l'État central pour annuler ou autoriser les actes des autorités décentralisées, n'est pas compatible avec le principe de la décentralisation[6]. En revanche, il faut admettre que la position actuelle du droit turc ne permet pas une telle suppression. Comme il est rappelé par certains auteurs, toute disposition allant dans le sens d'une telle suppression sera contraire au droit et à la Constitution dans l'État

---

[1] A. H. AYDIN, *op. cit.,* p. 222.

[2] Il convient de préciser que malgré certaines réformes concernant la position du préfet, sa « double casquette » continue encore en Turquie.

[3] B. ERYILMAZ, *Yerel yönetimlerin yeniden yapılanması* [La réforme des collectivités territoriales], İstanbul, Birleşik Yayıncılık, 1997, p. 106. D'ailleurs, nous pouvons dire qu'il existe toujours une relation entre l'État central et les collectivités territoriales du point de vue du climat politique, v. sur ce sujet R. KELEŞ, *op. cit.,* pp. 429-432.

[4] B. ERYILMAZ, *op. cit.,* pp. 28-29 ; R. ŞENGÜL, *op. cit.,* p. 43.

[5] R. ŞENGÜL, *op. cit.,* pp. 43-44.

[6] F. DEMİRKOL, *Yerel yönetimlerin anayasal güvenceleri* [Les garanties constitutionnelles des collectivités territoriales], *op. cit.,* p. 32.

unitaire turc[1]. Il convient de faire remarquer qu'il y a eu déjà des tentatives du législateur pour alléger, voire supprimer, le contrôle de tutelle, mais elles ont échoué car considérées comme portant atteinte au principe de l'unité de l'Administration et à la structure unitaire de l'État. L'on constate une telle tentative dans le cadre des réformes de 2003-2005. Ainsi, la tutelle administrative a été supprimée, et cette réforme a prévu le déféré administratif pour les départements, les communes et les métropoles en droit turc. Par contre la Cour constitutionnelle a annulé cette suppression de la tutelle administrative en 2007 et en 2010.

Précisons que la tutelle administrative existe toujours dans l'organisation administrative de l'État unitaire turc. D'ailleurs, il est clair qu'un tel contrôle qui est consacré dans la Constitution ne peut pas être supprimé par une loi ordinaire sans passer par une révision constitutionnelle.

En somme, de tout ce qui précède l'on peut dire que la différence entre les moyens de contrôle dans l'organisation administrative française et turque est très claire. Selon Ramazan ŞENGÜL, la conception centraliste de l'État unitaire turc ressemble à celle qui existait en France avant la réforme de 1982[2]. Donc, disons que même s'il y a eu un grand changement dans l'organisation administrative de l'État unitaire français, le contrôle de tutelle est bien protégé dans l'État unitaire turc.

Section 4
L'unité de l'État et la question de l'unité ou du partage du pouvoir exécutif

Nous avons traité de l'unité du pouvoir exécutif dans l'État unitaire français, et nous avons conclu que même s'il s'agit d'un contrôle qui s'exerce par un mécanisme extérieur — le juge administratif —, cette situation ne porte pas atteinte ni à l'unité de l'État ni à l'unité du pouvoir exécutif. Mais, dans ce qui suit, nous allons chercher à savoir s'il y a une atteinte à la structure unitaire de l'État si l'on admet un partage du

[1] İ. GİRİTLİ, P. BİLGEN et T. AKGÜNER, *op. cit.,* p. 193 ; A. ULUSOY et T. AKDEMİR, *op. cit.,* p. 361. Tout en acceptant qu'il faille un allègement de ce contrôle de tutelle, ces auteurs affirment que la suppression de toute la tutelle administrative apparaît impossible vis-à-vis de la structure unitaire de l'État, notamment sans réviser l'article 127 al. 5 de la Constitution.

[2] R. ŞENGÜL, *op. cit.,* p. 152.

pouvoir exécutif, ou si ce partage est acceptable dans le cadre des limites et selon les critères de cette forme d'État qu'on dit unitaire ?

Quand on prend en compte le principe d'indivisibilité dont nous avons déjà parlé — dans la première partie —, il est possible de dire que « si l'organisation politique de l'État doit ainsi se revendiquer de l'indivisibilité, cela ne s'applique pas à son organisation administrative pour laquelle elle ne fournit pas un modèle. La centralisation, la déconcentration comme la décentralisation administrative peuvent indifféremment s'inscrire dans son cadre. »[1] Donc, il est possible de considérer que le partage du pouvoir exécutif en raison de la décentralisation administrative n'est pas un vrai danger pour l'indivisibilité de l'État.

L'on peut dire aussi que le principe d'unité de l'État n'est pas influencé par ce partage. Comme nous l'avons démontré, même si ce principe d'indivisibilité nécessite l'unité du pouvoir législatif, qui est un critère essentiel de l'État unitaire, l'unité ou le partage du pouvoir exécutif n'affecte pas la structure unitaire de l'État.

Donc, dans l'hypothèse du partage des compétences administratives entre les collectivités territoriales et l'administration centrale, cela ne portera pas atteinte à l'unité de l'État, puisqu'elles sont contrôlées encore par un seul mécanisme étatique.

Par ailleurs, nous pouvons dire la même chose au sujet du pouvoir réglementaire local, que nous avons déjà traité. En effet, lorsqu'il s'agit de l'unité du pouvoir législatif, le pouvoir réglementaire « local » ne veut pas dire que l'unité de l'État est en danger. D'ailleurs, l'on constate qu'il y a des auteurs qui défendent cette idée, en soutenant que « l'unité de la République, il résulte l'unité de son droit qui tient d'abord à l'unité du pouvoir constituant et du pouvoir législatif en France, mais aussi l'unité de sa Constitution et de sa législation »[2]. Néanmoins, l'on peut constater que les collectivités territoriales ont leur propre pouvoir réglementaire dans un État unitaire[3]. Donc, l'on peut dire que le pouvoir réglementaire « local » ne porte pas atteinte à l'unité de la République.

En réalité, nous avons traité ce sujet du pouvoir réglementaire local en admettant, comme la majorité de la doctrine française, que le pouvoir réglementaire local n'est pas un pouvoir autonome. Cependant, soutenant une opinion différente, Géraldine CHAVRIER ne s'oppose

---

[1] B. FAURE, *Les institutions administratives, op. cit.*, p. 116.

[2] O. GOHIN et J.-G. SORBARA, *op. cit.*, p. 85.

[3] Dans ce sens, v. *Ibid.*

pas à l'autonomie d'un tel pouvoir. Ainsi, dans son étude sur le « pouvoir local autonome à l'égard de la loi et l'unité de l'État »[1], l'auteur précise que « s'il apparaît aujourd'hui évident que l'article 72 de la Constitution ne reconnaît pas un pouvoir réglementaire local autonome, il n'en demeure pas moins qu'un tel pouvoir ne serait pas contraire à l'unité de l'État. »[2] Elle ajoute aussi que « le contrôle des juridictions étatiques est la condition nécessaire et suffisante à assurer cette unité (…) en effet, le pouvoir réglementaire autonome local serait dans cette hypothèse confronté par le juge à la Constitution et aux lois applicables. »[3]

Donc, l'on comprend que l'unité de l'État se distingue, ici, de la diversité dans l'organisation administrative de l'État unitaire. Il faut souligner, sur ce point, l'unité indéniable du pouvoir politique dans cette forme d'État. Ainsi, lorsqu'on admet que « l'État unitaire se caractérise par l'unité du pouvoir politique, avec un seul centre de décisions politiques »[4], on affirme, à la fois, que l'unité de l'État n'« empêche pas la diversité des organisations administratives »[5]. L'exemple de l'organisation administrative de l'État unitaire français et la suppression de la tutelle administrative dans cette organisation nous donnent la possibilité d'une telle acceptation.

René CHAPUS confirme bien cette idée, lorsqu'il précise que « l'État est une collectivité publique unique en son genre. »[6] Cette phrase signifie que « toutes les autres institutions nationales sont incluses en lui et c'est par lui que, notamment, les collectivités territoriales locales sont créées, organisées et supprimées, soit par la voie constitutionnelle elle-même, soit conformément aux dispositions de la Constitution. Elles n'ont de pouvoirs que ceux dont la Constitution et la loi les ont investies »[7] et, selon l'auteur, « l'État, d'autre part, n'est pas seulement une institution administrative. Il est aussi, et même il est d'abord, une institution politique. Il résulte de là que, contrairement à ce qu'il en est juridiquement pour les collectivités locales, certaines

---

[1] G. CHAVRIER, *op. cit.* p. 105 et suiv.
[2] *Ibid.,* p. 105.
[3] *Ibid.*, p. 109.
[4] M. VERPEAUX et L. JANICOT, *Droit public : pouvoirs publics et action administrative, op. cit.,* p. 219.
[5] *Ibid.*
[6] R. CHAPUS, *op. cit.,* p. 202.
[7] *Ibid.*

autorités d'État sont tout à la fois des autorités politiques et des autorités administratives. »[1]

En réalité, on arrive encore une fois à la règle essentielle de l'unité du pouvoir législatif dans ce cadre, parce que les limites de la décentralisation administrative sont déterminées par un seul législateur dans l'État unitaire.

Donc, lorsqu'on admet que « c'est au législateur qu'il appartient de fixer les règles de la décentralisation dans les limites du strict respect de la Constitution, et en particulier de l'unité de l'État »[2], l'on comprend la prépondérance de ce pouvoir législatif dans le cadre de la notion d'État unitaire.

En effet, il est possible de dire la même chose pour l'État unitaire turc. Selon Kemal GÖZLER, il est nécessaire d'admettre que les compétences des autorités décentralisées ne puissent pas apparaître d'elles-mêmes, ainsi, elles trouvent leurs sources dans la volonté du pouvoir central — l'État au sens général —, de sorte que, ce dernier crée ces autorités décentralisées par les lois et peut toujours les supprimer[3]. Autrement dit, il faut dire que le pouvoir central a un « pouvoir originaire »[4].

Il existe en doctrine turque une expression intéressante, utilisée par Metin GÜNDAY qui parle du « principe de l'Administration légale »[5], selon lequel il faut considérer que toutes les autorités administratives prennent leurs compétences soit directement de la loi, soit par un pouvoir dépendant de la loi. Donc, si l'on prend en compte ce pouvoir fort des lois qui encadre totalement l'organisation administrative, l'on peut constater que l'existence de telles autorités décentralisées, ou de personnes morales distinctes de l'État, n'affecte en rien le caractère unitaire de l'État[6]. De ce qui précède, si l'on accepte l'hypothèse que l'unité de l'administration, ou du pouvoir exécutif, soit partagée en raison de l'existence de personnes morales distinctes, il n'est pas faux

---

1 *Ibid.*

2 A. GRUBER, *op. cit.,* p. 28.

3 K. GÖZLER, *Anayasa hukukunun genel teorisi,* [La théorie générale de droit constitutionnel], *op. cit.,* p. 482.

4 R. ŞENGÜL, *op. cit.,* p. 8.

5 M. GÜNDAY, *op. cit.,* p. 70.

6 V. dans le même sens, İ. GİRİTLİ et J. SARMAŞIK, *op. cit.,* pp. 42-43 ; K. GÖZLER, *Anayasa hukukunun genel teorisi* [La théorie générale de droit constitutionnel], *op. cit.,* p. 481 ; Y. SABUNCU, *op. cit.,* pp. 30-31.

de dire que l'unité de l'État ne sera pas encore en danger, puisque les lois encadrent toutes les compétences de ces autorités administratives.

Cependant, nous avons vu, concernant l'administration de l'État unitaire turc, qu'il existe une position très stricte afin de protéger non seulement l'unité de l'État, mais aussi l'unité de l'Administration ou du pouvoir exécutif. Peut-être qu'il faut préciser qu'il y a, sur ce point, des différences entre le droit turc et celui français, parce que nous avons indiqué que malgré quelques tentatives, l'on n'a pas pu supprimer la tutelle administrative dans l'organisation administrative turque. Néanmoins, il convient de préciser que même dans l'hypothèse de la suppression de la tutelle administrative en droit turc, les autorités administratives centrales peuvent aller devant le juge administratif pour contester les actes administratifs illégaux des autorités décentralisées. Parlant de cette possibilité, Metin GÜNDAY précise que la tutelle administrative n'est pas le seul moyen pour contrôler les actes de ces dernières[1], dans la mesure où l'article 125 de la Constitution prévoit que « *tous les actes et décisions de l'administration peuvent faire l'objet d'un recours judiciaire*. »

Selon Ferman DEMİRKOL, tandis qu'il y a une telle possibilité de contester les actes administratifs des autorités administratives décentralisées devant les tribunaux administratifs, l'exercice de la tutelle administrative signifie une « méfiance » du principe de la décentralisation et de celui de l'État de droit[2].

Quoi qu'il en soit, on sait bien que la tutelle administrative est bien consacrée et protégée actuellement dans la Constitution turque. Et ce moyen de contrôle existe pour garantir l'unité de l'Administration, et garder la structure unitaire de l'État en Turquie.

Suivant tout ce qui précède, il est possible de comprendre que dans l'État unitaire, l'unité ou le partage du pouvoir exécutif n'a pas la même grande importance que celle de l'unité du pouvoir législatif. Mais, précisons que cette idée n'est pas défendue justement de notre part, il existe aussi certaines discussions sur la prépondérance ou la primauté du pouvoir législatif face au celui exécutif.

Premièrement, on sait bien que la fonction exécutive veut dire l'application des lois. Donc, il est possible d'admettre que « traditionnellement la fonction réglementaire est dépendante de la fonction

---

[1] M. GÜNDAY, *op. cit.*, p. 511.

[2] F. DEMİRKOL, *Yerel yönetimlerin anayasal güvenceleri* [Les garanties constitutionnelles des collectivités territoriales], *op. cit.*, pp. 32-33.

législative, puisque la loi fixe les grands cadres de vie en société et que l'exécutif se borne à faire appliquer les lois par l'intermédiaire de règlements. »[1]

Construisant un lien entre le pouvoir législatif et la souveraineté, Félicien LEMAIRE précise que « parmi tous les attributs de la souveraineté, il est traditionnel de considérer, dans la théorie politique française, que le pouvoir de faire des lois se situe sur un plan supérieur aux autres attributs, tel que le pouvoir juridictionnel ou le pouvoir exécutif qui sont dépourvus d'objet sans la loi. »[2]

L'auteur indique la thèse de « la primauté de la puissance législative qui donne la direction au pouvoir exécutif. »[3] Et il défend cette idée en précisant que cette primauté existait depuis la Révolution et dans les Constitutions révolutionnaires. Ainsi, selon lui, « cette thèse de la suprématie du pouvoir législatif sur le pouvoir exécutif est dûment consacrée dans les textes révolutionnaires. Cela se vérifie aussi bien dans la Constitution de 1791 : « Le pouvoir exécutif ne peut faire aucune loi, même provisoire, mais seulement des proclamations conformes aux lois, pour en ordonner ou en rappeler l'exécution » (Titre III, chap. IV, Sect. 1, art. 6) que dans la Constitution montagnarde du 24 juin 1793 où il est affirmé que le conseil exécutif « est chargé de la direction et de la surveillance de l'administration générale ; il ne peut agir qu'en exécution des lois et des décrets du corps législatif ». (...) De même dans la Constitution de 1795, où il est déclaré que le directoire ne peut faire que « des proclamations conformes aux lois et pour leur exécution » »[4].

En effet, l'on constate aussi une telle affirmation de la suprématie du pouvoir législatif sur le pouvoir exécutif chez René CAPITANT qui estime que « la loi constitue le degré supérieur de la pyramide juridique (...) Cette supériorité essentielle de la loi apparaît surtout dans ses rapports avec le règlement administratif. Il y a, entre ces deux actes, une différence de force, une différence de degré. »[5] Partant des idées de Raymond CARRÉ DE MALBERG, René CAPITANT précise aussi que « tout d'abord, le règlement a une force juridique moindre que celle

---

[1] R. ETIEN, *op. cit.*, p. 37.

[2] F. LEMAIRE, *Le principe d'indivisibilité de la République : mythe et réalité, op. cit.*, p. 76.

[3] *Ibid.*

[4] *Ibid.*, pp. 76-77.

[5] R. CAPITANT, *Cours de principes du droit public, op. cit.*, p. 34.

de la loi, de telle sorte que s'il se trouve en conflit avec elle, c'est lui qui cède à cette dernière, c'est la loi qui l'emporte sur lui. En d'autres termes, le règlement doit être conforme à la loi. Il est soumis au principe de légalité (ou principe de conformité à la loi). Mais la subordination du règlement à la loi se manifeste encore par un second trait, qu'il importe de ne pas confondre avec le premier. »[1]

Précisons qu'il y a aussi des discussions sur la notion du pouvoir exécutif, et il est possible de parler de deux théories : celle « limitant l'autonomie de la notion d'exécutif »[2] et celle « reconnaissant l'autonomie de la notion d'exécutif »[3]. Selon la première, « l'exécutif demeure subordonné au pouvoir législatif, il n'est qu'un pouvoir second. L'acte exécutif demeure l'acte subalterne qui ne peut intervenir que pour développer ou mettre en œuvre les principes posés par la loi, sans y ajouter. »[4] À l'opposé, la seconde théorie reconnaît une autonomie à la notion d'exécutif vis-à-vis du pouvoir législatif.

Par contre, précisons que notre travail n'est pas de défendre l'infériorité du pouvoir exécutif ou l'autonomie de celui-ci vis-à-vis un autre pouvoir. Ce qu'on tâche d'expliquer, ici, est l'importance du pouvoir législatif dans le cadre de la notion d'État unitaire et dans le cadre des critères de base de cette forme d'État. Donc, l'on parle de ces questions pour défendre notre thèse de la nécessité de l'unité du pouvoir législatif dans le cadre de la forme d'État unitaire. L'on ajoute que si l'unité du pouvoir législatif est bien assurée dans un État unitaire, le partage du pouvoir exécutif ne présente pas une telle importance du point de vue des critères *sine qua non* de ce type d'État.

Il y a des auteurs, en doctrine turque aussi, qui abordent la question de la primauté du pouvoir législatif, tel que Kemal GÖZLER qui admet que « le pouvoir exécutif n'est pas un pouvoir originaire et illimité »[5]. Selon l'auteur, l'organisation et la fonction de ce pouvoir sont déterminées toujours par les lois et la Constitution, aussi est-il possible de dire que ce pouvoir est limité non seulement par la Constitution, mais

---

[1] *Ibid.*, p. 35.

[2] Ch. DEBBASCH *et al.*, *op. cit.*, p. 126.

[3] *Ibid.*, p. 127.

[4] *Ibid.*

[5] K. GÖZLER, *Anayasa hukukunun genel teorisi* [La théorie générale de droit constitutionnel], *op. cit.*, p. 440.

aussi par les lois[1]. De plus, lorsqu'on prend en compte le fait que les actes du pouvoir exécutif existent, dans la hiérarchie des normes, à l'inférieur des lois, il faut admettre que ce pouvoir se trouve à l'inférieur du pouvoir législatif[2].

Donc, l'on comprend que ce qui est le plus important, est l'unité du pouvoir législatif pour un État unitaire, et que même si le pouvoir exécutif est partagé, ce partage ne portera pas atteinte à l'unité de l'État.

En réalité, disons que cette question de l'unité ou du partage du pouvoir exécutif a été difficile à expliquer en raison de l'exemple de l'État unitaire français. Si l'on prend en compte la République turque, comme nous l'avons vu, même si l'État central et les collectivités territoriales sont des différentes personnes morales, l'on accepte que l'administration d'État ou le pouvoir exécutif soit toujours unique grâce à l'existence du contrôle de tutelle. Ainsi, il faut rappeler que la Cour constitutionnelle turque ne permet pas la suppression de la tutelle administrative sous prétexte du maintien de l'unité de l'État. D'ailleurs, ce contrôle est actuellement consacré dans la Constitution turque. De plus, la conception de l'unité de l'État est plus stricte dans cet État. Nous avons vu que la doctrine aussi met en liaison la structure unitaire de l'État et l'unité de l'Administration, de sorte que cette dernière est considérée comme un principe de base dans l'article 123 de la Constitution turque.

En somme, on dit que notre comparaison met en place la différence entre ces deux États unitaires du point de vue du mécanisme du contrôle sur les autorités décentralisées. Ainsi, nous avons vu cette différence du point de vue de la suppression de tutelle administrative dans les exemples des États unitaires français et turc. Et précisons que cette différence concerne bien les différentes variations de l'État unitaire.

Il faut dire que cette suppression a influencé toute l'organisation administrative et toute la structure étatique de l'État français avec les

---

[1] Sur la discussion portant sur la primauté du pouvoir législatif ou l'encadrement du pouvoir exécutif par les lois, v. E. ÖZBUDUN, *Türk anayasa hukuku* [Droit constitutionnel turc], *op. cit.*, pp. 175-176. (L'auteur traite ce sujet en faisant référence aux idées de Raymond CARRÉ DE MALBERG) ; K. GÖZLER, *Devletin genel teorisi* [La théorie générale de l'État], *op. cit.*, p. 82. D'après cet auteur, le pouvoir législatif est un pouvoir suprême, parce que les organes exécutifs et judiciaires ne sont que des organes qui appliquent la volonté de l'organe législatif, ainsi, l'organe législatif a le pouvoir de déterminer et changer les compétences et les obligations des organes exécutifs et judiciaires.

[2] K. GÖZLER, *Anayasa hukukunun genel teorisi* [La théorie générale de droit constitutionnel], *op. cit.*, p. 440.

autres innovations dans le cadre de la réforme de 1982-1986. Donc, l'on constate la différence entre l'État unitaire « typique » et « atypique », ou « classique » et « moderne » par cette analyse sur le sujet du pouvoir exécutif.

CHAPITRE 3
Le principe de l'unité du pouvoir judiciaire en droits français et turc

Après l'étude des pouvoirs législatif et exécutif, dans le cadre du principe de l'unité de l'État, précisons que même si le pouvoir judiciaire n'est pas un sujet sur lequel il y a beaucoup d'études dans le cadre de l'État unitaire, l'on pense qu'il faut étudier aussi ce troisième pouvoir étatique. De cette façon, nous allons parler, dans un premier temps, de l'intérêt du sujet de l'unité de ce troisième pouvoir dans le cadre de l'étude de l'État unitaire (**Section 1**) et, dans un deuxième temps, nous allons tenter de distinguer le principe d'unité du pouvoir judiciaire de la question de la pluralité d'ordres de juridiction (**Section 2**). Enfin, dans un troisième temps, nous allons traiter de ce que l'on doit comprendre par le principe d'unité du pouvoir judiciaire ou juridictionnel dans le cadre de l'étude de l'État unitaire en explorant son contenu selon le droit français et le droit turc (**Section 3**).

Section 1
L'intérêt du sujet de l'unité du pouvoir judiciaire dans le cadre de l'étude de l'État unitaire

L'on doit préciser, concernant le sujet du pouvoir judiciaire, que l'objectif de notre travail n'est pas d'analyser l'organisation et le fonctionnement du système judiciaire français, des questions sur lesquelles nous renvoyons à la doctrine[1]. Précisons aussi que nous avons remarqué que la doctrine traite ce sujet du pouvoir judiciaire notamment du point de vue de la séparation des pouvoirs étatiques. Mais, l'on sait qu'il s'agit, dans ce cas, d'une répartition ou d'une division horizontale du pouvoir politique de l'État.

D'après Raymond CARRÉ DE MALBERG, « les titulaires des fonctions législative, exécutive, judiciaire, reçoivent ces fonctions, non pas comme des morceaux de puissance étatique, destinés à s'incorporer

---

[1] F. HOURQUEBIE, *Le pouvoir juridictionnel en France*, Paris, LGDJ-Lextenso, 2010 ; F. KERNALEGUEN, *Institutions judiciaires*, Paris, LexisNexis, 2012 ; R. PERROT, *Institutions judiciaires*, Paris, Montchrestien-Lextenso, 2012 ; S. GUINCHARD *et al.*, *Institutions juridictionnelles*, Paris, Dalloz, 11e éd., 2011 ; A. POUILLE, *Le pouvoir judiciaire et les tribunaux*, Masson, 1985 ; N. STOLOWY, *Institutions judiciaires*, Vuibert, 2006.

séparément en chacun d'eux »[1]. Donc, disons qu'une telle division horizontale ne concerne pas notre étude de l'État unitaire, puisque « ces titulaires multiples reçoivent, avec des compétences diverses, la mission de coopérer à l'exercice d'une puissance unique, et, par suite aussi de collaborer à la formation d'une volonté étatique unique et commune. »[2] Comme nous l'avons déjà précisé, en réalité, ce qui nous intéresse, ce sont les divisions verticales. Aussi, nous étudions séparément ces trois pouvoirs étatiques dans le cadre de la question de l'unité de l'État.

L'on voit aussi que le pouvoir judiciaire n'est pas un sujet qui a été beaucoup traité en doctrine, dans le cadre de la question de la structure unitaire de l'État. Néanmoins, nous allons essayer de parler de ce pouvoir et des éventuels problèmes qu'il peut engendrer dans le cadre de la structure étatique unitaire.

Rappelons qu'après une analyse du principe d'indivisibilité de la souveraineté dans l'État unitaire dans la première partie, nous analysons dans cette deuxième partie, le principe d'unité vis-à-vis des trois pouvoirs étatiques qui sont, en même temps, l'exercice ou l'attribut de la souveraineté. Michel TROPER indique, à ce sujet, que « comme tout ce qui touche à la souveraineté, la réponse à la question de savoir si la fonction de juger est une part de souveraineté ou une puissance nulle, dépend très étroitement du sens qu'on donne à ce mot de souveraineté. »[3]

L'expression de Léon DUGUIT est plus nette, lorsqu'il dit que « le mot pouvoir, dis-je, est constamment employé soit dans les cours, soit dans les livres, et on l'emploie dans trois sens différents. En parlant de pouvoir on a parfois en vue les divers éléments constitutifs de la souveraineté, ces éléments se trouvant incorporés dans tel ou tel organe et ces éléments constituant par leur réunion la souveraineté de l'État. »[4] Et, il rappelle aussi que « cette puissance souveraine a essentiellement trois prérogatives : 1° Elle a la puissance législative, c'est-à-dire le

---

[1] R. CARRÉ DE MALBERG, *Contribution à la théorie générale de l'État*, *op. cit.*, p. 27.

[2] *Ibid.*

[3] M. TROPER, « La question du pouvoir judiciaire en l'an III », *in* O. CAYLA et M.-F. RENOUX-ZAGAME, *L'office du juge : part de souveraineté ou puissance nulle ?*, Paris, LGDJ, Publications de l'université de Rouen, 2001, pp. 117-136, spéc., p. 117.

[4] L. DUGUIT, *Leçons de droit public général (faites à la Faculté de droit de l'Université égyptienne pendant les mois de janvier, février et mars 1926)*, Paris, éd. la mémoire du droit, (réimpr. 1926 Paris, éd. de Boccord), 2000, p. 193.

pouvoir d'édicter des dispositions par voie générale, qu'on appelle précisément le pouvoir législatif. 2° La puissance exécutive, le pouvoir d'assurer la réalisation et l'observation des dispositions par voie générale édictée en forme de loi, le pouvoir exécutif ; 3° Enfin la prérogative qui consiste à juger, à dire le droit, quand il est violé ou contesté, le pouvoir judiciaire. »[1]

Plusieurs auteurs affirment également cette relation entre la souveraineté et le pouvoir judiciaire. Ils admettent toujours, en utilisant le terme de la justice ou du pouvoir de juger, qu'il s'agit « aussi de la justice, qui relève de l'ensemble des juridictions instituées dans le pays »[2], dans le cadre des fonctions d'exercice de la souveraineté.

En effet, les auteurs qui se sont intéressés à ce troisième pouvoir étatique, parlent de cette relation en précisant que « la justice est un attribut de la souveraineté dont l'exercice, dans nos États modernes, appartient à l'État »[3], et voient ce pouvoir, comme un « monopole de l'État »[4] ou « un pouvoir monopolisé »[5].

Donc, l'on admet que ce troisième pouvoir est aussi une « manifestation de la souveraineté indivisible de l'État »[6], et l'on estime qu'il faudra encore étudier celui-ci dans le cadre de la structure unitaire de l'État afin que notre étude de détermination des critères juridiques de l'État unitaire soit complète.

Concernant le choix du terme — nous avons choisi le terme pouvoir judiciaire, mais, nous utilisons aussi le terme pouvoir juridictionnel —, il est nécessaire de proclamer qu'il existe certains débats en doctrine française. La doctrine évoque, le plus souvent, l'expression utilisée par la Constitution[7], en l'occurrence l'« autorité judiciaire » retenue à

[1] *Ibid.*, p. 199.

[2] P. PACTET et F. MÉLIN-SOUCRAMANIEN, *op. cit.*, p. 54.

[3] R. PERROT, *op. cit.*, pp. 27-28.

[4] *Ibid.*, p. 63.

[5] A. POUILLE, *op. cit.*, p. 139.

[6] S. GUINCHARD *et al.*, *Institutions juridictionnelles*, *op. cit.*, p. 81.

[7] En réalité, la discussion est plus large ; les auteurs indiquent non seulement les articles 64 et suivants, mais s'interrogent également sur le fait de savoir si le pouvoir judiciaire (ou juridictionnel) est un véritable pouvoir vis-à-vis des autres pouvoirs étatiques – législatif ou exécutif. Sur ce point, on se borne par une référence générale à toutes ces discussions, v. O. PFERSMANN, « A quoi bon un pouvoir judiciaire ? », *in* O. CAYLA et M.-F. RENOUX-ZAGAME, *L'office du juge : part de souveraineté ou puissance nulle ?, op. cit.*, pp. 191-192 ; S. GUINCHARD *et al.*, *Institutions juridictionnelles*, *op. cit.*, p. 108 ; R. PERROT, *op. cit.*, p. 57 ; A. POUILLE, *op. cit.*, p. 1.

l'article 64 et les suivants. Il est possible de s'interroger sur la signification de ce terme, et se demander s'il a une même signification que ce troisième pouvoir étatique, ou si l'autorité judiciaire ne signifie que les autorités juridictionnelles qui exercent ce pouvoir. L'on constate aussi le recours à d'autres expressions, en l'occurrence le « pouvoir juridictionnel »[1], qui désigne le pouvoir qui exerce « la fonction juridictionnelle »[2] dans l'État, et le « pouvoir judiciaire »[3].

Maurice DUVERGER ne parle pas en vain de l'adjective « juridictionnelle », il souligne qu'« on parle ici du pouvoir « juridictionnel », et non du pouvoir « judiciaire ». Plus courante, la seconde appellation a le défaut d'introduire en France une confusion : les tribunaux judiciaires n'étant qu'un ordre de juridiction, aux côtés des tribunaux administratifs et des tribunaux spécialisés. »[4] Toutefois, l'on constate aussi une idée, en doctrine française, qui n'est pas injuste, selon laquelle il faut dire qu'« une fonction peut être exercée par différents organes, qui ne sont pas nécessairement les « organes de cette fonction ». Ceci est d'autant plus vrai pour la fonction juridictionnelle que le droit positif lui-même semble avoir adopté une distinction sémantique entre l'adjectif « juridictionnel », qui renvoie à une activité, et l'adjectif « judiciaire », qui se rapporte à un organe ou complexe d'organes. »[5]

L'on peut dire que les adjectifs judiciaire et juridictionnel peuvent être utilisés simultanément pour définir ce troisième pouvoir étatique. Ainsi, Maurice HAURIOU utilise le terme « pouvoir juridictionnel »[6]

---

[1] M. DUVERGER, *Le système politique français*, Paris, PUF, 1996, pp. 416-417.

[2] L. FAVOREU *et al.*, *Droit constitutionnel, op. cit.*, p. 381; Ch. DEBBASCH *et al.*, *op. cit.*, p. 32.

[3] P. ARDANT et B. MATHIEU, *op. cit.*, p. 54 ; R. ETIEN, *op. cit.*, p. 36 ; A. POUILLE, *op. cit.*, p. 12 ; A.-M. LE POURHIET, *Droit constitutionnel*, *op. cit.*, p. 120.

[4] M. DUVERGER, *op. cit.*, p. 416.

[5] I. BOUCOBZA, *La fonction juridictionnelle : contribution à une analyse des débats doctrinaux en France et en Italie*, Paris, Dalloz, 2005, p. 22. Il convient de noter que cette expression ressemble bien à celle utilisée par Léon DUGUIT qui estime que « le mot *judiciaire* doit être exclusivement employé au point de vue formel et réservé pour désigner une certaine autorité publique à laquelle le droit d'un pays attribue des caractères déterminés et qu'on est convenu d'appeler de ce nom. Le mot *juridictionnel* doit être pris exclusivement au point de vue matériel pour désigner des actes qui ont un caractère interne particulier », L. DUGUIT, *Leçons de droit public général, op. cit.*, p. 176.

[6] M. HAURIOU, *Principes de droit public*, Paris, Dalloz, 2010, p. 448.

concernant ce pouvoir, mais l'on constate que l'auteur choisit parfois le terme « pouvoir judiciaire »[1].

Léon DUGUIT admet que « toutes les fonctions de l'État se ramènent à trois : la fonction législative, la fonction administrative et la fonction juridictionnelle »[2], mais, indique, en même temps, « le pouvoir judiciaire »[3] comme une des trois prérogatives de la souveraineté de l'État. L'auteur affirme qu'« on a employé sans faire de distinction les mots juridictionnel et judiciaire, et ainsi on est arrivé à une complète confusion parce qu'on employait des mots différents pour désigner une même chose. »[4]

Précisons que ce travail de dénomination de ce troisième pouvoir étatique dépassera les limites de cette étude. Aussi, disons que notre travail concerne la position de ce pouvoir — soit judiciaire, soit juridictionnel — dans l'État unitaire et vis-à-vis du principe d'unité. Donc, nous pouvons choisir un titre de « l'unité du pouvoir judiciaire (ou juridictionnel) »[5], en utilisant ces deux termes en même temps. D'ailleurs, il est possible de voir qu'il y a encore des auteurs qui utilisent ces deux termes simultanément, en affirmant qu'« en général, on parle de « pouvoir judiciaire » alors que l'expression « pouvoir juridictionnel » est mieux adaptée dans les pays où, comme en France, la fonction de justice est divisée entre plusieurs ordres de juridictions : les juridictions judiciaires, les juridictions administratives et la juridiction constitutionnelle. »[6]

Concernant le rôle de ce pouvoir qu'on a dit judiciaire (ou juridictionnel), l'on peut dire, en général, qu'il « veille à ce que l'application des lois soit régulière, le juge « dit le droit » — on dit qu'il est « la bouche de la loi » mais pas seulement, il « fait » aussi du droit — dans les cas concrets qui lui sont soumis, en ce sens lui aussi assure l'exécution des lois. »[7] Et, ce pouvoir « est représenté par toute une série de tribunaux hiérarchisés et formant ce que l'on appelle un ou plusieurs ordres juridictionnels. »[8]

---

[1] *Ibid.*, p. 457.
[2] L. DUGUIT, *Leçons de droit public général, op. cit.*, p. 173.
[3] *Ibid.*, p. 199.
[4] *Ibid.*, p. 176.
[5] Pour la même expression, v. P. ARDANT et B. MATHIEU, *op. cit.*, p. 57.
[6] *Ibid.*
[7] *Ibid.*
[8] Ch. DEBBASCH *et al.*, *op. cit.*, p. 32.

Quant au droit turc, l'on constate que le constituant a utilisé le terme « pouvoir judiciaire » dans l'article 9 de la Constitution, mais également dans l'intitulé de cet article, selon certaines traductions en français. L'on retrouve aussi le terme de « yargı » — en turc —, comme titre du Chapitre III, Troisième Partie — l'article 138 et les suivants — de cette Constitution, et l'équivalent de ce terme en français est « judiciaire », selon des traductions.

Mais, sur ce point, en doctrine turque, tandis que certains auteurs affirment qu'il est plus utile de dire « le pouvoir juridictionnel »[1], d'auteurs utilisent ces deux termes ensemble, en disant « yargı(lama) »[2] — en turc —, comme nous l'avons fait entre parenthèses. Donc, on continue à dire le pouvoir judiciaire (ou juridictionnel).

Selon la doctrine turque, ce pouvoir s'exerce par les tribunaux qui donnent ses décisions dans le cadre des lois ou des autres dispositions juridiques[3]. Donc, l'on peut dire que le pouvoir judiciaire (ou juridictionnel) n'est pas un « pouvoir normatif », ainsi, il faut dire que ce pouvoir est encadré par les règles juridiques déjà déterminées[4].

Dans le cadre du sujet du pouvoir judiciaire (ou juridictionnel) dans l'État unitaire turc, précisons que, comme c'était le cas en doctrine française, on ne rencontre guère beaucoup d'analyses profondes concernant l'unité du pouvoir judiciaire (ou juridictionnel). Si l'on observe cette doctrine, l'on peut dire qu'elle s'intéresse bien au sujet de l'indépendance de la justice en partant de l'article 9 de la Constitution turque.

Cet article 9 précise que « *le pouvoir judiciaire est exercé par des tribunaux indépendants au nom de la Nation turque.* » Et l'on constate que plusieurs études basées sur les articles 9 et 138 de la Constitution[5]

[1] P. BİLGEN, *İdare hukuku dersleri : idare hukukuna giriş* [Leçons de droit administratif: introduction au droit administratif], *op. cit.*, p. 6 et note n° 6.

[2] M. ERDOĞAN, *op. cit.*, p. 12.

[3] V. *Ibid.* ; K. GÖZLER, *Anayasa hukukunun genel teorisi* [La théorie générale de droit constitutionnel], *op. cit.*, p. 440.

[4] K. GÖZLER, *Anayasa hukukunun genel teorisi* [La théorie générale de droit constitutionnel], *op. cit.*, p. 440.

[5] L'article 138 dispose que « *Les juges sont indépendants dans l'exercice de leur fonction ; ils statuent conformément à la Constitution, à la loi et au droit et selon leur conviction intime.*
Nul organe, autorité, instance ou individu ne peut donner d'ordres ou de directives aux tribunaux ou aux juges, leur envoyer des circulaires, ou leur faire de

précisent que l'indépendance des tribunaux est une nécessité obligatoire des principes généraux de l'État de droit. Faut-il le rappeler, notre étude du pouvoir judiciaire (ou juridictionnel) est du point de vue de la question de la forme d'État unitaire, aussi nous renvoyons sur la question de l'indépendance des tribunaux à la doctrine[1].

Après une introduction au sujet du pouvoir judiciaire, déclarons que l'unité de ce pouvoir aussi comme les autres — le pouvoir législatif ou exécutif — est une question qui doit être traitée dans le cadre de l'étude de l'État unitaire. Ainsi, comme nous allons le voir au-dessous, l'État unitaire exige que non seulement le pouvoir législatif ou exécutif, mais aussi le pouvoir judiciaire (ou juridictionnel) soit unique dans cette forme d'État. Dans ce qui suit, nous allons, tout d'abord, distinguer les sujets de l'unité du pouvoir judiciaire (ou juridictionnel) et de la pluralité d'ordres de juridiction. Ensuite, il sera question de la signification de ce principe de l'unité du pouvoir judiciaire en droits français et turc.

Section 2
Le principe de l'unité du pouvoir judiciaire et la question de la dualité ou de la pluralité d'ordres de juridiction

Nous avons déjà indiqué, concernant les pouvoirs législatif et exécutif, qu'il peut y avoir certaines divisions qui sont justement

---

recommandations ou suggestions concernant l'exercice de leur pouvoir juridictionnel.

On ne peut ni poser de question, ni organiser de discussions, ni faire de déclarations d'aucune sorte à l'Assemblée législative en rapport avec l'exercice du pouvoir juridictionnel dans le cadre d'un procès en cours.

Les organes du législatif et de l'exécutif de même que l'administration sont tenus de se conformer aux décisions des tribunaux ; ils ne peuvent en aucune manière modifier les décisions des tribunaux ou en retarder l'exécution. »

[1] B. TANÖR et N. YÜZBAŞIOĞLU, *op. cit.,* p. 104 ; K. GÖZLER, *İdare hukuku dersleri* [Leçons de droit administratif], Bursa, Ekin, 2002, pp. 11-12 ; M. GÜNDAY, *op. cit.,* p. 5 ; E. ÖZBUDUN, *Türk anayasa hukuku* [Droit constitutionnel turc], *op. cit.,* p. 118 ; Y. K. ZABUNOĞLU, *op. cit.,* p. 5 ; Y. SABUNCU, *op. cit.,* p. 84 ; M. ERDOĞAN, *op. cit.,* p. 64 ; Ş. GÖZÜBÜYÜK, *op. cit.,* 2010, p. 10 ; B. A. GÜLER, *op. cit.,* pp. 114-115 ; A. POLATOĞLU, *op. cit.,* p. 22 ; Y. ALİEFENDİOĞLU, *Anayasa yargısı ve Türk Anayasa Mahkemesi* [La juridiction constitutionnelle et la Cour constitutionnelle turque], Ankara, Yetkin Hukuk, 1996, p. 41. V. aussi, pour une décision constitutionnelle sur ce sujet, Y. YAYLA, *İdare hukuku* [Droit administratif], *op. cit.,* p. 410.

techniques. Ainsi, il peut y avoir un bicaméralisme ou un bicéphalisme qui s'inscrivent dans l'unité du pouvoir législatif ou exécutif. Du point de vue du pouvoir judiciaire, l'on retrouve le sujet du dualisme juridictionnel ou de la dualité d'ordres de juridiction. Par contre, précisons, tout de suite, qu'il ne faut pas confondre la dualité ou l'unité de juridiction et l'unité du « pouvoir » judiciaire (ou juridictionnel). Le dualisme juridictionnel signifie, l'« existence de plusieurs ordres de juridictions, en particulier administratives et judiciaires. »[1] À ce propos, il faut rappeler que « la dualité juridictionnelle se pratique en France et dans les pays influencés par le système juridique français. »[2], et le système juridictionnel de la Turquie en fait partie.

Sans rentrer dans les détails de l'histoire de cette division, on dit qu'il s'agit d'une séparation des juridictions administratives et judiciaires apparue depuis la Révolution par une loi datée de 1790. Cette dualité des ordres de juridiction est toujours en vigueur en France[3]. Par ailleurs, il convient de faire remarquer que « le pouvoir judiciaire en France est, pour des raisons à la fois théoriques et historiques, remis à plusieurs juridictions ou plusieurs groupes de juridictions autonomes. »[4] Donc, l'on peut dire qu'il ne s'agit pas, ici, d'une division « verticale » du pouvoir judiciaire ou juridictionnel, dans la mesure où il n'existe qu'une distinction technique selon les différents types de conflit, judiciaire ou administratif.

On voit que dans le cadre de ce pouvoir étatique, « les tribunaux sont ainsi partagés entre un ordre judiciaire et un ordre administratif, qui représentent deux ensembles hiérarchisés de tribunaux relevant chacun d'une juridiction suprême qui lui est propre et qui peut annuler leurs décisions : la Cour de cassation pour l'ordre judiciaire et le Conseil

---

[1] M.-A. COHENDET, *op. cit.*, p. 194.

[2] J. JIANG, *op. cit.*, p. 236.

[3] B. STIRN, *op. cit.*, p. 153 et suiv. ; M. VERPEAUX, (avec le concours de F. CHALTIEL), *Manuel de droit constitutionnel*, Paris, PUF, 2010, p. 282 et suiv. ; M. VERPEAUX et L. JANICOT, *Droit public : pouvoirs publics et action administrative, op. cit.*, p. 181 et suiv. ; S. GUINCHARD *et al.*, *Institutions juridictionnelles*, *op. cit.*, p. 109 et suiv. ; M. DELAMARRE et T. PARIS, *Droit administratif*, Paris, Ellipses, 2009, p. 458 et suiv. ; P.-L. FRIER et J. PETIT, *op. cit.*, 2012, p. 563 et suiv. Concernant la juridiction administrative, v. aussi R. PERROT, *op. cit.*, p. 201.

[4] A. POUILLE, *op. cit.*, p. 23.

d'État pour l'ordre administratif. »[1] Et il y a aussi le Tribunal des conflits qui règle le problème de la répartition des compétences entre ces deux ordres de juridiction judiciaire et administrative[2].

Il est possible également de parler, en plus de la dualité, de la pluralité des ordres de juridiction. Ainsi, selon Pierre DELVOLVÉ, « la justice française comporte trois ordres de juridiction : l'ordre constitutionnel, où l'on trouve exclusivement le Conseil constitutionnel ; l'ordre administratif, à la tête duquel se trouve le Conseil d'État ; l'ordre judiciaire, coiffé par la Cour de cassation. »[3]

Suivant la décision du Conseil constitutionnel n° 2009-595 DC[4], l'on peut dire qu'il existe deux ordres de juridiction reconnus par la Constitution. D'ailleurs, il faut dire que « seules les juridictions judiciaires et les juridictions administratives sont des « juridictions ordinaires » accessibles à tous les justiciables dans les conditions du droit commun. Les autres juridictions qui existent en France, qu'il s'agisse du Conseil constitutionnel ou de la Cour de Justice de la République n'occupent, sur ce plan, qu'un rôle marginal. »[5]

Nous avons voulu parler, brièvement, ci-dessus, de l'organisation du système juridictionnel de l'État unitaire français, et nous avons vu que cette organisation est divisée, mais cette division technique reste toujours à l'intérieur d'un seul pouvoir judiciaire (ou juridictionnel). Ainsi, Didier TRUCHET, en faisant référence à *l'arrêt Popin*, indique que « la fonction de juger est une : « la justice est rendue de façon

---

[1] S. GUINCHARD *et al.*, *Institutions juridictionnelles*, *op. cit.*, p. 109. Sur cette organisation du système juridictionnel et la règle du double degré de juridiction, v. aussi D. GRANDGUILLOT, *Institutions politiques et administratives de la France*, Paris, Gualino-Lextenso, 7e éd., 2012, pp. 209-211.

[2] Pour ce Tribunal des conflits, v. P.-L. FRIER et J. PETIT, *op. cit.*, p. 565 ; D. GRANDGUILLOT, *op. cit.*, p. 211 ; M. DELAMARRE et T. PARIS, *op. cit.*, p. 461.

[3] P. DELVOLVÉ, *Le droit administratif*, Paris, Dalloz, 5e éd., 2010, p. 80. Sur la même acceptation, v. aussi A. POUILLE, *op. cit.*, pp. 23-25. Cet auteur nous rappelle aussi la Haute Cour de Justice, en soutenant qu'« il reste alors la Haute Cour de Justice qui est une juridiction souveraine et constitue un ordre de juridiction à part. Mais la Haute Cour n'a jamais eu à se réunir sous la Ve République. Elle constitue donc un quatrième ordre mais sans aucune autre importance que théorique et même hypothétique. Pour conclure sur ce point, nous dirons que la France vit, en théorie, avec quatre ordres de juridictions ; mais, en pratique, trois seulement fonctionnent réellement et exercent le pouvoir judiciaire. » (v. p. 25).

[4] La décision est citée dans S. GUINCHARD *et al.*, *Institutions juridictionnelles*, *op. cit.*, p.109.

[5] M. VERPEAUX, *Manuel de droit constitutionnel*, *op. cit.*, pp. 282-283.

indivisible au nom de l'État », dont elle engage la responsabilité même lorsque la loi a confié cette fonction à d'autres personnes morales que lui (CE, S., 27 février 2004, Mme Popin, GAJA n° 113). »[1]

De ce qui précède, l'on peut dire qu'il existe un seul pouvoir judiciaire (ou juridictionnel). Et, on résume, en disant qu'« au sein d'un « pouvoir juridictionnel » qui se caractérise en France par son éclatement, les juridictions judiciaires et les juridictions administratives occupent une place essentielle et répondent les unes et les autres aux critères de définition d'un ordre juridictionnel, c'est-à-dire un ensemble de juridictions, hiérarchisées entre elles et soumises au contrôle d'une juridiction supérieure, Cour de cassation dans un cas, Conseil d'État dans l'autre. »[2]

Nous avons déjà précisé que l'organisation juridictionnelle française a bien influencé certains autres pays dont la République turque où existe, en plus de l'ordre judiciaire, un ordre administratif. Cette influence est par ailleurs confirmée par la doctrine turque[3].

L'on constate qu'il n'est pas possible de parler de l'unité de juridiction en Turquie, parce qu'il existe la juridiction administrative et certains autres ordres de juridiction dans cet État[4]. En revanche, comme nous l'avons déjà traité, il faut bien distinguer l'unité de juridiction et l'unité du pouvoir judiciaire (ou juridictionnel). C'est cette seconde unité qui nous concerne dans le cadre de l'étude de l'État unitaire. Donc, on se borne à faire référence en doctrine turque concernant l'organisation de tous les ordres de juridictions[5].

---

[1] D. TRUCHET, *Droit administratif, op. cit.*, pp. 112-113. V. dans le même sens D. TRUCHET, *Le droit public, op. cit.*, pp. 26-27. Précisons qu'en réalité, le sujet traité dans cet arrêt concerne une sanction disciplinaire prise par le conseil d'administration de l'université de Strasbourg II concernant Mme Popin, une professeure au sein de cette université. Nous avons cité cette décision, en faisant référence aussi à Didier TRUCHET, puisque cette expression utilisée par le Conseil d'État explique bien notre idée principale de l'unité du pouvoir judiciaire ou juridictionnel.

[2] M. VERPEAUX et L. JANICOT, *Droit public : pouvoirs publics et action administrative, op. cit.*, p. 181.

[3] Ş. GÖZÜBÜYÜK, *op. cit.*, p. 7 ; Ş. KARATEPE, *İdare hukuku* [Droit administratif], *op. cit.*, p. 238.

[4] M. ERDOĞAN, *op. cit.*, p. 271 ; Y. K. ZABUNOĞLU, *op. cit.*, p. 7.

[5] Y. SABUNCU, *op. cit.*, p. 300 et suiv. ; M. GÜNDAY, *op. cit.*, p. 5 et suiv. ; M. ERDOĞAN, *op. cit.*, p. 271 et suiv. ; Ş. GÖZÜBÜYÜK, *op. cit.*, p. 7. V. également R. C. DERDİMAN, *İdari yargının genel esasları* [Les bases générales de la juridiction administrative], *op. cit.* ; Y. YAYLA, *Türkiye'de yargı örgütü* [L'organisation judiciaire en Turquie], İstanbul, 1980.

Il convient de rappeler, concernant le pouvoir judiciaire dans l'État unitaire turc, que cette dualité ou pluralité d'ordres de juridiction ne porte pas atteinte à l'unité du pouvoir judiciaire. Donc, comme le souligne Yahya Kazım ZABUNOĞLU, peut-être qu'il s'agit d'une simple « distinction technique » au sein du pouvoir judiciaire, mais il n'y a pas de division de ce pouvoir[1].

Comme nous l'avons vu, la dualité ou la pluralité des ordres de juridiction n'est pas un danger pour le principe d'unité du pouvoir judiciaire (ou juridictionnel) dans les États unitaires français et turc.

Voyons, maintenant, la signification exacte de ce principe de l'unité du pouvoir judiciaire dans ces deux États unitaires, et parlons un peu des éventuelles atteintes à son unité.

Section 3
Le contenu du principe de l'unité du pouvoir judiciaire en droits français et turc

Après avoir souligné, ci-dessus, que le principe de l'unité du pouvoir judiciaire ne concerne pas la question de la dualité ou de la pluralité d'ordres de juridiction, nous allons étudier, maintenant, sur la signification exacte et le contenu de ce principe. Donc, nous allons analyser, dans un premier temps, le principe de l'unité du pouvoir judiciaire dans l'État unitaire français (**Paragraphe 1**), ensuite, nous allons étudier ce principe dans l'État unitaire turc (**Paragraphe 2**).

Paragraphe 1. L'unité du pouvoir judiciaire dans l'État unitaire français

Nous avons déjà indiqué, concernant le principe d'unité du pouvoir exécutif, que Didier TRUCHET admet, d'une part, que « le pouvoir administratif est partagé »[2] en France et, d'autre part, qu'« en France, les pouvoirs législatif et judiciaire ne sont exercés que par des organes de l'État : c'est l'un des aspects de notre tradition unitaire et centralisée. »[3] Cette dernière expression signifie que dans l'État unitaire, l'unité de la détention du pouvoir législatif est une condition *sine qua non*, ainsi que nous l'avons proclamé plusieurs fois. Plusieurs

---

[1] Y. K. ZABUNOĞLU, *op. cit.*, p. 4.
[2] D. TRUCHET, *Le droit public*, *op. cit.*, p. 20.
[3] *Ibid.*

autres auteurs estiment aussi que l'État unitaire nécessite non seulement l'unité du pouvoir législatif, mais aussi l'unité du pouvoir judiciaire (ou juridictionnel). D'après eux, dans ce type d'État, il existe « une seule organisation juridictionnelle (système judiciaire) »[1].

En effet, selon la doctrine française, le principe de l'unité de l'État exige que le pouvoir judiciaire (ou juridictionnel) soit unique dans l'État unitaire français ; de sorte qu'« à l'image de la France, pays de culture d'État, République indivisible (...), il s'agit d'un État centralisé, c'est-à-dire ordonné tout entier autour du principe de l'unité »[2]. Donc, il est logique d'admettre la nécessité d'existence d'« une seule organisation juridictionnelle »[3] dans l'État unitaire.

Précisons, sur ce point, que le pouvoir judiciaire (ou juridictionnel) apparaît, en même temps, comme un élément de distinction entre l'État unitaire et l'État fédéral. En effet, d'après la doctrine française, « dans l'État fédéral, les compétences des États fédérés peuvent s'étendre aux domaines législatif et judiciaire, alors que les collectivités de l'État unitaire n'ont de compétences que dans l'ordre administratif. »[4] D'ailleurs, selon Raymond CARRÉ DE MALBERG, il est tout à fait acceptable que « l'État membre d'un État fédéral, ayant en propre sa législation, son administration, sa justice, possède toutes les fonctions de puissance étatique, et c'est pourquoi il doit être qualifié d'État. »[5]

De la même façon, Georges VEDEL indique que dans la fédération « les États associés...conservent un domaine propre, qui se manifeste par la survivance d'une Constitution, d'une législation, d'une administration et d'une justice propres. »[6] Selon l'auteur, il s'agit, dans le fédéralisme, d'une « superposition et répartition des compétences et des ordres juridiques. »[7] Donc, le pouvoir judiciaire ou, selon l'expression de l'auteur, la justice est bien affecté par cette

---

[1] P. FOILLARD, *Droit constitutionnel et institutions politiques*, *op. cit.*, p. 11. V. dans le même sens A.-M. LE POURHIET, *Droit constitutionnel*, *op. cit.*, p. 18 ; J.-P. JACQUE, *op. cit.*, p. 12.

[2] J. GICQUEL et J.-É. GICQUEL, *op. cit.*, p. 71.

[3] *Ibid.*, p. 72.

[4] J. WALINE, *op. cit.*, p. 49.

[5] R. CARRÉ DE MALBERG, *Contribution à la théorie générale de l'État*, *op. cit.*, p. 169.

[6] G. VEDEL, *Manuel élémentaire de droit constitutionnel*, Paris, Dalloz, 2002, p. 109.

[7] *Ibid.*, p. 111. V. aussi sur le principe de superposition et la dualité d'ordres constitutionnels dans le fédéralisme qui permet un partage du pouvoir judiciaire, L. FAVOREU *et al.*, *Droit constitutionnel*, *op. cit.*, pp. 442-444.

superposition, qui suscite l'attribution de ce pouvoir étatique judiciaire ou juridictionnel vers les États fédérés.

D'ailleurs, l'on peut constater que dans le fédéralisme, le principe d'autonomie prévoit un tel partage du pouvoir judiciaire. Ainsi, grâce à ce principe d'autonomie, « les États membres établissent leur propre constitution, adoptent leurs propres lois, les exécutent, désignent leurs gouvernants, disposent d'un appareil judiciaire. »[1] Donc, comme une conséquence du principe d'autonomie et de la superposition des ordres juridiques et constitutionnels — sauf l'exemple belge —, l'on peut dire que les États fédérés ont leurs propres organisations juridictionnelles avec au sommet une cour constitutionnelle ou une cour suprême[2].

Disons que le partage du pouvoir judiciaire dans la fédération peut nous expliquer mieux l'unité de ce pouvoir dans l'État unitaire. À savoir que quand on dit l'État unitaire, il s'agit de la forme d'État, qui possède une seule Constitution, dans lequel aussi, il existe « l'unicité de l'appareil politique qui permettra au pouvoir de s'exercer de manière identique sur l'ensemble du territoire national. On trouvera, donc dans l'État unitaire, un seul parlement, un seul gouvernement et un seul pouvoir judiciaire. »[3]

Après avoir exposé la position de la doctrine française, selon laquelle le pouvoir judiciaire (ou juridictionnel) doit être unique comme le pouvoir législatif, voyons, donc, quelle est la signification de l'unité de ce pouvoir dans ce cadre.

Nous avons déjà indiqué, à plusieurs reprises, que l'État unitaire est une forme d'organisation dans laquelle il n'existe qu'un seul pouvoir politique indivisible qui règne sur toutes les parties du territoire national. À ce propos, l'on admet que « cette indivisibilité du pouvoir se caractérise par le fait que tous les citoyens sont soumis au même pouvoir (unité de Constitution), aux mêmes lois (unité de législation), au même gouvernement (unité de gouvernement) et aux mêmes tribunaux. »[4] En réalité, l'expression « mêmes tribunaux » dans cette affirmation nous donne les indices de l'idée essentielle du principe de l'unité du pouvoir judiciaire (ou juridictionnel) dans l'État unitaire. À savoir que ce principe implique que tous les tribunaux existent dans une seule organisation juridictionnelle sur le territoire national. Donc, il

---

[1] F. HAMON et M. TROPER, *op. cit.,* 2012, p. 93.
[2] J. GICQUEL et J.-É. GICQUEL, *op. cit.,* pp. 84-85.
[3] F. WEBERT, « L'ordre juridique français : de la centralisation à la souveraineté partagée », art. cit., p. 19.
[4] B. MATHIEU et M. VERPEAUX, *Droit constitutionnel, op. cit.,* p. 670.

s'agit des tribunaux réguliers qui sont les mêmes pour tous les citoyens ou toutes les affaires sur l'ensemble du territoire de l'État.

Cette règle concerne bien les principes que nous avons déjà traités dans cette étude, de sorte que non seulement l'indivisibilité de la souveraineté, mais aussi celle de la Nation (ou du peuple) exigent l'unité du pouvoir judiciaire. Ainsi, lorsqu'on prend en compte le fait que « la justice est une fonction de l'État, c'est-à-dire une fonction de souveraineté »[1], l'on doit admettre que « le pouvoir judiciaire ne se partage pas et l'État ne peut l'abandonner sous peine de disparaître. »[2]

Certes, le souverain est le seul qui rend la justice, mais qui est le souverain ? La réponse à cette question est très claire et se trouve dans l'article 3 de la Constitution française qui dispose que « *la souveraineté nationale appartient au peuple* ». C'est ce qui ressort également de la doctrine française, qui affirme par exemple que « la justice remplit une mission fondamentale de l'État qu'il ne saurait ni concéder ni aliéner. Nul ne peut se faire justice lui-même. La justice est un service public, elle est rendue au nom du peuple français. »[3] Ainsi, si la justice est rendue « au nom du peuple français »[4], et que si ce dernier est unique et indivisible dans l'État unitaire français, donc l'unité de la justice ou du pouvoir judiciaire sera inévitable.

Olivier BEAUD explique bien cette liaison, en admettant que « depuis la Révolution, on ajoute que la justice est rendue au nom du peuple français, mais cela n'a pas de portée juridique réelle ; il s'agit seulement d'un argument de légitimité. Du point de vue de la théorie de l'État, l'argument central réside dans cette affirmation sans nuances de l'unicité de la justice. »[5]

---

[1] A. POUILLE, *op. cit.*, p. 139.

[2] *Ibid.*

[3] D. GRANDGUILLOT, *op. cit.*, p. 209.

[4] L'expression est utilisée aussi par d'autres auteurs, v. R. PERROT, *op. cit.*, p. 63 ; N. STOLOWY, *op. cit.*, p. 2.

[5] O. BEAUD, « L'État », *in* P. GONOD, F. MELLERAY et P. YOLKA (dir.), *Traité de droit administratif*, *op. cit.*, pp. 207-269, spéc., p. 250. Olivier BEAUD parle de la possibilité d'attribuer l'exercice de la justice aux universités — ce qui est illustré par l'arrêt Popin —, et conclut que le pouvoir de rendre la justice est toujours unique et appartient seulement à l'État. Nous citons cette idée de l'auteur, puisqu'elle arrive au même point que la nôtre concernant l'unité du pouvoir judiciaire ou juridictionnel. Disons que l'existence de la dualité juridictionnelle ou l'exercice de la justice disciplinaire par les universités ne porte pas atteinte au principe d'unité du pouvoir judiciaire (ou juridictionnel). Dans ce cas, Bernard STIRN estime que « même si des personnes morales distinctes de l'État, comme, en matière disciplinaire, les conseils

Il faut dire que cette règle interdit bien l'exercice de ce pouvoir par un organe territorial qui est exclu du système juridictionnel national. Nous avons précisé, au-dessus, qu'il faut y avoir « les mêmes tribunaux pour tout le territoire ». Certes qu'il s'agit de l'extension géographique de ces tribunaux, mais l'on sait que ces tribunaux existent toujours dans le même système juridictionnel. L'on ne parle pas, ici, de l'unité de juridiction ou la pluralité de celle-ci, mais plutôt d'« un seul système de juridiction » dans lequel les tribunaux judiciaires ou administratifs peuvent exister. Aussi, faut-il admettre que la fonction juridictionnelle s'exerce de la même façon sur toutes les parties du territoire.

L'on arrive, encore une fois, au sujet de la décentralisation, et comme nous l'avons déjà traité dans le chapitre précédent, même s'il est acceptable que les collectivités territoriales décentralisées puissent exercer des compétences administratives dans l'État unitaire, dans le cadre du sujet du pouvoir judiciaire (ou juridictionnel) ces collectivités n'ont aucune compétence juridictionnelle.

Donc, dans l'État unitaire, les collectivités territoriales n'ont pas de compétences juridictionnelles propres distinctes de celles de l'État. La doctrine française confirme cette règle, comme le fait Olivier BEAUD qui affirme que « la décentralisation est toujours possible du point de vue de l'administration car la décentralisation administrative respecte l'unité de la loi. En revanche, elle est impossible du point de vue politique : les autorités décentralisées, soit territoriales, soit fonctionnelles, n'ont ni pouvoir législatif, ni pouvoir juridictionnel. »[1]

L'on peut constater la même affirmation chez d'autres auteurs qui précisent que « les organes décentralisés n'ont aucune compétence

---

d'université ou les ordres professionnels, sont chargées par la loi d'attributions juridictionnelles, elles statuent au nom de l'État et sous le contrôle en dernier ressort d'une juridiction de l'État, le Conseil d'État ou la Cour de cassation, selon qu'il s'agit d'une juridiction administrative ou d'une juridiction judiciaire. » Donc, ce principe de l'unité du pouvoir judiciaire interdit son exercice par un autre mécanisme distinct de l'organisation juridictionnelle de l'État dont les décisions échapperaient au contrôle des systèmes juridictionnels établis dans un seul pouvoir judiciaire (ou juridictionnel) ; de sorte que Bernard STIRN fait aussi référence au contrôle en dernier ressort d'une juridiction de l'État, par une Cour suprême, v. B. STIRN, *Les sources constitutionnelles du droit administratif : introduction au droit public*, *op. cit.*, p. 145. Ainsi, l'on peut dire que dans cet arrêt, l'université — comme une personne morale distincte de l'État —, qui ne décide qu'en matière disciplinaire sous le contrôle du pouvoir judiciaire de l'État, n'exerce pas un pouvoir judiciaire propre.

[1] O. BEAUD, « L'État », art. cit., p. 251.

législative — ils ne prennent que des actes administratifs, et n'ont ainsi qu'une autonomie normative réduite —, ni juridictionnelle. »[1] De leur côté, François et Yves LUCHAIRE estiment qu'« une collectivité territoriale ne peut recevoir des attributions que la Constitution reconnaît aux organes de l'État »[2]. Citant la décision du 22 juillet 1980 du Conseil constitutionnel français, ces auteurs précisent que « la collectivité territoriale ne peut intervenir dans l'exercice du pouvoir judiciaire »[3] d'après cette décision.

Rappelons que nous avons déjà déterminé, concernant le sujet du pouvoir législatif, que l'État unitaire exige que ce pouvoir soit unique, et les collectivités territoriales n'ont pas des pouvoirs législatifs. Précisons, ici, que l'unité du pouvoir judiciaire est l'une des conséquences du principe de « l'unité du pouvoir législatif ». Dans la mesure où il est question d'un seul système législatif dans un État, il est normal que la fonction juridictionnelle de celui-ci doive prendre la forme conformément à ce système législatif unique[4].

Nous avons vu également, sous le principe d'unité du pouvoir législatif, que la question d'outre-mer français était parfois critiquée du point de vue de l'unité du droit applicable. Il faut se demander, à ce propos, s'il n'y a pas une atteinte à ce principe d'unité du pouvoir judiciaire (ou juridictionnel) dans l'État unitaire français ? Ou bien,

---

[1] P.-L. FRIER et J. PETIT, *op. cit.,* p. 128. V. dans le même sens, J. FERSTENBERT, F. PRIET et P. QUILICHINI, *op. cit.,* p. 82. D'après ces auteurs, « seuls les organes de l'État, au premier rang desquels figure le législateur, sont détenteurs de cette souveraineté, et les collectivités territoriales ne disposent pas du pouvoir législatif et du pouvoir réglementaire, pas plus d'ailleurs que d'un quelconque pouvoir judiciaire. »

[2] F. LUCHAIRE et Y. LUCHAIRE, *Le droit de la décentralisation,* Paris, PUF, 1983, p. 89.

[3] *Ibid.,* p. 90.

[4] Il est possible de voir une telle liaison entre l'unité du pouvoir législatif et l'unité du pouvoir judiciaire chez Olivier BEAUD. Ce dernier explique, en réalité, l'unité de justice, tout en faisant référence à Georges BURDEAU concernant l'unité du système juridique. L'auteur estime que « si l'on veut comprendre le sens de cette unicité de la justice et de cette indivisibilité de la puissance de l'État, dont la fonction juridictionnelle est un des éléments, il faut savoir ce qu'est l'État unitaire, dont la France est un des meilleurs exemples. Georges Burdeau en a donné une parfaite définition, mais en lui donnant un autre nom : « L'État centralisé est celui dans lequel aucune des collectivités composantes, qu'elles soient de caractère géographique, sociologique, professionnel, religieux ou autre, ne peut faire valoir un droit propre à l'établissement des règles qui la concernent » », O. BEAUD, « L'État », art. cit., p. 251.

quelles sont les compétences des collectivités territoriales pouvant constituer des atteintes ?

Pour répondre à ces questions, il est utile de faire appel encore à la question de l'outre-mer français. S'interrogeant sur le fait de savoir s'il s'agit de « juridictions locales » et se basant sur les articles 73 et 74 de la Constitution, François LUCHAIRE précise clairement que « l'organisation de la justice est un domaine qui ne peut dépendre que de l'État (articles 73 et 74 de la Constitution) et ne peut donc faire l'objet d'un transfert. »[1] De telle façon, même si ces articles prévoient que les départements et régions d'outre-mer « *peuvent être habilitées, selon le cas, par la loi ou par le règlement, à fixer elles-mêmes les règles applicables sur leur territoire, dans un nombre limité de matières pouvant relever du domaine de la loi ou du règlement* », néanmoins, ces règles applicables ne peuvent porter sur « *l'organisation de la justice, le droit pénal, la procédure pénale* » et les autres points indiqués dans cet article. Donc, il est possible de dire que le principe d'unité du pouvoir judiciaire est validé non seulement dans la métropole, mais aussi dans l'outre-mer français.

Quant à la Nouvelle-Calédonie, collectivité *sui generis* qui a un « véritable » pouvoir législatif, l'on constate que la doctrine française attire l'attention sur l'Accord Nouméa et la loi organique du 19 mars 1999. Il faut dire que selon ces deux textes, la justice, l'organisation judiciaire, la procédure pénale et la procédure administrative contentieuse, comme compétences régaliennes, resteront de la compétence de l'État jusqu'à la consultation sur l'accession de cette collectivité *sui generis* à la pleine souveraineté[2].

En revanche, malgré toutes les affirmations précédentes, l'on constate qu'il s'agit de certaines dérives concernant non seulement la Nouvelle-Calédonie, mais aussi certaines autres collectivités, comme Wallis et Futuna ou Mayotte.

---

[1] F. LUCHAIRE, *Le statut constitutionnel de la Polynésie française*, *op. cit.*, p. 45.

[2] V. l'article 21, I, 2° de La loi organique n° 99-209 du 19 mars 1999 relative à la Nouvelle-Calédonie ; le point 3.3. de l'Accord Nouméa. V. sur ce sujet en doctrine française, J.-M. PONTIER, « La répartition des compétences », *in* J.-Y. FABERON et G. AGNIEL (dir.), *La souveraineté partagée en Nouvelle-Calédonie et en droit comparé : colloque organisé à Nouméa du 17 au 19 décembre 1999*, *op. cit.*, pp. 257-274, spéc., p. 265 ; J. PAGE, *op. cit.*, pp. 347-348 ; J.-Y. FABERON, *Des institutions pour un pays : la Nouvelle-Calédonie en devenir*, Aix-en-Provence, Presses universitaires d'Aix-Marseille, 2012, p. 174.

Précisons, tout de suite, que le problème provient du « droit coutumier », de sorte que ce droit donne « la possibilité de règlements coutumiers des litiges »[1] dans les domaines déterminés notamment en droit civil et familial dans les collectivités indiquées.

L'on retrouve, d'abord concernant la Nouvelle-Calédonie, la question du statut privilégié des Mélanésiens et « les assesseurs coutumiers ». Selon l'explication de Félicien LEMAIRE, l'on peut dire qu'« en Nouvelle-Calédonie, en particulier, l'article 75 revêt une grande importance, dans la mesure où de nombreux Mélanésiens ont conservé le statut de droit particulier. Pour régler les différends entre les citoyens disposant d'un statut personnel, sont instituées des autorités coutumières de droit local investies d'un pouvoir de conciliation. »[2] L'auteur ajoute que « la juridiction civile de droit commun est certes compétente pour connaître des litiges et requêtes relatifs au statut civil coutumier, mais il est établi qu'elle doit être complétée par des assesseurs coutumiers »[3].

C'est l'ordonnance n° 82-877 du 15 octobre 1982 qui a institué ces assesseurs coutumiers, et selon certains auteurs, il est possible de dire que « l'idée qui en résulte fut alors de créer un système juridictionnel intermédiaire entre la justice coutumière à proprement parler et la justice de droit commun »[4]. D'ailleurs, Félicien LEMAIRE ajoute aussi qu'il existe « une coexistence authentique du droit commun et de la coutume a été organisée. D'autant que la loi précisait que l'État était compétent en droit civil, en droit commercial, etc., à l'exclusion du droit coutumier. »[5]

Disons qu'en effet, cette question est toujours critiquée en doctrine française. À titre d'exemple, Régis LAFARGUE parle, concernant la Nouvelle-Calédonie, de « l'ordonnance n° 82-877 du 15 octobre 1982

---

[1] F. LEMAIRE, *Le principe d'indivisibilité de la République : mythe et réalité, op. cit.*, p. 162.

[2] *Ibid.*

[3] *Ibid.*

[4] G. NICOLAU, « Accès à la justice et identité : L'exemple de la Nouvelle-Calédonie », *in* J.-Y. FABERON, Y. GAUTIER (dir.) et J.-P. DOUMENGE (Éd.), *Identité, nationalité, citoyenneté outre-mer : actes du colloque des 9-10 novembre 1998*, *op. cit.*, pp. 104-132, spéc., p. 114.

[5] F. LEMAIRE, *Le principe d'indivisibilité de la République : mythe et réalité, op. cit.*, pp. 162-163.

qui organisait une « justice coutumière » 128 ans après la prise de possession de ce territoire »[1].

Bien plus, lorsqu'on prend en compte l'article 7 de la loi organique du 19 mars 1999, l'on voit que cet article précise que « *les personnes dont le statut personnel, au sens de l'article 75 de la Constitution, est le statut civil coutumier kanak décrit par la présente loi sont régies en matière de droit civil par leurs coutumes* ». Donc, comme l'explique Régis LAFARGUE, « cela signifie clairement que dans les rapports de nature civile entre personnes de statut de droit commun (ou en cas de mixité de statut) on applique les textes du Code civil ; en revanche dans les rapports de nature civile entre personnes de statut coutumier kanak, on applique exclusivement le droit coutumier. »[2]

Il faut dire que « la coutume kanake dans son volet civil est dite par des juridictions étatiques biculturelles. »[3] Ainsi, « c'est bien le juge de droit commun, représentant le pouvoir judiciaire de la République française, rendant la justice au nom du peuple français, qui est compétent, mais il ne met pas en œuvre le même droit pour décider à l'égard du « peuple kanak » - ou plutôt des citoyens français de statut coutumier kanak. C'est pour cette raison qu'il est assisté d'assesseurs coutumiers »[4]. Mais, l'on constate que « pour connaître le droit applicable, parce qu'il est oral, le juge français a besoin des assesseurs coutumiers »[5].

En réalité, il faut préciser que cette dérive qu'on dit « la justice coutumière » ne concerne que le droit civil. Donc, « le droit pénal quant à lui exclut l'application de la coutume, à laquelle il peut s'opposer : l'ordre public et les principes généraux du droit l'emportent sur la

---

[1] R. LAFARGUE, *La coutume face à son destin : réflexions sur la coutume judiciaire en Nouvelle-Calédonie et la résilience des ordres juridiques infra-étatiques*, Paris, LGDJ-Lextenso, 2010, p. 20.

[2] R. LAFARGUE, « Victimes de statut coutumier kanak et justice: La nécessaire adaptation de la procédure aux identités culturelles et juridiques », *in* J.-Y. FABERON, V. FAYAUD et J.-M. REGNAULT (dir.), *Destins des collectivités politiques d'Océanie : peuples, populations, nations, États, territoires, pays, patries, communautés, frontières: Actes du colloque international organisé du 7 au 10 mars 2011 à Nouméa,* Vol. 2: Singularités, Aix-en-Provence, Presses universitaires d'Aix-Marseille, 2011, pp. 783-787, spéc., p. 783.

[3] R. LAFARGUE, *La coutume face à son destin, op. cit.,* p. 23.

[4] J.-Y. FABERON, *Des institutions pour un pays : la Nouvelle-Calédonie en devenir, op. cit.,* pp. 151-152

[5] R. LAFARGUE, *La coutume face à son destin, op. cit.,* p. 24.

coutume. »[1] Mais, il n'est pas faux de dire qu'il s'agit, ici, « d'une sectorisation du droit applicable à une même population : un droit « particulier » sur le plan civil, et un droit « universaliste » sur le plan pénal. »[2] Donc, il faut alors se demander comment l'on peut concilier l'existence d'une telle « justice coutumière » vis-à-vis du principe de l'unité du pouvoir judiciaire (ou juridictionnel) dans l'État unitaire français ?

Il faut ajouter aussi que cette question de « la justice coutumière » sur le plan civil n'est pas limitée à la Nouvelle-Calédonie. Ainsi, l'on peut citer aussi Wallis et Futuna[3], « où les règles religieuses ont toujours joué un rôle majeur, l'État s'est également engagé à respecter les us et coutumes locales en reconnaissant un statut personnel. »[4]

Donc, l'on constate la même différence que celle qui existe en Nouvelle-Calédonie dans le système juridictionnel de Wallis et Futuna. Aussi, est-il possible de dire que la religion catholique est effective dans ce cadre, de sorte que « la résistance de cette collectivité d'Outre-mer aux évolutions statutaires est liée à la constance des institutions et des pratiques coutumières. Nous nous attacherons donc à définir la nature du lien paradoxal mais indéniable qui existe entre la perpétuation des trois « royaumes » chrétiens de l'archipel et l'existence d'un statut apparemment républicain et « jacobin ». »[5]

Sur ce point, certains auteurs soulignent que dans cette collectivité « quasiment tous les litiges villageois se règlent grâce à la coutume »[6]. Donc, il est possible de dire que « le tribunal de première instance a peu d'activité à Wallis-et-Futuna, car seuls ceux qui ont

---

[1] J.-Y. FABERON, *Des institutions pour un pays : la Nouvelle-Calédonie en devenir, op. cit.,* p. 152.

[2] R. LAFARGUE, *La coutume face à son destin, op. cit.,* p. 21.

[3] *Ibid.,* pp. 25-26. V. aussi F. ANGLEVIEL, « Wallis-et-Futuna : l'alliance de la pérennité des institutions coutumières et de la stabilité statutaire », *in* J. DANIEL (dir.), *Les Outre-mer à l'épreuve du changement : réalités et perspectives des réformes territoriales*, Paris, L'Harmattan, 2011, pp. 187-205 ; M. SOULÉ, « Futuna: Permanence d'une forte identité coutumière au sein de la République française », *in* J.-Y. FABERON, V. FAYAUD et J.-M. REGNAULT (dir.), *Destins des collectivités politiques d'Océanie : peuples, populations, nations, États, territoires, pays, patries, communautés, frontières: Actes du colloque international organisé du 7 au 10 mars 2011 à Nouméa,* Vol. 2 : Singularités, *op. cit.,* pp. 481-490, spéc., p. 486 et suiv.

[4] F. LEMAIRE, *Le principe d'indivisibilité de la République : mythe et réalité, op. cit.,* p. 163.

[5] F. ANGLEVIEL, art. cit., p.187.

[6] *Ibid.,* p. 194.

renoncé au statut coutumier et ceux qui acceptent l'autorité de la juridiction occidentale peuvent être déférés au civil. »[1]

L'on peut dire, de ce qui précède, qu'il existe une cohabitation entre la justice coutumière et la justice républicaine, mais il est possible de se demander, à juste titre, « comment justice coutumière et justice d'État cohabitent-elles ? »[2]

Enfin, il faut également parler de Mayotte. Selon l'explication de Félicien LEMAIRE, l'on constate qu'« à Mayotte un usage important de l'article 75 est traditionnellement fait à travers le statut civil de droit local inspiré du droit coranique et de la coutume mahoraise. Ce qui a pour conséquence que les litiges, concernant les Mahorais assujettis à ce statut de droit musulman, sont traditionnellement réglés par des juridictions civiles spéciales, régies par des cadis. »[3]

En somme, précisons qu'il est possible de trouver certaines déviations vis-à-vis du principe d'unité du pouvoir judiciaire (ou juridictionnel) dans l'État unitaire français. Comme pour le principe d'unité du pouvoir législatif, il est également question ici de quelques déviations dans le cadre de l'unité du pouvoir judiciaire. En effet, certains auteurs se sont déjà demandé concernant les départements d'outre-mer (DOM) : « Existe-t-il une justice propre au D.O.M. ? Faut-il aller vers une justice différente dans les D.O.M. ? »[4]

Donc, même si la juridiction en droit pénal est réservée clairement à l'État[5], il est possible de trouver certains particularismes territoriaux au plan civil dans le cadre de notre sujet de l'unité du pouvoir judiciaire, concernant l'État unitaire français. Mais, nous avons déjà rencontré un tel problème concernant le principe d'unité du pouvoir législatif. Et nous avons dit que malgré l'existence de certaines exceptions, ce qui est important, est la règle générale de l'unité du pouvoir législatif dans

[1] *Ibid.*, p. 195. La même acceptation, v. M. SOULÉ, « Futuna : Permanence d'une forte identité coutumière au sein de la République française », art. cit., p. 486.

[2] M. SOULÉ, « Futuna: Permanence d'une forte identité coutumière au sein de la République française », art. cit., p. 488.

[3] F. LEMAIRE, *Le principe d'indivisibilité de la République : mythe et réalité, op. cit.*, p. 164.

[4] D. PEYRAT, « La fonction judiciaire dans les D.O.M. », *in* J.-F. AUBY et J.-Y. FABERON (dir.), *L'évolution du statut de département d'outre-mer*, *op. cit.*, pp. 59-72, spéc., p. 60.

[5] Le Conseil constitutionnel a déjà annulé certaines lois par cette motivation. C'est le cas, à titre d'exemple, de la décision n° 80-122 DC du 22 juillet 1980 relative à la Loi rendant applicable le code de procédure pénale et certaines dispositions législatives dans les territoires d'outre-mer.

l'État unitaire. Donc, il est possible de répéter, ici, la même affirmation concernant le pouvoir judiciaire vis-à-vis de telles exceptions. Ainsi, à moins que l'attribution d'un pouvoir judiciaire pour les collectivités décentralisées ne soit une règle générale, une attribution exceptionnelle et dans un domaine limité — sur le plan civil — peut être recevable. D'ailleurs, il est clair que la règle générale interdit actuellement une telle attribution du pouvoir judiciaire pour les autorités décentralisées.

Paragraphe 2. L'unité du pouvoir judiciaire dans l'État unitaire turc

Dans le cadre du sujet de l'unité du pouvoir judiciaire, il convient de rappeler, tout d'abord, qu'il existe une relation entre la souveraineté et ce pouvoir étatique[1]. Ainsi, selon la doctrine turque, puisque l'État unitaire est un État dans lequel il existe une seule souveraineté indivisible, il faut donc admettre qu'il existe un seul pouvoir judiciaire (ou juridictionnel) dans ce type d'État.

Cette règle de l'unité du pouvoir judiciaire est défendue par plusieurs auteurs dans cette doctrine[2]. L'on peut constater aussi que certains auteurs distinguent l'État unitaire de la fédération du point de vue du « nombre » des organes étatiques. Ainsi, s'il existe dans l'État unitaire un seul pouvoir législatif, exécutif et judiciaire, dans une fédération, il est possible d'en trouver plusieurs, puisque l'État fédéral et tous les États fédérés ont leurs propres organes, y compris le pouvoir judiciaire[3].

---

[1] V. K. GÖZLER, *Devletin genel teorisi* [La théorie générale de l'État], *op. cit.*, pp. 318-319. En parlant du lien entre la souveraineté et « la compétence de juger », l'auteur précise que cette compétence est, en même temps, un « droit régalien ». Donc, dans un État unitaire, cette compétence n'appartient qu'à l'État central. Ainsi, l'auteur affirme qu'il n'est pas possible de parler du principe de la décentralisation du point de vue de cette compétence de juger ou du pouvoir judiciaire dans cette forme d'État qu'on dit unitaire.

[2] K. GÖZLER, *Anayasa hukukunun genel teorisi*, [La théorie générale de droit constitutionnel], *op. cit.*, pp. 477-478 ; M. ERDOĞAN, *op. cit.*, p. 13 ; H. N. KUBALI, *op. cit.*, p. 66 ; V. VERSAN, *op. cit.*, pp. 31-32 ; Y. SABUNCU, *op. cit.*, p. 28 ; E. TEZİÇ, *op. cit.*, p. 125 ; F. DEMİRKOL, *Anayasa hukuku I -II ders notları* [Droit constitutionnel I-II notes], *op. cit.*, p. 63 ; R. ŞENGÜL, *op. cit.*, p. 148.

[3] K. GÖZLER, *Anayasa hukukunun genel teorisi* [La théorie générale de droit constitutionnel], *op. cit.*, p. 493 ; R. ŞENGÜL, *op. cit.*, pp. 149-150 ; Y. SABUNCU, *op. cit.*, p. 29 ; O. UYGUN, « Üniter ve federal devlet açısından egemenliğin bölünmezliği ilkesi » [Le principe de l'indivisibilité de la souveraineté du point de vue de l'État unitaire et de l'État fédéral] art. cit., p. 391. Sur la question du pouvoir

Comme nous l'avons vu en partant de la doctrine française, peut-être qu'il est plus facile de comprendre l'unité du pouvoir judiciaire dans l'État unitaire turc par l'exemple opposé de la fédération. Ainsi, la doctrine turque précise qu'il y a plusieurs pouvoirs judiciaires dans la fédération ou dans les États composés. Il faut ajouter aussi que cette situation est justifiée par l'absence de l'unité du pouvoir législatif dans ces formes d'États[1].

Oktay UYGUN précise, à ce propos, que dans l'État unitaire la souveraineté est encore divisée, mais il s'agit d'une division « horizontale et fonctionnelle » entre trois pouvoirs étatiques qui règnent sur toutes les parties du territoire national. En revanche, dans une fédération il existe non seulement une division horizontale et fonctionnelle de la souveraineté entre ces trois pouvoirs, mais aussi « une division verticale et territoriale », c'est la raison pour laquelle le pouvoir judiciaire avec les autres pouvoirs est partagé entre l'État fédéral et les États fédérés d'une fédération[2].

Donc, il s'agit d'un partage du pouvoir judiciaire (ou juridictionnel) dans les États composés ou dans les fédérations, puisqu'il n'y a pas une seule souveraineté, celle-ci est divisée dans ce type d'État, comme l'admet la doctrine[3]. D'ailleurs, il n'est pas faux de dire que les États fédérés sont indépendants pour exercer ses propres affaires internes, parce qu'ils ont leur propre souveraineté[4]. De plus, il y a certains auteurs qui parlent du principe d'autonomie des États fédérés, et admettent que ce partage soit normal, puisque tous les États fédérés ont des pouvoirs autonomes dans le domaine de la juridiction[5].

---

judiciaire dans les fédérations, v. O. UYGUN, *Federal devlet*, [L'État fédéral], *op. cit.*, pp. 267-271.

[1] H. N. KUBALI, *op. cit.*, p. 66 ; V. VERSAN, *op. cit.*, p. 32 ; K. GÖZLER, *Anayasa hukukunun genel teorisi* [La théorie générale de droit constitutionnel], *op. cit.*, p. 484.

[2] O. UYGUN, « Üniter ve federal devlet açısından egemenliğin bölünmezliği ilkesi » [Le principe de l'indivisibilité de la souveraineté du point de vue de l'État unitaire et de l'État fédéral], art. cit., pp. 399 et 410.

[3] M. ERDOĞAN, *op. cit.*, p. 13 ; H. N. KUBALI, *op. cit.*, p. 66 ; V. VERSAN, *op. cit.*, p. 32 ; K. GÖZLER, *Devletin genel teorisi* [La théorie générale de l'État], *op. cit.*, pp. 161-162.

[4] K. GÖZLER, *Anayasa hukukunun genel teorisi* [La théorie générale de droit constitutionnel], *op. cit.*, p. 508 ; Y. YAYLA, *Anayasa hukuku : ders notları* [Droit constitutionnel: notes], *op. cit.*, p. 35.

[5] K. GÖZLER, *Anayasa hukukunun genel teorisi* [La théorie générale de droit constitutionnel], *op. cit.*, p. 520 ; E. TEZİÇ, *op. cit.*, p. 130 ; İ. GİRİTLİ et J. SARMAŞIK, *op. cit.*, p. 45.

Selon Kemal GÖZLER, il est possible de parler des États-Unis, comme un exemple du partage du pouvoir judiciaire (ou juridictionnel). Car, même si la peine capitale existe dans certains États fédérés, elle ne l'est pas dans d'autres entités fédérées aux États-Unis[1]. Donc, les tribunaux vont prendre des décisions différentes. Certains auteurs parlent aussi de l'Allemagne ou de la Suisse, comme des exemples dans lesquels les États fédérés ont des pouvoirs judiciaires distincts[2].

Comme on le voit, l'exemple de la fédération nous donne la possibilité de comprendre mieux l'unité du pouvoir judiciaire (ou juridictionnel) dans l'État unitaire. Ainsi, l'on admet que dans ce deuxième type d'État, il existe un seul pouvoir judiciaire, de même qu'une seule organisation juridictionnelle. C'est-à-dire, qu'il est question du principe d'unité de ce pouvoir dans ce type d'État qu'on dit unitaire.

Nous avons déjà expliqué le principe d'unité du pouvoir judiciaire (ou juridictionnel) en droit français, en parlant de la concomitance de l'indivisibilité de la souveraineté et celle de la Nation. L'on constate, à ce propos, qu'il existe une similitude entre la doctrine française et la doctrine turque, puisque cette dernière souligne aussi qu'il existe une relation entre ces sujets. Ainsi, comme nous l'avons vu, l'alinéa 1er de l'article 6 de la Constitution turque prévoit que « *la souveraineté appartient sans conditions ni réserves à la Nation* », tandis que d'après son deuxième alinéa « *la Nation turque exerce sa souveraineté par l'intermédiaire des organes habilités et selon les principes institués par la Constitution.* »

À ce propos, Pertev BİLGEN estime que « la Nation turque — sauf l'élection et le référendum — ne peut pas exercer elle-même la souveraineté »[3]. Aussi, le pouvoir judiciaire apparaît, ici, comme l'un des organes par lesquels la Nation exerce cette souveraineté. De telle façon, l'on peut voir que les auteurs turcs énumèrent le pouvoir judiciaire parmi les organes dont les compétences d'exercice

---

[1] K. GÖZLER, *Anayasa hukukunun genel teorisi* [La théorie générale de droit constitutionnel], *op. cit.*, p. 509.

[2] N. TORTOP, *op. cit.*, p. 11 ; A. ULUSOY et T. AKDEMİR, *op. cit.*, p. 120 ; Z. TOPRAK, *op. cit.*, p. 14 ; H. EROĞLU, *op. cit.*, p. 140.

[3] P. BİLGEN, *İdare hukuku dersleri : idare hukukuna giriş* [Leçons de droit administratif: introduction au droit administratif], *op. cit.*, p. 3. V. dans le même sens, Y. Ş. HAKYEMEZ, *op. cit.*, p. 64.

proviennent directement de la souveraineté[1], et qui exercent ses pouvoirs « au nom de la Nation ».

Par une autre expression, il est possible de dire que le pouvoir judiciaire s'exerce « au nom de la propriétaire d'une seule souveraineté indivisible dans l'État unitaire. »[2] Et, sur ce point, comme l'article 6 indique que la souveraineté appartient à la Nation, donc l'article 9 de la Constitution ne prévoit pas en vain que « *le pouvoir judiciaire est exercé par des tribunaux indépendants au nom de la Nation turque.* »

En effet, l'on peut dire qu'il s'agit, ici, d'une équation qu'on retrouve chez plusieurs auteurs qui affirment la relation de la souveraineté et son titulaire, la Nation, avec l'article 9 attestant que le pouvoir judiciaire s'exerce au nom de la nation[3]. Faut-il le rappeler, nous avons déjà traité l'indivisibilité de la souveraineté et de la Nation dans l'État unitaire. Ici, l'on peut dire qu'il y a un seul pouvoir judiciaire dans ce type d'État, puisqu'il s'agit d'une concomitance entre l'unité de ce pouvoir et l'indivisibilité de la souveraineté et de la Nation.

Quant à la structure de l'organe qui va exercer ce pouvoir judiciaire unique, les auteurs turcs appellent cet organe « une collectivité des institutions »[4] ou « collectivité des tribunaux »[5]. D'ailleurs, certains auteurs admettent que l'article 9 de la Constitution, en parlant des « tribunaux », n'utilise pas en vain une expression au pluriel[6]. Ainsi, tandis que l'organe législatif, par exemple, n'est qu'une seule institution en Turquie — Grande Assemblée nationale de Turquie —, l'organe judiciaire (ou juridictionnel) est constitué de plusieurs tribunaux.

---

[1] K. GÖZLER, *Anayasa hukukunun genel teorisi* [La théorie générale de droit constitutionnel], *op. cit.*, p. 435 ; E. TEZİÇ, *op. cit.*, p. 120 ; M. GÜNDAY, *op. cit.*, p. 3 ; Y. K. ZABUNOĞLU, *op. cit.*, p. 2 ; B. TANÖR et N. YÜZBAŞIOĞLU, *op. cit.*, p. 111 ; Y. Ş. HAKYEMEZ, *op. cit.*, p. 64.

[2] K. GÖZLER, *Anayasa hukukunun genel teorisi* [La théorie générale de droit constitutionnel], *op. cit.*, p. 478.

[3] P. BİLGEN, *İdare hukuku dersleri : idare hukukuna giriş* [Leçons de droit administratif: introduction au droit administratif], *op. cit.*, p. 6 ; Y. YAYLA, *Türkiye'de yargı örgütü* [L'organisation judiciaire en Turquie], *op. cit.*, p. 3 ; M. KOÇAK, *Batı'da ve Türkiye'de egemenlik anlayışının değişimi : Devlet ve egemenlik* [Le changement de la conception de la souveraineté en Occident et en Turquie: L'État et la souveraineté], *op. cit.*, p. 223 ; Y. Ş. HAKYEMEZ, *op. cit.*, p. 176.

[4] K. GÖZLER, *İdare hukuku dersleri* [Leçons de droit administratif], *op. cit.*, p. 11 ; M. GÜNDAY, *op. cit.*, p. 5 ; H. KALABALIK, *op. cit.*, p. 3.

[5] Y. K. ZABUNOĞLU, *op. cit.*, p. 5.

[6] Y. Ş. HAKYEMEZ, *op. cit.*, p. 176.

Sur ce point, Kemal GÖZLER précise, pour l'État unitaire, que le pouvoir ou l'organe judiciaire est unique. Certes, cet organe est constitué de plusieurs tribunaux, mais il est question des mêmes tribunaux qui exercent le même pouvoir sur tout le territoire national. De sorte qu'il y a aussi une seule Cour suprême pour les tribunaux de première instance[1]. Néanmoins, il ne faut pas comprendre qu'un autre ordre de juridiction et une autre Cour suprême ne puissent pas exister dans l'État unitaire. Comme nous l'avons déjà traité, il peut y avoir une division horizontale et technique, mais ce qui est important, ici, c'est de dire que ce principe d'unité du pouvoir judiciaire empêche l'établissement d'un ordre de juridiction « territoriale » et d'une Cour suprême justement « pour une partie du territoire national ». Donc, on répète encore une fois que ce principe empêche, en réalité, « la division verticale et territoriale du pouvoir judiciaire (ou juridictionnel). »

S'il est nécessaire de résumer ce principe d'après les explications précédentes, l'on peut dire, en reprenant Yıldızhan YAYLA, que « le terrain d'exercice du pouvoir judiciaire est large, ainsi, plusieurs tribunaux exercent ce pouvoir, mais tous ces tribunaux décident au nom de la Nation turque ; parce qu'il n'y a qu'un seul pouvoir judiciaire, puisque la République turque est un État unitaire »[2].

Comme nous avons déjà fait référence à la doctrine française concernant l'absence d'un pouvoir judiciaire (ou juridictionnel) des collectivités territoriales décentralisées, précisons aussi que la doctrine turque est aussi unanime sur cette idée.

Selon cette doctrine, l'attribution du pouvoir judiciaire aux collectivités territoriales suscite « la décentralisation politique » qui s'inscrit dans le fédéralisme[3]. En effet, le seul principe est la

---

[1] K. GÖZLER, *Anayasa hukukunun genel teorisi* [La théorie générale de droit constitutionnel], *op. cit.*, p. 478.

[2] Y. YAYLA, *Türkiye'de yargı örgütü* [L'organisation judiciaire en Turquie], *op. cit.*, p. 3.

[3] V. sur le sujet, Ş. GÖZÜBÜYÜK, *op. cit.*, p. 96 ; A. ULUSOY et T. AKDEMİR, *op. cit.*, p. 46 ; H. ERKUL, *Türkiye'de yerel yönetimler* [Les collectivités territoriales en Turquie], Ankara, Detay Yayıncılık, 2010, p. 9 ; H. EROĞLU, *op. cit.*, p. 140 ; M. GÜNDAY, *op. cit.*, p. 61 ; N. TORTOP, *op. cit.*, p. 11 ; R. ŞENGÜL, *op. cit.*, p. 8. Comme certains auteurs qui attirent l'attention sur ce point important, précisons que « la décentralisation administrative » peut s'inscrire bien dans la fédération. Ainsi, est-il possible de trouver une telle organisation administrative décentralisée dans « les États fédérés » d'une fédération. Dans ce cas, si les États fédérés ont leurs propres pouvoirs judiciaires, puisqu'ils sont des États, les collectivités territoriales qui existent

« centralisation » au niveau politique dans l'État unitaire, et les auteurs turcs soulignent que la « centralisation politique » exige qu'un seul pouvoir judiciaire ou une seule organisation juridictionnelle existe sur tout le territoire national[1].

De la même façon, lorsqu'on parle de « la décentralisation administrative » qui peut s'inscrire bien dans l'État unitaire, il faut dire que même s'il existe des personnes morales distinctes de l'État, ces autorités administratives décentralisées n'ont pas un pouvoir judiciaire (ou juridictionnel) propre, comme le souligne la doctrine turque[2]. Faut-il le rappeler, nous avons déjà parlé de l'unité du pouvoir législatif comme une condition *sine qua non* dans l'État unitaire, et cette condition empêche l'attribution du pouvoir législatif aux collectivités territoriales. Metin GÜNDAY précise, à ce propos, que puisque les collectivités territoriales n'ont pas le pouvoir législatif propre, il faut dire qu'elles ne peuvent pas exercer un pouvoir judiciaire distinct de celui de l'État[3]. Parce qu'il y a une relation forte entre ces deux pouvoirs étatiques.

En somme, l'on peut dire que non seulement le principe d'indivisibilité de la souveraineté et de la Nation, mais aussi l'unité du pouvoir législatif nécessite que le pouvoir judiciaire soit un seul dans un État unitaire.

---

dans un État fédéré ne peuvent pas avoir un tel pouvoir propre. V. sur cette question, M. ÖKMEN et B. PARLAK, *op. cit.,* p. 11 ; A. ULUSOY et T. AKDEMİR, *op. cit.,* p. 46.

[1] V. VERSAN, *op. cit.,* p. 74 ; F. DEMİRKOL, *Yerel yönetimlerin anayasal güvenceleri* [Les garanties constitutionnelles des collectivités territoriales], *op. cit.,* p. 3 ; M. ÖKMEN et B. PARLAK, *op. cit.,* p. 6.

[2] İ. GİRİTLİ et J. SARMAŞIK, *op. cit.,* p. 42 ; K. GÖZLER, *Anayasa hukukunun genel teorisi* [La théorie générale de droit constitutionnel], *op. cit.*, pp. 481 et 493 ; M. ÖKMEN et B. PARLAK, *op. cit.,* p. 11 ; A. ULUSOY et T. AKDEMİR, *op. cit.,* p. 47 ; R. ŞENGÜL, *op. cit.,* p. 7.

[3] M. GÜNDAY, *op. cit.,* p. 61.

CONCLUSION DE LA DEUXIÈME PARTIE

Dans le cadre de cette deuxième partie, après l'étude des trois pouvoirs étatiques vis-à-vis du principe de l'unité de l'État, nous pouvons dire que même s'il existe certains débats autour du partage du pouvoir exécutif — notamment concernant le modèle français —, la forme d'État unitaire exige une unicité de ces pouvoirs — législatif, exécutif et judiciaire — sur toutes les parties du territoire national.

Et comme nous l'avons relevé à maintes reprises depuis le début de notre étude que l'unité du pouvoir législatif est une condition *sine qua non* dans l'État unitaire. Cela étant dit, l'unité des pouvoirs exécutif et judiciaire est aussi indispensable dans cette forme d'État. Il n'en demeure pas moins que l'unité du pouvoir législatif est en même temps le critère de distinction de l'État unitaire vis-à-vis des autres formes d'État.

CONCLUSION GÉNÉRALE

L'étude de la notion d'État unitaire, dans les systèmes juridiques français et turc, nous révèle l'existence d'un modèle de l'État unitaire « moderne » ou « atypique » en France et d'un modèle « classique » ou « typique » en Turquie. Notre analyse des principes généraux et des dispositions constitutionnelles en relation avec l'État unitaire, sous l'angle des éléments constitutifs de l'État et des pouvoirs étatiques, nous a permis de déterminer les critères permettant de définir cette forme d'État. Certes, l'on a constaté des similitudes entre ces deux États unitaires, mais des différences existent concernant certains principes essentiels et mécanismes pour la protection de la structure unitaire de l'État.

D'une part, la différence apparaît au sujet de l'indivisibilité du territoire. Même si le droit de sécession — qui est exceptionnel et limité — ne porte pas atteinte à l'indivisibilité du territoire en droit français, il ne trouve pas application en droit turc.

D'autre part, le principe de l'unité de l'administration, considéré comme un principe indicatif de la structure unitaire, ne permet pas la suppression de la tutelle administrative dans le système administratif turc puisque ce mécanisme de contrôle est consacré par la Constitution turque. Or, l'État unitaire français permet la suppression de la tutelle par une loi ordinaire.

Par ailleurs, notre distinction entre l'État unitaire « classique » ou « typique » et celui « moderne » ou « atypique » a révélé l'existence de différentes variations de la forme d'État unitaire et a confirmé une « pleine mutation » de cette forme d'État. Cette mutation a conduit à l'adoption de critères essentiels de la forme d'État unitaire et a nécessité la définition des « limites de la mutation ».

Après une analyse du principe d'indivisibilité face aux éléments constitutifs de l'État — le territoire, la Nation, la souveraineté — et du principe d'unité face aux trois pouvoirs de l'État — législatif, exécutif et judiciaire —, nous avons déduit que la remise en cause de l'unité du pouvoir législatif entraîne la transformation de l'État unitaire. Certes que l'unité des pouvoirs exécutif et judiciaire est aussi nécessaire dans un État unitaire. Mais, l'unité du pouvoir législatif est un critère de distinction vis-à-vis des autres formes d'État.

Nous avons expliqué que l'État « est le Pouvoir institutionnalisé et l'institution où s'incarne ce Pouvoir »[1], et que « le pouvoir législatif apparaît donc bien comme une sorte de synthèse de toutes les nécessités auxquelles correspond l'institutionnalisation du Pouvoir, car, pour lui, le Pouvoir conserve sa fonction de gouvernement qui est sa raison d'être essentielle, et par lui encore, échappant à l'arbitraire des volontés subjectives, le droit positif se rattache à l'idée de droit, ce qui est le but fondamental de l'institutionnalisation. »[2]

Tout au long de notre analyse autour du principe de l'unité du pouvoir législatif, nous avons démontré que l'unité de ce pouvoir constitue le critère essentiel commun des différentes variations de l'État unitaire.

Concrètement, l'unité de la détention du pouvoir législatif apparaît comme une condition *sine qua non* et constitue une limite de la mutation de la forme d'État unitaire. De même, tout comme en doctrine française, la doctrine turque admet cette condition, sauf qu'en France certaines dérogations majeures ont posé quelques difficultés dans cet État.

L'on a constaté aussi que le danger d'une telle remise en cause de l'unité de ce pouvoir concerne la question de la décentralisation, puisque les critères de la répartition des compétences entre l'État central et les entités infra-étatiques déterminent le cadre des pouvoirs attribués à ces dernières.

Nous avons aussi relevé que la différence entre les États unitaires français et turc résulte de différents processus de l'aménagement de la décentralisation dans ces deux États unitaires. Ainsi, nonobstant l'influence française sur le système d'organisation décentralisée de l'État unitaire turc depuis les années 1800, l'avancement de la décentralisation en Turquie n'est pas le même qu'en France, et ce, à cause de la peur d'atteinte à la structure unitaire de l'État.

Sur ce point, il est évident que la République turque est strictement fidèle à la structure étatique unitaire. Quant à la France, en réalité, « du point de vue constitutionnel la France reste un État unitaire, et il est très probable qu'elle le restera. »[3] Néanmoins, certaines collectivités métropolitaines françaises et notamment celles ultramarines constituent des dérogations. En effet, la question de l'outre-mer a toujours occupé

[1] G. BURDEAU, *Traité de science politique*, t. II, *L'État*, *op. cit.*, p. 251.
[2] *Ibid.*, p. 208.
[3] V. G. MARCOU, « Le bilan en demi-teinte de l'Acte II, Décentraliser plus ou décentraliser mieux ? », art. cit., pp. 295-315.

une place importante dans la remise en cause de l'unité du pouvoir législatif dans cet État.

Malgré ces dérogations, la République française est toujours un État unitaire, comme l'a souligné Roland DEBBASCH, « on est aux limites de l'État unitaire mais, on ne sort pas de son cadre »[1]. Parce qu'il ne s'agit que de certaines exceptions.

Toutefois, nous avons déduit que si le partage du pouvoir législatif entre l'État central et les entités infra-étatiques advient une règle générale dans un État unitaire, la transformation de celui-ci vers une nouvelle forme d'État sera inévitable.

[1] R. DEBBASCH, *Le principe révolutionnaire d'unité et d'indivisibilité de la République : essai d'histoire politique*, *op. cit.*, p. 418, l'auteur précise cette idée dans le cadre de la question de l'outre-mer français.

BIBLIOGRAPHIE

I. TEXTES JURIDIQUES

1. Au niveau international, européen et régional

Déclaration des droits de l'homme et du citoyen du 26 août 1789.
Traité de Francfort du 10 mai 1871, signé entre la France et l'Allemagne à Francfort-sur-le-Main le 10 mai 1871.
Traité de Versailles de 1919, signé le 28 juin 1919 entre l'Allemagne et les Alliés à l'issue de la Première Guerre mondiale.
Traité de Lausanne, signé le 24 juillet 1923 au Palais de Rumine à Lausanne (Suisse).
Pacte d'amitié entre la Turquie et la Bulgarie, signé le 18 octobre 1925 à Ankara (Turquie).
Charte des Nations unies, signée à San Francisco le 26 juin 1945, entrée en vigueur le 24 octobre 1945.
Pacte international relatif aux droits économiques, sociaux et culturels, adopté et ouvert à la signature, à la ratification et à l'adhésion par l'Assemblée générale dans sa résolution 2200 A (XXI) du 16 décembre 1966, entré en vigueur le 3 janvier 1976.
Charte européenne de l'autonomie locale, adoptée par le Congrès des pouvoirs locaux et régionaux du Conseil de l'Europe à Strasbourg le 15 octobre 1985, entrée en vigueur le 1er septembre 1988.
Convention internationale des droits de l'enfant, adoptée par l'Assemblée générale des Nations Unies, le 20 novembre 1989.
Charte européenne des langues régionales ou minoritaires, ouverte à la signature le 5 novembre 1992.
Accord sur la Nouvelle-Calédonie, signé à Nouméa le 5 mai 1998, JORF n° 121 du 27 mai 1998, p. 8039.

2. Au niveau interne

A. Lois fondamentales

France

Constitution du 3 septembre 1791.
Constitution montagnarde du 24 juin 1793.
Constitution du 5 fructidor an III (22 août 1795).
Constitution du 4 novembre 1848.
Constitution de 1875 (Lois constitutionnelles de 1875) :
- Loi du 24 février 1875, sur l'organisation du Sénat, JORF du 28 février 1875, p. 1522.

- Loi du 25 février 1875, sur l'organisation des pouvoirs publics, JORF du 28 février 1875, p. 1521.
- Loi du 16 juillet 1875, sur les rapports entre les pouvoirs publics, JORF du 18 juillet 1875, p. 5489.

Constitution du 27 octobre 1946.

Constitution du 4 octobre 1958.

Loi constitutionnelle n° 92-554 du 25 juin 1992, ajoutant à la Constitution un titre : "Des Communautés européennes et de l'Union européenne", JORF n° 147 du 26 juin 1992, p. 8406.

Loi constitutionnelle n° 98-610 du 20 juillet 1998 relative à la Nouvelle-Calédonie, JORF n° 166 du 21 juillet 1998, p. 11143.

Loi constitutionnelle n° 2003-276 du 28 mars 2003 relative à l'organisation décentralisée de la République, JORF n° 75 du 29 mars 2003, p. 5568, texte n° 1.

Loi constitutionnelle n° 2008-724 du 23 juillet 2008 de modernisation des institutions de la Ve République, JORF n° 0171 du 24 juillet 2008, p. 11890, texte n° 2.

Turquie

Constitution du 21 janvier 1921.

Constitution de la République turque du 20 avril 1924.

Constitution turque du 9 juillet 1961.

Constitution turque du 7 novembre 1982.

B. Codes, lois et ordonnances

France

Code civil

Code pénal

Loi du 10 août 1871 relative aux conseils généraux.

Loi du 5 avril 1884 relative à l'organisation municipale, JORF du 6 avril 1884, p. 1557.

Loi du 17 octobre 1919 relative au régime transitoire de l'Alsace et de la Lorraine, JORF du 18 octobre 1919, p. 11522.

Loi du 1er juin 1924 mettant en vigueur la législation civile française dans les départements du Bas-Rhin, du Haut-Rhin et de la Moselle, JORF n° 0151 du 3 juin 1924, p. 5026.

Loi n° 82-213 du 2 mars 1982 relative aux droits et libertés des communes, des départements et des régions, JORF du 3 mars 1982, p. 730.

Ordonnance n° 82-877 du 15 octobre 1982 instituant des assesseurs coutumiers dans le territoire de la Nouvelle-Calédonie et dépendance au tribunal civil de première instance et à la cour d'appel, JORF du 17 octobre 1982, p. 3106.
Loi n° 83-8 du 7 janvier 1983 relative à la répartition de compétences entre les communes, les départements, les départements, les régions et l'État, JORF du 9 janvier 1983, p. 215.
Loi organique n° 99-209 du 19 mars 1999 relative à la Nouvelle-Calédonie, JORF n° 0068 du 21 mars 1999, p. 4197.
Loi organique n° 2003-704 du 1er août 2003 relative à l'expérimentation par les collectivités territoriales, JORF n° 177 du 2 août 2003, p. 13217, texte n° 1.
Loi n° 2004-809 du 13 août 2004 relative aux libertés et responsabilités locales, JORF n° 190 du 17 août 2004, p. 14545, texte n° 1.
Loi n° 2007-1223 du 21 août 2007 en faveur du travail, de l'emploi et du pouvoir d'achat, JORF n° 193 du 22 août 2007, p. 13945, texte n° 1.
Loi n° 2008-1249 du 1er décembre 2008 généralisant le revenu de solidarité active et réformant les politiques d'insertion, JORF n° 0281 du 3 décembre 2008, p. 18424, texte n° 1.

Turquie

Code pénal turc

C. Textes réglementaires

France

Décret n° 90-917 du 8 octobre 1990 portant publication de la convention relative aux droits de l'enfant, signée à New York le 26 janvier 1990, JORF n° 0237 du 12 octobre 1990, p. 12363.

II. JURISPRUDENCE CONSTITUTIONNELLE

France

Décision n° 75-59 DC du 30 décembre 1975, Loi relative aux conséquences de l'autodétermination des îles des Comores, Rec. Cons. const., p. 26, JORF du 3 janvier 1976, p. 182.
Décision n° 80-122 DC du 22 juillet 1980, Loi rendant applicable le code de procédure pénale et certaines dispositions législatives dans les territoires d'outre-mer, Rec. Cons. const., p. 49, JORF du 24 juillet 1980, p. 1869.

Décision n° 82-137 DC du 25 février 1982, Loi relative aux droits et libertés des communes, des départements et des régions, Rec. Cons. const., p. 38, JORF du 3 mars 1982, p. 759.
Décision n° 87-226 DC du 2 juin 1987, Loi organisant la consultation des populations intéressées de la Nouvelle-Calédonie et dépendances prévues par l'alinéa premier de l'article 1er de la loi n° 86-844 du 17 juillet 1986 relative à la Nouvelle-Calédonie, Rec. Cons. const., p. 34, JORF du 4 juin 1987, p. 6058.
Décision n° 91-290 DC du 9 mai 1991, Loi portant statut de la collectivité territoriale de Corse, Rec. Cons. const., p. 50, JORF du 14 mai 1991, p. 6350.
Décision n° 94-358 DC du 26 janvier 1995, Loi d'orientation pour l'aménagement et le développement du territoire, Rec. Cons. const., p. 183, JORF du 1er février 1995, p. 1706.
Décision n° 99-412 DC du 15 juin 1999, Charte européenne des langues régionales ou minoritaires, Rec. Cons. const., p. 71, JORF du 18 juin 1999, p. 8964.
Décision n° 2000-428 DC du 4 mai 2000, Loi organisant une consultation de la population de Mayotte, Rec. Cons. const., p. 70, JORF du 10 mai 2000, p. 6976.
Décision n° 2001-454 DC du 17 janvier 2002, Loi relative à la Corse, Rec. Cons. const., p. 70, JORF du 23 janvier 2002, p. 1526.
Décision n° 2009-595 DC du 3 décembre 2009, Loi organique relative à l'application de l'article 61-1 de la Constitution, Rec. Cons. const., p. 206, JORF du 11 décembre 2009, p. 21381, texte n° 2.
Décision n° 2011-157 QPC du 5 août 2011, Société SOMODIA [Interdiction du travail le dimanche en Alsace-Moselle], Rec. Cons. const., p. 430, JORF du 6 août 2011, p. 13476, texte n° 54.

Turquie

AYM (Cct), décision du 22 juin 1988, E. 987/18-K. 988/23, Loi provisoire de l'administration générale des départements du 13 mars 1913, RG (JORT) n° 20001 du 26 novembre 1988, p. 14.
AYM (Cct), décision du 10 juillet 1992, E. 91/2, K. 92/1, Loi n° 2820 du 22 avril 1983 sur les partis politiques, RG (JORT) n° 21386 du 25 octobre 1992.
AYM (Cct), décision du 14 juillet 1993, E. 92/1, K. 93/1, RG (JORT) n° 21672 du 18 août 1993.
AYM (Cct), décision du 9 février 1993, E. 992/44-K. 993/7, RG (JORT) n° 22612 du 19 juin 1993, p. 11.

AYM (Cct), décision du 30 novembre 1993, E. 93/2, K. 93/3, RG (JORT) n° 22016 du 9 août 1994.
AYM (Cct), décision du 16 juin 1994, E. 93/3, K. 94/2, RG (JORT) n° 21976 du 30 juin 1994.
AYM (Cct), décision du 26 février 1999, E. 97/2, K. 99/1, RG (JORT) n° 24591 du 22 novembre 2001.

III. OUVRAGES ET TRAVAUX COLLECTIFS

1- Ouvrages

A- Ouvrages généraux

France

ARDANT (P.) et **MATHIEU (B.)**, *Institutions politiques et droit constitutionnel,* Paris, LGDJ-Lextenso, 2012.
AVRIL (P.) et **GICQUEL (J.)**,
-*Droit parlementaire*, Paris, Montchrestien, 2010.
-*Lexique de droit constitutionnel,* Paris, PUF, 2012, cop. 2003.
BARANGER (D.), *Le droit constitutionnel,* Paris, PUF, 2013, cop. 2002.
BRAIBANT (G.) et **STIRN (B.)**, *Le droit administratif français*, Paris, Presses de Sciences Po et Dalloz, 2005.
BUI-XUAN (O.), *Le droit public français entre universalisme et différencialisme*, Paris, Économica, 2004.
BURDEAU (G.),
-*Traité de science politique*, t. II, *L'État*, 2e éd., Paris, LGDJ, 1967.
-*Traité de science politique*, t. IV, *Le statut du pouvoir dans l'État*, Paris, LGDJ, 3e éd., 1983.
CAPITANT (R.), *Cours de principes du droit public*, Paris, Cours de droit, 1953-1954.
CARRÉ DE MALBERG (R.), *Contribution à la théorie générale de l'État,* (réédition présentée par MAULIN (É.)), Paris, Dalloz, 2003.
CHAGNOLLAUD (D.),
-*Droit constitutionnel contemporain,* t. I, *Théorie générale, les régimes étrangers,* Paris, Dalloz, 2013.
-*Droit constitutionnel contemporain,* t. III, *La Ve République,* Paris, Dalloz, 2009.
CHANTEBOUT (B.), *Droit constitutionnel,* Paris, Sirey, 29e éd., 2012.

CHAPUS (R.), *Droit administratif général*, t. I, Paris, Montchrestien, 15e éd., 2001.
COHENDET (M.-A.), *Droit constitutionnel,* Paris, Montchrestien, 2011.
CONSTANTINESCO (V.) et **PIERRÉ-CAPS (S.)**, *Droit constitutionnel,* Paris, PUF, 2011.
CORNU (G.), (dir.), *Vocabulaire juridique*, PUF, 2005.
DE LAUBADERE (A.) et **GAUDEMET (Y.)**, *Traité de droit administratif : l'administration, la juridiction administrative, les actes administratifs, les régimes administratifs,* t. I, *Droit administratif général*, Paris, LGDJ, 16e éd., 2001.
DEBBASCH (Ch.) *et **al.***, *Droit constitutionnel et institutions politiques,* Paris, Economica, 2001.
DEBBASCH (R.), *Droit constitutionnel,* Paris, LexisNexis, 2012.
DEGOFFE (M.), *Droit administratif,* Paris, Ellipses, 2012.
DELAMARRE (M.) et **PARIS (T.)**, *Droit administratif,* Paris, Ellipses, 2009.
DELAMARRE (M.), *L'administration et les institutions administratives*, Paris, La Documentation française, 2008.
DELVOLVÉ (P.), *Le droit administratif,* Paris, Dalloz, 5e éd., 2010.
DUGUIT (L.),
-*Leçons de droit public général (faites à la Faculté de droit de l'Université égyptienne pendant les mois de janvier, février et mars 1926),* Paris, éd. la mémoire du droit, (réimpr. 1926 Paris, éd. de Boccord), 2000.
-*Manuel de droit constitutionnel,* Paris, Université Panthéon-Assas, LGDJ Diffuseur, 2007.
DUHAMEL (O.), *Droit constitutionnel et institutions politiques,* Paris, Seuil, 2009.
DUVERGER (M.), *Le système politique français*, Paris, PUF, 1996.
ETIEN (R.), *Droit public général*, Sup'Foucher, 5e éd., 2012.
FAURE (B.), *Les institutions administratives,* Paris, PUF, 2010.
FAVOREU (L.) *et **al.***, *Droit constitutionnel,* Paris, Dalloz, 2013.
FOILLARD (P.),
-*Droit administratif,* Orléans, Paradigme, 2011.
-*Droit constitutionnel et institutions politiques,* Orléans, Paradigme, 2012.
FRIER (P.-L.) et **PETIT (J.)**, *Droit administratif,* Paris, Montchrestien, 2012.

GICQUEL (J.) et **GICQUEL (J.-É.)**, *Droit constitutionnel et institutions politiques,* Paris, Montchrestien, 2012.
GOHIN (O.), *Droit constitutionnel,* Paris, Litec, 2010.
GOHIN (O.) et **SORBARA (J.-G.),** *Institutions administratives,* Paris, LGDJ, 2012.
GRANDGUILLOT (D.), *Institutions politiques et administratives de la France*, Paris, Gualino-Lextenso, 7e éd., 2012.
GUETTIER (C.), *Institutions administratives*, Dalloz, 2010.
GUINCHARD (S.) et **MONTAGNIER (G.)**, (dir.), *Lexique des termes juridiques*, Dalloz, 2001.
HAMON (F.) et **TROPER (M.)**, *Droit constitutionnel*, 33e éd., Paris, LGDJ, 2012.
HAURIOU (M.),
-*Précis de droit administratif et de droit public,* (éd. revue par HAURIOU (A.) ; rééd. par DELVOLVÉ (P.) et MODERNE (F.)), Paris, Dalloz, 2002.
-*Principes de droit public*, Paris, Dalloz, 2010.
JACQUE (J.-P.), *Droit constitutionnel et institutions politiques,* Paris, Dalloz, 2012.
JAN (P.), *Institutions administratives*, LexisNexis, 2011.
JIANG (J.), *Théorie du droit public,* Paris, L'Harmattan, 2010.
LASCOMBE (M.), *Le droit constitutionnel de la Ve République,* Paris, L'Harmattan, 2010.
LE POURHIET (A.-M.), *Droit constitutionnel,* Paris, Economica, 2012.
MAILLARD DESGRÉES DU LOÛ (D.), *Institutions administratives,* Paris, PUF, 2011.
MATHIEU (B.) et **VERPEAUX (M.)**, *Droit constitutionnel,* Paris, PUF, 2004.
PACTET (P.) et **MÉLIN-SOUCRAMANIEN (F.)**, *Droit constitutionnel,* Paris, Sirey, 2012.
SERRAND (P.), *Manuel d'institutions administratives françaises,* Paris, PUF, 2012.
STIRN (B.), *Les sources constitutionnelles du droit administratif : introduction au droit public,* Paris, LGDJ-Lextenso, 2011.
TRUCHET (D.),
-*Droit administratif,* Paris, PUF, 2011.
-*Le droit public*, Paris, PUF, 2010.
TÜRK (P.), *Théorie générale du droit constitutionnel,* Paris, Gualino-Lextenso, 2012.

TURPIN (D.), *Droit constitutionnel,* Paris, PUF, 2007.
VEDEL (G.) et **DELVOLVÉ (P.)**, *Droit administratif*, t. 2, Paris, PUF, 1992.
VEDEL (G.), *Manuel élémentaire de droit constitutionnel*, Paris, Dalloz, 2002.
VERPEAUX (M.), (avec le concours de CHALTIEL (F.)), *Manuel de droit constitutionnel*, Paris, PUF, 2010.
VERPEAUX (M.) *et **al.***, *Droit constitutionnel : les grandes décisions de la jurisprudence,* Paris, PUF, 2010.
VERPEAUX (M.) et **JANICOT (L.)**, *Droit public : pouvoirs publics et action administrative,* Paris, PUF, 2009.
WALINE (J.), *Droit administratif*, Paris, Dalloz, 2012.

Turquie

BİLGEN (P.),
-*Anayasa Mahkemesi kararları*, [Les décisions de la Cour constitutionnelle], İstanbul, İstanbul Üniversitesi Hukuk Fakültesi, 1977.
-*İdare hukuku dersleri : idare hukukuna giriş* [Leçons de droit administratif: introduction au droit administratif], İstanbul, Filiz, 1999.
DEMİRKOL (F.), *Anayasa hukuku I -II ders notları* [Droit constitutionnel I-II notes], İstanbul, Filiz, 2004.
DERDİMAN (R. C.), *Türkiye idaresinin hukuksal yönü ve yapısı* [La perspective juridique et la structure de l'administration de Turquie], İstanbul, Alfa Basım Yayım, 2003.
ERDOĞAN (M.), *Anayasa hukuku* [Droit constitutionnel], Ankara, Orion, 2009.
EROĞLU (H.), *İdare hukuku : Genel esaslar, idari teşkilât ve idarenin denetlenmesi* [Droit administratif : Les bases générales, l'organisation administrative et le contrôle sur l'administration], Ankara, Feryal Matbaası, 1985.
ESEN (B. N.), *Anayasa hukuku : genel esaslar* [Droit constitutionnel : bases générales], Ankara, Ayyıldız Matbaası, 1970.
GİRİTLİ (İ.) et **SARMAŞIK (J.)**, *Anayasa hukuku : genel esaslar-Türk anayasa hukuku* [Droit constitutionnel : bases générales-droit constitutionnel turc], İstanbul, Beta, 2001.
GİRİTLİ (İ.), *Türkiye'nin idari yapısı : kamu yönetimi teşkilatı* [La structure administrative de la Turquie : l'organisation d'administration publique], İstanbul, Der Yayınları, 2001.

GİRİTLİ (İ.), BİLGEN (P.) et **AKGÜNER (T.)**, *İdare hukuku* [Droit administratif], İstanbul, Der Yayınları, 2006.
GÖZLER (K.),
-*Anayasa hukukunun genel teorisi* [La théorie générale de droit constitutionnel], Vol. 1, Bursa, Ekin, 2011.
-*Devletin genel teorisi* [La théorie générale de l'État], Bursa, Ekin, 3e éd., 2011.
-*İdare hukuku dersleri* [Leçons de droit administratif], Bursa, Ekin, 2002.
-*Türk anayasa hukuku* [Droit constitutionnel turc], Bursa, Ekin Yayınları, 2000.
GÖZÜBÜYÜK (Ş.) et **TAN (T.)**, *İdare hukuku: genel esaslar* [Droit administratif: bases générales], Vol. 1, Ankara, Turhan Kitabevi, 2006.
GÜNDAY (M.), *İdare hukuku* [Droit administratif], Ankara, İmaj Yayınevi, 2003.
İBA (Ş.), *Anayasa hukuku ve siyasal kurumlar* [Droit constitutionnel et institutions politiques], Ankara, Turhan, 2008.
KABOĞLU (İ. Ö.), *Anayasa hukuku dersleri : (genel esaslar)* [Leçons de droit constitutionnel: (bases générales)], İstanbul, Legal Yayıncılık, 2012.
KALABALIK (H.), *İdare hukuku dersleri* [Leçons de droit administratif], İstanbul, Değişim, 2004.
KARATEPE (Ş.),
-*İdare hukuku* [Droit administratif], İzmir, Üniversite Kitabevi, 1993.
-*Türkiye'nin idare teşkilatı* [L'organisation administrative de la Turquie], Ankara, Gümüş Matbaacılık, 1994.
KUBALI (H. N.), *Anayasa hukuku dersleri : genel esaslar ve siyasal rejimler* [Leçons de droit constitutionnel : bases générales et les régimes politiques], İstanbul, İstanbul Üniversitesi, Hukuk Fakültesi, 1971.
ODER (B. E.) et **KANADOĞLU (O. K.)**, *Uygulamalı anayasa hukuku : norm ve karar incelemeleri, metin çözümlemeleri, güncel ve varsayımsal olaylar,* [Droit constitutionnel appliqué: analyses des normes et des décisions, analyses des textes, faits actuels et hypothétiques], İstanbul, Beta, 2008.
ONAR (S. S.), *İdare hukukunun umumi esasları* [Les bases générales du droit administratif], İstanbul, Marifet Basımevi, 1952.
ÖZBUDUN (E.), *Türk anayasa hukuku* [Droit constitutionnel turc], Ankara, Yetkin Yayınları, 2002.

ÖZER (A.), *Anayasa hukukunun genel ilkeleri* [Les principes généraux de droit constitutionnel], Ankara, Turhan, 2003.
SABUNCU (Y.), *Anayasaya giriş*, [Introduction à la Constitution], Ankara, İmaj Yayınevi, 2005.
TANÖR (B.) et **YÜZBAŞIOĞLU (N.)**, *1982 Anayasasına göre : Türk anayasa hukuku,* [Droit constitutionnel turc : selon la Constitution de 1982], İstanbul, Yapı Kredi Yayınları, 2001.
TEZİÇ (E.), *Anayasa hukuku : (genel esaslar),* [Droit constitutionnel : bases générales], İstanbul, Beta, 2007.
TİKVEŞ (Ö.), *Teorik ve pratik anayasa hukuku* [Droit constitutionnel théorique et pratique], İzmir, Dokuz Eylül Üniversitesi Hukuk Fakültesi, 1982.
YAYLA (Y.),
-*Anayasa hukuku : ders notları* [Droit constitutionnel: notes], İstanbul, Filiz, 1986.
-*İdare hukuku* [Droit administratif], İstanbul, Beta, 2009.
ZABUNOĞLU (Y. K.), *İdare Hukuku ders notları I* [Notes de droit administratif -1], Ankara, Çankaya Üniversitesi, 2003.

B- Ouvrages spéciaux

France

AL WARDI (S.), *Tahiti Nui ou les dérives de l'autonomie*, Paris, L'Harmattan, 2008.
AUBY (J.-B.), *La décentralisation et le droit,* Paris, LGDJ, 2006.
BADIE (B.), *La fin des territoires : essai sur le désordre international et sur l'utilité sociale du respect,* Paris, Fayard, 1995.
BAGUENARD (J.), *La décentralisation*, Paris, PUF, 2004.
BAUSINGER-GARNIER (L.), *La loi du pays en Nouvelle-Calédonie : véritable norme législative à caractère régional*, Paris, L'Harmattan, 2001.
BEAUD (O.), *La puissance de l'État*, Paris, PUF, 1994.
BERTILE (V.), *Langues régionales ou minoritaires: France, Espagne et Italie*, Bruxelles, Bruylant, 2008.
BLANC (A.), *La langue du roi est le français : Essai sur la construction juridique d'un principe d'unicité de langue de l'État royal*, Paris, L'Harmattan, 2010.
BOUCOBZA (I.), *La fonction juridictionnelle : contribution à une analyse des débats doctrinaux en France et en Italie*, Paris, Dalloz, 2005.

BOYER (A.), *Le statut constitutionnel des territoires d'outre-mer et l'État unitaire : contribution à l'étude des articles 74, 75, 76 de la Constitution du 4 octobre 1958,* Presses universitaires d'Aix-Marseille, Economica, 1998.

CAILLOSSE (J.), *Les "mises en scène" juridiques de la décentralisation : sur la question du territoire [en droit public] français*, Paris, LGDJ-Lextenso, 2009.

CARRÉ DE MALBERG (R.), *La loi, expression de la volonté générale*, Paris, Economica, 1984.

CHALTIEL (F.), *La souveraineté de l'État et l'Union européenne, l'exemple français : recherches sur la souveraineté de l'État membre*, LGDJ, 2000.

CHAUCHAT (M.), *Les institutions en Nouvelle-Calédonie : institutions politiques et administratives*, CDP Nouvelle-Calédonie, 2011.

CHAVRIER (G.), *Le pouvoir normatif local : enjeux et débats*, Paris, LGDJ-Lextenso, 2011.

DEBBASCH (R.), *Le principe révolutionnaire d'unité et d'indivisibilité de la République : essai d'histoire politique*, Economica, Presses universitaires d'Aix-Marseille, 1988.

DIECKHOFF (A.), *La nation dans tous ses états : les identités nationales en mouvement*, Paris, Flammarion, 2002.

DISTEFANO (G.), *L'Ordre international entre légalité et effectivité : le titre juridique dans le contentieux territorial,* Paris, Pedon, 2002.

EISENMANN (Ch.), *Centralisation et décentralisation : esquisse d'une théorie générale,* Paris, LGDJ, 1948.

FABERON (J.-Y.), *Des institutions pour un pays : la Nouvelle-Calédonie en devenir*, Aix-en-Provence, Presses universitaires d'Aix-Marseille, 2012.

FAURE (B.), *Droit des collectivités territoriales,* Paris, Dalloz, 2011.

FERSTENBERT (J.), PRIET (F.) et **QUILICHINI (P.)**, *Droit des collectivités territoriales*, Paris, Dalloz, 2009.

FOURNIÉ (F.), *Recherches sur la décentralisation dans l'œuvre de Maurice Hauriou,* Paris, LGDJ, 2005.

GINDRE-DAVID (C.), *Essai sur la loi du pays calédonienne : la dualité de la source législative dans l'État unitaire français*, Paris, L'Harmattan, 2008.

GIRARDON (J.), *Les collectivités territoriales*, Paris, Ellipses, 2011.

GOHIN (O.) *et* ***al.***, *Droit des collectivités territoriales,* Paris, Cujas, 2011-2012.

GORGE (A.-S.), *Le principe d'égalité entre les collectivités territoriales*, Paris, Dalloz, 2011.
GRUBER (A.), *La décentralisation et les institutions administratives,* Paris, A. Colin, 1996.
GUIGNARD (D.), *La notion d'uniformité en droit public français,* Paris, Dalloz, 2004, p. 122 et suiv.
GUINCHARD (S.) *et al.*, *Institutions juridictionnelles*, Paris, Dalloz, 11e éd., 2011.
HAQUET (A.), *Le concept de souveraineté en droit constitutionnel français*, Paris, PUF, 2004.
HOURQUEBIE (F.), *Le pouvoir juridictionnel en France*, Paris, LGDJ-Lextenso, 2010.
JOYAU (M.), *De l'autonomie des collectivités territoriales françaises : essai sur la liberté du pouvoir normatif local*, LGDJ, 1998.
KERNALEGUEN (F.), *Institutions judiciaires*, Paris, LexisNexis, 2012.
KHAIR (D.), *Unité de l'État et droits des minorités : étude constitutionnelle comparée du Proche-Orient*, Fondation Varenne, LGDJ, 2011.
LAFARGUE (R.), *La coutume face à son destin : réflexions sur la coutume judiciaire en Nouvelle-Calédonie et la résilience des ordres juridiques infra-étatiques*, Paris, LGDJ-Lextenso, 2010.
LAMPUÉ (P.), *Droit d'outre-mer et de la coopération*, 4e éd., Paris, Dalloz, 1969.
LELIEVRE (H.), *Les régions en révolte contre les États ? : Corse, Kabyle, Pays basque, Kurdistan, Flandre, etc.,* Bruxelles, éd. Complexe, 2002.
LEMAIRE (F.), *Le principe d'indivisibilité de la République : mythe et réalité,* Rennes, Presses universitaires de Rennes, 2010.
LUCHAIRE (F.) et **LUCHAIRE (Y.)**, *Le droit de la décentralisation*, Paris, PUF, 1983.
LUCHAIRE (F.),
-*Le statut constitutionnel de la Nouvelle-Calédonie*, Paris, Economica, 2000.
-*Le statut constitutionnel de la Polynésie française*, Paris, Economica, 2005.
MAULIN (É.), *La théorie de l'État de Carré de Malberg*, Paris, PUF, 2003.

MERLEY (N.), *Conception et administration du territoire en France métropolitaine*, Presses universitaires d'Aix-Marseille, Faculté de droit et de science politique, 1998.
MICHALON (Th.), *L'Outre-mer français : évolution institutionnelle et affirmations identitaires*, Paris, L'Harmattan, 2009.
MICLO (F.), *Le régime législatif des départements d'outre-mer et l'unité de la République*, Paris, Economica, 1982.
MONTAIN-DOMENACH (J.) et **BREMOND (C.)**, *Droit des collectivités territoriales*, Grenoble, Presses universitaires de Grenoble, 2007.
MOREAU (J.), *Administration régionale, départementale et municipale*, 14e éd., Paris, Dalloz, 2004.
MOYRAND (A.), *Droit institutionnel de la Polynésie française*, Paris, L'Harmattan, 2007.
NORA (P.), *Les lieux de mémoire. II. La Nation, Le territoire, l'État, le patrimoine*, Paris, Gallimard, 1986.
OHNET (J.-M.), *Histoire de la décentralisation française*, Paris, Librairie générale française, 1996.
ORFILA (G.), *Régime législatif, réglementaire et coutumier de la Nouvelle-Calédonie*, Paris, L'Harmattan, 2000.
PAGE (J.), *Du partage des compétences au partage de la souveraineté : des territoires d'outre-mer aux pays d'outre-mer*, Aix-en-Provence, Presses universitaires d'Aix-Marseille, 2001.
PERROT (R.), *Institutions judiciaires*, Paris, Montchrestien-Lextenso, 2012.
PIERRÉ-CAPS (S.), *Nation et peuples dans les constitutions modernes*, Presses universitaires de Nancy, 1987.
PONTIER (J.-M.), *L'État et les collectivités locales : la répartition des compétences*, Paris, LGDJ, 1978.
POUILLE (A.), *Le pouvoir judiciaire et les tribunaux*, Masson, 1985.
RAULIN (A.), **OULD ABDALLAHI (S. M)** et **LÔ (G.)**, (dir.), *Droit, culture et minorités*, Paris, L'Harmattan, 2009.
RENAN (E.), *Qu'est-ce qu'une nation ?* (et autres essais politiques : Textes choisis et présentés par Joël Roman), Paris, Presses pocket, 1992.
ROUX (A.),
-*Droit constitutionnel local*, Paris, Economica, 1995.
-*La décentralisation : droit des collectivités territoriales*, Paris, LGDJ-Lextenso, 2016.

SCHNAPPER (D.), *La communauté des citoyens: sur l'idée moderne de nation*, Paris, Gallimard, 2003.
STOLOWY (N.), *Institutions judiciaires*, Vuibert, 2006.
VALETTE (J.-P.), *Le pouvoir exécutif en France : de 1789 à nos jours*, Ellipses, 1999.
VERPEAUX (M.) et **JANICOT (L.)**, *Droit des collectivités territoriales*, Paris, PUF, 3e éd., 2015.
VERPEAUX (M.) et **RIMBAULT (C.)**, *Les collectivités territoriales et la décentralisation,* Paris, La Documentation française, 2011.
ZELLER (A.), (avec STUSSI (P.)), *La France enfin forte de ses régions : glossaire engagé de la décentralisation,* Paris, Gualino, 2002.

Turquie

AĞAOĞULLARI (M. A.), *Ulus-devlet ya da halk egemenliği* [L'État-nation ou la souveraineté populaire], Ankara, İmge Kitabevi Yayınları, 2010.
ALİEFENDİOĞLU (Y.), *Anayasa yargısı ve Türk Anayasa Mahkemesi* [La juridiction constitutionnelle et la Cour constitutionnelle turque], Ankara, Yetkin Hukuk, 1996.
AYDIN (A. H.), *Türk kamu yönetimi : sistemi, niteliği, örgütü, sorunları* [Administration publique turque: système, caractère, organisation, problèmes], Ankara, Seçkin, 2011.
BERİŞ (E.), *Küreselleşme çağında egemenlik : ulusal egemenliğin yeni sınırları* [La souveraineté dans l'époque de la globalisation: Les nouvelles limites de la souveraineté nationale], Ankara, Lotus Yayınevi, 2006.
ÇAĞAPTAY (S.), *Türkiye'de İslam, laiklik ve milliyetçilik: Türk kimdir?* [L'Islam, la laïcité et le nationalisme en Turquie : Qui est le Turc ?], traduction BİRCAN (Ö.), İstanbul, İstanbul Bilgi Üniversitesi Yayınları, 2009.
ÇAY (A. M.),
-*Her yönüyle Kürt dosyası* [Le dossier kurde sous tous ses aspects], İstanbul, İlgi Kültür Sanat Yayıncılık, 2010.
-*Türk milli bütünlüğü içinde doğu anadolu aşiretlerinin sosyo-ekonomik ve kültürel yapilari ve bölücülük meselesi* [La structure socio-économique et culturelle des tribus de l'Anatolie orientale dans l'intégrité nationale turque et la question du séparatisme], Ankara, TTK Basımevi, 1992.

DEMİRKOL (F.), *Yerel yönetimlerin anayasal güvenceleri* [Les garanties constitutionnelles des collectivités territoriales] İstanbul, Kazancı Hukuk Yayınları, 1994.
DERDİMAN (R. C.), *İdari yargının genel esasları* [Les bases générales de la juridiction administrative], İstanbul, Alfa Akademi, 2004.
EKİNCİ (T. Z.), *Millet, miliyetçilik, devlet ve anayasa sorunları* [La nation, le nationalisme, l'État et les questions de la Constitution], İstanbul, Cem Yayınevi, 2004.
ERKUL (H.), *Türkiye'de yerel yönetimler* [Les collectivités territoriales en Turquie], Ankara, Detay Yayıncılık, 2010.
ERÖZDEN (O.), *Ulus - devlet* [L'État-nation], İstanbul, On iki levha yayıncılık, 2008.
ERYILMAZ (B.), *Yerel yönetimlerin yeniden yapılanması* [La réforme des collectivités territoriales], İstanbul, Birleşik Yayıncılık, 1997.
FEYZİOĞLU (T.), *Türk milli mücadelesinin ve Atatürkçülüğün temel ilkelerinden biri olarak millet egemenliği* [La souveraineté de la nation en tant que l'un des principes essentiels de la lutte nationale turque et du kémalisme], Ankara, Türk Tarih Kurumu, 1988.
GÖZE (A.), *Devletin ülke unsuru : sınırları ve devletle olan münasebeti* [L'élément « territoire » de l'État : ses frontières et son rapport avec l'État], İstanbul, Fakülteler Matbaası, 1959.
GÖZÜBÜYÜK (Ş.), *Türkiye'nin yönetim yapısı* [La structure administrative de la Turquie], Ankara, Turhan Kitabevi, 2010.
GÜLER (B. A.), *Türkiye'nin yönetimi : yapı* [Administration de la Turquie: structure], Ankara, İmge Kitabevi, 2011.
HAKYEMEZ (Y. Ş.), *Mutlak monarşilerden günümüze egemenlik kavramı* [La notion de la souveraineté depuis les monarchies absolues jusqu'à nos jours], Ankara, Seçkin Yayıncılık, 2004.
HEPER (M.), *Devlet ve kürtler* [L'État et les Kurdes], traduction GÖKSEL (K.), İstanbul, Doğan Kitap, 2010.
KARLSSON (I.), *Bir diplomatın gözüyle kürt sorunu* [La question kurde au regard d'un diplomate], traduction KAYAOĞLU (T.), İstanbul, Homer Kitabevi, 2008.
KARPAT (K.), *Osmanlı'dan günümüze Ortadoğu'da millet, milliyet ve milliyetçilik* [La nation, la nationalité et le nationalisme au Moyen-Orient depuis l'Ottoman jusqu'à nos jours], traduction BOZTEMUR (R.), İstanbul, Timaş Yayınları, 2011.

KELEŞ (R.), *Yerinden yönetim ve siyaset* [Décentralisation et la politique], İstanbul, Cem Yayınevi, 2012.
KENTEL (F.) *et al.*, *Milletin bölünmez bütünlüğü : demokratikleşme sürecinde parçalayan milliyetçilik(ler)* [L'indivisibilité de la nation: les nationalismes fractionnant dans le processus de la démocratisation], İstanbul, TESEV, 2007.
KESKİN (M.), *Atatürk'ün millet ve milliyetçilik anlayışı* [La conception de la nation et du nationalisme d'Atatürk], Ankara, AKDTYK Atatürk Araştırma Merkezi, 1999.
KOÇAK (M.), *Batı'da ve Türkiye'de egemenlik anlayışının değişimi : Devlet ve egemenlik* [Le changement de la conception de la souveraineté en Occident et en Turquie: L'État et la souveraineté], Ankara, Seçkin, 2006.
KOZANOĞLU (G.), *Üniter devlet modelinde mahalli idarelerin özerkliği ilkesi,* [Le principe d'autonomie des collectivités territoriales dans le modèle de l'État unitaire], Ankara, Adalet Yayınevi, 2015.
KUTLAY (N.), *Kürtlerde değişim ve milliyetçilik* [La mutation aux kurdes et nationalisme], Ankara, Dipnot Yayınları, 2006.
KUZU (B.), *Düşünceleri açıklama hürriyeti ve ülkenin bölünmez bütünlüğü* [La liberté d'expression des pensées et l'intégrité indivisible du territoire], İstanbul, İÜ, 1997.
NALBANT (A.), *Üniter devlet : bölgeselleşmeden küreselleşmeye* [L'État unitaire : de la régionalisation à la globalisation], İstanbul, On İki Levha Yayıncılık, 2e éd., 2012.
ÖKMEN (M.) et **PARLAK (B.)**, *Kuramdan uygulamaya yerel yönetimler : ilkeler, yaklaşımlar ve mevzuat* [Les collectivités territoriales, de la théorie à la pratique: principes, approches et législation], Bursa, Aktüel Yayınları, 2008.
ORAN (B.), *Türkiye'de azınlıklar* [Les minorités en Turquie], İstanbul, İletişim Yayınları, 2010.
POLATOĞLU (A.), *Türk kamu yönetimi : güncel ve eleştirel bir yaklaşım* [Administration publique turque: une approche actuelle et critique], Lefkoşa, Yakın Doğu Üniversitesi Yayınları, 2009.
SARINAY (Y.), *Atatürk'ün millet ve milliyetçilik anlayışı* [La conception de la nation et du nationalisme d'Atatürk], Ankara, MEB, 1996.
ŞENGÜL (R.), *Yerel yönetimler* [Les collectivités territoriales], Kocaeli, Umuttepe Yayınları, 2011.
SUNAY (R.), *Tartışılan egemenlik,* [La souveraineté discutée], Ankara, Yetkin, 2007.

TERZİOĞLU (S. S.), *Uluslararası azınlıklar ve anadilde eğitim hakkı* [Les minorités internationales et le droit de l'éducation en langue maternelle], Ankara, Alp Yayınevi, 2007.
TOPRAK (Z.), *Yerel Yönetimler* [Les collectivités territoriales], İzmir, Dokuz Eylül Üniversitesi Yayınları, 2010.
TORTOP (N.), *Mahalli idareler* [Les collectivités territoriales], Ankara, Devlet İstatistik Matbaası, 1991.
TÜRCAN (T.), *Devletin egemenlik unsuru ve egemenlikten kaynaklanan yetkileri : İslam ve batı hukuk düşüncesi bağlaminda bir inceleme* [L'élément « souveraineté » de l'État et les pouvoirs provenant de la souveraineté : Une analyse du point de vue de la pensée d'Islam et de l'Occident], Ankara, Ankara Okulu Yayinlari, 2001.
ULUSOY (A.) et **AKDEMİR, (T.)**, *Mahalli idareler : teori - uygulama - maliye* [Les collectivités territoriales: Théorie, pratique, finance], Ankara, Seçkin Yayıncılık, 2005.
UYGUN (O.), *Federal devlet*, [L'État fédéral], İstanbul, On iki levha Yayıncılık, 2007.
VERSAN (V.), *Kamu yönetimi : siyasi ve idari teşkilat* [Administration publique: l'organisation administrative et politique], İstanbul, İÜ Fakülteler Matbaası, 1986.
YAYLA (Y.), *Türkiye'de yargı örgütü* [L'organisation judiciaire en Turquie], İstanbul, 1980.

C- Thèses et mémoires

France

AVRIL (C.), *L'État plurilégislatif et la République indivisible*, Thèse, Avignon, 2004.
CANTON-FOURRAT (A.), *L'État unitaire français et les collectivités ultramarines (contribution à l'étude d'un droit des collectivités ultramarines),* Thèse, Université Paris V, 2005.
OWONA (J.), *La notion d'intégrité territoriale dans la vie politique et le droit constitutionnel français depuis 1789*, Thèse, Université Paris II, 1972.
SAÏDJ (L.), *La notion de territoire en droit public français contemporain*, Thèse, Université Lyon II, 1972.
SIRITZKY (D.), *Le principe d'unicité du peuple français*, Mémoire, Université Paris II, session de 2000.
WEBERT (F.), *Unité de l'État et diversité régionale en droit constitutionnel français,* Thèse, Université Nancy II, 1997.

2- Travaux collectifs, mélanges, actes de colloques, revues

A- Travaux collectifs

France

AUBY (J.-F.) et **FABERON (J.-Y.)**, (dir.), *L'évolution du statut de département d'outre-mer,* Aix-en-Provence, Presses universitaires d'Aix-Marseille, 1999.

BADIE (B.) et **SMOUTS (M.-C.)**, (dir.), *L'international sans territoire,* Paris, L'Harmattan, 1996.

CAYLA (O.) et **RENOUX-ZAGAME (M.-F.)**, *L'office du juge : part de souveraineté ou puissance nulle ?*, Paris, LGDJ, Publications de l'université de Rouen, 2001.

CHARLOT (P.), GUENANCIA (P.) et **SYLVESTRE (J.-P.)**, (dir.), *Continuité et transformations de la nation*, Dijon, éd. universitaires de Dijon, 2009.

CONAC (G.) et **LUCHAIRE (F.)**, (dir.), *La Constitution de la République française*, Economica, 2e éd., 1987.

DANIEL (J.), (dir.),

-*Les Outre-mer à l'épreuve du changement : réalités et perspectives des réformes territoriales*, Paris, L'Harmattan, 2011.

-*L'Outre-mer à l'épreuve de la décentralisation : nouveaux cadres institutionnels et difficultés d'adaptation*, Paris, L'Harmattan, 2007.

DEBENE (M.) et **PASTOREL (J.-P.)**, (dir.), *La "loi du pays" en Polynésie française*, Paris, L'Harmattan, 2011.

DELCAMP (A.) et **GILBERT (G.)**, *La décentralisation dix ans après : Actes du colloque organisé au Palais du Luxembourg, [Paris], les 5 et 6 février 1992,* Paris, LGDJ, 1993.

FABERON (J.-Y.) et **AGNIEL (G.)**, (dir.), *La souveraineté partagée en Nouvelle-Calédonie et en droit comparé : colloque organisé à Nouméa du 17 au 19 décembre 1999*, Paris, La Documentation française, 2000.

FABERON (J.-Y.), (dir.),

- *L'avenir statutaire de la Nouvelle-Calédonie*, La Documentation française, 1997.

- *Territoires d'outre-mer et État de droit : le régime législatif de la Nouvelle-Calédonie : Actes du colloque, 30 août 1993*, Dalloz, 1994.

FABERON (J.-Y.), FAYAUD (V.) et **REGNAULT (J.-M.)**, (dir.),

- *Destins des collectivités politiques d'Océanie : peuples, populations, nations, États, territoires, pays, patries, communautés, frontières :*

Actes du colloque international organisé du 7 au 10 mars 2011 à Nouméa, Vol. 1 : Théories et pratiques, Aix-en-Provence, Presses universitaires d'Aix-Marseille, 2011.

- *Destins des collectivités politiques d'Océanie : peuples, populations, nations, États, territoires, pays, patries, communautés, frontières: Actes du colloque international organisé du 7 au 10 mars 2011 à Nouméa,* Vol. 2: Singularités, Aix-en-Provence, Presses universitaires d'Aix-Marseille, 2011.

FABERON (J.-Y.), GAUTIER (Y.), (dir.) et **DOUMENGE (J.-P.)**, (Éd.), *Identité, nationalité, citoyenneté outre-mer : Actes du colloque des 9-10 novembre 1998*, Paris, Centre des Hautes Études sur l'Afrique et l'Asie Modernes, 1999.

FORTIER (J.-C.), (dir.), *Questions sur l'administration des DOM : décentraliser l'Outre-mer ?* Paris, Economica, Aix-en-Provence, Presses universitaires d'Aix-Marseille, 1989.

GAUDEMET (Y.) et **GOHIN (O.)**, *La République décentralisée*, Paris, Panthéon-Assas-LGDJ, 2004.

GONOD (P.), MELLERAY (F.) et **YOLKA (P.)**, (dir.), *Traité de droit administratif,* t. I, Paris, Dalloz, 2011.

LE LOUARN (P.), (dir.), *Le patrimoine culturel et la décentralisation : Actes du colloque de Nantes des 8 et 9 juin 2009 "patrimoine culturel et collectivités territoriales"*, Rennes, Presses universitaires de Rennes, 2011.

LE POURHIET (A.-M.), (dir.), *Langue(s) et constitution(s),* Presses universitaires d'Aix-Marseille, Economica, 2004.

LEMAIRE (F.), (dir.), *De l'unité de l'État : actes du colloque international organisé les 9 & 10 octobre 2008 par le Centre Jean Bodin de l'Université d'Angers*, Paris, Cujas, 2010.

MAILLARD DESGRÉES DU LOÛ (D.), (dir.), *Les évolutions de la souveraineté,* Actes de colloque, Université d'Angers, faculté de droit, d'économie et de gestion, 13 et 14 janvier 2005, Montchrestien, 2006.

MARCOU (G.) et **WOLLMANN (H.)**, (dir.), *Réforme de la décentralisation, réforme de l'État. Régions et villes en Europe :* [colloque du GRALE, Assemblée nationale, 22 au 23 janvier 2004], Paris, CNRS, 2004.

MATHIEU (B.) et **VERPEAUX (M.)**, (dir.), *La République en droit français,* Paris, Economica, 1996.

MÉLIN-SOUCRAMANIEN (F.) et **LISE (P.)**, (dir.), *Outre-mer et devise républicaine,* Actes de colloque, Palais du Luxembourg, salle Gaston Monnerville, 29 avril 2011, Paris, L'Harmattan, 2012.

MÉLIN-SOUCRAMANIEN (F.), (dir.), *L'outre-mer français : un "modèle" pour la République ?*, Presses Universitaires de Bordeaux, 2008.
MOREAU (J.) et **VERPEAUX (M.)**, *Révolution et décentralisation. Le système administratif français et les principes révolutionnaires de 1789*, Paris, Economica, 1992.
PETIT (J.), (rassemblé par), *Les collectivités locales : mélanges en l'honneur de Jacques Moreau*, Paris, Economica, 2002, cop. 2003.
REGOURD (S.), CARLES (J.) et **GUIGNARD (D.)**, (dir.), *Réformes et mutations des collectivités territoriales*, Paris, L'Harmattan, 2012.

Turquie

75. Yılda Tebaadan Yurttaşa Doğru, Tarih Vakfı Yurt yayınları, 1998.
BOZLAĞAN (R.) et **DEMİRKAYA (Y.)**, (dir.), *Türkiye'de yerel yönetimler* [Les collectivités territoriales en Turquie], Ankara, Nobel Yayın Dağıtım, 2008.
GÜLALP (H.), (dir.), *Vatandaşlık ve etnik çatışma : ulus devletin sorgulanması* [La citoyenneté et le conflit ethnique : l'interrogation de l'État-nation], İstanbul, Metis Yayınları, 2007.
ZÜRCHER (E. J.), (rassemblé par), *Türkiye'de etnik çatışma : imparatorluktan Cumhuriyet'e* [Le conflit ethnique en Turquie : de l'Empire à la République], İstanbul, İletişim Yayınları, 2008.

B- Actes de colloques, séminaires, symposiums, mélanges

France

Autonomies locales, intégrité territoriale et protection des minorités : Actes du Séminaire UniDem organisé à Lausanne du 25 au 27 avril 1996 ; en coopération avec l'Institut suisse de droit comparé, Commission européenne pour la démocratie par le droit, Strasbourg, éd. du Conseil de l'Europe, 1997.
La Charte européenne des langues régionales ou minoritaires et la France : *Quelle(s) langue(s) pour la République ? Le dilemme "diversité-unicité"* : Colloque organisé par le Conseil de l'Europe et l'université Robert Schuman, le 11 et 12 avril 2002, Strasbourg, éd. du Conseil de l'Europe, 2003.
La souveraineté dans tous ses états, Actes de colloque, 7 & 8 avril 2010, Centre de recherches Hannah Arendt, éd. Cujas, 2011.
L'État de droit : mélanges en l'honneur de Guy Braibant, Paris, Dalloz, 1996.

Que reste-t-il de la nation dans la Constitution ?, Actes du colloque, les 15 & 16 mars 2007, (à La Roche sur Yon), Centre de recherches Hannah Arendt, éd. Cujas, 2008.
IIème Congrès français de Droit constitutionnel, Association française des constitutionnalistes, Congrès de Bordeaux des 13, 14, 15 mai 1993.

<u>Turquie</u>

Ali Ülkü Azrak 75. yaş armağanı, İstanbul, 2008.
***Atatürk haftası armağanı** - 10 Kasım 1991*, GenKur ATASE yayınları, 1991.
Cumhuriyetin 75. yıl armağanı, İstanbul, İstanbul Üniversitesi yayınları, 1999.
Prof. Dr. Vecdi Aral'a armağan, Kocaeli Üniversitesi Hukuk Fakültesi yayınları, 2001.
Prof. Dr. Mahmut Tevfik Birsel'e armağan, İzmir, Dokuz Eylül Üniversitesi Yayını, 2001.
***8. Milli egemenlik sempozyumu** : « Milli egemenlik ve demokrasi »* [Le 8e symposium de la souveraineté nationale : La souveraineté nationale et la démocratie], TBMM Kültür, Sanat ve Yayın Kurulu yayınları, 1992.

<u>C- Revues, cahiers</u>

<u>France</u>

AJDA (Actualité juridique de droit administratif)
Décentralisation, État et territoires, Cahiers français
Petites affiches
Politeia
Pouvoirs
RDP (Revue de droit public et de la science politique en France et à l'étranger)
RFDA (Revue française de droit administratif)
RFDC (Revue française de droit constitutionnel)
RIDC (Revue internationale de droit comparé)
RSAMO (Revue de science administrative de la méditerranée occidentale)

Turquie

İdare hukuku ve ilimleri dergisi [Revue du droit administratif et des sciences administratives]

İstanbul Üniversitesi Hukuk Fakültesi mecmuası [Revue de la faculté de droit de l'Université d'Istanbul]

Middle Eastern Studies [Études du Moyen-Orient]

Turkish Yearbook of Human Rights [Annuaire turc des droits de l'homme]

IV. ARTICLES, CONTRIBUTIONS ET INTERVENTIONS

France

ANGLEVIEL (F.), « Wallis-et-Futuna : l'alliance de la pérennité des institutions coutumières et de la stabilité statutaire », *in* DANIEL (J.), (dir.), *Les Outre-mer à l'épreuve du changement : réalités et perspectives des réformes territoriales*, Paris, L'Harmattan, 2011, pp. 187-205.

AUTIN (J.-L.), « La pluri-citoyenneté », *in* FABERON (J.-Y.) et AGNIEL (G.), (dir.), *La souveraineté partagée en Nouvelle-Calédonie et en droit comparé : colloque organisé à Nouméa du 17 au 19 décembre 1999*, Paris, La Documentation française, 2000, pp. 425-438.

BEAUD (O.), « L'État », *in* GONOD (P.), MELLERAY (F.) et YOLKA (P.), (dir.), *Traité de droit administratif*, t. I, Paris, Dalloz, 2011, pp. 207-269.

BERTILE (V.), « La notion de « populations d'outre-mer » », *in* MÉLIN-SOUCRAMANIEN (F.), (dir.), *L'outre-mer français : un "modèle" pour la République ?*, Presses Universitaires de Bordeaux, 2008, pp. 61-77.

BROSSET (E.), « L'impossibilité pour les collectivités territoriales françaises d'exercer le pouvoir législatif à l'épreuve de la révision constitutionnelle sur l'organisation décentralisée de la République », *RFDC*, n° 60, 2004/4, pp. 695-739.

BUI-XUAN (O.), « Unité et droits des groupes », *in* LEMAIRE (F.), (dir.), *De l'unité de l'État : actes du colloque international organisé les 9 & 10 octobre 2008 par le Centre Jean Bodin de l'Université d'Angers*, Paris, Cujas, 2010, pp. 43-52.

CADOUX (Ch.),

- « Considérations générales », *in* FABERON (J.-Y.), FAYAUD (V.) et REGNAULT (J.-M.), (dir.), *Destins des collectivités politiques d'Océanie : peuples, populations, nations, États, territoires, pays, patries, communautés, frontières: Actes du colloque international organisé du 7 au 10 mars 2011 à Nouméa,* Vol. 1 : Théories et pratiques, Aix-en-Provence, Presses universitaires d'Aix-Marseille, 2011, pp. 125-127.

- « La conception française de l'État unitaire (comparaisons) », *RSAMO*, n° 29/30-juin 1990, pp. 26-33.

CHEVALLIER (J.), « Rapport introductif », *in* DELCAMP (A.) et GILBERT (G.), *La décentralisation dix ans après : Actes du colloque organisé au Palais du Luxembourg, [Paris], les 5 et 6 février 1992,* Paris, LGDJ, 1993, pp. 104-110.

CHICOT (P.-Y.), « L'article 75-1 de la Constitution et la notion de patrimoine linguistique », *in* LE LOUARN (P.), (dir.), *Le patrimoine culturel et la décentralisation : Actes du colloque de Nantes des 8 et 9 juin 2009 "patrimoine culturel et collectivités territoriales"*, Rennes, Presses universitaires de Rennes, 2011, pp. 67-78.

COURVOISIER (C.), « La notion dans ses langues : tension françaises », *in* CHARLOT (P.), GUENANCIA (P.) et SYLVESTRE (J.-P.), (dir.), *Continuité et transformations de la nation*, Dijon, éd. universitaires de Dijon, 2009, pp. 209-210.

COX (R. W.), « Territoire et interdépendance », *in* BADIE (B.) et SMOUTS (M.-C.), (dir.), *L'international sans territoire,* Paris, L'Harmattan, 1996, p. 241 et suiv.

CROUZATIER-DURAND (F.), « Réflexions sur le concept d'expérimentation législative (à propos de la loi constitutionnelle du 28 mars 2003 relative à l'organisation décentralisée de la République) », *RFDC*, n° 56, 2003/4, pp. 675-695.

DAUPS (Th.), « Le compromis constitutionnel entre la langue de la République et les langues régionales ou les limites et les potentialités de l'unicité », *Petites affiches*, 23 juillet 2002, n° 146, p. 18 et suiv.

DEBBASCH (R.),

- « Décentralisation et unité territoriale », *in* MOREAU (J.) et VERPEAUX (M.), *Révolution et décentralisation. Le système administratif français et les principes révolutionnaires de 1789*, Paris, Economica, 1992, pp. 139-162.

- « La République indivisible, la langue française et la nation », *in* LE POURHIET (A.-M.), (dir.), *Langue(s) et constitution(s),* Presses universitaires d'Aix-Marseille, Economica, 2004, pp. 55-74.

DEBBASCH (R.) et **ROUX (A.)**, « L'indivisibilité de la République », *in* MATHIEU (B.) et VERPEAUX (M.), (dir.), *La République en droit français,* Paris, Economica, 1996, pp. 59-102.
DOUENCE (J-C.), « Rapport de synthèse », *in* FABERON (J.-Y.), (dir.), *Territoires d'outre-mer et État de droit : le régime législatif de la Nouvelle-Calédonie : actes du colloque, 30 août 1993*, Dalloz, 1994, pp. 99-103.
FABERON (J.-Y.),
- « Comparaisons : Les territoires d'outre-mer », *in* AUBY (J.-F.) et FABERON (J.-Y.), (dir.), *L'évolution du statut de département d'outre-mer,* Aix-en-Provence, Presses universitaires d'Aix-Marseille, 1999, pp. 153-164.
- « Indivisibilité de la République et diversité linguistique du peuple français : la place des langues polynésiennes dans le nouveau statut de la Polynésie française », *RFDC*, 1996, n° 27, pp. 607-617.
- « Présentation du colloque », *in* FABERON (J.-Y.), (dir.), *Territoires d'outre-mer et État de droit : le régime législatif de la Nouvelle-Calédonie : Actes du colloque, 30 août 1993*, Dalloz, 1994, pp. 5-6.
- « Rapport introductif : Identité, souveraineté et citoyenneté en Nouvelle-Calédonie, après l'accord de Nouméa et la révision constitutionnelle de 1998 », *in* FABERON (J.-Y.), GAUTIER (Y.), (dir.) et DOUMENGE (J.-P.), (Éd.), *Identité, nationalité, citoyenneté outre-mer : Actes du colloque des 9-10 novembre 1998,* Paris, Centre des Hautes Études sur l'Afrique et l'Asie Modernes, 1999, pp. 9-20.
FABRE (M.-H.), « L'unité et l'indivisibilité de la République, réalité ? fiction ? », *RDP,* 1982, pp. 603-622.
FAURE (B.),
- « Le Pouvoir Réglementaire des Collectivités Territoriales : Doit-il Rester Précaire ? », *in* GAUDEMET (Y.) et GOHIN (O.), *La République décentralisée*, Paris, Panthéon-Assas-LGDJ, 2004, pp. 57-64.
- « Uniformité de la règle de droit, uniformité des territoires », *in* LEMAIRE (F.), (dir.), *De l'unité de l'État : actes du colloque international organisé les 9 & 10 octobre 2008 par le Centre Jean Bodin de l'Université d'Angers*, Paris, Cujas, 2010, pp. 199-204.
FAVOREU (L.),

- « La notion constitutionnelle de collectivité territoriale », *in* PETIT (J.), (rassemblé par), *Les collectivités locales : mélanges en l'honneur de Jacques Moreau*, Paris, Economica, 2002, cop. 2003, pp. 155-163.
- « Décentralisation et Constitution », *RDP,* 1982, pp. 1259-1287.
- « Session II, Les principes républicains et la Charte : La position du Conseil d'État et du Conseil constitutionnel », *in La Charte européenne des langues régionales ou minoritaires et la France : Quelle(s) langue(s) pour la République ? Le dilemme "diversité-unicité"* : Colloque organisé par le Conseil de l'Europe et l'université Robert Schuman, le 11 et 12 avril 2002, Strasbourg, éd. du Conseil de l'Europe, 2003, pp. 49-55.

FLAUSS (J.-F.), « Droit local alsacien-mosellan », *RDP,* 1992, n° 6, pp. 1625-1685.

FLORY (M.), « Le couple État-territoire en droit international contemporain », *in* BADIE (B.) et SMOUTS (M.-C.), (dir.), *L'international sans territoire,* Paris, L'Harmattan, 1996, p. 251 et suiv.

GAUDEMET (Y.), « Le Représentant de l'État », *in* GAUDEMET (Y.) et GOHIN (O.), *La République décentralisée*, Paris, Panthéon-Assas-LGDJ, 2004, pp. 87-90.

GINDRE-DAVID (C.), « La loi du pays calédonien : éléments juridiques et politiques », *in* DEBENE (M.) et PASTOREL (J.-P.), (dir.), *La "loi du pays" en Polynésie française*, Paris, L'Harmattan, 2011, pp. 21-37.

GOHIN (O.),
- « Égalité ou différenciation statutaire », *in* MÉLIN-SOUCRAMANIEN (F.) et LISE (P.), (dir.), *Outre-mer et devise républicaine,* Actes de colloque, Palais du Luxembourg, salle Gaston Monnerville, 29 avril 2011, Paris, L'Harmattan, 2012, pp. 161-181.
- « Le projet de loi constitutionnelle relatif à la décentralisation », *Petites affiches*, 7 novembre 2002, n° 223, p. 5 et suiv.
- « Les formes de l'État français depuis 1958 », *Politeia,* n° 12, 2007, pp. 215-231.
- « Les lois du pays : contribution au désordre normatif français », *RDP*, 2006, n° 1, p. 85 et suiv.
- « Nation et suffrage », *in Que reste-t-il de la nation dans la Constitution ?,* Actes du colloque, les 15 & 16 mars 2007, (à La Roche sur Yon), Centre de recherches Hannah Arendt, éd. Cujas, 2008, pp. 115-134.

- « Pouvoir législatif et collectivités locales », *in* PETIT (J.), (rassemblé par), *Les collectivités locales : mélanges en l'honneur de Jacques Moreau*, Paris, Economica, 2002, cop. 2003, pp. 177-193.

GROPPI (T.), « L'évolution de la forme d'État en Italie », *Politeia,* 2007, n° 12, pp. 115-130.

ISAR (H.), « La matérialisation de l'idée de nation dans les constitutions françaises », *in Que reste-t-il de la nation dans la Constitution ?,* Actes du colloque, les 15 & 16 mars 2007, (à La Roche sur Yon), Centre de recherches Hannah Arendt, éd. Cujas, 2008, pp. 149-176.

JÉGOUZO (Y.) et **VERPEAUX (M.)**, « Les collectivités territoriales », *in* GONOD (P.), MELLERAY (F.) et YOLKA (P.), (dir.), *Traité de droit administratif,* t. I, Paris, Dalloz 2011, pp. 269-332.

JOS (E.), « Quelques réflexions sur le statut constitutionnel des DOM/ROM après la révision du 28 mars 2003 », *in* DANIEL (J.), (dir.), *L'Outre-mer à l'épreuve de la décentralisation : nouveaux cadres institutionnels et difficultés d'adaptation*, Paris, L'Harmattan, 2007, pp. 31-54.

JOYAU (M.), « Peuples, populations, nations, États, territoires, pays, patries, communautés, frontières : Naissance des mots », *in* FABERON (J.-Y.), FAYAUD (V.) et REGNAULT (J.-M.), (dir.), *Destins des collectivités politiques d'Océanie : peuples, populations, nations, États, territoires, pays, patries, communautés, frontières : Actes du colloque international organisé du 7 au 10 mars 2011 à Nouméa,* Vol. 1 : Théories et pratiques, Aix-en-Provence, Presses universitaires d'Aix-Marseille, 2011, pp. 31-41.

LAFARGUE (R.), « Victimes de statut coutumier kanak et justice: La nécessaire adaptation de la procédure aux identités culturelles et juridiques », *in* FABERON (J.-Y.), FAYAUD (V.) et REGNAULT (J.-M.), (dir.), *Destins des collectivités politiques d'Océanie : peuples, populations, nations, États, territoires, pays, patries, communautés, frontières: Actes du colloque international organisé du 7 au 10 mars 2011 à Nouméa,* Vol. 2: Singularités, Aix-en-Provence, Presses universitaires d'Aix-Marseille, 2011, pp. 783-787.

LAFFAILLE (F.),

- « Identité(s) et autonomie(s) des entités infra-étatiques. À propos de la Région de Sardaigne (en passant par l'Écosse) », *RIDC*, Vol. 67, n° 3, 2015, pp. 769-778.

- « "La souveraineté régionale" entre oxymoron et hendiadys constitutionnels. À propos de l'État "régional-fédéraliste" italien et de la sémantique en droit constitutionnel », *RIDC,* Vol. 61 n° 2(1), 2009, pp. 315-355.

LEMAIRE (F.), « La distinction souveraineté nationale - souveraineté populaire sous la Révolution », *in* MAILLARD DESGRÉES DU LOÛ (D.), (dir.), *Les évolutions de la souveraineté,* Actes de colloque, Université d'Angers, faculté de droit, d'économie et de gestion, 13 et 14 janvier 2005, Montchrestien, 2006, pp. 19-35.

MAESTRE (J.-C.),

- « Commentaire de l'article 2 de la Constitution », *in* CONAC (G.) et LUCHAIRE (F.), (dir.), *La Constitution de la République française*, Economica, 2e éd., 1987, p. 130 et suiv.
- « L'indivisibilité de la République et l'exercice du droit d'autodétermination », *RDP*, 1976, pp. 431-461.

MAILLARD DESGRÉES DU LOÛ (D.), « L'Unité dans La Jurisprudence du Conseil Constitutionnel », *in* LEMAIRE (F.), (dir.), *De l'unité de l'État : Actes du colloque international organisé les 9 & 10 octobre 2008 par le Centre Jean Bodin de l'Université d'Angers*, Paris, Cujas, 2010, pp. 181-197.

MALINVERNI (G.), « Autonomies locales, intégrité territoriale et protection des minorités : Rapport final », *in Autonomies locales, intégrité territoriale et protection des minorités : Actes du Séminaire UniDem organisé à Lausanne du 25 au 27 avril 1996 ; en coopération avec l'Institut suisse de droit comparé*, Commission européenne pour la démocratie par le droit, Strasbourg, éd. du Conseil de l'Europe, 1997, pp. 324-339.

MARCOU (G.),

- « Décentralisation : approfondissement ou nouveau cycle ? », *in Décentralisation, État et territoires, Cahiers français,* n° 318, 2004.
- « Décentralisation : Quelle Théorie de l'État ? », *in* MARCOU (G.) et WOLLMANN (H.), (dir.), *Réforme de la décentralisation, réforme de l'État. Régions et villes en Europe :* [colloque du GRALE, Assemblée nationale, 22 au 23 janvier 2004], Paris, CNRS, 2004, pp. 235-250.
- « L'autonomie dans la République : jusqu'où ? », *in* FABERON (J.-Y.), FAYAUD (V.) et REGNAULT (J.-M.), (dir.), *Destins des collectivités politiques d'Océanie : peuples, populations, nations, États, territoires, pays, patries, communautés, frontières: Actes du colloque international organisé du 7 au 10 mars 2011 à Nouméa,* Vol. 1 :

Théories et pratiques, Aix-en-Provence, Presses universitaires d'Aix-Marseille, 2011, pp. 55-65.
- « La décentralisation, absente du débat politique », *AJDA,* 2007.
- « Le bilan en demi-teinte de l'Acte II, Décentraliser plus ou décentraliser mieux ? », *RFDA,* n° 2, 2008, pp. 295-315.
- « Le principe d'indivisibilité de la République », *Pouvoirs*, n° 100, 2002, pp. 45-65.
- « Les collectivités locales en Europe : Réformes et continuités », *in* REGOURD (S.), CARLES (J.) et GUIGNARD (D.), (dir.), *Réformes et mutations des collectivités territoriales*, Paris, L'Harmattan, 2012, pp. 313-326.
- « Les trente ans de la région : et demain ? », *AJDA,* 2012, pp. 746-752.
- « L'État et les collectivités territoriales : où va la décentralisation ? », *AJDA,* 2013, pp. 1556-1563.
- « L'expérience française de régionalisation (la décentralisation régionale dans l'État unitaire) », *in L'État de droit : mélanges en l'honneur de Guy Braibant*, Paris, Dalloz, 1996, pp. 505-519.
- « Quel avenir pour la Région en France : décentralisation ou autonomies régionales ? », *in* LUCARELLI (A.) et VERPEAUX (M.), *Régionalisme italien et régionalisme français : aspects constitutionnels, administratifs et fiscaux,* Paris, L'Harmattan, 2012, pp. 151-181.

MÉLIN-SOUCRAMANIEN (F.),
- « Les collectivités territoriales situées Outre-mer et la question de l'autonomie », *in* DANIEL (J.), (dir.), *Les Outre-mer à l'épreuve du changement : réalités et perspectives des réformes territoriales*, Paris, L'Harmattan, 2011, pp. 209-214.
- « Les discriminations positives et l'outre-mer », *in* MÉLIN-SOUCRAMANIEN (F.) et LISE (P.), (dir.), *Outre-mer et devise républicaine,* Actes de colloque, Palais du Luxembourg, salle Gaston Monnerville, 29 avril 2011, Paris, L'Harmattan, 2012, pp. 149-159.

MICHALON (Th.),
- « La République française, une fédération qui s'ignore », *RDP*, 1982, pp. 623-688.
- « La décentralisation a-t-elle des limites juridiques ? », *in* FORTIER (J.-C.), (dir.), *Questions sur l'administration des DOM : décentraliser l'Outre-mer ?* Paris, Economica, Aix-en-Provence, Presses universitaires d'Aix-Marseille, 1989, pp. 29-37.

- « Pour la Nouvelle-Calédonie, l'hypothèse fédérale », *in* FABERON (J.-Y.), (dir.), *L'avenir statutaire de la Nouvelle-Calédonie*, La Documentation française, 1997, pp. 221- 241.
MORTIER (P.), « Les évolutions de la souveraineté », *in La souveraineté dans tous ses états,* Actes de colloque, 7 & 8 avril 2010, Centre de recherches Hannah Arendt, éd. Cujas, 2011, pp. 33-54.
MOYRAND (A.),
- « Les « lois du pays » en Polynésie française : du projet au bilan », *in* DEBENE (M.) et PASTOREL (J.-P.), (dir.), *La "loi du pays" en Polynésie française*, Paris, L'Harmattan, 2011, pp. 39-67.
- « Théorie de la souveraineté partagée », *in* FABERON (J.-Y.) et AGNIEL (G.), (dir.), *La souveraineté partagée en Nouvelle-Calédonie et en droit comparé :* colloque organisé à Nouméa du 17 au 19 décembre 1999, Paris, La Documentation française, 2000, pp. 29-38.
NICOLAU (G.), « Accès à la justice et identité : L'exemple de la Nouvelle-Calédonie », *in* FABERON (J.-Y.), GAUTIER (Y.), (dir.) et DOUMENGE (J.-P.), (Éd.), *Identité, nationalité, citoyenneté outre-mer : actes du colloque des 9-10 novembre 1998*, Paris, Centre des Hautes Études sur l'Afrique et l'Asie Modernes, 1999, pp. 104-132.
PASTOREL (J.-P.), « Le champ de compétence de la « loi du pays » en Polynésie française », *in* DEBENE (M.) et PASTOREL (J.-P.), (dir.), *La "loi du pays" en Polynésie française*, Paris, L'Harmattan, 2011, pp. 101-126.
PÉNA (M.), « Nation et constitution dans l'histoire de la République », *in Que reste-t-il de la nation dans la Constitution ?,* Actes du colloque, les 15 & 16 mars 2007, (à La Roche sur Yon), Centre de recherches Hannah Arendt, éd. Cujas, 2008, pp. 21-30.
PEYRAT (D.), « La fonction judiciaire dans les D.O.M. », *in* AUBY (J.-F.) et FABERON (J.-Y.), (dir.), *L'évolution du statut de département d'outre-mer*, Aix-en-Provence, Presses universitaires d'Aix-Marseille, 1999, pp. 59-72.
PFERSMANN (O.), « A quoi bon un pouvoir judiciaire ? », *in* CAYLA (O.) et RENOUX-ZAGAME (M.-F.), *L'office du juge : part de souveraineté ou puissance nulle ?,* Paris, LGDJ, Publications de l'université de Rouen, 2001, pp. 181-193.
PIERRÉ-CAPS (S.), « Le statut constitutionnel de la langue nationale et/ou officielle. Étude de droit comparé », *in* LE POURHIET (A.-M.), (dir.), *Langue(s) et constitution(s),* Presses universitaires d'Aix-Marseille, Economica, 2004, pp. 93-102.
PONTIER (J.-M.),

- « Décentralisation et patrimoine », *in* LE LOUARN (P.), *Le patrimoine culturel et la décentralisation : actes du colloque de Nantes des 8 et 9 juin 2009 "patrimoine culturel et collectivités territoriales"*, Rennes, Presses universitaires de Rennes, 2011, pp. 93-120.

- « La France, modèle atypique d'État », *Politeia*, 2007, n° 12, pp. 193-214.

- « La répartition des compétences », *in* FABERON (J.-Y.) et AGNIEL (G.), (dir.), *La souveraineté partagée en Nouvelle-Calédonie et en droit comparé : colloque organisé à Nouméa du 17 au 19 décembre 1999*, Paris, La Documentation française, 2000, pp. 257-274.

REGOURD (S.), « Le point de vue du juriste », *in* REGOURD (S.), CARLES (J.) et GUIGNARD (D.), (dir.), *Réformes et mutations des collectivités territoriales*, Paris, L'Harmattan, 2012, pp. 29-33.

ROUVILLOIS (F.), « Construction d'une énigme : « La souveraineté nationale appartient au peuple français » », *in* MAILLARD DESGRÉES DU LOÛ (D.), (dir.), *Les évolutions de la souveraineté,* Actes de colloque, Université d'Angers, faculté de droit, d'économie et de gestion, 13 et 14 janvier 2005, Montchrestien, 2006, pp. 51-67.

ROUX (A.),

- « Évolution des départements d'outre-mer et Constitution », *in* AUBY (J.-F.) et FABERON (J.-Y.), (dir.), *L'évolution du statut de département d'outre-mer,* Aix-en-Provence, Presses universitaires d'Aix-Marseille, 1999, p. 257 et suiv.

- « Le Conseil constitutionnel et la décentralisation », *in* DELCAMP (A.) et GILBERT (G.), *La décentralisation dix ans après : Actes du colloque organisé au Palais du Luxembourg, [Paris], les 5 et 6 février 1992,* Paris, LGDJ, 1993, pp. 51-88.

- « Peuple et population(s) dans la constitution de 1958 », *in* FABERON (J.-Y.), FAYAUD (V.) et REGNAULT (J.-M.), (dir.), *Destins des collectivités politiques d'Océanie : peuples, populations, nations, États, territoires, pays, patries, communautés, frontières: Actes du colloque international organisé du 7 au 10 mars 2011 à Nouméa,* Vol. 1 : Théories et pratiques, Aix-en-Provence, Presses universitaires d'Aix-Marseille, 2011, pp. 81-91.

SOULÉ (M.), « Futuna: Permanence d'une forte identité coutumière au sein de la République française », *in* FABERON (J.-Y.), FAYAUD (V.) et REGNAULT (J.-M.), (dir.), *Destins des collectivités politiques d'Océanie : peuples, populations, nations, États, territoires, pays, patries, communautés, frontières: Actes du colloque international*

organisé du 7 au 10 mars 2011 à Nouméa, Vol. 2 : Singularités, Aix-en-Provence, Presses universitaires d'Aix-Marseille, 2011, pp. 481-490.
TROPER (M.), « La question du pouvoir judiciaire en l'an III », *in* CAYLA (O.) et RENOUX-ZAGAME (M.-F.), *L'office du juge : part de souveraineté ou puissance nulle ?*, Paris, LGDJ, Publications de l'université de Rouen, 2001, pp. 117-136.
VERPEAUX (M.), « Rapport de synthèse », *in* MÉLIN-SOUCRAMANIEN (F.), (dir.), *L'outre-mer français : un "modèle" pour la République ?*, Presses Universitaires de Bordeaux, 2008, pp. 163-174.
WEBERT (F.),
- « L'ordre juridique français : de la centralisation à la souveraineté partagée », *in* FABERON (J.-Y.) et AGNIEL (G.), (dir.), *La souveraineté partagée en Nouvelle-Calédonie et en droit comparé : colloque organisé à Nouméa du 17 au 19 décembre 1999*, Paris, La Documentation française, 2000, pp. 19-28.
- « La constitutionnalité du droit local d'Alsace-Moselle », *in IIème Congrès français de Droit constitutionnel,* Association française des constitutionnalistes, Congrès de Bordeaux des 13, 14, 15 mai 1993, document de séance.

<u>Turquie</u>

BAŞGİL (A. F.), « Devletin ülke unsuru : (ülke ile devlet birliği arasındaki münasebetin hukuki ve sosyolojik mana ve mahiyeti üzerinde bir izah denemesi) » [L'élément « territoire » de l'État: (Un essai sur la signification et la nature sociologique et juridique du rapport entre le territoire et l'unité étatique], *in İstanbul Üniversitesi Hukuk Fakültesi mecmuası,* t. 13, n° 4, 1947, pp. 1261-1281.
BOZARSLAN (H.), « Türkiye'de kürt milliyetçiliği : Zımni sözleşmeden ayaklanmaya (1919-1925) » [Le nationalisme kurde en Turquie : Du contrat tacite à la révolte], *in* ZÜRCHER (E. J.), (rassemblé par), *Türkiye'de etnik çatışma : imparatorluktan Cumhuriyet'e* [Le conflit ethnique en Turquie : de l'Empire à la République], İstanbul, İletişim Yayınları, 2008, pp. 91-94.
CAN (O.), « Merkez-yerel yönetimlerin görev ve yetki paylaşımına anayasal bakış » [Le regard constitutionnel sur le partage des compétences entre l'administration centrale et l'administration locale], *in Ali Ülkü Azrak 75. yaş armağanı*, İstanbul, 2008, pp. 45-86.

CİN (H.), « Atatürk'ün milliyetçilik anlayışı » [La conception du nationalisme d'Atatürk], *in Atatürk haftası armağanı - 10 Kasım 1991*, GenKur ATASE yayınları, 1991, pp. 7-14.
ÇAĞAPTAY (S.), « Türklüğe geçiş : Modern Türkiye'de göç ve din » [Le passage à la turcité : L'immigration et la religion en Turquie moderne], *in* GÜLALP (H.), (dir.), *Vatandaşlık ve etnik çatışma : ulus devletin sorgulanması* [La citoyenneté et le conflit ethnique : l'interrogation de l'État-nation], İstanbul, Metis Yayınları, 2007, pp. 86-111.
GÜL (H.), « Yerinden yönetim kavramının gelişimi, tanımı, türleri ve özellikleri » [Développement, définition, variétés et caractères de la notion de la décentralisation], *in* BOZLAĞAN (R.) et DEMİRKAYA (Y.), (dir.), *Türkiye'de yerel yönetimler* [Les collectivités territoriales en Turquie], Ankara, Nobel Yayın Dağıtım, 2008, pp. 85-118.
GÜLALP (H.), « Milliyete karşı vatandaşlık » [La citoyenneté contre la nationalité], *in* GÜLALP (H.), (dir.), *Vatandaşlık ve etnik çatışma : ulus devletin sorgulanması* [La citoyenneté et le conflit ethnique : l'interrogation de l'État-nation], İstanbul, Metis Yayınları, 2007, pp. 11-34.
KOÇAK (M.), « Modern egemenlik düşüncesi ve Mustafa Kemal Atatürk'ün ulusal egemenlik anlayışı üzerine düşünceler » [Le concept de la souveraineté moderne et les pensées sur la conception de la souveraineté nationale de Mustafa Kemal Atatürk], *in Prof. Dr. Vecdi Aral'a armağan*, Kocaeli Üniversitesi Hukuk Fakültesi yayınları, 2001, pp. 169-181.
LUCHAIRE (F.), L'intervention au Colloque des 25 et 26 mai 1989 au Conseil constitutionnel, *in La déclaration des droits de l'homme et du citoyen et la jurisprudence*, PUF, Paris, 1989, traduction en turc GÜLAN (A.), « 1789 Beyannamesinin güncelleştirilmiş anlamı », *in İdare hukuku ve ilimleri dergisi*, Vol. 10, n° 1-3, 1989, pp. 125-142.
MUTER (N.), « Mali egemenlik ve demokrasi » [La souveraineté financière et la démocratie], *in 8. Milli egemenlik sempozyumu : « Milli egemenlik ve demokrasi »* [Le 8e symposium de la souveraineté nationale : La souveraineté nationale et la démocratie], TBMM Kültür, Sanat ve Yayın Kurulu yayınları, 1992, pp. 93-101.
NALBANT (A.) et **ERÖZDEN (O.)**, « L'État-nation et l'indivisibilité de la République en tant que principe restrictif des droits culturels et politiques », *in Turkish Yearbook of Human Rights*, n° 14, 1992, TODAİE, (article en français), pp. 137-150.

OKANDAN (R. G.), « Devletin fiziki unsuru (ülke) » [L'élément physique de l'État (territoire)], *in İstanbul Üniversitesi Hukuk Fakültesi mecmuası* t. 14, n° 1-2, 1948, pp. 162-193.
ÖKTEM (E.),
- « La Cour constitutionnelle turque définit le nationalisme, principe de la République », *RDP,* 1999, n° 4, pp. 1159-1200.
- « The legal notion of nationality in the Turkish Republic: from Ottoman legacy to modern aberrations », *in Middle Eastern Studies,* Vol. 53, n° 4, 3 février 2017, (article en anglais), pp. 638-655.
ÖZBUDUN (E.), « Milli mücadele ve Cumhuriyet'in resmi belgelerinde yurttaşlık sorunu » [La lutte nationale et la question de la citoyenneté sur les documents officiels de la République], *in 75. Yılda Tebaadan Yurttaşa Doğru*, Tarih Vakfı Yurt yayınları, 1998, pp. 63-70.
TEZCAN (D.),
- « Çoğulcu demokrasilerde insan hakları açısından ulusal egemenlik kavramı » [La notion de la souveraineté nationale du point de vue des droits de l'homme dans les démocraties pluralistes], *in 8. Milli egemenlik sempozyumu : « Milli egemenlik ve demokrasi »* [Le 8e symposium de la souveraineté nationale : La souveraineté nationale et la démocratie], TBMM Kültür, Sanat ve Yayın Kurulu yayınları, 1992, pp. 85-92.
- « L'expérience turque du droit des collectivités locales », *in Prof. Dr. Mahmut Tevfik Birsel' e armağan*, İzmir, Dokuz Eylül Üniversitesi Yayını, 2001, (article en français), pp. 667-673.
- « Türk idare hukuku açısından 21. yüzyıl arifesinde yerel yönetimlerin işlemleri üzerinde vesayet denetimi » [La tutelle administrative sur les actes des collectivités territoriales en droit administratif turc à la veille du XXIe siècle], *in Prof. Dr. Mahmut Tevfik Birsel'e armağan*, İzmir, Dokuz Eylül Üniversitesi Yayını, 2001, pp. 659-666.
UYGUN (O.), « Üniter ve federal devlet açısından egemenliğin bölünmezliği ilkesi » [Le principe de l'indivisibilité de la souveraineté du point de vue de l'État unitaire et de l'État fédéral], *in Cumhuriyetin 75. yıl armağanı*, İstanbul, İstanbul Üniversitesi yayınları, 1999, pp. 389-421.

V. SITES INTERNET ET TRAVAUX EN LIGNE

https://www.cairn.info/revue-francaise-de-droit-constitutionnel-2003-4-page-675.htm

https://www.cairn.info/revue-francaise-de-droit-constitutionnel-2004-4-page-695.htm
http://www.conseil-constitutionnel.fr/conseil-constitutionnel/francais/la-constitution/les-constitutions-de-la-france/constitution-de-1946-ive republique.5109.html
http://dergipark.gov.tr/download/article-file/13692
http://www.idl-am.org
http://www.legifrance.gouv.fr/affichCode.do?cidTexte=LEGITEXT000006070719
https://www.legifrance.gouv.fr/affichTexte.do?cidTexte=LEGITEXT000006069443
https://www.tesev.org.tr/wp-content/uploads/rapor_Milletin_Bolunmez_Butunlugu_Demokratiklesme_Surecinde_Parcalayan_Milliyetcilik.pdf

TABLE DES MATIÈRES

Structures éditoriales du groupe L'Harmattan

L'Harmattan Italie
Via degli Artisti, 15
10124 Torino
harmattan.italia@gmail.com

L'Harmattan Hongrie
Kossuth l. u. 14-16.
1053 Budapest
harmattan@harmattan.hu

L'Harmattan Sénégal
10 VDN en face Mermoz
BP 45034 Dakar-Fann
senharmattan@gmail.com

L'Harmattan Cameroun
TSINGA/FECAFOOT
BP 11486 Yaoundé
inkoukam@gmail.com

L'Harmattan Burkina Faso
Achille Somé – tengnule@hotmail.fr

L'Harmattan Guinée
Almamya, rue KA 028 OKB Agency
BP 3470 Conakry
harmattanguinee@yahoo.fr

L'Harmattan RDC
185, avenue Nyangwe
Commune de Lingwala – Kinshasa
matangilamusadila@yahoo.fr

L'Harmattan Congo
219, avenue Nelson Mandela
BP 2874 Brazzaville
harmattan.congo@yahoo.fr

L'Harmattan Mali
ACI 2000 - Immeuble Mgr Jean Marie Cisse
Bureau 10
BP 145 Bamako-Mali
mali@harmattan.fr

L'Harmattan Togo
Djidjole – Lomé
Maison Amela
face EPP BATOME
ddamela@aol.com

L'Harmattan Côte d'Ivoire
Résidence Karl – Cité des Arts
Abidjan-Cocody
03 BP 1588 Abidjan
espace_harmattan.ci@hotmail.fr

Nos librairies en France

Librairie internationale
16, rue des Écoles
75005 Paris
librairie.internationale@harmattan.fr
01 40 46 79 11
www.librairieharmattan.com

Librairie des savoirs
21, rue des Écoles
75005 Paris
librairie.sh@harmattan.fr
01 46 34 13 71
www.librairieharmattansh.com

Librairie Le Lucernaire
53, rue Notre-Dame-des-Champs
75006 Paris
librairie@lucernaire.fr
01 42 22 67 13

www.ingramcontent.com/pod-product-compliance
Lightning Source LLC
LaVergne TN
LVHW011456061026
849535LV00004BA/1099